“十二五”税务专业精品教材

税收筹划

（第二版）理论、实务与案例

Tax Planning : theory, Practice and case

蔡　昌　主编

中国财政经济出版社

图书在版编目（CIP）数据

税收筹划：理论、实务与案例 / 蔡昌主编．—2 版．—北京：中国财政经济出版社，2013. 2

“十二五”税务专业精品教材

ISBN 978 - 7 - 5095 - 4282 - 8

Ⅰ．①税…　Ⅱ．①蔡…　Ⅲ．①税收筹划 - 高等学校 - 教材　Ⅳ．①F810. 423

中国版本图书馆 CIP 数据核字(2013)第 030154 号

责任编辑：樊清玉　　责任校对：胡永立

封面设计：郁　佳

中国财政经济出版社出版

URL：http：//ckfz. cfeph. cn

E - mail：ckfz @ cfeph. cn

社址：北京市海淀区阜成路甲 28 号　邮政编码：100142

营销中心电话：88190406　北京财经书店电话：64033436　84041336

北京财经印刷厂印刷　各地新华书店经销

787 × 1092 毫米　16 开　23. 75 印张　560 000 字

2013 年 3 月第 2 版　2015 年 1 月北京第 2 次印刷

定价：49. 00 元

ISBN 978 - 7 - 5095 - 4282 - 8/F · 3472

（图书出现印装问题，本社负责调换）

本社质量投诉电话：010 - 88190744

前言

qian yan

税收在世界范围内都是一个敏感话题，研究税收问题需要从国际视角出发。近年来，税收备受国际关注，跨国公司寻求减税、合理避税，甚至逃税的现象更加普遍，其迅猛势头有增无减。微软、苹果等世界巨头公司在21世纪初期通过多种手段巧妙地减少了税收，这似乎成为一种“时尚”。美国财政部国内税务署前署长唐纳德·亚历山大说，在经济泡沫年代，不惜一切手段增加利润的动力很大，其中一个手段就是把纳税额减少到最低限度……许多世界知名公司为了减税，都建立了强大的税务部门，配备了以前曾在政府税务部门工作过的税务官员或一流税务专家。一批新的华尔街的投资银行家加入了提供税务管理服务的律师和会计师行列。设在纽约的税务信息和软件提供商RIA国际公司的税务编辑塞尔瓦·奥泽利说：“一群群律师、会计师和华尔街结构融资专家利用复杂的美国税法、税务条约和全球税务制度巧妙地把美国跨国公司的实际税率降到最低限度。”①

在美国，由于国会每年都对税法进行反复修订以及一大批游说分子坚持不懈地游说，从而使税收制度变得越发复杂，从而出现更多的漏洞，这也给大公司寻求减税造成了可乘之机。万豪国际集团在世界各地许多令人向往的城市和度假圣地有数千家酒店，当你走进其中的任何一家时，你知道会看到什么吗？从费城到巴黎，豪华的地毯和闪耀的吊灯点缀出雍容典雅。但集团的所作所为却令人感到意外，它竟然投入6000万美元巨资购置洗煤机。对一个出色的商务酒店经营者来说，洗煤机听起来不会增加效益，但这种投资是一个不同寻常的营利手段，万豪国际集团利用税法中鼓励从非常规来源生产燃料的减税规定，通过投资购置洗煤机获得超过1.5亿美元的减税免税额，其税收获利是最初洗煤机投资的两倍还多，而且还可以在以后年度继续享受减税待遇。

更令人震惊的是，滑稽的逃税游戏在世界各地上演，许多跨国公司微妙地把收入和资产集中到海外低税率地区，把开支转移到高税率地区，其中最极端、最受批评的途径是在百慕大、巴哈马、中国香港、英属维尔京群岛等“逃税乐园”注册成立公司。英属维尔京群岛简直是个“避税天堂”，只要在岛上注册的公司不在当地经营，政府免收任何税款，这一税收待遇点燃各国投资者的激情，在维尔京群岛注册的公司数量已超过80万家。遥相呼应的是百慕大，面积约53平方公里的弹丸之地，仅国际受控保险公司就多达1400多家，原因是在百慕大注册的公司免征公司所得税和个人所得税，也不征销售税。美国税务经济学家马丁·沙利文评价说：“这是公司离开本国的一个较为狡诈

---

① 南尼特·伯恩斯（Nanette Byrnes），路易斯·拉韦尔（Louis Lavelle），霍华德·格莱克曼（Howard Gleckman）：避税“奇招”须防范，《Business week（China）》2003（5）。

的方面。它们不仅把总部转移到海外，而且还转移了资产。”① 瑞士最古老的私人银行韦格林银行2013年1月3日承认帮助100多位美国富人逃避税收，同意为此缴纳5780万美元的补偿和罚金，同时，这家有271年历史的银行宣布将在经营超过两个半世纪后永久歇业②。法国政府决定从2013年起向年收入超过100万欧元（约合131.6万美元）的个人征收税率为75%的所得税以及提高财产继承税税率，不少富人“闻风外逃”，法国奢侈品巨头路易威登（LV）公司董事局主席兼首席执行官贝尔纳·阿尔诺2012年9月正式向比利时移民局递交入籍申请，法国著名影星热拉尔·德帕尔迪厄2013年1月3日申请加入俄罗斯国籍已获普京总统批准。③

面对世界范围的避税与逃税浪潮，更多的企业妄想“打擦边球”避税，还冠冕堂皇地称之为“税收筹划”。笔者认为，这是对税收筹划的一种曲解。所谓的“税收筹划”，是指纳税人或扣缴义务人在既定的税制框架内，通过对纳税主体（包括法人和自然人）的战略模式、经营活动、投资行为、理财涉税事项等进行事先规划和安排，以达到节税、递延纳税或降低风险为目标的一系列税务规划活动。

“横看成岭侧成峰，远近高低各不同”，对税收筹划的理解与认识也是如此。基于私法自治原则④，基于对税收利益的追求而法律允许的税收筹划行为，是纳税人享有的一项合法权益。税收法定原则确立了纳税人的税收筹划权，而私法自治使这种权利成为现实。税收筹划是市场经济的必然产物，是纳税人具有法律意识的主动行为，具备合法性的基本要件，体现着民主、正义的税收契约精神。因此，对于显失公平的税收逃避行为必须予以坚决遏制和打击。如果放纵税收逃避行为，就会使“经济生态”失衡。因此，我们需要一个公平、透明的游戏规则，需要缔结一份税收筹划博弈合约。

征税与纳税是一种永恒的、高智商的动态博弈对局，我们经常用“渔网理论”来刻画征纳双方之间的微妙关系：渔民编织渔网出海打鱼。但在打鱼过程中，必然会出现一些漏网之鱼。那么，该如何看待这些漏网之鱼呢？鱼之漏网，原因在网，鱼从网中钻出是鱼渴望生存的天性使然。渔民不应该埋怨鱼，而应该想办法修补好自己的网。其实，将“渔网理论”应用于税收筹划有一定的法律意义：一国税法犹如一张大网，再结实的渔网都有网眼过大乃至破损之处，再完善的税法都有缺陷和漏洞。基于此，税收筹划体现着纳税人捕捉“税法漏洞”、挖掘“税收空间”的洞察力，是纳税人对税收环境的反应和适应。更为重要的是，税收筹划堪称是税收公平与效率的试金石，使政府意识到修补“税法之网”的迫切性，进而演变成一种税制变迁的推动力，引发税制的诱

---

① 南尼特·伯恩斯（Nanette Byrnes），路易斯·拉韦尔（Louis Lavelle），霍华德·格莱克曼（Howard Gleckman）：避税“奇招”须防范，《Business week（China）》2003（5）。

② “瑞士最古老银行被迫永久关门”，《北京日报》2013年1月6日。

③ “富人税吓走富人‘大鼻子情圣’入俄籍”，《北京日报》2013年1月6日。

④ 私法自治原则，建立在19世纪个人自由主义之上，强调国家应严格限制自己的权利范围和权力界限，充分关注个体利益和最大限度地发挥个体的主观能动性和积极性，以实现社会效益的最大化和社会的公平正义。

致性制度变迁[①]。

关于税收筹划的起源，根据已有文献记载，最早可以追溯到19世纪中叶的意大利，当时意大利的税务咨询业务中已存在税收筹划行为，这可以看作是税收筹划的最早萌芽。税收筹划的正式提出始于美国的财务会计准则，FASB在《SFAS109——所得税的会计处理》中提出了“税收筹划战略（Tax - planning Strategy）”。欧洲税务联合会于1959年在法国巴黎成立，当时由5个欧洲国家的从事税务咨询的专业团体发起成立，其主要业务就是为纳税人进行税收筹划。迈伦·斯科尔斯与马克·沃尔夫森（2008）提出“有效税收筹划理论”[②]，其税收筹划思想体现了一般均衡的战略思想，旨在建立一个透视税收规则如何影响税务决策、资产定价、资本结构和财务战略的理论框架。自从罗纳德·H. 科斯获得诺贝尔经济学奖以后，产权契约经济学思想逐步渗透进税收筹划领域，税收筹划被视为“由社会多方契约关系制约的、多方契约力量之合力推动的一种经济行为”（蔡昌，2008）。在承认理性经济人的逐利本性、契约的不完备性和利益博弈均衡为基础等前提下，契约各方当事人（涵盖经营者、投资者、供应商、代理商等利益相关者）便有动机、有条件利用交易契约进行税收筹划运作，在更大范围内、更主动地灵活安排理财涉税事项，以达成契约各方的共赢局面。美国税务学会主席萨利·琼斯、谢利·罗兹 - 盖特那奇（2010）敏锐地指出：“税收代表一种经营成本，而且要像产品成本、雇员工资、财务成本等一样进行管理。将税收作为一种战略规划变量，特别强调其在经营决策制定中的角色。”她们在《高级税务管理》一书中系统阐述“战略税收筹划理论”，并对税收战略、经营战略、企业成长和扩张的战略、资本交易等按照对交易各方的净现金流量、利润表和资产负债表的影响进行深入分析。

税收筹划在西方有“皇冠上的明珠”之美誉。近10年来税收筹划在中国发展迅速，受到社会各界的广泛关注，备受推崇。以税务师事务所、税务研究机构、律师事务所为代表的中介组织积极推出高端税收筹划服务，更多的理论研究者和实务界人士加入研究者的行列，一些大型企业集团开始尝试设立税务部开展税收筹划工作。面对如火如荼的税收筹划大潮，笔者只想澄清一点：税收筹划不是万能的，谨防税收筹划的风险。税收筹划方案带有客观环境的明显烙印，切忌生搬硬套，务求谨慎思考、灵活运用。

《税收筹划》作为财经类专业的主干课程，是一门建立在会计学、税收学、管理学等基础上的交叉性学科，具有实践操作性强、专业难度大等突出特点。本书以《企业会计准则》和税法为依据，借鉴经济学、管理学的最新研究成果，以企业经营流程为主线，结合大量实践案例，系统阐述税收筹划的相关理论、方法与前沿发展。本书并不拘泥于税制结构和税收政策的细节，而是把税收筹划放到一个更为开阔的空间里，从更普遍的意义上探讨税收筹划的理论体系、操作技术及实践应用，从更深层次上构建一个理

---

① 诱致性制度变迁是与强制性制度变迁相对立的一种制度演进模式。著名经济学家林毅夫教授认为：“诱致性制度变迁指的是一群（个）人在响应由制度不均衡引致的获利机会时所进行的自发性变迁；强制性制度变迁指的是由政府行动来加以促进。”（参见林毅夫：《关于制度变迁的经济学理论：诱致性变迁与强制性变迁》，载《财产权利与制度变迁》，上海三联书店、上海人民出版社1994年版，374页）。

② 参见迈伦·斯科尔斯、马克·沃尔夫森：《税收与企业战略》，中国财政经济出版社2004年版。

解税收筹划与战略规划、经营模式、资本交易、财务决策之间彼此影响的分析框架。

本书由蔡昌主持编写，负责拟定大纲，并总纂定稿。本书第一版于2009年出版后被国内多所高等院校选作教材或参考书。随着时间的推移，会计与税制改革进入了一个新的时期，应广大读者要求，本书进行再版修订。本次修订了税法变动及错漏之处，增补了税收筹划理论的最新发展及典型案例。参与再版修订工作的有王爱清、李梦娟、高斌、刘玢、朱汾丽、邢希洁、孙兴业等。本书编著过程中，还参阅了国内外专家学者出版的相关论著，未能一一列明，在此表示诚挚的谢意。本书适用于财政与税收、会计与财务管理等专业本科生的教学（建议本科教学讲授上篇前一章、第三章、第四章至第十一章，学有余力的同学可参阅第二章、第十二章、第十三章以拓宽视野），也可作为财税专业研究生及MBA、EMBA、MPACC（研究生教学重点讲授上篇的第二章至第六章、第十二章、第十三章，以及下篇的内容）和继续教育的指导用书，同时对税务干部、企业财务人员和从事财税研究的科研工作者也有一定的参考价值。限于我们的学识水平，书中疏漏在所难免，恳请读者批评指正，以便再版时进一步充实和提高。

蔡　昌

2013年春记于中央财经大学

目录

mu lu

上篇

下 篇

上　篇

第一章

税收筹划基础理论

人们合理安排自己的活动以降低税负，这是无可指责的。每个人都可以这样做，不论他是富人，还是穷人。纳税人无须超过法律的规定来承担国家税收。

——美国大法官 汉斯

第一节 微观意义上的税收筹划

一、税收的概念与本质

税收是什么？列宁说："所谓税赋，就是国家不付任何报酬而向居民取得东西。"① 税收从本质上说是一种政府行为。税收是较早出现的一个财政范畴，随着国家的产生而产生。税收的本质是国家凭借其政治权力，无偿地征收实物或货币，以取得财政收入的一种工具。

税收的历史与国家的历史一样久远。数千年前的古希腊、古罗马和古埃及就已存在税收。中国五千年的文明史，从来都是和税收紧密联系在一起的。只不过商品经济不发达时期的税收多采用实物形式，而不是我们现在所熟悉的货币形式。如果注意到"税"字的结构，你就会发现："税"字的左边是禾木旁，右边是一个"兑"字，从"税"字构成来看，税收最早是和农业联系在一起的，我们可以对"税"作出如下解释：税取之于民，民以禾为兑。税收最早起源于农业，而且是以农产品形式缴纳的。只是到了后来，税收才逐渐扩展到制造业、商业、服务业等各个领域，并演变成按货币形式缴纳。

从历史发展来看，我国最早出现的确实是农业税，从夏代开始就有"任土作贡"，即按土地的好坏分等级征税之说。《孟子》一书中就有这样的记载："夏侯氏五十而贡，殷人七十而助，周人百亩而彻，其实皆什一也"。这里的"贡"、"助"、"彻"都属于比较原始的土地税征收形式。"五十"、"七十"、"百亩"均是计算征税土地的数量单位，而"其实皆什一也"一句，则是说当时的征收率均为 1/10 的定额税。

① 《列宁全集：32 卷》，人民出版社 1958 年版。

商代的井田制在历史上非常有名，什么是井田制呢？即在一块四方形的土地上写一个大大的“井”字，把土地平分为九部分。在九部分里面，最中间的一块是公田，其余八块是私田。公田由耕种私田的八家农户共同耕种。史料记载：公田的所有收入都上缴国家，私田的收入才收归农户所有。只有把公田的农活干完了，农户才能够耕种私田。孟子曾对此有记载：“方里而井，井九百亩，其中为公田，八家皆私百亩，同养公田，公事毕，然后敢治私事。”孟子的这段话讲的就是井田制的基本税赋思想。我们作一个简单的计算，井田制九份土地只有一份土地的收入全部用来缴税，那么，商代农业税的税率其实就相当于1/9，这在古代社会也是相当高的。

政府征税，老百姓纳税，从古至今，无论是在中国还是外国都已成为天经地义的事情。英美很早就有“只有死亡和纳税是逃脱不了的”之类的名言；中国唐代诗人杜荀鹤即有名句“任是深山更深处，也应无计避征徭”。在现代社会，政府征税更是涉及社会经济生活的各个方面。

纳税人向国家缴税，不完全是支付，还可以间接地从国家的公共支出中得到补偿。应当缴的税不缴，是一种违法行为，而且会引发税收负担的失衡，给社会经济带来危害。当然也不能因此向纳税人提出苛求，要求他们偏离税法，作出超税负的缴纳。这是违背税收“固定性”原则的，利弊权衡是弊大于利的。因此，“依法治税”是税收的本质要求，现代税收更不能对此有丝毫的含糊。

二、税收筹划的发展动态与国内外研究状况

（一）国外税收筹划发展动态与研究状况

1. 国外税收筹划的发展动态

从已有的文献记载中探讨税收筹划的起源，最早可以追溯到19世纪中叶的意大利，因为在那时，意大利的税务咨询业务中已存在税收筹划行为，意大利的税务专家地位不断提高，这可以看作是税收筹划的最早萌芽。[①] 税收筹划的正式提出始于美国的财务会计准则，FASB在《SFAS 109——所得税的会计处理》中提出了“税收筹划战略（Tax－planning Strategy)”，并将“税收筹划战略”的概念表述如下：“一项目满足某种标准，其执行会使一项纳税利益或营业亏损或税款移后扣减在到期之前得以实现的举措。在评估是否需要递延所得税资产的估价准备及所需要的金额时，要考虑税收筹划策略”。SFAS 109的表述较为准确地说明了税收筹划与税务会计的关系，尽管现代税收筹划的边界远远超出了SFAS109所定义的范围，但税收筹划始终是税务会计的重要组成部分。此外，有三件里程碑式的事件使税收筹划正式进入人们的视野：

其一，早在1935年，英国上议院议员汤姆林爵士针对“税务局长诉温斯特大公一案”的发言中对税收筹划有所涉及：“任何一个人都有权安排自己的事业，如果依据法律所做的某些安排可以使自己少缴税，那么就不能强迫他多缴税。”这一观点得到了法律界的普遍认同，税收筹划第一次得到法律的认可，成为奠定税收筹划史上的基础

---

① 梁云凤：《战略性税收筹划研究》，中国财政经济出版社2006年版，第9页。

判例。

其二，在著名的1947年法庭判决书中，美国知名大法官汉斯有一段精辟的论述："人们合理安排自己的活动以降低税负，是无可指责的。每个人都可以这样做，不论他是富人，还是穷人。纳税人无须超过法律的规定来承担国家税收。税收是强制课征的，而不是自愿的捐款。以道德的名义来要求税收，纯粹是奢谈。"该判例成为美国税收筹划的法律基石。

其三，欧洲税务联合会于1959年在法国巴黎成立，当时由5个欧洲国家的从事税务咨询的专业团体发起成立，后来规模不断扩大，其主要业务就是为纳税人进行税收筹划。

西方国家关于税收筹划的判例，多半出于"民本思想"的考虑，也即为纳税人着想，更多地站在纳税人的立场上。随着社会经济的发展，国家干预经济活动越来越多，那么纳税人在进行税收筹划时，不可对国家的宏观调控造成过多的负面影响。

2. 国外税收筹划的研究状况

Hoffman（1961）[①] 很早就指出，税收筹划的研究文献大部分都关注于税收实务的具体操作层面。这在很大程度上是由税收筹划本身的特点所决定的：研究者要使纳税人获得直接的税收利益，就必须时刻跟随纳税人具体经营情况及相关税收法规。

著名经济学家、诺贝尔经济学奖得主迈伦·斯科尔斯认为：在错综复杂的税收筹划实务及其技术细节之中，隐含着税收筹划的一般规律。迈伦·斯科尔斯（2002）[②] 提出"有效税收筹划"理论，并阐述该理论的三大特征：一是多边契约方法（multilateral approach）：企业在开展税收筹划时，必须考虑所有契约方的税收利益，筹划是基于多边关系的，而不应局限于单边利益；二是隐性税收（hidden taxes）的决策价值：企业在开展税收筹划时，必须考虑综合税收的衡量，而不仅仅是显性税收，隐性税收具有重要的实践意义；三是非税成本（nontax costs）的重要性：企业在开展税收筹划时，必须考虑所有成本，而非仅仅是税收成本。迈伦·斯科尔斯的税收筹划思想体现了一般均衡的战略思想，旨在建立一个透视税收规则如何影响税务决策、资产定价、资本结构和战略管理的理论框架，这在很大程度上促进了税收筹划理论的纵深发展。

（二）国内税收筹划研究状况动态与发展动态

1. 国内税收筹划发展动态

随着我国社会主义市场经济体制的逐步确立与发展，税收筹划如雨后春笋般破土而出，起初被冠之以"合理避税"、"节税"等称谓，后来"税收筹划"的称谓才正式固定下来。作为"舶来品"，税收筹划只是到了20世纪90年代末期才逐渐被社会所理解和接受。

回顾税收筹划在我国的发展历程，可能大家会有一个疑问：国内和国外税收筹划何以差别如此之大？究其根源，其中一个很重要的原因就是人们对税收筹划这一范畴的内涵

① William H. Hoffman, Jr. . The Theory of Tax Planning [J]. The Accounting Review, Apr. , 1961, Vol. 36, No. 2: 274 - 281.

② Scholes, Myron S. et al. . Taxes and Business Strategy: A Planning Approach, 2nd Edition [M]. Upper Saddle River, New Jersey: Prentice Hall, Inc. , 2002.

（概念、性质和合法性等）没有正确认识，将税收筹划与偷税、避税、逃税混为一谈，视其为非法行为；二是国民纳税意识淡薄，税务人员素质低下，对征纳双方的权利、义务理解不够；三是由于我国长期处于计划经济体制之下，企业缺乏独立的法人权益和经济利益，不具备产生税收筹划的前提条件。

在建设社会主义市场经济体制和强调依法治税、阳光税收的今天，开展对税收筹划理论与实践问题的探索研究，无疑具有一定的理论价值和现实意义。

2. 国内税收筹划研究状况

我国已有税收筹划研究大多停留在“就税论税、单边筹划”层面，较少考虑经济交易中其他交易方的利益及税收以外的影响（非税因素），更没有结合企业实务与经营战略。

按照研究思路可将研究者分为学院派和实务派。学院派从税收学原理出发，结合税制要素和税收制度分析税收筹划的基本方法和技术，致力于发现税收法规中存在的优惠性待遇或“漏洞”（loopholes）。学院派研究内容偏向于税收筹划方法论的范畴，原理性强、逻辑严谨，能够启迪思维。但是它们与税收实务联系不够紧密，可操作性不强，在实务中往往需要结合具体情况进行验证。尽管学院派试图从企业经营业务的角度出发来加紧与税收实务的联系，但其实质只是将企业经营业务中涉及的不同税种综合考虑，没有考虑实务中税收筹划本身的成本及涉及的非税因素等问题。相反，实务派研究从一开始就注重税收筹划本身的可行性。他们从税收实务的角度出发探索可行的税收筹划操作，并从这些实际的税收筹划操作中总结出一些基本的规律和方法，可操作性强。但是它缺乏原理性分析和方法论基础，容易陷入一事一议的局限，特别在税制变革时容易完全失效。

三、税收筹划的概念与争论

税收筹划概念从西方引进我国，是经济发展和社会进步的必然产物，标志着纳税人税收意识的转变和提高。那么，到底应该如何正确认识税收筹划呢？

1. 税收筹划的争论

学术界对于税收筹划的认识存在着以下五种称谓：税收筹划、税务筹划、纳税筹划、税收策划①、税收规划②，其实这些说法并无本质差别，尤其是前三个概念基本上是混用的。国内对“tax planning”一词大多译为“税收筹划”，《中国税务报》开设的周刊也称为“筹划周刊”。但也存在不同的看法，盖地教授认为“税务筹划”与“税务会计”相对应，称为“税务筹划”对于纳税人更为妥帖③。针对“税收筹划”与“税务筹划”的概念之争，黄凤羽认为：“从一个侧面说明了国内从事税收筹划研究的学者，所遵从的两种不同研究范式与分析线索。‘税收筹划’观点主要体现了以税收学中的税收管理和税收制度为基础的分析范式，‘税务筹划’观点主要代表了以会计学中的税务会计和财务管理为

① 庄粉荣：《实用税收策划》（西南财经大学出版社 2001 年版），把税收筹划称为“税收策划”。

② 刘心一、刘从戎：《税收规划——节税的原理、方法和策略》（经济管理出版社 2006 年版），把税收筹划称为“税收规划”。

③ 盖地：《税务筹划》（高等教育出版社 2003 年版）、《税务会计与税务筹划》（中国人民大学出版社 2004 年版）、《企业税务筹划理论与实务》（东北财经大学出版社 2005 年版），书名都明显体现“税务筹划”的称谓。

基础的研究思路。在某种程度上，两者体现了殊途同归的学术思想，也是国内税收筹划研究‘百家争鸣、百花齐放’的发展趋势所使然，都是值得加以肯定的……循着研究传承的逻辑一致性，既然在‘tax planning’一词引入我国之初就将其译为‘税收筹划’，况且这种译法也没有什么不妥之处，并能够更好地体现纳税人减轻税收负担的中性结果，今后也不妨继续沿用约定俗成的规范用语。”[①]

关于税收筹划主体，目前有“征纳双方”[②]与“纳税人一方”两种观点。税收筹划主体仅包括纳税人一方的观点是学术主流，大量的文献都支持这一观点。笔者认为，所谓的征税筹划，其实是不存在的，只不过是征税计划或征税规划，即针对不同性质、不同表现的纳税人，税务机关采取不同的监控方式和征管模式，以实现税款征收管理的计划性和有效性。

2. 税收筹划的学科定位

关于税收筹划的学科定位及与其他学科的关系，笔者认为，税收筹划应归属于财务管理范畴，税收筹划的目标与财务管理的目标应该一致。现代企业财务管理的目标是企业价值最大化，影响企业价值最大化及其计量的重要变量是现金流，而税收筹划的功能之一就是对现金流的管理，包括节约现金流、获得货币时间价值等，并为财务安排与规划增加了新的分析因素。税收筹划与企业价值具有相关性，从而使税收筹划成为现代企业财务管理的重要组成部分。

税收筹划天然不是税务会计，而税务会计必然衍生出税收筹划。企业税收活动离不开税务会计，税收征管依据企业的税务会计信息进行，进而也导致税收筹划对遵从税法的税务会计产生依赖；不以税务会计为依据，税收筹划是无法进行的。因此，税收筹划与税务会计相辅相成、交相辉映，形成一种交叉互补的依存关系。对于税务会计与税收筹划的关系，盖地教授有着精辟的见解：“在会计专业中，税务筹划可以不作为一门独立的学科，而是作为税务会计的组成部分。”[③]查尔斯 T. 亨瑞格等著的《会计学》中更是一语破的：“税务会计有两个目的：遵守税法和尽量合理避税。”其实，税收筹划是一门新兴的复合性、应用型学科，融财务学、会计学、税收学、法学、管理学知识为一体。税收筹划学科本身自成体系，所以许多学者还是倾向于把它单独作为一门学科。对于税收筹划与管理会计的关系，许多学者认为，税收筹划实际上也可归为管理会计范畴，因为不仅有着涉税会计决策，而且也给企业管理提供许多有益的内部税务会计信息。

3. 税收筹划的概念

什么是税收筹划，可谓众说纷纭，目前尚难从词典和教科书中找出很权威、很统一的说法。下面是一些国内外学者的观点：

---

① 黄凤羽：“从消极避税到阳光筹划”，《税务研究》，2006（6）。

② 张中秀所著《公司避税节税转嫁筹划》（中华工商联合出版社 2001 年版）一书认为：税收筹划 = 纳税筹划 + 征税筹划。贺志东所著《征税筹划》，站到税务机关的角度，专门对征税筹划进行探讨。刘建民等所著《企业税收筹划理论与实务》认为，税收筹划的内容主要涉及两个方面：一种是站在税收征管的角度进行的纳税筹划；另一种是站在纳税人减少税收成本的角度进行的征税筹划。

③ 盖地：《税收筹划几个基本理论问题探讨》（天津财经大学 2005 年 MPACC 税收筹划教学研讨会论文集）。

荷兰国际财政文献局（IBDF）编写的《国际税收词汇》中是这样定义的："税收筹划是指纳税人通过经营活动或个人事务活动的安排，实现缴纳最低的税收。"

美国南加州大学 W. B. 梅格斯博士在与别人合著的《会计学》中，对税收筹划作了如下阐述："人们合理而又合法地安排自己的经营活动，使之缴纳可能最低的税收。他们使用的方法可称之为税收筹划……少缴税款和递延纳税是税收筹划的目标所在。"另外，他还说："税制的复杂性使得为企业提供详尽的税收筹划成为一种谋生的职业。现在几乎所有的公司都聘用专业的税务专家，研究企业主要经营决策上的税收影响，为合法地少纳税制定计划。"

唐腾翔、唐向在《税收筹划》一书中写道："税收筹划指的是在法律规定许可的范围内，通过对经营、投资、理财活动的事先安排和筹划，尽可能地取得'节税'（Tax savings）的税收利益。"①

盖地在其所主编的《税务筹划》一书中，把税收筹划定义为："纳税人依据所涉及的税境（Tax boundary）和现行税法，在遵守税法、尊重税法的前提下，以规避涉税风险，控制或减轻税负，有利于实现企业财务目标的谋划、对策和安排。"②

从上述观点来看，虽然税收筹划没有一个统一的概念，但大家存在一些共识，即税收筹划是在法律许可的范围内合理降低税收负担和税务风险的一种经济行为。本书把税收筹划定义为：纳税人或扣缴义务人在既定的税制框架内，通过对纳税主体（法人或自然人）的战略模式、经营活动、投资行为、理财涉税事项进行事先规划和安排，以达到节税、递延纳税或降低税务风险为目标的一系列税务规划活动。

所以，对税收筹划的认识宜从多个角度去观察，从多个层面去理解，切忌呆板和僵化，正所谓"横看成岭侧成峰，远近高低各不同"。实际上，在税收征纳活动中，税收筹划是纳税人对税收环境的反应和适应，这种反应和适应不仅仅是减轻税负，还有降低纳税风险的要求。所以，纳税人应该分析中国税收环境的特征，掌握不同领域税收政策的差异，了解税务当局的征税信息，有针对性地开展税收筹划活动。毋庸置疑，纳税人的税收筹划行为也影响着税收制度的变迁。

四、税收筹划的深层诠释

从市场经济的国际经验来看，税收筹划早已有之，在西方有"皇冠上的明珠"之美誉。为了科学理解和运用税收筹划，这里对税收筹划做进一步诠释。

1. 税收筹划属于财务管理的范畴，其性质是一种理财活动

纳税人或扣缴义务人为达到降低税收负担的目的而开展的税收筹划活动，属于企业财务管理的重要组成部分。这主要体现在选择和安排投资、经营及交易等事项的过程之中。在税法框架内，纳税人往往面临着多种纳税方案的选择，纳税人可以避重就轻，选择税负最低或税后收益最大的纳税方案，最大限度地减轻企业的税收负担。但需要提醒的是，企

---

① 唐腾翔、唐向：《税收筹划》，中国财政经济出版社 1994 年版，第 14 页。

② 盖地：《税务筹划》，首都经济贸易大学出版社 2011 年 3 月第 4 版，第 13 页。

业的经营管理应以合法为前提，如果采取违法手段来减少税款支出，不仅有损于企业形象，而且还会受到严厉制裁，从而对企业的生产经营产生负面影响。所以，讲求税收筹划，不是要我们如何去挖空心思偷税、避税和逃税，而是充分利用税法赋予纳税人的权利，运用科学的方法和手段开展经营管理活动，用足、用好、用活税收优惠政策，这与政府制定税法的初衷是相互吻合的。

2. 税收筹划是纳税人的一项重要权利

税收筹划的“权利观”涵盖以下三方面的内容：第一，纳税人依法纳税，但同时又有避免多缴税的权利；第二，纳税人可以合理谋划其涉税事项，尽可能实现税负最小化；第三，纳税人需要维护其正当权益，采用经济手段抑或法律手段都是正当的、适宜的，纳税人的合法权益理应受到社会的普遍关注。

3. 税收筹划是企业的一种长期行为和事前筹划活动

税收筹划不仅仅着眼于法律上的思考，更重要的是着眼于总体的管理决策上，有时还与企业发展战略结合起来。所以，税收筹划要从长计议，不可短视。纳税人在进行税收筹划时，除了要通晓税法外，还要熟知会计、审计、财政、金融等相关经济法律和法规，真正做到事前筹划，不逾矩不违规，使税收筹划方案符合国家的政策导向。

4. 税收筹划是一种降低企业经营成本的有效手段

税收筹划节税与降低产品成本有着同等重要的经济价值。对于纳税人来说，税收的无偿性决定了其税款的支出是企业一项不折不扣的现金流出，且没有与之直接匹配的收入项目。从这一角度看，节税等于直接增加企业的净收益，与降低经营成本具有同样的意义。

5. 税收筹划是市场经济发展的必然产物

税收筹划的产生有两个基本条件：一是企业利益的独立性和法定范围内经营管理的自主化，二是国家和企业之间利益分配关系的规范化与税收秩序的正常化。这是市场经济提供的先决条件。税收筹划是适应经济发展的一种普遍的市场行为，既具有现实性，也具有可能性。

6. 税收筹划是纳税人对税法合理而有效的运用

纳税人必须依照税法规定办理税务登记，设置账务，并按照税法规定进行纳税申报，及时缴纳税款，并主动接受和积极配合税务机关的检查，这是纳税人应尽的义务。当然，纳税人在承担义务时，也享有相应的税收筹划的权利。合理、有效地运用税收筹划，依法纳税，科学纳税，这是纳税人纳税意识增强、纳税观念提高、纳税方法纯熟、纳税效益明显的一个标志。这不仅有利于纳税人降低纳税风险提高收益水平，而且有利于税务机关提高税收征管水平，加强税收监督和管理。所以，税收筹划对于税收政策和征管制度的完善也会起到积极的促进作用。

7. 税收筹划的目标并非“税负最小化”

税收筹划的目标不仅仅体现在降低企业税负，其真正目标是在税制框架约束下的税后利润最大化或股东财富最大化。在现实经济生活中，最优的税收筹划方案并不一定是税负最小化的方案，但一定是税后利润最大化或股东财富最大化的方案。这是因为，税收负担的降低并不一定等于企业税后利润的增加，有时一味追求税款的减少反而可能会导致税后利润的下降。

税收筹划的目标还在于管理和控制税务风险，管理和控制税务风险主要从以下四个方面操作：第一，吃透税收政策，正确运用税收政策；第二，提高纳税自查的能力，在纳税申报之前进行全面的检查、过滤，排除税收隐患；第三，掌握纳税技巧，提高税收筹划方案的设计能力；第四，从战略角度审视企业的财税管理，做到战略、经营、财务、税务的协调统一。

8. 税收筹划风险与收益并存

税收筹划是一种事前行为，具有长期性和预见性的特点，而国家政策、税收法规在今后一段时间内有可能发生变化。所以，税收筹划和其他财务管理活动一样，也是收益与风险并存，这是市场经济的普遍规律。当然，纯粹考虑税收筹划还可能导致投资扭曲风险。现代税制遵循税收中性原则，即纳税人不因政府课税而改变其既定的投资活动，在没有税收考虑的情况下，纳税人可能准备投资于他所认为的最优的经济项目，但政府对这类经济项目课征税赋时，纳税人往往被迫将资金投向其他的"次优"经济项目。放弃"最优"而选择"次优"，必然会给企业乃至国家招致某种程度的利益损失，这种由于课税而改变纳税人投资行为给企业带来机会损失的风险即为投资扭曲风险，这在现实经济生活中是屡见不鲜的。

9. 税收筹划要考虑实际税负水平

影响实际税负水平的主要因素是货币时间价值和通货膨胀。货币时间价值对企业投资绩效及税负水平的最深刻影响表现在现金流量的内在价值的差异方面。因此，企业开展税收筹划，必须重视提高应收账款的收现速度和有效比重，在不损害企业市场信誉的前提下，尽可能延缓税收支出的时间和速度，控制即期现金支付的比重。通货膨胀对实际税负水平的影响，主要考虑以下两个方面：一是通货膨胀会形成应税收益中的高估不利影响，二是通货膨胀使得企业延缓纳税能达到抑减税负的效应。

10. 税收筹划活动要考虑边际税率

对税收筹划影响较大的税率不是某一税种的平均税率，而是其边际税率。边际税率是在一定税基基础上，对每一单位新增加的税基所适用的税率，对比例税率而言，边际税率是不变的，始终等于基本税率；对累进税率或累退税率而言，边际税率随应税所得额的大小和税率结构的变化而变化。在实践中，往往会出现"边际税率越低，税收收入越高，边际税率提高，税收收入反而降低"的怪现象，这反映了边际税率变化对纳税人心理的影响及对经济行为的影响。企业通过对边际税率的考察，可以合理控制边际收益与边际成本，进行相关的税收筹划活动。

11. 税收筹划要树立"大系统思维"

大系统思维就是全局观，即以整体观念和系统思维来看待不同的税收筹划方案。中国有句谚语："天时不如地利，地利不如人和。"这里讲的是天时、地利、人和三者之间的辨证关系，反映了中国传统文化中的的系统思维方法，我们在解决一切问题时都应该运用大系统思维。因此，税收筹划也要从市场微观经济循环和宏观经济系统角度整体考虑，全面分析一切影响税收筹划的因素和条件。也就是说，税收筹划活动也要讲求"天时、地利、人和”。

五、税收筹划与偷税、避税的区别

（一）偷税（Tax Evasion）

偷税是指负有纳税义务的纳税人，故意违反税法，通过对已发生的应税经济行为进行隐瞒、虚报等欺骗手段以逃避缴纳税款的行为。偷税也可以称为逃税，具有明显的欺诈性和违法性。

在我国税收实践中，偷税被解释为：“纳税人伪造、变造、隐匿、擅自销毁账簿、记账凭证，或者在账簿上多列支出或者不列、少列收入，或者经税务机关通知申报而拒不申报，或者进行虚假的纳税申报，不缴或者少缴应纳税款的，是偷税。”① 偷税具有欺诈性与隐瞒性。偷税具备以下基本特征：（1）偷税的目的是非法占有税款。（2）偷税在手段上采取故意制造错弊、涂改凭证、伪造单据、更改账表等技术，采用欺诈方法达到减轻税负的目的。（3）偷税属于非法行为，造成国家税款的大量流失，破坏经济活动的公平性，败坏社会风气。

1. 偷税的五种形式

（1）伪造、变造、隐匿、擅自销毁账簿、记账凭证。对于本条争论最多的是取得的发票等原始凭证是否属于本条所列举的行为。

从法律条文的字面含义理解，的确未明确载明“原始凭证”字样，根据法无明文规定禁止即不为违法的原则，这样的理解有一定的道理。但是，根据这一理解，在实际运用中会得出一个悖论：纳税人只要保持记账凭证上的记载数据等于所附原始凭证的汇总数据（这样就不存在伪造记账凭证的问题），就不存在伪造、变造记账凭证的问题。纳税人取得伪造、变造的原始凭证即使可能造成偷税，但是仍不属于本条所列举的偷税手段，不构成偷税，只能按照未按规定取得发票处罚。显然这种从字面理解出来的含义不是立法意图所想要表述出来的思想。

为此，最高人民法院于 2002 年 11 月 5 日对此行为进行了司法解释：纳税人伪造、变造、隐匿、擅自销毁用于记账的发票等原始凭证的行为，应当认定为刑法第二百零一条第一款规定的伪造、变造、隐匿、擅自销毁记账凭证的行为。此司法解释补充完善了这一立法漏洞。

（2）在账簿上多列支出或者不列、少列收入。对于本条争议较多的是对于纳税人取得的虚开增值税专用发票并且进项税额已入账是属于哪一种偷税手段，有的观点认为应当属于伪造记账凭证，另一种观点认为《中华人民共和国税收征收管理法》中未列出这种偷税手段，根据法无明文规定禁止即不为违法的原则，对于取得虚开的增值税专用发票的行为不应确定为偷税行为。

对此国家税务总局以规章的形式进行了界定：纳税人非法取得虚开的增值税专用发票上注明的税额已经记入“应交税金”作进项税额，构成了“在账簿上多列支出……”的

① 《中华人民共和国税收征收管理法》第六十三条。

行为，应确定为偷税。

(3) 经税务机关通知申报而拒不申报纳税。在这一条上，税务干部普遍存在的一种理解是：纳税人应申报而未申报，经税务机关通知申报而仍不申报。在实务操作上，为避免可能会有的争议，通常情况下，通知的方式还主要表现在书面通知上。税务机关这么操作，当然是无可非议的。但是，对于这一条的理解上存在重大偏差。

最高人民法院在对《中华人民共和国刑法》中关于偷税罪的本项偷税手段（与《中华人民共和国税收征收管理法》中的表述是一致的）的司法解释中指出：

具有下列情形之一的，应当认定为《中华人民共和国刑法》第二百零一条第一款规定的“经税务机关通知申报”：纳税人、扣缴义务人已经依法办理税务登记或者扣缴税款登记的；依法不需要办理税务登记的纳税人，经税务机关依法书面通知其申报的；尚未依法办理税务登记、扣缴税款登记的纳税人、扣缴义务人，经税务机关依法书面通知其申报的。

(4) 进行虚假纳税申报。与这一概念相关联的是“编造虚假的计税依据”，两者在表现上极其相似。但由于两者是不同性质的违法行为，其所受处罚也有很大的不同：“进行虚假的纳税申报”按照偷税处罚，“编造虚假的计税依据”可处以5万元以下的罚款。区别两者的不同，对于适用法律的罚则条款十分重要，同时对于保护纳税人的合法权益有着十分重要的意义。

最高人民法院的司法解释指出：“虚假的纳税申报”，是指纳税人或者扣缴义务人向税务机关报送虚假的纳税申报表、财务报表、代扣代缴、代收代缴税款报告表或者其他纳税申报资料，如提供虚假申请，编造减税、免税、抵税、先征收后退还税款等虚假资料等。主要表现是申报表、申报资料与纳税人账簿记载的内容不一致。

根据国家税务总局税收征管司的释义，纳税人编造虚假计税依据，是指编造虚假的会计凭证、会计账簿或者通过修改、涂抹、挖补、拼接、粘贴等手段变造会计凭证、会计账簿或者擅自虚构有关数据、资料编制虚假的财务报告或者虚报亏损等。

编造虚假计税依据可能有两种结果，一种是编造虚假计税依据，造成不缴或少缴应纳税款。对于这种行为，应该认定为偷税。应按《中华人民共和国税收征收管理法》第六十三条的规定，“对纳税人偷税的，由税务机关追缴其不缴或者少缴的税款、滞纳金，并处不缴或者少缴税款50%以上5倍以下的罚款”。

编造虚假计税依据的另一种后果是，并未产生实际的不缴或少缴税款的事实，但却影响了申报的真实性，可能造成以后纳税期的不缴或少缴税款，如编造虚假计税依据后，增加了亏损额，但还没有造成实际的不缴或少缴。对于这种行为，根据《中华人民共和国税收征收管理法》第六十四条的规定，税务机关有权责令纳税人、扣缴义务人在规定的时间内改正编造的虚假计税依据，同时处5万元以下的罚款。

由此可见，纳税人编造虚假计税依据的，视其是否造成不缴或少缴税款的情况，分别按《中华人民共和国税收征收管理法》第六十三条或第六十四条进行处理，不应同时适用两条规定。

(5) 骗取税款。骗取税款有很多表现形式，这里主要划分为以下三种情况：

第一，纳税人先缴纳了税款，然后以假报出口或者其他欺骗手段骗取所缴纳的税款，这种情况下，应当认定为偷税；

第二，纳税人未缴纳税款，以假报出口或者其他欺骗手段骗取国家出口退税的，这种情况下，应当认定为骗取出口退税；

第三，纳税人先缴纳了税款，然后以假报出口或者其他欺骗手段骗取比所缴纳的税款数额更多的税款，如纳税人先缴纳了100万元的税款，然后骗取150万元的税款。在这种情况下，应当分别认定：对于骗取的出口退税款中与纳税人缴纳数额相等部分，如本例中的100万元，认定为偷税；对于超过已缴纳的税款部分，如本例中的50万元(150－100)，认定为骗取出口退税。

在理解本条时应当知道一点，就是骗取的出口退税与已缴税款之间有着同一笔业务的因果联系，这时可以认定为偷税。否则，即使纳税人其他货物缴纳了增值税、消费税也应当认定为骗取出口退税。

2. 偷税罪与逃避缴纳税款罪

我国刑法对偷税罪的解释如下："纳税人伪造、变造、隐匿、擅自销毁账簿、记账凭证，在账簿上多列支出或者不列、少列收入，经税务机关通知申报而拒不申报或者进行虚假的纳税申报的手段，不缴或者少缴应纳税款，偷税数额占应纳税额10%以上不满30%并且偷税数额在1万元以上不满10万元的，或者因偷税被税务机关给予二次行政处罚又偷税的，处3年以下有期徒刑或者拘役，并处偷税数额1倍以上5倍以下罚金；偷税数额占应纳税额的30%以上并且偷税数额在10万元以上的，处3年以上7年以下有期徒刑，并处偷税数额1倍以上5倍以下罚金"①。

依据以上法律解释，偷税罪是一种违法犯罪行为，采用这种行为来获取经济利益，其结果必然会受到法律的追究，因而偷税的风险和成本都是非常高昂的。

2009年2月28日第十一届全国人民代表大会常务委员会第七次会议通过《刑法修正案（七）》，逃避缴纳税款罪取代了原来的偷税罪。对逃避缴纳税款罪定义如下：纳税人采取欺骗、隐瞒手段进行虚假纳税申报或者不申报，逃避缴纳税款数额较大并且占应纳税额10%以上的；扣缴义务人采取欺骗、隐瞒手段，不缴或者少缴已扣、已收税款，数额较大的即构成逃避缴纳税款罪。

《刑法修正案（七）》中将刑法第二百零一条修改为：纳税人采取欺骗、隐瞒手段进行虚假纳税申报或者不申报，逃避缴纳税款数额较大并且占应纳税额10%以上的，处三年以下有期徒刑或者拘役，并处罚金；数额巨大并且占应纳税额30%以上的，处三年以上七年以下有期徒刑，并处罚金。

扣缴义务人采取欺骗、隐瞒等手段，不缴或者少缴已扣、已收税款，数额较大的，依照上述规定处罚。

（二）避税（Tax Avoidance）

1. 避税的概念

联合国税收专家小组对避税的解释为：避税是一个比较不甚明确的概念，很难用能

① 《中华人民共和国刑法》第二百零一条。

够为人们所普遍接受的措辞对它作出定义。但是，一般地说，避税是纳税人采取利用法律上的漏洞或含糊之处的方式来安排自己的事务，以减少其应承担的纳税数额，但这种做法并没有违反法律。虽然避税行为可能被认为是不道德的，但使用的方式是合法的，而且纳税人的行为不具有欺诈的性质。

国际财政文献局在 1988 年版的《国际税收词汇》中解释为："避税一词，指以合法手段减少其纳税义务，通常含有贬意。例如该词常用以描述个人或企业通过精心安排，利用税法的漏洞，或其他不足之处钻空取巧，以达到避税目的。法律中的规定条款，用以防范或遏制各类法律所不允许的避税行为者，可以称之为'法避税条款'"。

《中国税务百科全书》中对避税的解释是：避税是指负有纳税义务的单位和个人在纳税前采取各种合乎法律规定的方法，有意减轻或解除税收负担的行为。

避税定义各有不同，但上述对避税的解释都说明了避税是用合法手段或不违法手段减轻纳税义务的一种行为，有其存在的合理性。从各国法律界定和税收实践看，也存在较大差异。譬如，在美国，避税与偷税实际上并没有明确界限，避税被广泛解释为除偷税以外种种使税负最轻的技术，人为的避税技术并不是为了经济或业务发展的需要，经常与偷税紧密联系，因此应加以制止。格拉斯哥大学税务学访问教授汤姆·林奇（Tom Lyrich）对避税有一段精辟的评论："'避税'一词不幸地被冠以一种不守规矩的含义，事实上，它涵盖了很多方面的内容。比如，不仅包括对简单和现实的业务的重新组合，而这种组合安排显然是合理而方便的，还包括复杂的组合策略。这些组合安排并无实际的影响——除了减轻纳税负担外并无其他实质意义，这些人为的规划并不违法，但许多人认为这种行为应该受到惩罚，而且，更重要的是避税会潜在地导致无效率。"①

2. 避税的合法性

英国、美国、德国、阿根廷、巴西、墨西哥、挪威等国都认可纳税人拥有避税的权利。在巴西，只要不违反法律，纳税人有权选择使其缴税最少的经营模式，但纳税人执意选择必须在纳税义务法律事实发生之前进行。

但是，尽管避税的合法性在这些国家得到了法律的认可；却并不意味着政府会对一切避税行为听之任之。事实上，各国政府往往针对一些频繁发生且危害严重的避税行为制定专门的反避税制度，如转让定价税制、避税港税制等等。

少数国家认为避税行为是非法的。如澳大利亚，通常将避税和偷税等同，该国《所得税征收法》第二百三十一条规定：通过恶意的行为，通过不履行或疏忽纳税义务，通过欺诈或诡计来避免纳税，均属违法行为。1980 年颁布的《制止违反税法法案》进一步规定，妨碍公司或受托人交纳所得税、销售税的行为，或唆使、协助、商议或介绍上述行为者，均属违法。② 在这些国家，任何使法律意图落空的做法都被视为触犯法律。

---

① 汤姆·林奇：《税务实务中的道德》，原载《会计师》杂志 1987 年 11 号（The Accountant's Magazine, November 1987: 27, 28. Reprinted with the permission of the Editor of CA Magazine, Published by the Canadian Institute of Chartered Accounts, Toronto, Canada. 转引自（加）莱昂纳多·J. 布鲁克斯所著《商务伦理与会计执业道德》（中信出版社 2004 年版）。

② 国家税务总局税收科学研究所译：《偷税与避税》，中国财政经济出版社 1993 年版。

他们否认避税的具体理由是，如果避税合法，那么税收的公平原则将被破坏。澳大利亚政府对避税非法的认定，尤其是将其与偷税并列的做法，受到了许多学者的质疑。

有些国家立法中并没有明确说明避税是否合法。如我国颁布的《税收征收管理法》对避税或税收筹划的概念在法律上未作任何表述。国家税务总局税收科学研究所编著的《2002 中国税收实务手册》认为："对于逃税可以有两种理解；一种是广义的逃税，指纳税人采用各种合法或非法手段逃避纳税义务的行为。一种是狭义的逃税，指纳税人采用非法手段少交税或不履行纳税义务的行为。"通常认为，采用合法手段减轻税负或不履行纳税义务的为"避税"，采用非法手段少交税或不履行纳税义务的为"逃税"。由于我国目前还没有一部税收基本法，而在《宪法》第五十六条仅规定"中华人民共和国公民有依照法律纳税的义务"，因此避税在法律上处于空白地带。

但是，在国际上，越来越多的国家认为避税是错用（misuse）或滥用（abuse）税法的行为，是纳税人通过个人或企业事务的人为安排，利用税法的漏洞（loopholes）、特例（anomalies）和缺陷（deficiencies），来规避或减轻其纳税义务的行为，避税也已成为一种政府制止的活动。究其原因，避税虽以非违法的手段来达到逃避纳税义务的目的，但其结果与逃税一样危及国家税收，直接后果是将导致国家财政收入的减少，间接后果造成了税收制度的有失公平。斯蒂格里茨认为，尽管各种税收漏洞和税收庇护有非常大的负面后果——无效率和不公平，进而其成为税制改革的主要动力之一，但不同行业对设法取得有利于自己的特殊待遇有着强烈的动机，而且对于这种特殊待遇，常常有微不足道的理由。

一般认为，避税不符合政策制定者的立法意图，所以政府会通过制定更为详尽的税收法规来管制避税行为。这些规则主要分为两大类：一类是原则性的反避税条款，另一类是针对交易细节的具体性税法规定。从制度经济学的角度分析，一个完善的税收法规制度要么是不可能存在的，要么是代价过高的。奥巴赫（Auerbach，2002）[①] 甚至认为，税法只能针对经济活动的形式而不是实质，而形式和实质间的对应关系会发生变化。法律条文越多，规则越细；税法的模糊性和漏洞也因此越多，避税的可能性反而越多。税法在堵塞一个漏洞的同时，经常从其他方面带来更多问题。因此，税收制度漏洞和法规本身的模糊性必然存在，纳税人和政府围绕着避税和反避税的斗争也将持续下去。

国内学者在避税问题上也存在诸多分歧。多数学者包括杨斌（2004）[②]、葛家澍（2006）[③]、盖地（2008）[④] 等都明确主张，"法律没有禁止的就是允许的"，税收筹划应该包括避税。按照税收法定原则，避税并没有直接违反法律，所以不应受到法律的制裁（杨斌，2004）[⑤]；避税不是道德范畴的问题，因此，不能以道德的观念来看待法律范畴

① Auerbach, Alan J. . Taxation and Corporate Financial Policy [A] . Published in: A. J. Auerbach & M. Feldstein (ed.), 2002. Handbook of Public Economics, edition 1, volume 3, chapter 19: 1251 - 1292.

② 杨斌：《国际税收》，复旦大学出版社 2004 年版。

③ 本书编写组（葛家澍）：《企业有效避税定式》，企业管理出版社 2006 年版。

④ 盖地：《企业税务筹划理论与实务》，东北财经大学出版社 2008 年版。

⑤ 杨斌：《国际税收》，复旦大学出版社 2004 年版。

的避税行为（葛家澍，2006）[①]。虽然税收筹划（避税）行为可能会带来一定的社会危害，但国家不能超越法律规定以道德名义要求纳税人承担纳税义务；对税收筹划甚至对避税行为至少从法律上应该持肯定态度。

税收采用的是法定主义原则。税收法定原则怎么能够排斥不违反税收法律的、“非违法”的避税呢？我们只能说，国家和政府应该通过法律制度建设来规范纳税人的避税行为，但是不能认定纳税人的避税行为违法。

总之，避税是指纳税人在不违反法律的前提下，通过对生产经营活动及财务活动的安排以期达到纳税义务最小化的经济行为。由于避税的行为并不违法，所以在我国税收实践中，对避税并没有严格的法律界定和明确的法律责任，但对于纳税人利用税法漏洞和缺陷来人为减少税负支出的避税行为，税务机关采取强制性的反避税措施，调整纳税人的财务结果并要求补缴税款。

通过对避税概念的探讨，可以看出避税具有以下显著特征：

第一，合法性，或称非违法性。即避税所使用的方式是合法的或是非违法的，纳税人没有行使欺诈行为，这一点明显区别于偷税或逃税。联合国税收专家小组也认为：“避税相对而言是一个比较不明确的概念，很难利用人们所普遍接受的措辞对它作出定义。但是，一般地说，避税可以认为是纳税人采取利用某种法律上的漏洞减少其本应承担的纳税数额，虽然避税行为可能被认为是不道德的，但避税使用的方式是合法的，而且不具有欺诈性质。”[②]

第二，避税的手段表现为巧妙地利用税法漏洞来减轻税负。交易的安排不纯粹是出于正常交易动机，或者纯粹是出于税收动机，或者既包含商业动机，也包含税收动机。

第三，避税行为尽管不违法，但往往与税收立法意图相违背，可能被认为是不道德的。但避税行为是不道德的，只是说是“可能”，因为避税方式多种多样，很难明确界定。

避税形式多种多样，譬如原来我国对香皂征收消费税，因其属于护肤护发品系列，而肥皂则不属于此系列，所以不征收消费税。对此有一厂商钻政策的空子，生产了一种名为“阿尔贝斯皂”的介于肥皂和香皂之间的产品，这一做法显然带有避税倾向。在国际领域，避税最常见、最一般的手法是利用“避税港”（指一些无税收负担或税收负担极低的特殊区域）虚设经营机构或场所转移收入、转移利润，以及利用关联企业之间的转让定价转移收入和利润，实现避税。由于通常意义上的避税行为有悖税法精神，也可以说是对税法的歪曲或滥用，故世界上多数国家对这种行为采取不接受或拒绝的态度，一般针对较为突出的避税行为，通过单独制定法规或在有关税法中制定特别的条款来加以反对。

3. 避税的分类

避税行为在经济领域普遍存在，从本质上讲，避税和税收筹划其实有着密切的联系，正如一枚硬币有正反两面一样。避税则是从政府角度定义，侧重点在于回避纳税义务；而税收筹划只不过是从纳税人角度进行的界定，侧重点在于减轻税收负担。由于征纳双方立场不同，纳税人从个体利益最大化出发，在降低税收成本（包括税收负担和违法造成的税

① 本书编写组（葛家澍）：《企业有效避税定式》，企业管理出版社 2006 年版。

② 苏晓鲁：《偷漏税及其防范》，中国劳动出版社 1994 年版。

收处罚）而进行筹划的过程中会尽量利用现行税法，当然不排斥钻法律漏洞；而税务当局为保证国家财政收入，贯彻立法精神，必然反对纳税人避税筹划的行为。但这种反对仅限于道义上的谴责，正如劳德·邓宁所说的那样："避税可能合法，但不道德。"所以，只要没有通过法定程序完善税法，就不能禁止纳税人在利益驱动下开展避税活动。①

根据避税活动的行为方式及其影响，可以把避税分为以下两类：一是灰色避税，二是中性避税。

灰色避税是通过改变经济活动的本来面目来达到少缴税款的避税行为，或者是企业会计核算和纳税处理中所反映的信息不符合经济事实。

案例分析

王某兄弟二人开办一个私营公司，将其已赋闲养老的父母均聘为公司正式员工，王老夫妇二人工作甚为轻松，但报酬优厚。如果王某兄弟二人不将父母聘入公司，则王某兄弟要先获得较高的个人收入（包括工资、薪金收入和红利所得），在扣缴了个人所得税后，用税后所得去赡养二老。现在让王老夫妇"上班"，并获得与其劳动明显不相称的工资收入，显然是利用了中国传统的家族关系，将本属于王某兄弟的个人收入分解部分到其父母名下，这里只是利用了对公司人事安排和薪酬决策的权力，变相地转移了收入。但是，这种行为表象与事实不符，是现行税法所不支持的。

对于灰色避税行为，我们认为属于违背道德伦理的行为，应该受到道德的谴责。同时，税务机关在掌握了有关证据后可以实施纳税调整，进行反避税。中性避税主要是利用现行税制中的税法漏洞或缺陷，或者是利用税收政策在不同地区、不同时间的差异性，通过对经济活动的周密策划和适当安排，从而将应税行为转变为非税行为，将高税负活动转变为低税负活动的避税方式。

"税法漏洞"是指所有导致税收失效、低效的政策条款。税法漏洞由于税制体系内部结构的不协调性或不完善性而难以避免，这些条款往往自身规定矛盾或在具体规定中忽视某个细小环节，抑或存在较大的弹性空间和不确定性。缺陷性条款多表现在法治程序、定额税、转让定价及税收管辖权等方面，在国际税收领域，因各国利益及税收制度的诸多差异而广泛存在。

案例分析

本世纪初期，中国爆发了一场特殊的"非典"灾难。为了支持"抗非典"工作，《财政部、国家税务总局关于非典型肺炎疫情发生期间个人取得的特殊临时性工作补助等所得免征个人所得税问题的通知》（财税［2003］101号）规定：对于非典型肺炎疫情发生期间，在医疗机构任职的个人取得的特殊临时性工作补助等所得免征个人所得税。根据这项政策，一些医疗机构及医疗行业相关单位乘此机会大搞奖金分配和福利补助，从形式和内容上都与"抗非典"工作结合起来，以此规避个人所得税。避税成功的主要原因在于这是税制中的一个漏洞。在这种特定的条件下，纳税人主动规范和界定自己的行为，利用税法漏洞避税。这是无可厚非的，也是一种不违背伦理道德的行为。

再如，政府对白酒课征较高的税收，而纳税人为规避税收就减少对白酒的消费，增加对啤酒和其他红酒的消费。这也是一种典型的避税行为，但该行为顺应了税法要求，属于完全合法的避税行为。

① 笔者认为，虽然有些避税行为没有触犯法律，可以被社会所接受。但另一方面，对于不合理的避税行为，如果道德约束无力，则会给社会增添许多交易成本，这些交易成本可能来自于税务稽查成本、税法修订成本，避税案件调查成本等。

避税行为在实践中有着极大的机会主义倾向，通常采取微妙的、狡猾的欺骗性形式。避税又与不完全信息联系在一起，信息不对称助长并强化了避税行为，避税极易走向扭曲、误导、模棱两可或混乱等故意行为。如灰色避税就带有典型的机会主义倾向，应该受到商业伦理的约束。而中性避税是纳税人的一种适应性行为，是对税收环境的一种敏感反应，不仅应该受到法律保护，而且也与商业伦理并不相悖，是一种市场利益驱动下的正常行为。

市场经济是以制度为基础的法制经济，但市场经济的运行离不开伦理基础，社会经济秩序的维护在一定程度上也依靠伦理的力量，因为伦理会影响了人类的行为方式。对于避税行为，存在着道德压力，而不仅是法律问题。避税行为是否触及伦理道德，不一而足，必须将其放在特定的经济制度与环境中来考察，正所谓“橘生淮南则为橘，生于淮北则为枳”。

4. 科学运用税收筹划

税收筹划是符合税法要求的，是市场条件下纳税人维护自身合法权益的一种正当行为。与偷税、避税行为相比较，我们对税收筹划行为对比分析如下：

（1）税收制度是税收筹划的基础。正因为政府征税才有纳税人的税收筹划，换言之，如果政府不征税或者企业不缴税，当然也就无需税收筹划。

税收制度一贯强调税收法定主义。税收法定主义最早产生于英国。1215 年英国《大宪章》在世界历史上第一次对国王征税权作出限制。1689 年国会制定《权利法案》，规定国王不经国会同意而任意征税是非法的，只有国会通过法律规定，才能向人民征税，这正式确立了近代意义上的税收法定主义。所谓税收法定主义，是指税法主体的权利义务必须由法律加以规定；税收的各种构成要素必须由法律予以明确规定；没有法律依据，任何主体不得征税或减免税，任何人不得被要求纳税。

从税收法定主义角度观察，税收制度的法定性越强，税收筹划的预期性越明确，税收筹划的技术、方法就越具稳定性和规范性。正是税收的法定性要求才催生了税收筹划。税收筹划要求遵从税收制度的约束，但纳税人只要符合税收规则，就可以“打擦边球”，这也是税收法定主义带给我们的启示。

政府征税产生了税收制度，也才出现了纳税人的税收筹划，所以，税收制度与税收筹划可谓是一对“孪生兄弟”，两者有着密切的联系：一方面，健全、合理、规范的税收制度，将大大缩小纳税人偷逃税款等违法行为的空间，从而促使其通过税收筹划寻求自己的税收利益；另一方面，税收制度作为贯彻国家权力意志的杠杆，不可避免地会在其立法中体现国家推动整个社会经济运行的导向意图，会在税负公平、税收中性的一般原则下渗透税收优惠政策。而税收优惠政策的存在，使得同一种税在实际执行中的差异形成了非中性的税收制度，这无疑为企业选择自身利益最大化的经营理财行为，即进行税收筹划提供了客观条件。

税收制度中还存在一些税法差异和“缺陷”，企业会利用这些差异和“缺陷”进行旨在减轻税负的税收筹划。如果仅从单纯的、静态的税收意义上说，的确有可能影响国家税收收入的相对增长。但这是短期的，税收制度的这些差异或“缺陷”，其实质是国家对社会经济结构进行能动的、有意识的优化调整的工具，这也可视为是国家为获取未来更大预期收益而支付的有限的机会成本。所以，企业利用税收制度的非完全统一性所实现的税负减轻，与其说是利用了税收制度的差异和“缺陷”，还不如说是对税法意图的有效贯彻和执行。

（2）税收筹划的法律规制。税收筹划是纳税人的一项基本权利，其存在的合理性及法理基础在于税收关于纳税人基本权利的规定。税法关于税收筹划的法律规制主要体现在以下四个方面：

第一，税收法定包含纳税人税收筹划的权利。目前，国际上普遍认可纳税人拥有进行税收筹划的权利。在确认税收筹划权利的前提下，各国也采取了各种措施，如完善税法，缩小纳税人利用税法漏洞进行筹划的空间。税收筹划在我国税收实践中也被普遍接受，并作为纳税人的一项基本权利得到法律的认可。

第二，税收法定划定了税收筹划的范围和空间。按照法学理论，法律一方面通过宣告权利，赋予人们从事社会经济活动的选择范围，另一方面又通过设置义务，激励或抑制某些经济行为。在税收法定原则下，纳税人一方面享有税收筹划的权利，另一方面又必须依法纳税。假如我们把税收法定看作一个征收区间，在征收区间内纳税人必须依法纳税，而在征收区间之外，即是税收筹划的空间与范围，纳税人享有筹划节税的权利。没有法定的征收区间便难以界定税收筹划的空间与范围。

第三，税收法定是确认税收筹划合法与否的标准和依据。法律作为一种行为标准和尺度，具有判断、衡量人们行为合法与否的评价作用。在税收法律关系中，税收法定原则同样为纳税人纳税、税务机关征税建立了明确的评价标准和规定，纳税人的税收筹划行为是合法还是非法，是税收筹划行为，还是避税、偷税、逃税或骗税行为，这些都需要税收法定原则在相应的税收法律中予以明确。

第四，税收法定对税收筹划予以保护和救济。对于征税主体双方来说，所处的地位与立场是截然不同的。国家以往倾向于保证税务机关的征税权利，而随着市场经济的推进和税收观念的转变，社会各界也逐步认识到保护私有财产的重要性。《中华人民共和国税收征收管理法》第一条明确规定要“保护纳税人的合法权益，促进经济和社会发展”，第五十一条还规定：“纳税人超过应纳税额缴纳的税款，税务机关发现后应当立即退还。”这说明按照国家税收法律缴纳税款之外的任何款项，都是对纳税人私有财产的侵害。同理，纳税人进行税收筹划节约的税款属于纳税人的合法收入，按照税收法定原则应该得到法律的保护与救济。

（3）税制框架下的税收筹划权。纳税人自由行使税收筹划权主要表现在以下四个方面：

第一，期待税收筹划的利益。纳税人为什么要进行税收筹划？按照经济学观点，纳税人是在社会经济状态中从事生产、消费、交换的行为人，具有“经济人”的特征，并以此作为选择行为方式准则的主体，这种对自身利益的追求在税收法律关系中，必然带来对税收筹划利益的追求与向往。

第二，分析税收筹划的空间。这是行使税收筹划权的前提条件，在税收制度中，影响税收筹划空间的因素既与纳税人的自身状况有关，也受国家具体税法条款的影响，还与国家宏观政策环境有关。仅从税收制度层面分析，无论税法多么健全严密，税负在不同纳税人、不同纳税期、不同行业和不同地区之间总是存有差别的。而不同的纳税人、不同的税种、不同的计税依据和税率，其税收筹划的空间是不同的。例如税法对计税依据规定得越详细，计税金额或数量调整的幅度越大，其税收筹划的空间也越大。由于各种影响税收的因素存在，税收筹划的空间也是客观存在的，并且各种条件下其税收筹划的空间大小、广度和深度都是不一样的，这就给税收筹划带来了广阔的运作空间。

第三，优化税收筹划的方案。获取税收筹划利益需要在众多的备选方案中进行科学决策，这需要有一定的专业技术，一些专门从事税收筹划的机构和专家便应运而生了。实践中，一项经济活动往往存在多个纳税方案，且每种方案对应于某种特定的预期收益或目标效益，但同时都需要付出一定的代价或风险。在这种约束下，纳税人总是倾向于选择收益最大化的方案。通过这种最优纳税方案的选择和技术运作，为纳税人寻找节税利益、降低税收成本提供了极大的可能和众多的机会。

第四，遵守税收筹划的规则。“法律按其真正的涵义而言与其说是限制，还不如说是指导一个自由而有智慧的人追求他的正当利益。”① 而越轨的自由不是真正的自由。税收法定原则确立了纳税人的税收筹划权利，而税法规定这种权利的同时，也要求权利的行使必须遵循一定的规则，以使自由的潮流不致横溢。这就要求纳税人不断地更新税收筹划的内容与方法，与时俱进，不断适应国家税收政策的调整及变化。

5. 税收筹划的基本原则

（1）综合性原则。综合性原则是指纳税人不仅要把税收筹划放在整体经营决策中加以考虑，而且要把它放在具体的经济环境中加以考虑。税收筹划是为企业整体利益最大化服务的，它是方法和手段，而不是最终目的。因此，企业进行税收筹划，必须在对其经营活动整体加以权衡才能取得最大的利益。这种整体权衡主要指以下方面：

其一，同时兼顾相关各税种。企业的任何一个经济活动，都会涉及多个税种的课征。

其二，全面考察相关年度的盈亏情况、课税情况及未来发展要求。

其三，应对经济活动参与各方税负情况综合考虑。

（2）经济性原则。经济性原则是指企业进行税收筹划是为了获得“整体经济利益”，而不是“某一环节税收利益”。因此，企业在税收筹划时要进行“成本效益分析”，以判断在经济上是否可行、必要。

税收筹划所获得的整体利益是指它给企业带来的纯经济利益，即：

纯经济利益 = 筹划后的经济利益 − 筹划前的经济利益

这种税收利益的大小，常常与税法、经济环境有很大关系。当企业税收负担重、课税税率高（特别是超额累进税率具有高边际税率）、税收优惠条款复杂时，企业是否采取税收筹划，效果大不一样。税收筹划的成本则包括为进行筹划所花费的时间、精力和

① 洛克：《政府论（下）》，商务印书馆 1981 年版。

财力。由于税收筹划涉及面广，有时需要税务方面的专业人才参与方可成功，因此很多企业聘请税务专家为其筹划，这就有支付税务专家费用的问题。在企业规模越大、经营范围越广、业务越复杂时，所花费的成本也就越高。税收筹划行为选择的标准是：筹划收益大于筹划成本时，应当开展税收筹划；筹划成本高于收益时，应当放弃税收筹划。

在进行成本效益分析时，还要考虑税收筹划的风险性。在无风险时，当然是收益越高越好；但存在风险时，高风险常常伴随着高收益，这时不能简单比较收益大小，还应考虑风险因素以及经过风险调整后的收益大小。税收筹划之所以有风险，与经济环境、国家政策及企业自身活动的不断变动有关。如果一切都可预测、可量化，那么就无风险可言。但在现实中，有的税收筹划是立足于长期规划的，长期性则蕴含着较大的风险性。例如，在较长一段时间内，国家可能调整税法，开征一些新税种，减少部分税收优惠；企业预期的盈利由于经济波动、市场疲软而变为亏损，那么根据预计盈利情况而设定的筹划则变得不可行；在较长时间内，国家政策也会发生变动，等等。

（3）守法性原则。税法是处理征纳关系的法律规范，是征纳双方共同遵守的法律准绳。纳税人依法纳税，税务机关也应依法征税。纳税人如果违反税法的规定，会受到法律惩处；如果有多种纳税方案可供选择时，纳税人合法地选择缴纳低税负的方案，则是无可非议的。因此，守法原则是企业进行税收筹划时首先要遵守的最基本的原则。守法性原则还要求企业正确进行纳税申报、及时足额地缴纳税款。

如何正确区分合法与非法是极为重要的，税务部门判断企业一项经济行为是否合法的标准通常有以下四个：

①动机检验。这一标准是税务部门对一个纳税人的经济活动和安排的法律特征或其他特征进行检验，看其主要或部分目的是否在部分或完全逃避纳税义务。如果税务部门认定纳税人的一项经济活动和安排的主要目的或部分目的是在部分或完全逃避纳税义务，那么这项经济活动和安排就是非法的。在实践中，这条标准是难以单独行使的。因为动机存在于纳税人头脑中，税务部门无法直接判断，只能通过分析纳税人在经济事务上的处理是否正常、合理来间接判断。

②人为状态检验。这是分析税收问题时借用的一个民法概念。如果立法机关具有在一定范围内开征一种税的意图，此意图已被纳税人发现，纳税人可能采用一种表面上遵守税收法规，而实质上与立法意图相悖的合法形式来达到自己的目的，在这种状况下，合法的形式背离了实际状况，那么这种处心积虑的合法形式称之为“人为状态”。税务部门可以根据这一标准检验纳税人是否以合法的形式来违背立法机关的征税意图。但是税务部门把它作为一种独立的判断标准来使用尚有很大困难。

③受益检验。受益是指纳税人实际进行某种安排而减少的纳税额或获得的其他税收上的好处。税务部门根据某项经济活动的受益情况，检验这项经济活动的性质。如果一项税收上的好处只是一种特定交易的唯一结果，税务部门则将这项特定的交易判断为非法的；如果一项税收上的好处是某一交易的主要或仅是一部分之间，税务部门则将这项特定的交易判断为合法的。

④规则检验。指税务部门运用具体成文的法律规定来进行检验，看纳税人是否有违

规行为。在特定环境中，合法与否判断的权柄基本上落在税务机构手中，由他们去酌情处理。这种处理权的大小可能取决于或受限于税收法规中的特定标准。在某些情况下，政府税务部门甚至可能具有完全自由的自行处置权。

（4）事前筹划原则。在经济活动中，企业的纳税义务通常具有滞后性，这就存在纳税人对税收问题进行事前筹划的可能性。另外，企业的经营投资和理财活动是多方面的，税收规定也具有较强的针对性。纳税人身份和课税对象的不同，税收待遇也存在差别，这从另一个方面向纳税人展示了可选择较低税负的机会。总之，纳税义务人进行税收筹划具有现实的可能性。但税收筹划的实施必须在纳税义务发生之前，即必须进行事前筹划这也是税收筹划的重要特征之一。

总之，税收筹划是对涉税事宜和纳税活动的一种谋划或规划，值得深入研究。同时还应看到，税收筹划是一项综合性很强的微观经济管理活动，它将财政、税收、财务、法律、管理以及经济学等诸多方面的知识融合在纳税活动中，充分考虑到宏观经济政策和企业现实情况，有其复杂性和操作难度。因此，纳税人应在理解和掌握一些基本方法的基础上，寻求适合自身特点的税收筹划模式。

第二节 宏观视野下的税收筹划

一、税收筹划的宏观定位

税收筹划的本质是纳税人在税法许可的范围内，通过对经营和财务活动的合理筹划与安排，以达到减轻税负、降低风险的行为。税收筹划具有两个特点：（1）税收筹划是在合法的条件下进行的，是在对政府制定的税法进行精细比较后进行的纳税方案优化选择，或者是在纳税义务没有现实发生以前就采取了一定的措施和手段，减轻或免除了纳税义务，使纳税义务并未真实发生。（2）税收筹划符合政府的政策导向，从宏观经济调节角度来看，税收是调节企业市场行为的一种有效的经济杠杆，政府可以有意识地通过税收优惠政策，引导投资和消费行为的价值取向，使之符合政策导向。

对纳税人而言，税收筹划在追求经济利益方面，是为维护、增加和扩大纳税人的既得利益，增加纳税人税后利润服务的。但要使企业主观的节税动机转化为现实的节税行为，还必须具备一定的客观条件，其中关键是税制的完善程度及税收政策导向的合理性与有效性。税收法制体现着政府推动整个社会经济运行的导向，而在公平税负和税收中性的一般原则下，也渗透着税收优惠政策。税收优惠政策无疑为税收筹划提供了一定的客观条件。如果从单纯的静态意义上讲，税收筹划的确有可能影响短期财政收入。然而，税收筹划及其后果与税收法理的内在要求相一致，它不会影响或削弱税收的法律地位，也不会影响或削弱税收的各种职能及功能，这种节税筹划行为完全是基于政府对社会经济规模和结构能动地、有意识地进行优化调整，这也正说明了税收筹划行为的实质是对税法立意宗旨的有效贯彻。

二、税收筹划的宏观环境及微观博弈

税收的存在对企业来讲有着直接或间接的约束。一方面，征税会增加税收负担，直接减少企业的净利润；另一方面，征税会导致企业现金流出，使企业现金流量匮乏，影响其偿债能力。纳税导致企业既得利益的损失，这是一种客观存在。因为纳税企业必然要考虑这样一些问题：既然纳税缘于对社会共同利益的维护与保障，税收是调节市场经济运行的重要经济杠杆，政府利用税收杠杆能够在多大程度上给企业带来各种利益？如果这种积极作用的确能使纳税人预期收到实效，并的确有助于提高其经济效益，捐税贡献大的企业会因此而强化市场竞争能力，推动后进企业强化纳税意识，淡化对纳税义务的抵触情绪。否则，企业以各种形式和手段对抗政府赋税的意识和行为就不可避免。同时，我们还看到，纳税会使企业承担着投资扭曲风险、税款支付风险。在这种环境下企业会对宏观环境及其自身的行为取向进行博弈分析，寻求税收筹划的帮助，可以说这也是企业在复杂经济环境下的自然选择。

三、税收政策与税收筹划

税收政策是国家制定的指导税收分配活动和处理各种税收分配关系的基本方针和准则。税收政策是各种经济力量综合作用的结果，其基本目的包括为公共项目筹集资金、重新分配社会财富以及鼓励符合公众利益的经济行为等。因此，税收政策对不同的经济活动予以区别对待，如很多国家都对社会公益组织、文化教育、农业生产和产品出口等行为给予一定的税收优惠待遇，使税收筹划成为实现各项社会目标的有效工具，而这个工具能否奏效的前提正是企业的税收筹划行为。所以，税收筹划并非简单的零和博弈，而是帮助政府实现社会目标的一个有效工具，其成本往往低于政府直接参与经济行为的成本。

税收筹划的过程实际上就是税收政策的选择过程。一国或地区的税收政策在不同的时期和不同的税收法律制度中有不同的表现形式与内容。如我国 20 世纪 50 年代的对私有经济改造时期，最重要的税收政策是“公私区别对待，繁简不同，工轻于商，各种经济成分之间负担大体平衡”；现阶段实行社会主义市场经济，特别强调公平税负、鼓励竞争的税收政策，等等。

不论税收政策的具体内容如何，但就其经济影响方面的功能而言，大体上可归纳为四种主要类型：

1. 激励性税收政策

这种税收政策体现了国家的一种政策引导和税收激励。如增值税、消费税的出口退税政策；企业所得税有关高新技术企业的税收优惠政策；创业投资企业投资中小高科技企业的投资抵免政策；个人所得税中的国债利息和国家奖励所得免税政策，等等。

2. 限制性税收政策

这种税收政策是国家基于产业调整、供求关系和实现社会目标等方面的需要而作出的税收限制。如消费税中的卷烟、粮食白酒等实行高税率，营业税中对娱乐业实行高税率，企业所得税法规定在计算应纳税所得额时，赞助费、税收罚款、罚金、滞纳金等不得在税前扣除，个人所得税中对一次收入畸高的劳务报酬所得实行加成征税，关税中对需要限制进口的货物实行高税率等，都是限制性税收政策的体现。

3. 照顾性税收政策

这种税收政策体现了国家对某类纳税人的一些临时性或特殊性困难给予的照顾。如小型微利企业实行20%的低税率政策，残疾人提供劳务所获得的收入免税，企业因遭受严重自然灾害造成的财产损失可申请税前扣除。

4. 维权性税收政策

这种税收政策的目的首先是为了贯彻对等原则和维护国家的经济利益，同时也体现了税收的激励或限制政策。维权性税收政策主要存在于关税和涉外所得税与财产税中。如我国企业或个人赴境外投资或经营，对方国家对其征税，则对方国家的企业和个人来我国投资或经营，我国也应对其征税。若国家之间签有避免双重征税协定，国外投资者回去后汇总纳税时可以抵免在我国已缴纳的税款，则我国投资者汇总纳税时对来源于境外的所得已在投资国缴纳的税款也允许抵免。

针对上述四种类型的税收政策，开展税收筹划要主动响应激励性税收政策，尽量回避限制性税收政策，实施跨国投资前应事先对不同国家的税收政策进行认真地研究。由于税收政策经常处于调整变化之中，开展税收筹划还必须掌握税收政策的精神实质和发展动态。

四、税收筹划与宏观调控

税收筹划与宏观调控存在一种依存关系，一国或地区税收制度处于主控地位，是一种自上而下的控制信息输入，经过纳税人这个处理器，产生两个输出信息参数：一是纳税人上缴给国家的税款；二是纳税人投入宏观经济运行的生产要素。由于税法的约束力，输入的税法信息能够控制税收结构、税额等数据输出。获取税款只是税收杠杆调节系统的辅助目标，促进经济增长是其主要目标。因此，必须设法控制生产要素的输出，这种控制要经过纳税人这一中间环节，其关键在于纳税人的生产积极性。系统中输出参数对输入参数的依存关系，取决于纳税人这个中间处理器的运行方式，而纳税人的处理原则之一就是努力减轻税负，实现税后净收益的最大化，即进行有效的税收筹划。在既定的税制框架下，纳税人往往面对一个以上的纳税方案，不同的纳税方案，税负的轻重程度往往不同。因此，纳税人开展税收筹划，选择不同的纳税方案，是实现国家税收经济调控职能的必要环节。

税收作为一种宏观经济调控手段，能否实现最终政策目标要受到诸多因素的共同制约，包括政策制定的科学性、传导机制的健全性、调控对象的反应性等。税收筹划是纳税人对国家税法作出的合理的、良性的反应，它能体现政府对某些行业或地区的鼓励政策，可以达到涵养税源、调节产业结构的目的，有助于社会经济资源的优化配置。这种通过纳税人自身的行为选择来达到的优化资源配置的效果，是市场经济条件下政府引导资源配置的主要方式，是国家税收经济调控职能的重要体现，对于宏观经济的稳定和产业结构的平衡有着非常重要的作用。

五、税收筹划与公平效率

企业的税收筹划活动能正确反映和体现政府的公平、效率政策倾向，且是实现财政政策目标的手段之一。政府通过税收立法，调节某一行业或地区的纳税人在税收筹划过程中所能得到的利益，为纳税人提供弹性的纳税空间，即有选择地调节纳税人的“节税”能力，使纳税人在税收固定性的基础上有一定的“节税”弹性。这种“节税”弹性是依靠纳税人的主观能动性和税收筹划能力才能转化为现实收益的。

“节税”能力的大小在不同的纳税人之间的分布，体现出政府对公平、效率的选择，具体表现为两个层次：

第一个层次是税收范围内的公平、效率选择。若各项税收条款对所有纳税人具有普遍约束力，没有针对某些行业或地区的特定条款，纳税人具备相同的税收选择余地、相同的节税弹性，则是趋向公平的政策选择，反之为效率选择。

第二个层次是整个国民经济运行过程中的公平、效率选择。市场对资源配置发挥主导作用，经济增长与收入分配不公、地区差异过大、行业间发展不均衡同时并存。企业可支配的资源数量不同，决定其市场地位不同，从而决定着抵御风险能力、盈利能力和核心竞争力的大小。税收发挥调节职能，通过各税种合理搭配，赋予在市场中处于不利地位的小规模投资者、欠发展地区和低盈利行业纳税人较大的节税弹性，使这部分税收优惠能弥补由于市场不公平带给他们的损失。这就表现为税法通过调节企业税收利益从而实现对公平政策的选择；反之，进一步刺激优势部门和地区的发展，为效率政策选择。

税收筹划有助于调节经济，引导企业发展。企业税收筹划活动，从某一角度看，也是企业对国家税法和政府税收政策的反馈行为。如果政府的税收政策导向正确，税收筹划行为将会对社会经济产生良性的、积极的作用。可以说，正是由于税收对企业具有激励功能，才使得税收的杠杆作用得以发挥。在市场经济条件下，企业科学筹划，在税法允许的范围内降低自身的税收支出，可以增大自身的经营净收益和经济实力。由于企业具有强烈的节税愿望，政府才可能利用税收杠杆来调整纳税人的行为，从而实现税收的宏观经济管理职能。

思考与练习

复习思考题

1. 什么是税收筹划？你如何理解税收筹划的概念？
2. 税收筹划有哪些特点？
3. 税收筹划与偷税、避税有何不同？请论述。
4. 避税可以分为哪几类？请分别举例说明。
5. 请分析税收遵从与税收筹划的关系。
6. 税收筹划与税收公平效率的关系如何？

案例分析题

案例一　厂房与设备分开签订租赁合同

某国有企业属于机械加工制造业（未经中国人民银行批准从事融资租赁业务），由于生产经营困难，打算连同厂房、设备一起出租给一个民营企业，双方谈定厂房连同设备一年的租金是1 000万元，双方签订租赁合同内容如下：甲方将厂房连同设备租给乙方，乙方支付租金一年1 000万元，签订合同后，乙方先付一半的租金，年底再付另一半的租金。但这份合同没有充分考虑税收政策的规定。如果按照现在的合同，甲方将厂房连同设备一起出租，意味着要缴纳房产税120万元（1 000×12%）；缴纳营业税50万元（1 000×5%），房产税与营业税合计为170万元。

如果甲方将该合同分拆为两份合同：一份合同是厂房出租合同，租金为每年600万元；另一份是设备出租合同，每年租金为400万元。请分析厂房、设备分签租赁合同的情况下总体税负有何变化？

参考答案：

虽然两项租金合计额仍为1 000万元，但最终纳税总额却因合同改签而发生明显变化。厂房与设备分开签订租赁合同，则设备租赁不需要缴纳房产税，甲方缴纳的房产税为：600×12% =72（万元）；若设备为经营租赁形式，则厂房、设备出租缴纳的营业税为：（600+400）×5% =50（万元）。这样甲方节省的房产税金额为：120 -72 =48（万元）。

若设备为融资租赁形式，则设备出租需要缴纳的增值税为：400×17% =68（万元）。则厂房、设备需要缴纳的税负总额为：72+600×5% +68 =170（万元）。

案例二　警惕酒店给的“小惠”

陈先生是阳光服装公司的销售部经理，由于要和客户进行业务交流，所以经常在外地出差。某日，陈先生与客户洽谈业务之后，在一家酒店设宴款待客户，但结账付款索要发票时，却被酒店收款员婉言拒绝。酒店收款员对陈先生说：“你的消费金额为2 000元，如果不要发票，可以给你5%的价格折扣，或者单价为20元的橙汁饮料两瓶。”

请问，陈先生应该放弃索要发票而接受5%的价格折扣或者橙汁饮料吗？为什么？酒店为何不愿给顾客开发票？你在实际生活中遇到过类似情况吗？你是如何处理的？

参考答案：

陈先生不应该放弃索要发票。因为不论是接受5%的价格折扣还是橙汁饮料，都会使阳光服装公司蒙受税收损失。没有发票不能进成本费用，会造成多缴纳500元企业所得税。酒店不愿开发票的原因是为了避税，如果开出2 000元发票，在酒店盈利的情况下，需要缴纳100元营业税与500元企业所得税。

第二章

税收筹划思想与前沿发展

税收的影响将通过价格、产出和收入的变化渗透到各个经济领域。就这个意义上说，即使那些非直接纳税者也受到税收制度的影响。

——英国著名财政经济学家 西蒙·詹姆斯

第一节 税收筹划的战略思想

在现代社会经济实践中，战略管理日益凸显其价值。战略管理的本质是敏捷地识别和适应环境变化，为企业持续发展提供路径指南。战略管理决定着企业的现在和未来，决定着企业的兴衰和成败。而税收筹划是企业战略管理的重要组成部分，税收也随着经济的发展而日益成为战略管理中的关键性因素。

一、战略管理与税收筹划的关系定位

（一）战略管理与税收筹划的关系

1. 战略管理指导税收筹划

战略管理是首要的，税收筹划是为之服务的。税收筹划只有在战略管理的框架下才能充分发挥其作用，税收筹划对企业战略管理能够起到一定作用，但决不可能起决定性作用。

2. 战略管理重视税收筹划

战略管理是从宏观角度看待问题的，它关注的是企业整体，战略管理不仅考虑税收对企业的影响，还考虑其他非税收因素对企业的影响。税收筹划是在战略管理中考虑到的一个很重要的因素。

战略管理和税收筹划有着共同的目的，即都是从企业整体绩效出发，为股东创造最大价值。在实现这一目标过程中，税收筹划也明显地带有长期战略的痕迹。如果当企业战略决策是否进入某个行业或某个市场时，考虑最多的是该行业或市场的潜力，而不是税收筹划。尽管也要考虑相关税收政策和税收筹划，但这些是附属的、次要的，即不能因为税收因素而改变企业的战略决策。这是一条重要的企业法则。

（二）企业战略——税收筹划的导向

企业战略是对企业未来的长期发展所作的全局性的总体谋划，是为创造未来而设定的成长路径。其本质在于调整和变革以适应未来环境的变化，实现企业价值创造和未来可持续发展。

在探讨企业战略与税收筹划的关系时，必须强调的是：企业战略是首要的，其次才是税收筹划，税收筹划只有在企业战略确定的情况下才能充分发挥其作用。当然，在某些条件下，税收筹划可能在确定企业战略时，能够起到一定的作用，但决不可能是决定性的作用，下面从多个角度分析其原因：

1. 市场超越一切

当企业决定是否进入某个市场时，考虑最多的不是税收筹划，而是首先考虑这个市场的潜力如何，企业能否在短期内占领这个市场。比如，许多外国投资者在考虑投资中国时，其看重的并不是中国优惠的税率、优厚的待遇，而是广大的消费市场和广阔的发展空间。当然，优惠的税收待遇能够为投资者提供一个良好的竞争条件，但投资者有时为了扩大市场份额，是很少考虑税收成本的，甚至有的投资者为了达到一定的目的，如扩大市场份额，击垮竞争对手，逃避政治经济风险以及获取一定的政治地位等，可能把投资由低税区转向高税区。

2. 税收筹划为企业战略服务

当企业决定是否进入某个产业时，考虑最多的也不是该行业是否能够享受税收优惠，而主要考虑企业进入该行业后能否有长期的发展潜力。在决定是否进入某个行业时，企业首先要考虑清楚行业的供货方或原料提供者，即上游企业是一些什么性质的企业，与企业选择的厂址的相对位置如何；其次要考虑它的市场在哪里，下游企业是一些什么性质的企业，是垄断还是竞争的；第三要考虑该行业的潜在进入者有哪些，构成的潜在威胁有多大；第四要考虑替代产品或替代服务有哪些，他们是否对本企业构成威胁以及潜在的威胁程度如何。至于筹划节税问题，则应列在这些因素之后考虑。因此，从这个意义上来说，企业战略是税收筹划的导向，税收筹划要为企业战略服务。

3. 企业战略目标决定税收筹划的范围

企业在考虑采取某项经营活动时，往往不是从税收筹划的角度出发的，虽然税收筹划能够渗透企业生产经营的每一个环节，但它并不是企业的首要目标，企业存在的唯一理由是能够盈利，能够为投资者带来收益，而不是能够少缴税款。因此，企业采取的某些政策措施，虽然从税收筹划的角度来说可能是不划算的，但符合企业的战略目标。如某些上市公司在不违反法律的条件下，采取推迟费用入账时间以降低当期费用，这样筹划的结果是公司的本期利润增加，从而所得税款的缴纳也相应增多。但由于经营业绩变好，股票价格上扬提升公司价值，这对公司来说是有利的。从这个意义上来说，税收筹划有其自身的局限性。

二、税收筹划的战略管理方法

税收筹划的战略管理是立足系统思维和超前思维的管理活动，这里讨论的税收筹划的战略管理，其核心内容是“税收链”，运用的管理方法是合作博弈。

（一）“税收链”思想及应用

1.“税收链”的涵义

对于一个企业来说，所从事的经营活动是多种多样的，因此，在生产经营过程中面临的税收问题也是多种多样的，既有增值税、营业税等流转性质的税收，又有企业所得税和个人所得税等所得性质的税收，还有诸如房产税、资源税等其他性质的税收。如果从企业的生产经营过程来看，其主要活动分为供应、研发、生产、销售等环节，即企业先采购原材料，然后设计和研发产品，继而进行生产加工，最后再到市场上销售产品。所有这些环节都创造价值或实现价值，因此，从总体来看就构成了产品的价值链。在这条产品的价值链中，有一部分价值是以税收的形式流入国库。分析企业所承担的税收，如果沿着价值流转的路径观察，也形成了一个链条，即所谓的“税收链”。“税收链”如图 2－1 所示。

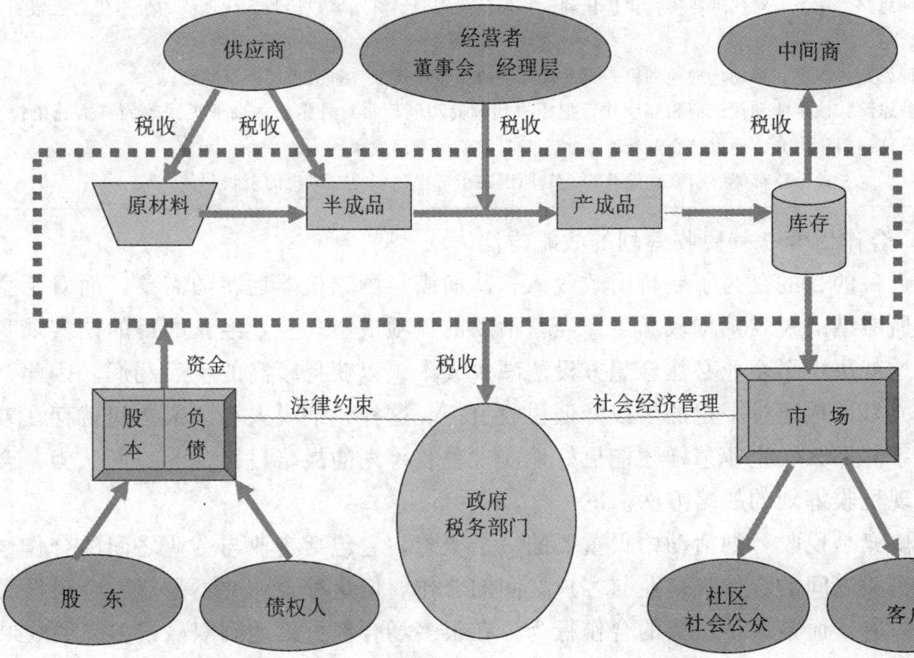

注：图中虚线框内部分为企业生产经营主体部分，利益相关者皆用椭圆形表示。

图 2－1　“税收链”示意图

利用“税收链”有助于分析税收的形成过程与环节。对于企业来说，许多税收都是在流程中形成的，所谓税收的流程观其实也就是“税收链”思想。

2.“税收链”的应用

如果企业具有“税收链”的观念，就能够找到税收筹划的易胜之地，即与哪些利益相关者合作最有效，在哪个流程筹划最合适，哪些税种的筹划空间最大。基于“税收链”的企业税收筹划战略，必须树立一种系统思维观，从整体和全局出发，不能仅考虑局部环节税收负担或个别利益相关者的税收利益，而应该视野更开阔，考虑到全部流程的税款支出及所有利益相关者的税收利益。

“税收链”思想要求企业从利益相关者视角看问题，不仅要考虑企业自身的税收情况，还要从企业与利益相关者的交易在整个“价值链”上的位置来考虑，照顾到利益相关者的纳税要求，这样才能真正利用“税收链”彻底解决与利益相关者纠缠不清的交易活动中的税收问题。

案例分析

某企业的“税收链”上有一家代理商，属于小规模纳税人，在代理产品时不能给终端客户开具增值税专用发票，市场拓展方面一直存有障碍。从“税收链”角度分析，即使该代理商的价格（指含税价格）比一般纳税人低，只要不低到一定程度，终端客户一般也不会购买。道理很简单，如果终端客户购买了该代理商的产品，不能取得增值税专用发票，从而不能抵扣进项税额，这无疑会增加终端客户的税收负担。

如果企业能够从“税收链”的角度考虑代理商的利益，就能够使该问题得到缓解，可行的解决思路如下：

第一种思路：该企业对代理商实行销售让利，并促使代理商给终端客户让利，代理商的价格优势会吸引来大量终端客户；

第二种思路：该企业帮助代理商到税务机关代开增值税专用发票，解决不能开票问题；

第三种思路：该企业和代理商相互协作，把原来代理商买断后再对外销售的商业模式改为“委托销售”，让代理商只充当销售中介，而由该企业给终端客户开具增值税专用发票。

很显然，这三种思路都能够引来终端客户，其原因在于考虑到了终端客户的税收利益。

（二）合作博弈——税收筹划的战略方法

国家征税的目的是为了获得财政收入，从而满足国家机器运转的需要。而对于企业来说，其所缴纳的税款则构成了生产经营活动的一项成本。企业经营的目的是实现利润最大化，这就决定了企业必然会想方设法减少成本，以获得较高的税后利润。因此，企业总是千方百计地通过一定的手段降低税收负担。这样，纳税人与国家之间就存在着一种博弈关系。那么，企业怎样才能更好地实现税收筹划的战略目标呢？我们认为，合作博弈是实现税收筹划的战略方法。

合作博弈是税收筹划活动中很重要的一个概念，它包括企业与企业之间的合作，企业与税务机关之间的合作，企业与客户之间的合作。但这种合作并不是双方合谋偷税骗税，对抗政府，而是一种正当的合作行为，在很多场合都可以达到双赢或多赢的效果。

1. 企业与企业之间的合作博弈

企业与企业之间的合作形式是多种多样的，企业之间或集团内部组织之间通过合理的转让定价转移利润，这是常用的税收筹划方法。例如，集团内部企业之间通过转让定价将高税区的利润转移到低税区。其实，这种现象引申开来，只要两个企业之间有购销关系，就是利益关联方，就可以进行合作，共同实现筹划节税。市场价格处于不断波动的状态，有高也有低，因此，转让定价可以稍高于市场价格，也可以稍低于市场价格，有一定的弹性空间。如果我们把这种现象一般化，则可得出结论：只要两个企业之间有交易，就可以进行税收合作。

企业之间的合作主要有以下六种情形：（1）商品交易的合作与筹划；（2）提供劳务的合作与筹划；（3）无形资产交易的合作与筹划；（4）租赁业务的合作与筹划；

(5) 融资业务的合作与筹划;(6) 费用的转嫁与筹划。

企业之间的合作博弈在实务操作中主要表现为以下三种形式:(1) 一方完全掌握产权或控制权,另一方购买使用权;(2) 二是双方逐步通过交易实现产权转让;(3) 三是实行委托代理。

这三种形式都存在不同程度的税收筹划空间,其实质是资源利用和转让过程中的巧妙安排。譬如,一个企业拟向其利益相关者转移资产,则可以考虑的资产转移路径有:(1) 通过正常交易行为转移资产;(2) 通过非货币资产对外投资方式转移资产;(3) 通过捐赠行为转移资产;(4) 通过租赁方式让渡资产使用权,具体细分为经营租赁与融资租赁两种形式;(5) 通过实体资产抵债方式转移资产;(6) 通过非货币资产交换方式转移资产;(7) 通过企业合并、分立、股权交易等企业重组方式转移资产。

当然,具体选择哪种资产转移方式,这完全取决于企业之间的合作博弈形式。

2. 企业与客户之间的合作博弈

企业与客户之间的合作也是一种相当重要的合作,这种合作其实也可以归入到企业与企业之间的合作中去,但由于一些客户可能属于自然人,因此在这里单列出来。按照一般的经营常识,商品最终总要销售给客户,因此,企业与客户的合作就具有重要的现实意义。比如装修劳务,到底是由企业方还是客户方提供装修材料,这是可以协商解决的。再如房产租赁业务,出租人与承租人在租金额度以及支付方式上也是可以进行蹉商合作的,双方的契约安排和有效合作可以大大降低租赁交易中的税收负担。

3. 企业与税务机关的合作博弈

企业与税务机关也存在着合作,而且这种合作还具有一定的筹划空间。税务机关征税本身是要花费成本的,而企业的生产经营活动错综复杂,税务机关根本无法完全掌握企业经营活动的全貌。因此,对税务机关来说,详细了解每个企业的具体情况,并对企业每项经营活动都实施监控,就需要花费高昂的成本。如果企业与税务机关相互沟通和协调,就能减少征税成本。比如,涉及转让定价时,企业与税务机关采取预约定价安排,不仅可以方便税务机关征税,降低其征税成本,而且也会给纳税人带来好处,既可以适当采用有利的转让价格,又可以避免转让价格被调整的麻烦。

第二节 税收筹划的风险思想

一、税收筹划的风险分析

美国著名保险学家特瑞斯·普雷切特将风险定义为“未来结果的变化性”,这里强调的是风险的不确定性特征;另一位美国学者威雷特则强调了风险的客观性特征,他把风险定义为“关于不愿发生的事件发生的不确定性的客观体现”。中国许多学者认为,风险是事件出现损失的可能性,或者更广义地认为是事件实现收益的不确定性。

风险无处不在，纳税人开展税收筹划也会存在一定的风险。所谓税收筹划风险，是指纳税人在进行税收筹划时因各种不确定因素的存在，导致税收筹划结果偏离纳税人预期目标的可能性。税收筹划风险产生的主观原因是征纳双方的有限理性，客观原因是经济活动的复杂多变特性。税收筹划风险可能导致纳税人遭受经济损失、法律惩罚以及信誉损失等负面效应。下面我们分析税收筹划风险的存在性。

1. 税收筹划方案的设计具有主观性

税收筹划方案的设计取决于纳税人的主观判断，包括对税收政策的理解与判断、对纳税活动的认识与判断等。通常，税收筹划操作成功的概率与纳税人的业务素质成正比关系。税收筹划方案的设计具有较高的主观风险。

2. 税收筹划方案的实施具有条件性

税收筹划方案必须在一定条件下实施。税收筹划方案的实施过程，实际上就是纳税人根据自身生产经营情况，对税收政策的正确贯彻与灵活运用，受到一系列环境因素的制约。而纳税人的经济活动与税收政策都在不断发展变化，税收筹划方案的实施风险也就不可避免了。

3. 纳税人与税务机关权力责任的不对称性

税务机关和纳税义务人都是税收法律关系的权利主体之一，其双方的法律地位是平等的，但由于主体双方是管理者与被管理者的关系，所以双方的权利和义务并不完全对等，表现为税务机关拥有较大的“自由裁量权”，税收筹划方案能否顺利实施，在很大程度上取决于税务机关对税收筹划方案的认定程度。

二、税收筹划风险规避与管理

（一）税收筹划风险类型分析

税收筹划主要涉及两大风险：经营活动风险和税收政策变动风险。

经营活动风险主要是由于企业不能准确预测到经营方案的实现所带来的风险，实质上是一种纯粹的经营风险，即经营活动未实现预期效果而导致税收筹划方案失效。

政策变动风险与税法的“刚性”有关，目前中国税收政策还处于频繁调整时期，可能一个有效的税收筹划方案会因为政策的变动而失效。所以，这种政策变动风险不容忽视。比如，前些年一些企业乐于通过变相的“公费旅游”为雇员搞福利，避税现象严重，税务机关为弥补政策漏洞制定相关税收规定：凡是享受公费旅游的雇员必须按旅游人均消费额计入当月的工资薪金合并计算缴纳个人所得税。显然，由于税收政策的变动，“公费旅游”的筹划方案就彻底失效了。

（二）税收筹划风险管理模式

税收筹划风险管理是指纳税人通过对税收筹划风险的确认和评估，采用一定的技术手段和方法对风险加以管理控制，旨在减少风险损失的一种管理活动。

1. 风险规避模式

风险规避是指为避免风险的发生而拒绝某种行为或某一事件。可见，风险规避是避免风险最彻底的方法，但其只能在相当窄的范围内应用。因为企业不能为规避风险而彻底放弃税收筹划方案。

2. 风险控制模式

风险控制是指那些用以使风险程度和频率达到最小化的努力，风险控制在于降低风险发生的可能性，减轻风险损失的程度，包括风险防范的事前、事中和事后控制。

3. 风险转移模式

风险转移是将风险转嫁给参与风险计划的其他人身上，一般通过合约的形式将风险转移，譬如纳税人可以与税收筹划方案设计者签订最终方案风险责任约定以及其他形式的损失保险合约等风险转移合约。

4. 风险保留模式

风险保留是风险融资的一种方法，是指遭遇风险的经济主体自我承担风险所带来的经济损失。风险保留的重心在于寻求和吸纳风险融资资金，但这取决于人们对待风险的态度：一种是风险承担，在风险发生后承担损失，但可能因为须承担突如其来的巨大损失而面临财务问题；另一种是为可能出现的风险做准备，在财务上预提风险准备金就是常用的办法之一。

（二）税收筹划风险管理的具体措施

1. 密切关注财税政策的变化，建立税收信息资源库

税收筹划的关键是准确把握税收政策。但税收政策层次多，数量大，变化频繁，掌握起来非常困难。因此，笔者建议企业建立税收信息资源库，对适用的政策进行归类、整理、存档，并跟踪政策变化，灵活运用。因此，准确理解和把握税收政策是设计筹划方案的基本前提，也是保证筹划方案质量的基础。

2. 正确区分违法与合法的界限，树立正确的筹划观

依法纳税是纳税人的义务，而合理、合法地筹划涉税问题、科学安排收支，这也是纳税人的权利。纳税人应树立正确的筹划观：税收筹划可以节税，但税收筹划不是万能的，其筹划空间和弹性是有限的。

3. 综合衡量税收筹划方案，降低税务风险

一个好的税收筹划方案，应该合理、合法，能够达到预期效果。但是，实施筹划方案往往会“牵一发而动全身”，要注意方案对整体税负的影响；实施过程还会增加纳税人的相关管理成本，这也是不容忽视的问题；还要考虑战略规划、税收环境的变迁等风险隐藏因素。

4. 保持税收筹划方案适度的灵活性

由于纳税人所处的经济环境千差万别，加之税收政策和税收筹划的主客观条件时刻处于变化之中，这就要求在税收筹划时，要根据纳税人具体的实际情况，制订纳税方案，并保持相当的灵活性，以便随着国家税制、税法、相关政策的改变及预期经济活动的变化随时调整项目投资，对筹划方案进行重新审查和评估，适时更新筹划内容，采取措施分散风险，趋利避害，保证税收筹划目标的实现。

5. 具体问题具体分析，切忌盲目照搬

税收筹划虽有一定的规律，但筹划方案设计并没有固定的套路，因为每个企业都是

个性的，不存在最好的方案，只有最适合企业特征的税收筹划方案。针对不同的问题，因地制宜，具体问题具体分析。所以，税收筹划方案及操作结果随纳税人具体情况的不同而不同，切忌盲目照搬照套别人的方案。

第三节　税收筹划的管理思想

一、管理模式与税收筹划的关系

税收筹划不能离开企业的管理模式，税收筹划方案设计是服从于管理的环境和管理的要求的。做好税收筹划方案设计必须从强化管理入手。

企业的发展离不开管理，从国内到国外，每一个成功的企业背后都有一套完善的管理机制，管理是公司得以长足发展的手段。从微软、苹果等国际著名企业到中国的联想、海尔，都有自己完善而有效的管理体系。

管理是一项系统工程，管理必须渗透到公司的每个部门，如营销管理、采购管理、生产管理、人力资源管理、组织管理、财务管理等。公司的每一项业务，公司运作的每一个环节都存在着管理，不同的管理方式有不同的目的，不同的管理方式有不同的效果。例如，采购管理主要是为了保证原材料最低的价格，保质、保量按时供应，保证生产经营正常进行。生产管理是为了保证在最低的成本约束下，生产出质量最好的产品。

但目前企业最缺乏的一种管理就是税收管理。为什么很多企业在税收管理上都有些困惑？为什么税务机关稽查过程中很多企业都存在问题？难道企业都想偷税吗？其实不是这样的，问题的根源在于纳税过程中缺乏管理、很多业务不规范造成的。

什么是税收管理？税收管理就是企业运用管理的手段，制定各种制度对公司的经营过程加以控制，达到规范纳税行为、规避税收风险的目的。譬如，公司的车辆要加油，为什么很多情况下取得的发票都是普通发票，而没有取得增值税专用发票呢？原因是一般加油站的缴费窗口没有增值税专用发票，增值税专用发票通常都需要到石油公司财务部开，这样给用户带来不便。客户不可能到加油站加油后，再到石油公司财务部开增值税专用发票。怎样解决这一税务问题呢？这就需要用户根据加油站的特点，制定相应的税务管理措施。有一家单位是这样做的，财务人员统一到石油公司购买加油卡，统一开出增值税专用发票，车辆需要加油时拿加油卡加油，这样就可取得增值税专用发票，从而可以抵扣17%的增值税进项税额。后来，为了满足客户加油开票的需要，一般石油公司都在加油站现场配备增值税专用发票开票柜台。

因此，我们要对经营业务及其过程进行管理，根据现行税收政策，制定与其相适应的管理方法对经营过程进行控制、调整达到规避风险和降低税负的目的，这就是我们所说的税收筹划。

案例分析

某民营企业董事长由于工作需要，从财务部领取50万元资金购买一辆轿车。该董事长以个人名义购买车辆，并办理了相关手续。过了一段时间，使用车辆发生燃油费、保险费、维修费等，该董事长将这些费用票据拿到财务部报销。后来税务机关进行税收检查，认定车辆所发生的费用属于董事长的个人消费支出，不能在企业所得税前扣除，必须纳税调增应纳税所得额，补缴企业所得税并处少缴税款一倍的罚款。

分析：该董事长以个人名义购买车辆，其行为构成了从企业借钱用于个人消费。个人拥有产权的车辆怎么能报销相关费用呢？进一步分析，如果该董事长向企业借钱长期不还，凡是超过1个纳税年度的，应视同分配行为缴纳个人所得税。但该懂事长购买车辆事件完全可以事前筹划，即以企业名义购买车辆，那么车辆发生的相关费用自然就可以税前扣除了。购买车辆的支出还可以计入“固定资产”账户，每期计提折旧并实现税前扣除。

二、会计管理对纳税活动的影响

会计管理在跨国公司的最新发展表明，越是崇尚经营与财务相结合的企业，其会计管理越有成效。税收筹划作为财务管理的重要组成部分，必须与业务流程相结合，充分考虑不同会计管理活动对显性税收、隐性税收以及非税成本的影响。总之，会计管理对纳税活动产生一定的影响，纳税活动受到会计管理的制约。

案例分析

秀丽服装公司由于其服装价格低廉、质量过硬，订单纷至沓来。该公司的运输量骤然增加。该公司的车辆已经远远不能满足物流运输的需要。公司研究决定到市场上雇用五辆货车补充运力。但令公司头疼的是，那五辆货车不能提供运输发票，也就不能抵扣运费的进项税额。

营销部经理想出一个“绝妙”的主意：让外雇的五辆货车加油时，以秀丽服装公司的名义向加油站索要增值税专用发票，然后把发票交到秀丽服装公司进行税款抵扣。于是，秀丽服装公司就按这种方法抵扣了增值税进项税额。税务机关在对秀丽服装公司进行税务检查时，发现进项税额中油料抵扣过多。进一步检查发现，每张发票的背后都有签字。这是怎么回事呢？原来营销部经理为了区分雇用货车与自己的车辆，凡是雇用的货车所消耗的油料专用发票上都签有“雇车运输，准予报销”字样。这一画蛇添足的管理举措，恰恰暴露了这些发票都是由雇用货车提供的。按照税法规定，雇用车辆的油料费不允许在税前扣除，最后税务机关对秀丽服装公司补征税款，并加收滞纳金和罚款。

第四节　税收筹划的设计思想

企业应该针对经济业务及纳税事项，从解决问题的角度出发，进行税收筹划方案设计。税收筹划的设计思想，作为一种行动指南，对税收筹划方案的形成具有重要的指导意义。笔者把税收筹划的设计思想概括为以下三大思想：流程思想、契约思想、转化思想。

一、流程思想

所有的经济业务都有流程，所谓流程就是经济业务发生发展的路线和次序过程。流程是可以改变的，主客观因素都可能改变流程。税收是和流程紧密相连的，税收产生于业务流程，不同的业务内容和流程决定着税收的性质和流量。因此，在税收筹划方案设计时，还要充分利用业务流程再造的优势改变税收。这是一种创造型的税收筹划设计思想。

案例分析

北方有一家自动化设备生产企业，自主研发了一套软件配置在所生产的设备上，导致该设备售价比同类产品高出30%，企业为此非常困惑：由于产品售价高，而企业为生产设备购进的材料并未增加，导致企业的增值税、企业所得税负担都很重。请你为该企业设计一个税收筹划方案。

如果以流程思想为指导，从业务流程角度分析，我们发现设备售价高的原因主要来自于这套自主研发的软件。软件属于高附加值产品，销售含软件的设备则增值率会因此而上升，而增值税负担源于增值率，产品的增值率越高，增值税负担就越重。研发成功的软件，一般将其研发费用计入无形资产价值，以后期间通过摊销的形式逐渐冲抵应纳税所得额，较长的摊销期限也会造成前期较高的企业所得税负担。

筹划方案一：如果对做自动化设备生产企业进行拆分，成立专门的软件公司从事软件的研发和销售。这样，自动化设备生产企业在向购买方出售设备时，再由软件公司出售该设备配套软件。购买方购买设备和软件后，再把软件配置在设备上。虽然只对业务流程进行了微调，但纳税结果却发生了显著变化：在设备主体和软件交易过程中，购买方外购的软件可以抵扣17%的增值税，而软件公司自产自销软件可以享受税收优惠政策，其增值税负担仅为3%（财税［2011］100号文件规定，增值税一般纳税人销售其自行开发生产的软件产品，按17%的税率征收增值税后，对其增值税实际税负超过3%的部分实行即征即退政策）。这样，税收负担就因为业务流程的改造而合法节省了。

筹划方案二：如果自动化设备生产企业不进行软件公司的拆分，还可以向客户提供设备的售后服务（比如安装调试、操作工人技术培训、设备维护等），向客户收取售后服务费，而软件则不再打包出售，而是附带在售后服务协议中，把提供技术作为售后服务的一项内容。这样一来，就可以实现设备和软件价款转化为服务费收入，获取的服务费收入应缴纳营业税，按照“服务业”税目缴纳5%的营业税，如果技术培训切割出来，还可以按照“文化体育业”税目缴纳3%的营业税。营业税改征增值税以后，研发和技术服务按照6%的税率征收增值税。相比17%的增值税税负，显然会有较大幅度的税负下降。

二、契约思想

诺贝尔经济学奖得主罗纳德·H. 科斯（Ronald H. Coase）认为，公司的实质是一系列契约的联结。契约是与市场紧密联结的，市场经济其实就是契约经济。我们从契约角度考察税收问题，至少包括两个层面：一是公司与税务当局之间，存在着一种法定的契约关系，是依靠双方对税法的遵从来维护的。其实税法也是一种契约，属于公共契约。二是公司与各利益相关者（包括股东、债权人、供应商、顾客、雇员等）之间，存在着微妙的博弈竞争与合作关系，他们之间的博弈合作是靠契约合同来维护的，这种契约合同其实是一种纯粹的市场契约。对于纳税人来说，利用契约思想，可以在更大范围内、更主动地实现统筹规划，并按签订的契约统一安排纳税事宜。

案例分析

一家公司的董事长向公司借款200万元购买别墅，并办理了借款手续。到第二年年末还未归还该笔借款。《财政部、国家税务总局关于规范个人投资者个人所得税征收管理的通知》（财税［2003］158号）规定，个人投资者从其投资企业（个人独资企业、合伙企业除外）借款，在一个纳税年度未归还的，且又未用于企业生产经营的，应视为企业对个人投资者的红利分配，征收20%的个人所得税。由于该公司的财务人员没看懂上述文件，也没有对董事长的借款做出任何处理。税务稽查人员到企业检查，要求企业补缴40万元的税款，并加征滞纳金和罚款。

该涉税事项应该如何应对，能否设计出好的税收筹划方案呢？其实，如果利用契约思想进行税收筹划方案设计，完全可以实现节税。这里提供两个有关契约思想的税收筹划方案：

筹划方案一：对董事长的个人借款，让其在次年筹备周转资金还上，进入第三个年度后再签订借款合同借出该笔款项。这种处理模式，要求董事长每年年初都要办理借款协议，年末筹备资金归还，这样一来个人借款期限都不会超过1年，也就不再有纳税义务。

筹划方案二：在个人签订借款协议时就转变契约方，让该董事长夫人或朋友的名义去办理个人借款（满足该董事长夫人或朋友不是公司的股东），从而可以摆脱上述政策的约束，即使借款超过一个纳税年度也不用缴纳任何税金。

三、转化思想

税收筹划的本质是在税制约束下寻找税收空间，即讲求规则约束之下的变通、转化与对策。古人云：穷则变，变则通，通则久。在税收筹划过程中，要引入转化思想。

转化思想体现着一种创新思维模式，蕴涵着一种大智慧，是冲破税收制度和环境约束的最佳选择。

案例分析

兴华公司用于出租的库房有三栋，其房产原值为6 000万元，年租金收入为1 000万元，承租方主要用于商品和原材料等存货的存放。兴华公司按照租金收入需要缴纳5.5%的营业税、城建税及教育费附加，缴纳12%的房产税，还要缴纳企业所得税（因企业所得税与成本、费用有关，这里暂不考虑），总算起来，兴华公司的税负率（企业所得税除外）为：5.5% +12% =17.5%，即每年要缴纳175万元的税金，税负相当高。请你思考，对此房产租赁业务如何进行税收筹划？

如果引入转化思想，要想降低整体税负，就可以考虑把租赁业务转化为仓储业务。这里要注意区分租赁与仓储的涵义。所谓租赁是指租赁双方在约定的时间内，出租方将房屋的使用权让渡给承租方并收取租金的一种经营行为；仓储是指在约定的时间内，库房所有人利用仓库代为客户储存、保管货物并收取仓储费的一种经营行为。不同的经营行为适用不同的税收政策，对于租赁业、仓储业均应缴纳营业税，适用税率均为5%，没有任何差别。但应当注意到，房产用于租赁和仓储的，房产税的计税方法有所不同：房产用于租赁的，其房产税依照租金收入的12%计算缴纳。仓储属于房产自用，其房产税依照房产余值的1.2%计算缴纳。如果兴华公司与客户进行友好协商，继续利用库房为客户存放商品，但将租赁合同改为仓储保管合同，增加服务内容，配备保管人员，为客户提供24小时服务。假设提供仓储服务的收入为1 000万元，与租赁收入相同。则兴华公司改变经营模式后的税负计算如下：

应纳营业税为：1 000×5% =50（万元）

应纳房产税 =6 000×（1 -30%）×1.2% =50.4（万元）

应纳城建税及教育费附加 =50×（7% +3%）=5（万元）

合计应纳税额 =50 +50.4 +5 =105.4（万元）

比较可知，采用仓储比租赁形式每年节税额为：175－105.4＝69.6（万元）。

进一步分析，对于营业税改征增值税的一般纳税人来说，提供仓储服务的收入需要按照6%的税率缴纳增值税。如果提供仓储服务的属于小规模纳税人，仅按照3%的征收率缴纳增值税。在“营改增”框架下，具体的税负比较可由读者朋友尝试完成，这里不再赘述。

转化思想孕育着业务模式的转变，不同的业务模式适用不同的税收政策，具有迥然不同的税收特征，自然形成不同的税收负担，这其中就显示出巨大的节税空间。运用税收筹划的转化思想，主要有以下三种操作模式：业务形式转化、业务口袋转化、业务期间转化。

1. 业务形式转化

业务形式转化，即将企业的业务活动从一种业务形式转化为另一种业务形式。随着业务形式的转化，所涉及的业务收入和税种也会相应发生变化，税负自然不同。即通过转化业务形式可以产生税收筹划节税空间。

案例分析

美国的股份公司经常为其利益相关者——职工购买许多份生命保险，保费的资金来源是贷款，可以是银行的，也可以是保险公司的。按照税法规定，银行贷款利息可以在税前扣除，每年购买保单的资金不必立刻缴税，只是在保单变现时才予以课税。在这个案例中，购买保单就是一项享受税收优惠的投资。进一步分析，如果保费是由保险公司提供的融资，则企业要求保险公司通过银行转贷该笔融资给自己使用，则可以实现贷款利息扣除，而保险公司还可以从银行拿到利息收入，如图2－2所示。这一融资形式的转化就体现着业务形式转化的思想。

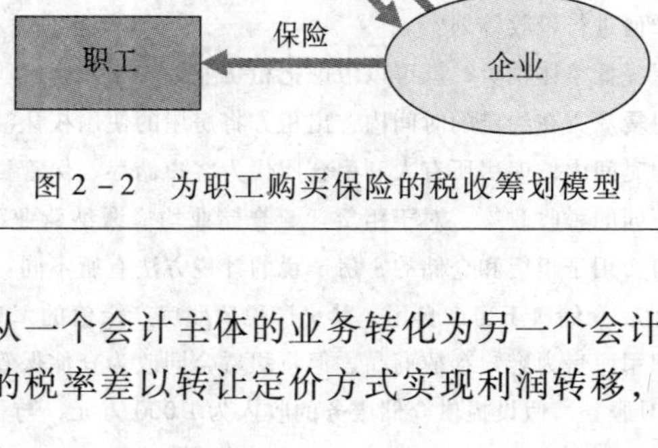

图2－2 为职工购买保险的税收筹划模型

2. 业务口袋转化

业务口袋转化，即从一个会计主体的业务转化为另一个会计主体的业务。最常见的就是利用关联企业之间的税率差以转让定价方式实现利润转移，从而达到在不同纳税主体之间规避税收的目的。

案例分析

一家设备生产企业，自行研发了一套高科技智能软件，与设备配置在一起对外销售。这套高科技智能软件使设备的性能大大改善，企业因此提高了销售价格。但随之而来的是企业面临着棘手的税收问题，即产品售价高，购进的材料并不多，但增值税负担非常重，企业老总和财务经理一筹莫展。对于该税收问题，可以采用交易口袋转化模式寻找税收筹划空间。从业务流程分析，我们发现税负高的原因在于设备销售价格高，而销售价格高的原因主要来自这套软件。软件属于高附加值产品，设备的增值率因此而上升，而增值税负担主要源自设备的增值率。如果利用软件业税收优惠政策就可以获取税收利益，具体税收筹划操作模式如下：

生产企业进行拆分，专门成立软件公司，在向买方出售设备主体的同时，由软件公司出售高科技智能软件。即把一个交易拆分为两个纳税主体的两项交易，虽然对于客户没有大的影响，但设备生产企业的税收状况却发生了显著变化：在设备主体和软件交易过程中，设备主体和软件分摊原来的销售价格，客户采购活动没有增加支付，但对于新分立出来的软件公司作为独立的纳税主体，可以申办高新技术企业，其软件的销售收入享受软件产品税收优惠，实际仅负担15%的企业所得税与3%的增值税①。该税收问题的解决就是引入业务口袋转化模式，把原来的销售收入分解流入不同的“口袋”，而不同的“口袋”税收待遇有差异或存在税差利益，从而实现节税目标。

随着技术的进一步发展，客户所投资购买的自动化设备需要生产企业提供软件升级及设备维护等方面的后续服务，如果全部由生产企业提供，可能的办法有两种：一是生产企业在设备销售时一次性收取服务费；二是由生产企业逐年收取服务费。其实，这两种方式都不太合适：前者会使生产企业在销售时多实现早实现纳税②，后者虽然递延了纳税时间，但并不能摆脱纳税义务。对于后续服务问题，如果利用业务口袋转化模式进行税收筹划，具体操作策略如下：生产企业再投资成立一家网络科技服务企业（申办为高新技术企业），可以享受企业所得税15%低税率的优惠。由该网络科技服务企业逐年收取服务费，即实现的服务费收入由原来的生产企业转移到新办的网络科技服务公司，可以获取两个企业的税差利益。

3. 业务期间转化

业务期间的转化，即把一个纳税期间的业务转化为另一个纳税期间的业务，实现业务收入、费用（成本）及税金的跨期转移，以实现筹划节税。

最典型的交易期间转化的例子是控制收入的实现时间。控制收入的实现时间就可以合理地将收入归属于合理的期间，从而影响企业当期的应税收入和税收。在经济实践中，企业控制收入实现的期间主要有以下方法：其一，合理安排交易时间，控制交易进度。这主要通过对交易业务的时间安排来实现。其二，利用交易合同来控制，即通过签订并履行交易合同来实现。其三，通过不同的收入结算方式来控制收入的实现时间及所归属的期间。

同理，控制成本、费用的发生期间，也会对税收造成极大的影响。在经济实践中，企业控制成本、费用发生期间主要采用以下手段：其一，利用会计政策，合理控制成本、费用的发生时间。如存货发出计价方法、资产折旧方法与折旧年限、资产与费用的合理划分、待摊费用与长期待摊费用的摊销方法等会计处理方法，都是企业控制成本、费用的会计政策。其二，合理安排成本、费用的发生时间，使其归属于合理的期间。其三，充分利用税法所规定的准予扣除项目的列支限额，并实现当期税前扣除、合理降低所得税负担。

---

① 《财政部、国家税务总局关于软件产品增值税政策的通知》（财税［2011］100号）规定，自2011年1月1日起，增值税一般纳税人销售其自行开发生产的软件产品，按17%的法定税率征收增值税后，对其增值税实际税负超过3%的部分实行即征即退政策。

② 销售设备时一并收取后续服务费，属于混合销售行为，对于生产企业应一并征收增值税。后续服务费提前实现，就会提前缴纳税金。

采用业务期间转化进行税收筹划，还可以利用一些理财工具来实现。譬如企业年金①，就是一种重要的工具。国际上通行的企业年金计划采用的是EET征税模式，用字母E（Exempt代表免税）、T（Tax代表征税）来表示政府对企业年金计划的课税情况。该模式对职工在工作期间的企业年金（补充养老保险费）、企业年金基金（补充养老保险基金）的投资收益免税，只对在职工未来领取补充养老保险金时才予以课征个人所得税。这种企业年金计划事实上是一种将现在收入转化为未来收入并推迟交纳税收的薪酬形式。

下面我们从税收筹划角度分析企业年金的税收优势。假定企业采用企业年金计划时，每年把少支付的现金形式的工资U全部转化为企业年金，个人所得税税率为t。个人所获得的相当于年金部分的工资全部用于投资，投资报酬率为r，企业年金基金的投资报酬率也为r。企业年金缴纳的持续期间为n年，第n+1年初全部返还给个人。

若企业采取现金形式的工资U，则税前工资投资n年后获得的收益为：

$F_c = U(1-t)[1+r(1-t)]^n$

若企业把现金工资U转化为企业年金形式，则企业年金项目经过n年后获得的收益为：

$F_p = U(1-t)(1+r)^n$

由于 $U(1-t)(1+r)^n > U(1-t)[1+r(1-t)]^n$

故：$F_p > F_c$

比较现金形式的工资和企业年金，其投资回报率有差别，现金形式的工资，其投资报酬率为$r(1-t)$，企业年金的税前投资报酬率为r。所以，对于职工来说，获得的企业年金显然比现金形式的工资更为合适。

若企业采取现金形式的工资，每年多获得的现金工资U在n年后的税后总收益E_c为：

$$E_c = U(1-t)[1+r(1-t)]^n + U[1+r(1-t)]^{n-1} + U[1+r(1-t)]^{n-2} + \cdots\cdots$$
$$+ U[1+r(1-t)] = U(1-t)(1+1/r(1-t)]\{[1+r(1-t)]^n - 1\}$$

若企业把现金工资U转化为企业年金形式，n年后企业年金基金的税后总价值E_p为：

$$E_p = U(1-t)(1+r)^n + U(1-t)(1+r)^{n-1} + U(1-t)(1+r)^{n-2} + \cdots\cdots$$
$$+ U(1-t)(1+r) = U(1-t)(1+1/r)[(1+r)^n - 1]$$

比较可知，则必有：$E_p > E_c$成立。即职工以企业年金形式获得的税后总收益大于现金形式的工资的税后总收益，所以，从税收筹划角度分析，企业年金优于现金形式的工资。

---

① 企业年金（Occupational Pension）是指政府养老保险制度之外，雇主为进一步提高其雇员退休后的收入水平而建立的一种补充性养老保险制度。在欧美国家，企业年金一般称为补充养老保险计划（Supplementary Schemes或Complementary Schemes）。《企业会计准则第10号——企业年金基金》应用指南中规定：企业年金是指企业及其职工在依法参加基本养老保险的基础上，自愿建立的补充养老保险制度。企业年金由企业缴费、职工个人缴费和企业年金基金投资运营收益组成，实行完全积累，采用个人账户方式进行管理。

第五节　税收筹划的前沿发展

一、税收筹划战略的理论框架

税收筹划战略是指导税收筹划全局的计划和策略，具体表现为企业适应税收环境的一组税收行动计划和策略，其作用在于规避涉税风险、降低税收负担。基于企业税收筹划环境的复杂性，尤其是企业面对众多的利益相关者，应该借鉴战略管理的思想，制定税收筹划战略。

为了提高税收筹划的效率，实现税后利润最大化目标，企业在与利益相关者的交易中需要充分考虑税收因素的影响，这就是我们建立税收筹划战略模型的意义之所在。基于企业与其利益相关者的交易，税收筹划战略模型设计如图 2－3 所示。

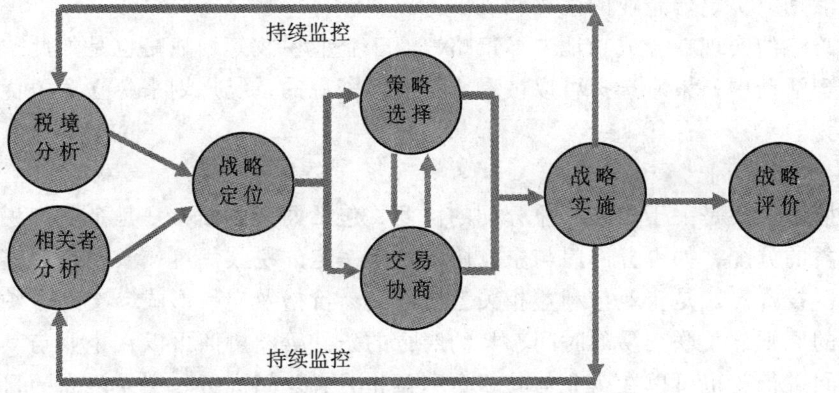

图 2－3　基于利益相关者的企业税收筹划战略模型

（一）战略环境分析

1. 税境分析

所谓“税境分析”指的是对企业所处税收环境的分析，主要从经济发展水平、市场开放程度、物价变动、税制变革、税种结构、征管模式、税务人员素质等方面分析税收环境的复杂性与变动性，为制定税收筹划战略提供基础性环境信息。

税境分析要预测税收制度的变化及其对企业和利益相关者的税收影响。中国正在进行的税制改革对社会经济产生了重大影响，企业也存在着许多税收筹划的机会和空间。中国的税制改革比较透明，企业也完全可以预期，并作出合理的纳税行为调整及税收筹划策略的安排。

2. 利益相关者分析

在市场经济中，企业与利益相关者的关系非常密切，为了实现税收筹划战略目标，必须对利益相关者的基本情况进行分析。对利益相关者的分析，主要从行业背景、经营特征、发展战略、业务模式、税收状况等方面进行分析，掌握利益相关者的经营情况、财务状况、纳税状况，为税收筹划战略制定及具体策略选择提供决策依据。

（二）战略定位

企业根据税境分析及利益相关者分析确定税收筹划的战略目标，给出明确的战略定位。税收筹划战略即是一个企业税收筹划的基本使命、目标和路径，表明了企业未来的路径指向，是企业税收筹划的前进方向。税收筹划的战略定位必须建立在企业外部环境、内部条件和战略目标的基础之上。

（三）策略选择

所谓策略，美国战略学家斯坦纳（George A. Steiner）教授认为："策略即为达成策略计划中制订的目标所采取的特别行动，通常，这类行动是指资源的配置与运用。"① 从博弈论的角度理解，策略就是参与人在给定信息的情况下的行动规则，它规定参与人在什么时候选择什么行为。其实，策略也可以理解为特定环境下对于特定问题的应对之策，即"对策"。对一个企业而言，策略是抽象的，它体现着企业的战略导向，企业战略驾驭着策略，其实战略可以被认为是一组或多组策略的组合。因此，策略支配着整个生产经营活动，决定着企业的生存和发展。

企业战略的实现在于成功地选择策略，对于企业税收筹划战略也是如此。在企业实际经营管理活动中，策略选择可以被看成是通过资源的系统规划来建立竞争优势的一种适应性行为。

（四）交易协商

交易协商主要是关于税收利益分配的协商，包括两个方面：一是企业与税务部门协商税收利益的分配，如税务部门与企业协商给予一定的税收优惠，鼓励企业实施再就业工程或吸引投资；二是企业与利益相关者协商交易价格及交易形式、交易合约，如协商关联定价的原则、关联交易的时间、契约履行的条件等。协商可以在企业与其一个利益相关者之间进行，也可以在企业与其多个利益相关者之间进行。交易协商的目的是就交易中的税收利益达成一致。

交易协商是策略选择的下一步，两者有着直接的关联，也相互影响。策略选择决定交易协商的内容，交易协商的结果也可能引起策略的调整。

（五）战略实施

战略实施是把战略付诸实施或执行的过程。要把税收筹划战略变成现实，需要具体付诸实施。在税收筹划战略实施过程中，要特别注意环境变化和战略定位的持续改进问题。

现代社会环境变化迅速，即使税收筹划战略制定的相当缜密、科学，也需要在执行中随着环境的变化进行修订。在图 2－3 中，建立在环境分析和利益相关者分析基础上的持续改进，就是一种应变能力的提高，能够使税收筹划战略更能适应环境的变化。

（六）战略评价

战略评价是对战略实施结果的评价与总结。税收筹划战略实施后，应该对税收筹划战

① 刘心一、刘从戎：《税收规划——节税的原理、方法和策略》，经济管理出版社 2006 年版，第 541 页。

略的实施结果进行检查和评价。将税收筹划战略的实施结果与战略目标进行比较，审查执行业绩及战略执行成本，分析其税收筹划战略的有效性。此外，战略评价还要从税收筹划对企业的财务、税收及战略管理的影响角度分析税收筹划战略的适应性。

二、战略税收筹划的基本理论

战略税收筹划的思想是20世纪末建立起来的，它把企业战略与税收筹划有机地结合在一起。誉满全球的著作是诺贝尔经济学奖得主迈伦·斯科尔斯等所著的《税收与企业战略》，作者在"写给中文译本的序"中写道："所有国家的筹划者都必须确定税收战略与公司的财务和经营战略之间的相互影响性。"

（一）战略税收筹划的基本观点

基于企业税收筹划环境的复杂性，税收筹划不能停留在具体方法的探索上，应该借鉴战略管理的思想，从战略的高度审视和把握企业的税收活动。天津财经大学的盖地教授指出："税收筹划研究从单纯的节税论向经营战略论的转变是一个新的研究方向。"① 因此，在企业总体战略下，应该存在一个纳税战略，但纳税战略很难脱离企业总体战略而单独存在，所以从战略税收筹划角度研究纳税战略可能更为容易，更能与企业管理结合起来全面把握税收对企业战略的影响。

下面是国内关于战略税收筹划的最新观点：

"战略税收筹划是为谋求企业税收利益和实现企业战略，为发挥企业在税收筹划方面的优势，从战略管理的角度，在分析企业内外部环境因素对企业税收筹划的影响的基础上，对企业的纳税计划进行全局性、长期性和创造性的谋划，并确保其执行的过程。"②

"所谓战略性税收筹划，是企业以税收环境为因变量，在战略愿景的驱动下，通过企业战略调整，在战略调整过程中采取的一系列措施和方法，通过运用税收优惠政策等重塑企业的经济行为，对企业自愿进行系统性协调，在追求企业可持续发展的目标引导下实现恰当纳税的过程。战略性税收筹划包含着税收筹划的基本内容。它不是对传统税收筹划的全盘否定，而是在传统税收筹划的基础上诸如战略思想，拓展税收筹划的时间和空间范围，是适应战略管理的需要对传统税收筹划的发展和完善。"③

战略税收筹划是兼顾宏观与微观，动态与静态，并受到局部利益与全局利益、短期利益与长期利益等关系影响的税收筹划战略规划行为。适应税收环境并整合资源是战略税收筹划的主要思维模式。

（二）战略税收筹划的理论基础与内容

1. 战略税收筹划理论基础

战略税收筹划包括以下五个理论基础：

① 盖地："税务会计的几个理论问题的探讨"，《MPACC 税收筹划教学研讨会论文集》，2005 年。

② 谭光荣：《战略税收筹划研究》，湖南大学出版社 2007 年版，第 45 页。

③ 梁云凤：《战略性税收筹划研究》，中国财政经济出版社 2006 年版，第 116 ~ 117 页。

一是税收效应理论与税收控制理论；二是产业组织理论与资源基础理论；三是企业核心竞争能力理论；四是企业战略风险管理理论；五是企业战略评价理论。

2. 战略税收筹划的内容

战略税收筹划包括战略纳税环境分析、战略税收筹划目标与原则制定、战略税收筹划的实施与控制。这里主要引入“SWOT 分析法”，根据战略纳税环境的变化，适时选择和实施战略税收筹划方案。在战略税收筹划的研究中，重点是对税收筹划风险、战略纳税评价的研究。战略税收风险包括环境风险、经营管理风险、金融风险、财务风险、筹划风险，对这五类风险应该分类展开讨论。战略税收筹划评价可以运用“平衡计分卡”评价理论，从财务、客户、内部经营、学习与创新四个方面评价企业的战略税收筹划活动。

三、有效税收筹划的理论

早期的传统税收筹划理论没有考虑成本，只以纳税最小化为目标。针对传统理论的种种缺陷，诺贝尔经济学奖得主迈伦·斯科尔斯和马克·沃尔夫森（Myron S. Scholes, Mark A. Wolfson）提出了有效税收筹划理论，它是一种研究在各种约束条件下实现纳税人“税后利润最大化”目标的税收筹划理论。

有效税收筹划理论框架构成一个严密的逻辑体系。当企业进行投融资决策时，其目标是取得最大化的投资报酬率或融资成本最小化。税收规则的存在，又使得企业在进行各项战略性决策时必须考虑税收的作用。此理论将除税收成本以外的各项成本统称为非税收成本。并且，由于交易成本的定义具有非常广泛的意义，因此税收成本和非税成本可以统一于交易成本。很显然，交易成本是由于交易各方之间利益不一致和信息不对称所引起的。至此，有效税收筹划理论框架的三条思路可以通过交易成本联接起来，如图 2-4 所示。

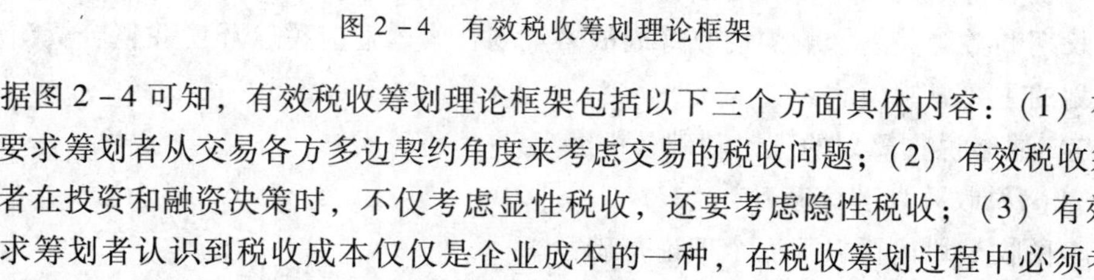

图 2-4　有效税收筹划理论框架

根据图 2-4 可知，有效税收筹划理论框架包括以下三个方面具体内容：(1) 有效税收筹划要求筹划者从交易各方多边契约角度来考虑交易的税收问题；(2) 有效税收筹划要求筹划者在投资和融资决策时，不仅考虑显性税收，还要考虑隐性税收；(3) 有效税收筹划要求筹划者认识到税收成本仅仅是企业成本的一种，在税收筹划过程中必须考虑到所有的成本，一些被提议的税收筹划方案的实施可能会带来大量的非税成本。

有效税收筹划理论框架的三条思路并非随意的组合，而是有联系的互相依存并层层分解的；而且，多边契约与利益相关者相关，交易成本与企业组织紧密相关，使得在这一框架下的企业税收筹划活动（本身也属于企业组织设计活动的一部分）从企业整体角度进行，严格区别于短期化倾向的"税负最小化"目标；而有效税收筹划既考虑税收成本又考虑非税成本，目标是"税后利益最大化"。

（一）多边契约

有效税收筹划理论的一个重要内容，就是运用现代契约理论（Contracting Theories）的基本观点和方法展开分析，研究在信息不对称的现实市场上，各种类型税收筹划产生和发展的过程。

如果将税收因素考虑在内的话，那么政府作为税法的代表毫无疑问应被引入订立契约的程序。不过，相对于其他契约方而言，政府无法及时调整其策略，因为政府要通过变动税法来实现，而税法调整通常是滞后的。政府与其他契约方的另一个显著差别在于政府所追求的目标具有多样性，社会的公平也是其追求的目标之一，公平目标的实现往往要借助累进的税率，这使得支付能力不同的纳税人面临不同的边际税率。而政府对市场经济活动中出现的外部性问题的纠正，也使得不同类投资的税收待遇大不相同，这进一步加大了纳税人边际税率的差别，同时也为纳税人从事税收筹划提供了空间。

税收体系的多重目标性不仅使纳税人处于不同的税收地位，同时也改变了纳税人的税前投资收益率。假定初始状态，市场上有两种无风险资产具有相同的税前投资收益率。两种资产的税收待遇不同，其中一种资产由于享受了税收优惠因而其税后收益率要高于另一种没有享受税收优惠的资产。这种状态显然是不均衡的。因为投资者会增加对税后收益率较高的享受税收优惠的资产的投资。这种需求的增加将改变资产的价格，使其不断上升，从而税后收益率下降直到两种资产税后收益率相同才实现了均衡。在均衡点，边际投资者对两种资产的选择是无差异的。不过，由于税率具有累进性，比边际投资者处于更高或更低税率级次的投资者依然可以通过相互订立契约而受益。比边际投资者面临税率高的投资者倾向于享受税收优惠的资产，比边际投资者税率低的投资者倾向于没有税收优惠的资产。他们之间订立的合作契约将使总财富达到最大化，并使除了政府以外其他参与的当事人受益。因此，从某种程度上讲，这种契约实现了税收筹划的帕累托改进。

案例分析

假定均衡市场上有三个投资者甲、乙和丙，面临的边际税率依次为30%、40%和50%。有两种无风险资产A和B，其中A为免税债券，利率为6%，B为应就收益全额纳税的公司债券，利率为10%。由于市场实现均衡，因此两种资产利率保持不变。对于乙而言，投资于A和B的税后收益率相同，均为6%［10%×(1－40%)］，因此，乙为边际投资者（对购买两种同等风险但纳税不同的资产无偏好的投资者）；对丙而言，投资于B的税后收益率为5%［10%×(1－50%)］，低于A(6%)；对甲而言，投资于B的税后收益率为7%［10%×(1－30%)］，高于A(6%)。因此，在其他条件相同的情况下，丙会选择A，甲会选择B。现假设考虑到其他因素以后，丙要投资B，而甲要投资A。如果两人直接投资，且均为一个单位，那么丙的收益为0.05［1×10%×(1－50%)］，甲获得的收益为0.06(1×6%)，总收益为0.11(0.05＋0.06)。此时，如果甲和丙订立契约，由甲投资B而丙投资A，然后两人进行交换，那么两者的总收益为0.13［1×6%＋1×10%×(1－30%)］，比前者多出0.02。将这一部分增加的收益在甲、丙之间分配，会使甲、丙均比未订立契约时获得的收益增加，增加的值其实就是政府税收收入的减少。

（二）非税成本

根据契约理论，面对不同边际税率的纳税人可以通过相互订立契约共同受益。在完美市场，当事人通过签定契约而开展的税收筹划将实现纳税最小化。而在非完美市场，即存在不确定性和交易费用的情况下，各种因素权衡的结果却常常会使有效税收筹划与纳税最小化偏离。因为不确定性引致了一系列非税收成本的增加，而非税收成本的出现使税收筹划策略的选择更加复杂。

不确定性是现代契约理论的一个重要假设。不确定性的引入，大大增强了运用经济分析解释现实世界的能力。通常情况下，不确定性有两种类型：一种是对称型不确定性，另一种是非对称型不确定性（即信息不对称）。

1. 对称型不确定性下的有效税收筹划

在对称型不确定性存在的情况下，签约各方虽然同等地了解信息，但有关投资未来的现金流却是不可知的，这种不可知意味着投资有风险。特别是，当对称型不确定性与一个累进的税率表相连时，即使在初始状态对风险无偏好的投资人也会因两者的共同作用显示出规避风险的态度。也就是说，对称型不确定性的存在使风险成为投资人开展有效税收筹划时不得不考虑的一个因素，累进税率表则进一步扩大了风险的影响。

案例分析

假定投资者有10个单位资金，他可以选择两项投资计划中的一项。其中，一项计划是无风险的（如储蓄、购买国债等等），收益为2个单位；另一项计划是有风险的。如果投资成功，可以获得15个单位收益，如果投资失败会遭受10个单位损失，成功和失败的概率均为50%。再假定该投资人是风险中性的，他会选择期望收益较高的方案。因为有风险的方案的期望收益为2.5个单位[15×50%+(-10)×50%]，高于无风险方案，所以投资人会选择有风险的投资方案。现考虑税收因素，假定投资人面临这样一个税率表：如果所得税为正，则税率为30%；如果所得为负或为0，税率为0（对于新开办的企业而言，如果投资失败则企业不复存在，情况的确如此；对于已开业的企业，我们可以假定税法规定不允许亏损前转或后转）。毫无疑问，这是一个有两档税率的累进税率表。投资人将通过比较资产的税后收益作出选择，由于无风险方案的税后收益为1.4单位[2×(1-30%)]，而有风险方案的税后收益为0.25单位[50%×15×(1-30%)+50%×(-10)]，此时，投资者会选择无风险方案。为什么会出现这种变化呢？因为有风险方案所交纳的税收（2.25单位=15×30%×50%）要高于无风险方案的税收（0.6单位=2×30%）。而且，这种税收上的差异导致两方案的税后收益出现相反变化。由此可见，累进税率表的平均税率随着应税收入的增加不断升高，会导致投资人倾向于风险更小的投资。也就是说，即便原先属于风险中性的投资者也会呈现出规避风险的特征。在许多国家，当纳税人所得为负，即出现亏损时，一般都允许向以后递延，递减以后的应纳税额。这种规定实际上降低了税率表累进的程度，但税率表仍是累进的（因为资金的时间价值，后一期节约的税收总是小于同等金额当期的税收）。

2. 非对称型不确定性下的有效税收筹划

非对称型不确定性也是现实生活中普遍存在的一种状态。由于契约双方拥有不对称信息，导致一方无法观察到交易另一方的行为或进行控制。这种情况增加了契约订立的成本。甚至有时为了获得其他方面更大的利益，交易方不得不放弃减少税收的计划。企业在开展税收筹划时必须考虑到由于非对称型不确定性而增加的成本。下面就以劳动力市场上雇主和雇员之间的契约为例加以说明。

假定雇主面临的是一个随着时间不断下降的税率表，而雇员的税率则随着时间的推移不断上升。在这种情况下，从税收角度而言，对雇员薪金进行即期支付比将其推迟到以后期间支付更为有利。因为对雇主来说，薪金即期支付可以使雇主在税率较高的即期获得税收扣除从而较多地减少应纳税额；而对雇员来说，在税率较低时期获得收入也比在税率高的时候获得的收入纳税少。

案例分析

假定某公司生产的产品是一种耐用消费品——家用电器，雇主和雇员的利益存在矛盾。雇员有两种行动策略可以选择：（1）努力工作，使产品的使用寿命达到L。（2）不努力工作，产品的使用寿命只有S，L > S且P(L) > P(S)，即随着产品使用寿命增加，其销售价格也会提高，并且这种提高的比率大大超出了成本的增加。在这种情况下，雇主自然希望雇员能够努力工作，他们愿意为此支付额外的奖金。假定受到相关法律的限制，即使雇员没有努力工作并且雇主观察到雇员没有努力工作，那么雇主也不能采取额外罚款或其他方式处罚。另外，不考虑时间价值，即雇员对即期支付和推迟支付没有偏好，他们追求的是总收入的最大化。在忽略税收的情况下，为减少这种信息的不对称，雇主激励雇员努力工作的最有效方式是将对雇员的支付推迟到超过S期以后，因为这样就可以很清楚地观察到雇员的行动。不过这种激励安排显然与以税收最小化为目的的契约相冲突。当然，雇主税率不断升高而雇员税率不断降低，那么税收最小化的方案就是推迟支付了。不过，假如我们再加上一个考虑因素，即虽然不存在时间价值，但雇员对即期还是推迟支付依然不是无偏好的。原因在于推迟支付会使雇员承担企业可能丧失支付能力的风险。如果雇员一味增大对这种风险的预期，他们就会放弃推迟支付而要求即期支付。但此时的税制显然使推迟支付更能节约纳税。这时，为了激励的原因也许仍然要放弃税收最小化。

（三）隐性税收与税收套利

显性税收是通常意义上由税务机关按税法规定征收的税收；隐性税收则是指同等风险的两种资产税前投资回报率的差额。与显性税收完全不同，隐性税收的产生导源于市场。在一个给定的市场环境当中，不存在税法的限制和交易成本，两种资产的初始税前投资回报率相同且均为无风险资产，所不同的是他们面临着不同的税率。由于一种资产的税前回报率高于另一种资产，因此会吸引投资投向税收待遇较为优惠的资产，从而使其价格上升，投资回报率下降，直到两种资产的税后投资回报率相同，这种趋势才会停止，实现均衡。隐性税收是开展税收筹划时不可忽视的一个因素。纳税人通过税收筹划减轻的税收负担不仅包括显性税收，同时也包括隐性税收。总体税收负担（显性税收+隐性税收）的降低才是理想的。

税收套利，是指在总净投资为零的前提下，通过一种资产的买进和另一种资产的卖出获得税收上的好处。尽管市场达到均衡点以后，边际投资者对两种资产的选择是无差异的，但市场上仍有相当一部分非边际投资者，他们之间仍可以通过相互订立契约而受益。非边际投资者的存在，从理论上导致了税收套利行为。

四、基于税收契约基于税收筹划创新理论①

（一）税收契约的内涵与基本类型

1. 税收契约的内涵

税收契约思想源于社会契约论。霍布斯、卢梭、孟德斯鸠等人将契约思想从私人领

① 蔡昌："税收契约的源流嬗变：类型、效力及实施机制"，《税务研究》，2012年第6期。

域扩展到了公共领域，形成了社会契约论思想。税收契约正是社会契约在税收领域承继、沿袭的必然产物。税收契约作为一种公共契约，天然具有契约的基本属性。税收契约的表现形式为税收法律制度，它是国家和纳税人经过多次博弈形成的一种相对固化的税收分配与管理关系。

税收制度的演化其实是税收契约关系演化的积累与外在表现形式。税收契约建立在平等原则基础之上，税收契约的缔结必须遵循社会正义与诚实信用原则。因此，税收契约一旦签订是受法律保护的。税收契约既要求纳税人依法诚信纳税、不能蓄意逃避税收；也要求政府代表国家行使征税权须以宪法为依据，依宪治税。税收契约对政府与纳税人的合法权益均等保护，不偏袒任何一方。

2. 税收契约的基本类型

契约理论认为，企业实质上是"一系列契约的联结"。税收契约是企业契约的重要组成部分，是企业契约关系网中的利益焦点。在企业契约集合中存在着两类较为明显的税收契约：一是政府与纳税人之间的"法定税收契约"，二是纳税人与其利益相关者之间的"交易税收契约"。这两类税收契约在经济发展中发挥着重要作用，影响着资源配置效率与纳税主体的税收利益。

税收筹划作为由社会多方契约关系制约的、多方契约力量之合力推动的一种经济行为，也与税收契约之间有着千丝万缕的联系。在承认理性经济人的逐利本性、契约的不完备性和相当一部分契约是以会计信息为基础等前提条件的情况下，税收契约各方当事人（包括经营者、投资者、供应商、代理商等利益相关者）便有动机、有条件进行税收规划和安排，以实现企业价值最大化（或税后利润最大化）的目标。

（二）法定税收契约与政策性税收筹划

1. 法定税收契约的内涵

税收本质是一种契约关系，作为公民财产权的一种让渡，公民必须获得政府提供的公共服务。政府和公民之间以获得公共产品为"标的"的特殊交换关系具有公共契约的性质。政府征税和纳税人缴税是一种权利和义务的交换。政府具有政治权力的垄断性，为避免政府对其权利的滥用，政府和纳税人之间需要缔结"契约"，把政府与纳税人之间的产权的分隔用"法"这种书面协议的形式固定下来。由于政府和纳税人之间的税收契约是政府加给纳税人的一种不可推卸的责任，政府是不请自来的"法定契约方"，笔者把这种天然存在的税收契约称为"法定税收契约"。例如，作为税收程序法的《中华人民共和国税收征收管理法》，以及作为税收实体法的《中华人民共和国企业所得税法》、《中华人民共和国个人所得税法》等都是法定税收契约的典型表现形式。在经济学界和法学界，法定税收契约得到广泛的认可、传播和应用。

法定税收契约其实是政府依照政治权力以提供公共服务为目的分享纳税人利益的依据。在法定税收契约缔结过程中，政府和纳税人是平等的，政府和纳税人各自依法享有法定权利。这种双方权利平等体现了契约精神的本质，并贯穿于政府和纳税人之间关系的各个层面。在政府和纳税人法定税收契约的履行中，超出作为这种契约要求的税法规定的额度和范围的税款征收就是掠夺，而纳税人也不应该因其向政府纳税而提出某些过分的要求。

2. 法定税收契约的效力

法定税收契约具有强制性。法定税收契约的效力不仅源于政府具有政治强制力，还源于税收契约的签订具有公共选择的机制和程序。法定税收契约的签订是社会成员通过公共选择机制选择的结果，它代表着社会成员集体意愿的表达。在经过一定的立法程序把这种集体意愿固化为税收法律后，税收契约就有了法律强制力，社会成员和政府都必须遵守。如果纳税人和政府或者税务当局违反税法这种税收法定契约，必须承担相应的责任。

譬如，我国《中华人民共和国税收征收管理法》规定了对纳税人的核定征收、税款追缴、滞纳金征收、纳税担保、税收保全、纳税救济等保障政府税收权益的措施。同样，政府或者税务当局对纳税人可能造成侵犯时也要承担一定的责任。政府在税务当局对纳税人执法不当造成的损失要承担相应的赔偿责任：税收保全不当造成的损失政府要对纳税人进行税收赔偿；对纳税人超额征收的税款要加息归还给纳税人。法定税收契约对税务执法人员本身的徇私舞弊规定了禁止性和惩罚性条款。法定税收契约的效力不仅是强制性，也包含着代表着执政者偏好的政府利益的驱动。

3. 法定税收契约的实施机制

法定税收契约是国家和公民之间为获得公共产品或服务而签订的。法定税收契约签订过程是双方合意通过公共选择机制得以表示的结果。一旦国家和公民之间签署了这一契约，法定税收契约就具有了强制性。国家作为民众订立社会契约的缔约方，其实是一个抽象的权利主体，国家的权利要由政府这个代理人来执行。

法定税收契约的实施是一个复杂的过程。从契约论的观点看，国家权利和公民（纳税人）的权利是平等的，但国家的公权力和公民的私权利发生冲突时，公民权常处于弱势地位。政府作为国家的代理人，有追求预算收入规模最大化的动机与行为。为保障纳税人的权利，就需要围绕税收契约进行立宪，以保障税收契约实施过程中双方权利、义务的一致性。对于符合税收宪政的税收契约，由国家委托政府的征税机关来实施税款的征收。征税机关代表政府对违反税法（税收契约的固化形式）规定的纳税人实施强制征税、加收滞纳金或者罚款等惩戒行为，以保障政府获得税收收入的权利。政府也要对税收的征收使用情况向纳税人进行信息公开，接受广大纳税人的监督。对政府违反法定税收契约的情形，纳税人有权借助其代表机构通过公共选择的程序更改税收契约内容，并让政府对纳税人进行合法补偿。因此，法定税收契约的实施机制是建立在委托—代理制基础上的，但委托—代理制的执行须以法定税收契约的依法履行为前提。法定税收契约的有效履行会促进一国或地区税收制度的优化与演变。

4. 政策性税收筹划：法定税收契约下的税收筹划创新

政策性税收筹划是指企业在不违背税收立法精神的前提下，与政府的税务、财政等部门进行协商，试图改变现有对企业（或行业）不适用的税收制度，以实现企业利益最大化的筹划活动。政策性税收筹划作为一种动态的筹划方式，其对国民经济和企业产生宏观和微观的双重效应，不仅企业的涉税风险小，而且其对完善税收制度发挥着重大的作用。

当然，从另一角度分析，政策性税收筹划有其不公平的一面。因此，一些学者将“政策性税收筹划”形象地称为“政府俘获”，即企业通过向政府官员提供私人报酬来影响法律、规则及规章制度的选择和制定。通过俘获政府机构，企业就能够将其偏好变成整个市场经济博弈规则的基础，创造大量可能为特定部门和组织获取税收利益。

从经济学角度分析，政策性税收筹划实质上是一种税收制度筹划的创新活动，它改变了原来的法定税收契约关系，本质上是一种契约变革性质的税收筹划模式。当企业发现税收制度的非均衡①，从而产生税收制度的创新需求，政府根据这一制度需求对税收制度的供给进行调整，以实现税收制度均衡。政策性税收筹划是以一种更有效率的新的税收制度来替代旧有税收制度的过程，正体现了税收制度由非均衡到均衡的运动②。政策性税收筹划与一般的税收筹划策略存在较大的差异，但是它并非对目前税收筹划模式的背叛，而是对税收筹划模式的延伸和扩展，更能在税收筹划中发挥纳税人的主动性。政策性税收筹划的操作模式如图 2－5 所示。

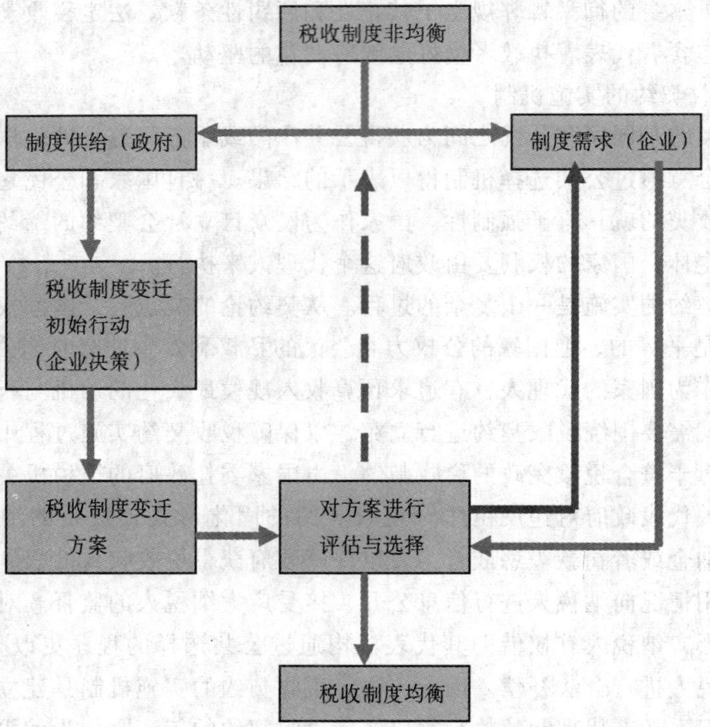

图 2－5　政策性税收筹划的操作模式

① 税收制度的非均衡是指税收征纳博弈各方对现行税收制度不满意的状态，从供求关系看，呈现出一种制度供给与制度需求不一致的状态。

② 税收制度的非均衡必然意味着现行税制安排的净收益小于可供选择税制安排的净收益，而基于企业（行业）特殊性的对原有税收制度的修正和改进，符合税收的公平与合理原则。国家的利益不仅不会减少，反而会因为企业（行业）生产积极性的提高而大幅增加，形成税收制度创新的潜在收益，推动税收制度的变迁。

（四）交易税收契约与税收筹划创新

1. 交易税收契约的内涵

契约是交易当事人在市场交易活动中所确立的一种权利义务关系，交易活动的实质是交易当事人对财产权利做出的契约安排，其目的是实现资源在时间和空间上的合理配置与有效利用。企业是“一系列契约的联结”，在这种契约的联结中，存在着包括股东、债权人、供应商、代理商、终端客户、职业经理人、雇员等在内的各类利益相关者。尽管企业与这些利益相关者之间的关系是纯粹的市场关系，但他们之间交易合约的缔结对企业的纳税行为和税收负担也有着微妙的影响。①

企业与其利益相关者之间的税收关系是交易当事人各方确立的权利和义务关系的一种，笔者把他们之间由于交易活动引发的税收关系称之为“交易税收契约”。交易税收契约是企业契约集合中的子契约，可以将其界定为企业法人与其利益相关者在交易活动中所形成的有关财产权利流转中的税收协议或者约定。斯韦托扎尔·平乔维奇（1990）认为，契约是人们用以寻找、辨别和商讨交易机会的工具。② 对契约功能的这一深刻认识非常适用于交易税收契约，缔约各方缔结交易税收契约的目的在于探寻和把握交易机会、获取经济利益。交易税收契约的各缔约方利用契约的签订合理规划其税务活动，实施税务战略管理，并最终实现税收利益乃至经济利益的最大化。

企业与其利益相关者的“交易税收契约”所涉及的各项交易包含复杂的关系，关系和交易紧密结合，同等重要且不可分割，属于一种典型的关系契约③，具有以下三个显著特征：

（1）交易税收契约各方存在契约团结或共同意识。缔约方利用正式或非正式规则确保他们之间关系的稳定性。正是复杂的利益相互依赖性使交易缔约各方当事人必须就某些事件达成共识，这种共识的达成具体表现为当事人之间的沟通。在沟通过程中，各种正式或非正式规则会产生，以规范交易过程中当事人的行为，减少契约各方存在的信息不对称，从而降低交易费用。因此，交易税收契约强调合作及其长期关系的维持，契约当事人都愿意建立一种规制结构来对契约关系进行适应性调整。

（2）交易税收契约各方是伙伴关系。与法定税收契约要借助法律的强制性来维护政府与纳税人之间的契约关系不同，交易税收契约要依赖于企业与利益相关者的经济活动“市场合约”，他们之间是以利益为纽带结成的伙伴关系。其实，基于伙伴关系的交易税收契约的最终目标是获得相应的经济利益。因此，交易税收契约注重经济伙伴关系的过程性与连续性，以至于很多契约条款悬而未决，留待以后根据商业形势作适当的变化。这使得交易税收契约具有灵活多变的特征。因此，交易税收契约的缔结与履行过程中，不出现阻碍契约自由的权利、等级和命令，纯粹是一种商业环境下的利益合约。在交易税收契约中，冲突的解决可以自我调节，可以通过第三方的介入，也可以通过其他

① 蔡昌：《契约视角的税收筹划研究》，中国财政经济出版社 2008 年版。

② 斯韦托扎尔·平乔维奇：《产权经济学》，蒋琳琦译，经济科学出版社 1999 年版。

③ 关系契约的概念由著名法学家麦克尼尔（Macneil）提出的。他认为契约具有社会性和关系性，即契约是当事人及其协议内容的内在性社会关系的体现。

的利益协调机制。

（3）交易税收契约具有合法边界下的自由性。交易税收契约缔约各方的自由权利受到法律保护，这些自由权利包括缔约的自由、选择缔约方的自由、决定缔约内容与形式的自由、变更或解除缔约的自由，这些自由权利体现在了契约的意思自治。但缔约各方不存在绝对的自由权利，其缔约的自由度具有一定的边界，即必须在法定税收契约的框架约束下进行，必须受制于一国或地区法律的约束。超越了这一边界，交易税收契约是不成立的。

2. 交易税收契约的效力

"交易税收契约"属于一种经济规则或者经济合约，建立在利益基点上。利益是研究人类经济活动的出发点。利益是"社会化的需求，它在本质上属于社会关系范畴"。[①] 人类个体与群体既是利益的需要者，同时也是利益的供给者。在利益相关者的社会网络中，获得利益必须通过与其他利益主体进行利益的交换。交易活动的每一利益相关者都是"理性人"，在交易中都追求短期利益或长期利益的最大化。由于交易各方的力量并不均衡，交易中必然出现利益冲突。契约因利益冲突而存在，以利益协调为目的，通过利益关系调整而对交易行为进行约束。"交易税收契约"以追求利益作为效力根源，它是寻求经济利益的一个有效工具，缔约方都倾向于从税收契约中获得相应的利益。由于利益的存在和分配才吸引纳税人及其利益相关者签订有利的税收契约以保护自身利益。从这一角度分析，"交易税收契约"的履行并不需要具有强制性政治约束，主要由交易的利益各方为获得满意的利益而自我约束。当然，交易税收契约效力的发挥也必然被限定在以宪法、合同法、税法等为首的法律框架内。

契约是市场中交易当事人在交易过程中所确立的一种权利义务关系。交易时所约定的基本内容，构成了契约的基础。交易活动的实质是交易当事人之间对财产权利所作出的契约安排，其目的是实现资源在时间和空间上的合理配置和有效利用。从利益相关者角度分析，企业与包括股东、债权人、供应商、客户、职工等在内的各利益相关者之间存在着微妙的关系，他们之间的博弈竞争与合作关系是靠契约来维持的，这种契约其实是一种纯粹的市场契约。

企业与利益相关者之间的税收契约作为企业契约集合中的一个子契约，是在经济交易中形成、维护并履行的，其本质是税收影响各利益相关者收益分配与资源配置的一个强有力的工具。交易税收契约明显区别于政府与纳税人之间的"法定税收契约"，如果我们给交易税收契约一个准确概念，可以表述如下：交易税收契约是利益相关者在经济交易中所形成的有关财产权利流转的有关税收方面的协议或约定。

从税收筹划角度分析，"交易税收契约"的引入，可以指导企业与其利益相关者签订理性的税收契约，在更大范围内、更主动地巧妙安排纳税理财事宜，有效开展税收筹划，实现企业与其利益相关者的双赢。

3. 交易税收契约的实施机制

---

① 周孟璞：《马克思主义哲学全书》，中国人民大学出版社 1996 年版，第 376 页。

交易税收契约是经济交往的当事人为了降低交易成本、获得经济利益而缔结的协议和约定。交易税收契约符合法定税收契约的基本框架约束。在法定税收契约框架下，缔约各方为实现自身利益最大化，主要依靠自律自我实施，即缔约各方根据合同或协议履行各自的权利与义务，实现税收利益和其他经济利益的最大化目标。

交易税收契约与法定税收契约相比，契约的“不完备性”更加明显，这种不完备性增加了缔约各方灵活应对商业形势变化的便利，也增加了交易税收契约履行的难度。交易税收契约的履行需要依靠契约团结或者共同意识。交易中的企业一般假定会持续经营，因此，企业和其利益相关者之间的经济关系也可以看作是长期的。这种长期合作不论是采取一次次独立的短期合约，还是采取一次签订一种长期合约，都使得交易缔约各方形成一种长期的、信息不完备下的动态博弈关系。在长期的博弈中，即使交易活动的参与者极为注重短期利益，但也有动机假冒成注重长期合作的参与者从而获得长期利益的最大化。交易税收契约的履行要依赖缔约各方长期的合作博弈，而不是短期的、一次性的竞争博弈。

因此，交易税收契约实施的核心机制是要建立起基于公平、透明的信息披露制度，并接受社会中介组织或者政府监督。因此，交易税收契约的实施机制是建立在信息披露制度和诚信原则基础上的，而交易税收契约的最终履行是依靠缔约各方长期博弈中建立的“声誉”来维护的。

4. 交易税收契约下的税收筹划创新

基于交易税收契约的安排，纳税人可以采取创新型的税收筹划策略来达到筹划节税的目的。根据企业及其利益相关者的税收利益关系，税收筹划被划分为以下四种类型：偏利税收筹划、零和税收筹划、多赢税收筹划和混合税收筹划，如图 2－6 所示。

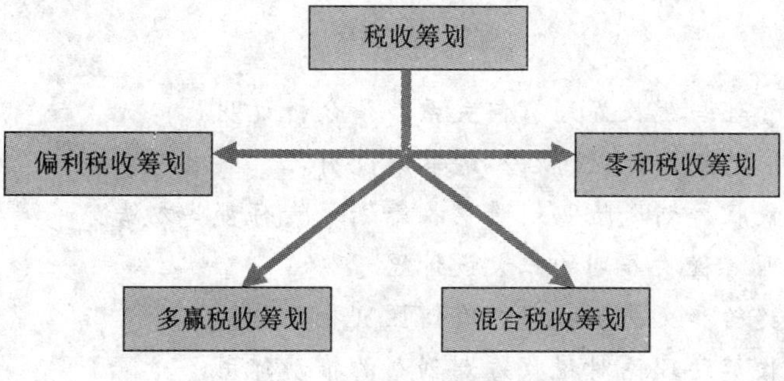

图 2－6　税收筹划的类型划分

（1）偏利税收筹划。税收筹划使得企业享受筹划所带来的税收利益，而对其利益相关者无害也无利。换句话说，税收筹划使得企业的涉税风险及税收负担降低，但不对利益相关者产生任何影响，但有时可能需要利益相关者的支持和配合。偏利税收筹划的显著特征是其偏利性，即税收筹划所创造出来的新的价值，主要分配给筹划者一方。由于利益相关者没有收益也没有损失，他们并不热衷于这种筹划活动，但出于建立战略联盟或维护良好的合作关系的考虑，他们可能会支持或配合企业的这种筹划活动。如企业改变交易模式进行税收筹划，可能需要客户在签订交易合约时予以配合，因为交易模式的改变可能会导致交易合约的改变。当然，纳税人的税收筹划也可能不需要利益相关者参与或者配合，如企业自身创造条件单方面享受税收优惠政策就属于纯粹的偏利税收筹划。

（2）零和税收筹划。税收筹划给企业带来一定的税收利益，但其利益相关者却因此蒙受与企业税收利益等额的税收损失，即双方的税收利益与税收损失之和为零。这虽然对双方总体的利益没有影响，但对于任何一方都会产生重大影响，反映为税收利益在双方之间的等量转移，体现着双方税收利益的再分配。因此，来自于利益相关者的阻力会使企业的税收筹划难以付诸实施。但这种策略的运用也并非不可能，如果企业承诺给予利益相关者一定的补偿或其他利益，也可能会使利益相关者接受，这就有赖于双方的"交易协商"的问题了。例如，税收筹划中的税负转嫁筹划就属于典型的零和税收筹划。

（3）多赢税收筹划。税收筹划给企业带来税收利益的同时，也给其利益相关者带来一定的税收利益，即双方都从税收筹划活动中受益。由于企业是主动的，主动获取税收利益、追逐利润是其天性使然；而利益相关者是被动的，被动地享受税收筹划带来的好处。所以，利益相关者非常愿意甚至热衷于参与这种筹划活动。多赢税收筹划是一种最佳的合作模式，有时可能涉及三方或者三方以上的利益相关者，这时税收筹划所带来的利益在企业及其利益相关者之间分配。

（4）混合税收筹划。税收筹划因其复杂性及关联性可能带给企业及其利益相关者更多可能的利益结果，如企业的一项税收筹划活动，可能对同一利益相关者产生多层面、多角度的综合影响，可能涵盖上述三种情况中的两种或两种以上的组合。这种情况完全可以拆解为上述三种情况的组合，这里不再赘述。

思考与练习

复习思考题

1. 企业战略管理与税收筹划有何关系？请分析说明。
2. "税收链"思想的价值何在？请举例说明。
3. 如何理解税收筹划风险？规避税收筹划风险有哪些方法？
4. 你是如何理解税收筹划的三大设计思想？
5. 法定税收契约和交易税收契约有何区别和联系？
6. 请阐述税收契约理论对税收筹划创新的推动作用。

案例分析题

案例一　经营范围与税目转化的筹划技巧

纳税人经营一个音乐茶座，其业务被认定为营业税应税项目，按照"娱乐业"税目征收营业税。当地娱乐业营业税税率为10%。该茶座每月营业额为50万元，则每月要缴纳的营业税为5（50×10%）万元。对于一个月营业额只有50万元的音乐茶座来说，税收负担较重。为了节省税款支出，纳税人应该如何进行税收筹划操作呢？

税收筹划方案：该茶座的经营者通过自身经营业务性质的转变，由营业税中的“娱乐业”纳税义务人转变为“文化体育业”的纳税义务人。税收筹划操作模式如下：该纳税人将茶座改为“围棋茶社”，以提供围棋爱好者交流学习平台为业务定位，不但提供一般的茶社服务，而且更提供围棋、棋谱，还可以定期举办围棋比赛，开办“名人讲棋”论坛；在环境布置上融入更多的文化元素，主要以围棋为特色，请围棋名人题词等。与此同时，纳税人还积极与当地体委沟通协调并获得体委的资质认可。这样该纳税人最终被税务机关认定为文化体育业的营业税纳税人，从而适用3%的税率。每年节省营业税额为：$50\times10\%-50\times3\%=3.5$（万元）

当然，音乐茶社经营者在实现业务性质转变过程中，不可避免地要支出一定的成本费用。因此，在税收筹划操作中还要坚持成本收益原则，衡量税收筹划的收益与成本。

思考：经营范围与税目转化的前提条件是什么？请就此案例的合法性谈谈你的看法。你能再举出类似的税收筹划案例吗？

参考答案：

经营范围与税目转化的前提条件是：经营模式转化，符合经营业务常规，并获政府有关部门批准。

类似案例举例：（1）车辆出租业务转化为交通运输业务。（2）软件产品销售转化为软件开发服务。

案例二 均衡点增值率的测算方法

假定纳税人销售某类商品的增值率为R，该商品的含税价格为S，购进商品的含税价格为P，$R=(S-P)/S$。一般纳税人的适用税率为T_1，小规模纳税人的征收率为T_2。

思考：（1）当一般纳税人和小规模纳税人税负相等时，请推导出均衡点增值率R的表达式。并计算当$T_1=11\%$，$T_2=3\%$时，税负均衡点增值率的大小。

（2）上海市、北京市等地区“营改增”试点行业有交通运输业与现代服务业，请分析改革试点后影响增值税税负的相关因素。并指出企业应该如何控制增值税税负，有哪些有效的税收筹划方法？

参考答案：

（1）$R=[(1+T_1)T_2]/[(1+T_2)T_1]$

当$T_1=11\%$，$T_2=3\%$时，$R=[(1+11\%)\times3\%]/[(1+3\%)\times11\%]=29.39\%$

（2）“营改增”试点后影响交通运输业及现代服务业增值税税负的相关因素。

因素之一：企业增值率。增值率越小，则应缴纳的增值税额越少，税负就越轻。

因素之二：抵扣率（购进成本中能抵扣进项税额的支出比例）。抵扣率越高，可抵扣进项税额越多，税负就越轻。

因素之三：获取专用发票的难易度与概率。获取发票难度越小，获取概率越大，则抵扣进项税额越多，税负就越轻。

上海市、北京市“营改增”后，有以下增值税税负控制方法。

方法之一：降低企业增值率，即合理控制增值率的大小；

方法之二：提高进项税额抵扣率，即增加购进成本中的进项税额抵扣比例；

方法之三：选择供应商的类型。即避免从小规模纳税人处购买商品，尽量从一般纳税人处购买并获取增值税专用发票，增加进项税额抵扣。

方法之四：拆分业务，化整为零，组建小规模纳税人。因为小规模纳税人适用3%的征收率，税负较轻。

案例三 转让在建项目的税收筹划

从事房地产开发的A公司，拟转让一个在建的写字楼项目，已累计发生在建工程成本为3 500万元，经与另一家从事房地产开发的B公司协商，有两种转让方案：

（1）A公司以6 000万元转让该项目。

（2）A公司以转让在建项目公司股权形式出售该项目，股权转让价格为6 000万元。

假设B公司接受该在建项目后需要在投入1 000万元才能建成该项目，最终出售不动产可获得销售收入9 000万元。

思考：请根据有效税收筹划理论，从A公司、B公司角度分别决策应如何选择在建项目转让方案？为什么？

参考答案：

方案一：直接转让在建项目法

1. 出售方（A公司）的税负测算

（1）营业税：A公司根据转让项目的金额征收营业税、城建和教育费附加等税费，A以6 000万元转让该项目，因此缴纳营业税及附加为6 000万元乘以5.5%的税率，即330万元营业税。

（2）土地增值税：A公司取得转让收入6 000万元，减去3 500万元已发生的在建工程成本，减去开发成本的20%（加计扣除额），再减去330万元承担的营业税金及附加，得出土地增值额。根据税法规定，土地增值额适用税率为30%，因为该土地增值额占这个项目金额的比例超过20%但不足50%的情况下，适用30%的税率，最终结果为土地增值税应缴纳441[（6 000－3 500－3 500×20%－330）×30%]万元。

（3）企业所得税：企业所得税的税率为25%，A公司转让该项目需要缴纳的企业所得税为：

企业所得税＝[（6 000－3 500－330－441）×25%]＝432.25（万元）

合计纳税额＝330＋441＋432.25＝1 203.25（万元）

2. 购买方（B公司）的税负测算

（1）营业税：按税法规定，销售写字楼项目和工程的企业需要缴纳5%的营业税和0.5%的城建税和教育费附加。

B 公司应缴纳营业税及附加 =9 000 ×5.5% =495（万元）

（2）土地增值税：B 公司实际收入为 9 000 万元，发生的开发成本为 6 000 万元的收购价格与完成工程发生的 1 000 万元成本之和，计 7 000 万元。

按税法规定，房地产开发公司在计算缴纳土地增值税时，允许加计扣除开发成本 7 000 万元的 20%，B 公司最终缴纳的土地增值税为：

(9 000 －7 000 －7 000 ×20% －495) ×30% =31.5（万元）

（3）企业所得税：(9 000 －7 000 －495 －31.5) ×25% =368.38（万元）

合计纳税额 =495 +31.5 +368.38 =894.88（万元）

方案二：转让股权法

1. 出售方（A 公司）的税负测算

A 公司转让该公司的全部股权，使股权差价与项目差价大致相等。在转让股权情况下，只存在公司控制权的转让而不直接涉及在建工程的转让，因此没有涉及到该项目转让环节的税收。

转让股权产生的股权转让所得，根据税法规定，法人股权应缴纳企业所得税，个人股权应缴纳个人所得税。

A 公司的股权属于法人投资，则投资企业应缴纳企业所得税为：(6 000 －3 500) ×25% =625（万元）

2. 收购方（B 公司）的税负测算

B 公司所收购的该在建项目建成后，可以实现销售收入 9 000 万元，同时 B 公司接手该在建工程后，还需投入建造成本 1 000 万元。B 公司收购股权完成项目开发建设后对外出售，需要缴纳的相关税款计算如下：

（1）营业税：B 公司应缴纳营业税及附加 =9 000 ×5.5% =495（万元）

（2）土地增值税：由于 B 公司以购买股权的形式进行交易，与土地开发和收购等成本没有直接关联，因此，B 公司发生的开发成本是 A 公司原来在建工程成本 3 500 万元与 B 企业后来发生的 1 000 万元之和，即 4 500 万元。在 B 公司发生的开发成本 4 500 万元加上国家允许加计扣除开发成本 20%，再加上所承担的税金 495 万元的情况下，B 公司所适用的土地增值税税率超过 50%，最终适用 40% 的税率，最终 B 公司缴纳土地增值税为 947.25 万元。

（3）企业所得税：B 公司需要缴纳所得税金额为：[(9 000 －4 500 －495 －947.25) ×25%] =764.44（万元）

合计纳税额 =495 +947.25 +764.44 =2 206.69（万元）

筹划结论：比较方案一和方案二，A 公司应选择方案二。

对于 B 公司而言，应选择方案一更节税。

第三章

税收筹划方案设计方法

零散的宝石和修理珠宝不会被征税……如果你把祖母胸针上的宝石重新镶嵌在别处，你就会被征税；但是如果把一颗从戒指上掉下的价值 30 000 美元的钻石重新安上，由于属于修补，你就不会被征税。

——著名学者　斯科特·R·施梅德尔（Schmedel, Scott·R.）

第一节　税收筹划方案设计基础

一、税收筹划方案的设计要求

如何理解税收筹划方案呢？所谓方案，就是应对环境的一种策略，带有极强的目的性，类似于“方略”、“方策”。税收筹划方案顾名思义，就是企业纳税安排的各种策略与方法的总称，即纳税人对其经济业务及相关涉税事项从纳税额最小、纳税时间最晚、纳税风险最小的角度出发而设计出的遵循税法规定的最优纳税方案。从这一意义上讲，税收筹划方案设计，是一种融战略规划、经营模式、商业模型及管理模式于一体的，以税收规划设计为核心要素的智慧性行为。

税收筹划方案设计，不是一件容易的事情，它要求设计者要有综合的能力和较高的素质。因为纳税活动本身就是一个知识交叉领域，融财务会计、税收、法律和管理为一体。财务会计是纳税的基础，税收筹划方案的设计注重其最终的财务结果，即使税法上行得通的税收筹划方案，如果不能最终体现在财务结果上，也是枉然；内部控制与战略管理对于纳税活动也是极为必要的，缺乏统筹规划和控制的税收筹划方案是不可能操作成功的；税收筹划方案设计也特别需要法律的鼎力支持，只有被法律所认可的，不违背法律条款的税收筹划方案才是科学合理的。

税收筹划方案的设计，还需要一定的理论基础作铺垫，需要一定的运作流程作保障。税收筹划方案设计要遵循一定的设计思想、设计原理和技术，并且还需要一定的工作流程作保障。采用恰当、合理的工作流程，可以提高税收筹划方案的设计效率，保证税收筹划方案的质量。同时，工作流程还可以帮助纳税人及时找出纳税环节的漏洞，提高财税核算水平，降低企业的纳税风险。

税收筹划方案的设计，必须针对纳税人的税收现状，给出十分明确的操作方案和实施办法。税收筹划方案要做到以简洁、清晰的语言阐明税收筹划思路、步骤及操作方法，最好还要附加政策依据，对税收筹划方案做出有理有据的解释。

二、税收筹划方案设计的目标

税收筹划方案设计，引入一种全新的眼光从独特的视角看待纳税活动。税收筹划方案设计可以实现以下目标：

1. 降低税务风险

税收筹划方案是远离风险的。设计税收筹划方案要领悟税法精神，吃透税法条款。虽然税收筹划与偷税、逃税、漏税在概念上相差甚远，但在实际生活中，有时却难以划清其界限。税收筹划方案设计过程中，企业可以开展纳税自查活动，过滤、查定、排除隐患；还可以对未来的纳税活动进行谋划，设计规避未来税务风险的策略和方法。

2. 挖掘规律性的纳税模式

税收筹划方案设计是针对企业个性而提出的一种优化方案。由于企业经营管理和运作是有规律的，通过税收筹划方案设计，无疑就是去挖掘最为合适、最为有效的纳税模式，并使之逐步制度化于企业内部管理，长期对企业的特定业务发挥作用。

虽然不同的企业有着各种各样的差异，但反映在纳税问题上却存在着惊人的相似。一旦通过税收筹划方案成功解决企业的某个问题，就会形成一种成功的创新模式，并可以规律性地推演到其他近似领域。也就是说，在税收领域，许多优秀的纳税模式是可以复制、移植和嫁接的。

3. 维护企业合法权益

税收筹划方案设计以税收负担的低位选择为己任，尽力为企业构造更为轻松、自由的税收环境。设计税收筹划方案可以维护企业合法权益，这可以从多个角度分析：

其一，税收筹划方案在一定程度上可以降低企业的税收负担，合理节税。而这种节税效应也是建立在合法基础之上的，没有任何风险存在。

其二，税收筹划方案在一定程度上挖掘了税收操作的最佳模式，探寻了合理纳税的最优方法。企业应当获得的合法权益，在税收筹划方案实施过程中，无疑会得到最大程度的保障。

其三，税收筹划方案承担着维护企业权益的重任，所以在设计过程中，也对税收筹划方案的可能出现的操作结果进行了评价，尤其从法律角度维护了纳税操作的有效性和合法性。

三、税收筹划方案设计的信息基础

税收筹划方案设计需要了解纳税人的生产经营和理财活动的基本情况。进行税收筹划方案设计所需要的基本信息有以下方面：

1. 纳税人的营业执照

了解纳税人的经营范围、法人代表、注册资金等信息。

2. 纳税人的主要业务活动及业务流程图

了解纳税人的业务情况，并关注其业务流程的概貌，进一步画出其税收链。

3. 纳税人的投资关系与组织结构

投资关系引起诸多的关联方关系，组织结构决定着管理体制和管理模式，这也是税收筹划方案设计时需要掌握的重要信息。

4. 最近三年的财务报表和纳税申报表

财务与税收是密不可分的，财务报表表明了其财务状况和经营成果及现金流状况，纳税申报表清晰地揭示了纳税的基本情况及各税种的税收负担情况。

5. 纳税人的税收难题及期望值

设计税收筹划方案时，一定要特别关注纳税人的税收疑难问题，因为设计的方案一定要彻底解决疑难问题。同时，设计方案时还要摸清纳税人的期望和要求，这对于外部方案设计者而言更为重要。

6. 纳税人所处的税收环境

税收环境是税收筹划方案设计的外部条件，税收环境对税收筹划方案的设计与实施具有重大的影响。税收环境主要包括以下重要信息：一是纳税人经营活动涉及的税种，各个税种的具体规定与优惠政策，了解税收利益所在；二是各税种之间的相关性，税收筹划方案要降低整体税负水平；三是税收征纳程序以及征纳双方在税收征纳活动中的权利和义务；四是税务行政救济制度，如税务行政复议、税务行政诉讼和行政赔偿的相关规定。

7. 政府对税收筹划的态度

税收分配关系中征纳双方存在着对立性和竞争性，并表现出对不同目标的追求。由于纳税人逐利心切，设计的税收筹划方案可能符合政府的课税意图（如节税），也可能违背政府的课税意图（如避税）。所以，设计者必须知悉政府的相关涉税行为，就政府对税收筹划方案可能的行为反应作出合理的预期，以增强税收筹划方案的现实操作性。这方面的信息包括：政府对税收筹划方案中可能涉及的避税活动的态度；政府反避税的主要法规和措施；政府反避税的运作规程等。

8. 预期变化的信息

任何税收筹划方案都是以一定的税收环境为基础制订的，但是影响税收环境的因素，如税收法律、法规、规章、政府的反避税措施都是不断变化的，这就决定了税收筹划方案设计必然是一个动态的过程。在税收筹划方案的实施过程中，设计者应注意收集反馈信息，着重分析税收环境中哪些因素预期最有可能变化，哪些因素已经发生了变化，这些变化与税收筹划方案之间的相关性，它们会对纳税产生什么影响，并及时对税收筹划方案作出相应的调整，以消除不利影响。

四、税收筹划方案设计的“游戏规则”

在市场经济环境下开展税收筹划，需要遵循一定的“游戏规则”。游戏规则可以理解为博弈各方（局中人）在博弈过程中必须遵守的一些规定或约定，也可以称之为博弈规则。从某种意义上说，博弈的规则远比博弈的结果更为重要。在征纳双方的博弈对局中，税务机关应是税收筹划“游戏规则”的制定者，税务机关有责任规范和监督税收筹划的“游戏规则”。

1. 合法规则

无论开展什么形式的税收筹划，有一点必须明确，那就是必须正确认识税收筹划，划清合法与违法的界限，严格区分筹划与避税、偷税、逃税、骗税的界限，防止把合法筹划和违法避税混为一谈。因为非合法的筹划构不成征纳博弈。

2. 程序规则

任何纳税人的税收筹划都必须遵从法定的程序，即所制订的筹划方案要获得税务机关的认可，对于一些特定的或特殊的筹划方式，应在与税务机关达成共识后方可操作；在税收筹划运作中要向税务机关提出相应的书面申请，只有在税务机关认定合法的前提下才能付诸行动。

3. 举证规则

税收实践中的税收筹划具有多样性、灵活性的特征，加之征纳双方对一些筹划行为认定可能存在差异，不可避免地会出现纳税人认为税收筹划方案合法而税务机关认为不合法的现象，并由此引发征纳双方的矛盾。解决的办法，一方面税务机关要遵从法律规定，以法律为依据，对所认为的方案的不合法性进行举证，避免随意否定从而给纳税人带来损失；另一方面纳税人要依法筹划，向税务机关提供合法筹划的依据和构成要件。

4. 双赢规则

国家设立税收制度的目的是依法获得税收收入，满足国家运转的需要。而对于市场中独立的纳税人而言，其所缴纳的税款则构成了生产经营活动的一项成本。在利润最大化的驱使下，企业必然会想方设法减少成本、获取税收利益。因此，纳税人与国家之间就存在着一种博弈关系，但这种博弈关系不仅涵盖征纳双方之间的对抗和竞争，而且也强调他们之间的协调与合作。从一定意义上讲，征纳博弈并非“零和博弈”，原因如下：

（1）征纳博弈可以实现征税成本与纳税成本的节约。对于税务机关来说，详细了解每个企业的具体情况，并对每一项经营活动进行监控，征收税款入库，需要花费高昂的成本。如果企业和税务机关在征纳博弈中都能够坦诚相见，就能够减少征税成本与纳税成本，这是一种双赢。

（2）通过征纳博弈减少税务纠纷，涵养税源。在税务机关与企业的博弈关系中，如果采取合作博弈，则可以避免或减少因对税收政策理解不透或双方的理解有偏差引起的不必要的纠纷，从而提高税收工作质量和效率。比如，涉及转让定价时，采用关联定价预约方式可以减少涉税风险，提高效率。合作博弈还要求税务机关关心企业的生产经营，引导企业享受优惠政策，涵养税源。

第二节　税收筹划方案设计思路

一、从经济运转体系中考察税负点

在市场经济中，税收存在于经济运转体系中。从经济运转体系中考察税负点，有助于把纳税人的消费或生产行为、储蓄、投资、分配活动等方面的税收揭示出来，综合评价纳税人的税负水平。

图 3－1 给出国民经济运转体系框架图，同时标明了各类主要税收在国民经济运转体系中的地位与影响。

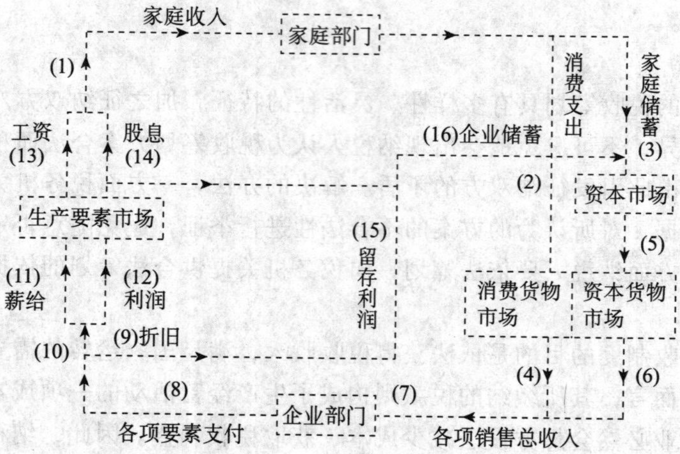

图 3－1　国民经济运转体系中的税收

我们把图 3－1 中所示的收入与支出的货币流动用顺时针方向表示，实际的投入要素与产出量则呈逆时针方向运动。在这个经济运转体系中，政府通过在一定的周转点上向居民和企业课征税收，税收相应地就在这些点上对经济活动产生影响。具体税负影响点归纳如下：

（1）点 1 是对家庭收入的征税，即个人所得税；

（2）点 2 是对个人消费支出的征税，即消费税或者支出税，目的是鼓励投资和保护资本积累；

（3）点 3 是对个人储蓄的征税，主要是对储蓄征收的个人所得税；

（4）点 4 是对零售营业的征税，主要是增值税；

（5）点 5 是对转化为投资的征税，主要是指有些国家对资本额征收的登记税、印花税等，是一种资本支出税；

（6）点 6 是对资本物品征收的税，主要是对有形资产、无形资产以及证券交易征收的税；

(7) 点 7 是对各种销售收入征收的税，称为增值税或营业税；

(8) 点 8 是对生产要素支付的征税，主要是指对企业支付的工资、租金、利息和股息在以后征收的个人所得税或者企业所得税；

(9) 点 11 是对薪给的征税；

(10) 点 12 是对利润的征税；

(11) 点 13 是对工资收入的征税；

(12) 点 14 是对股利的征税；

如果某一环节的税收偏高偏重，则说明该环节的税收需要进行筹划，这样就能找到降低税收负担的关键点。

二、税收筹划方案设计的关键切入点

税收筹划方案设计必须在合法范围内实施，因此，税收筹划方案设计有其特定的客观空间，并不是在所有情况下都能够合法筹划，并不是所有税种都具有筹划空间，进行税收筹划方案设计必须首先找到关键切入点：

1. 选择节税空间大的税种切入

从原则上说，税收筹划方案设计可以针对所有税种，但由于不同税种的性质不同，税收筹划的途径、方法及其收益也不同。在判断节税空间时，有两个因素必须重点关注：

(1) 经济活动与税收的相互影响。也就是某个特定税种在经济活动中的地位和作用，当然，对决策有重大影响的税种通常就是税收筹划的重点，因此，纳税人在进行税收筹划方案设计之前首先要分析哪些税种有税收筹划价值。

企业作为微观经济组织，在进行生产经营活动时，一方面应当考虑自身的经济利益，另一方面也应当自觉地使自身的生产经营行为与国家宏观经济政策的要求保持一致。譬如，当国家的经济政策带有明显的产业倾向时，在市场经济条件下，国家通过税收这种经济手段直接作用于市场，鼓励并扶持符合国家产业政策，在市场上具有竞争力的产业、企业或产品，因此，企业在进行生产经营决策时，就应当顺应国家宏观经济政策的要求，自觉摈弃国家限制发展的产业，以此来减少市场风险，增加获利能力。

(2) 每一税种的税负弹性。这主要看税种的税负弹性，税负弹性越大，税收筹划的潜力也越大。一般来说，税源充足的税种，税负伸缩的弹性也大。税收筹划当然要瞄准主要税种。另外税负弹性还取决于税种的税制要素构成。这主要包括税基、扣除额、税率和税收优惠。税基越宽，税率越高，税负就越重；或者说税收扣除额越大，税收优惠越多，税负就越轻。

2. 从税收优惠政策切入

税收优惠是税制设计的基本要素，国家为了实现税收调节功能，一般在税种设计时，都制定一些税收优惠政策，企业如果充分利用税收优惠政策，就可享受节税收益，因此，用足、用好、用活税收优惠政策本身就是税收筹划的过程。但选择税收优惠作为税收筹划突破口时，应注意两个问题：一是纳税人不得曲解税收优惠政策，滥用税收优惠条款，杜绝以欺骗手段骗取税收优惠；二是纳税人应充分了解税收优惠政策，并按规定程序进行申请，避免因程序不当而失去应有的税收权益。

目前，我国正处于社会主义初级阶段，市场体系尚不健全，市场发育不够完善，税收法律法规不够规范，法律效力较差，稳定性不强，企业（尤其是国有企业）有很多财务、税收事项需同国家有关部门进行协调。因此，对于企业来说，协调与政府部门的财务关系主要是了解国家对企业的财政、税收政策的动态，尤其是在一些特定领域（或行业）对企业在财务、税收上有何特殊优惠政策、要求，企业能否争取到这些政策照顾等，这对企业的发展来说非常重要。

3. 从纳税人构成切入

按照税法精神，凡不属于某一税种的纳税人，则无须缴纳该项税收。因此，企业进行税收筹划之前，首先要考虑能否避开成为某一税种的纳税人，因为每一税种尽管都明确规定出各自的纳税人，但现实生活的多样性及特殊性是税法不能完全包容的。当然，在实践中，要做全面综合的考虑，进行利弊分析，尽量从根本上减轻税收负担问题。比如，《中华人民共和国增值税暂行条例实施细则》第五条规定："一项销售行为如果既涉及货物又涉及非增值税应税劳务，为混合销售行为。从事货物的生产、批发或者零售的企业、企业性单位和个体工商户的混合销售行为，视为销售货物，应当缴纳增值税；其他单位和个人的混合销售行为，视为销售非增值税应税劳务，不缴纳增值税。"企业在市场竞争中，由于经营手段和销售方式不断革新，新技术、新产品的出现使产品内涵不断扩展，往往出现同一销售行为涉及两个税种的混合销售业务，混合销售一般按"经营主业"划分，只选择征收一种流转税，所以企业有充分的空间进行税收筹划，以获得节税收益。

4. 从影响应纳税额的相关因素切入

影响应纳税额的因素有两个，即计税依据和税率。计税依据越小，税率越低，应纳税额就越小。因此，进行税收筹划操作，无非是从这两个因素切入，找到合法的手段控制应纳税额，实现降低税负的目的。

三、税收筹划方案设计的关键结合点

税收筹划方案设计需要以下几个关键环节的结合，即：

税收筹划 = 业务流程 + 税收政策 + 筹划方法 + 会计处理

因此，要做好税收筹划方案设计工作，需要抓住三个关键结合点，即将业务流程和现行的有关税收政策结合起来；将税收政策与其相适应的税收筹划方法结合起来；将恰当的税收筹划方法与相应的会计处理结合起来。下面就对这三个关键结合点进行具体阐释。

1. 业务流程与税收政策的结合

所谓的业务流程是指企业发生某项业务的全过程，如企业发生某项投资行为、增加某种产品的销售等。在发生业务的全过程中，纳税人必须要了解自身从事的业务自始至终涉及哪些税。与之相关的税收政策、法律和法规是怎样规定的？税率各是多少？采取何种征收方式？业务发生的每个环节都有哪些税收优惠政策？业务发生的每个环节可能存在哪些税收法律或法规上的漏洞？在了解上述情况后，纳税人就要考虑如何准确、有效地利用这些因素来开展税收筹划，以达到预期目的。

2. 税收政策与筹划方法的结合

纳税人在准确掌握与自身经营相关的税收法律、法规的基础上，需要利用恰当的税收筹划方法对税收政策进行分析，从而找到与经营行为相适应的税收筹划的突破口。

3. 筹划方法与会计处理的结合

税收筹划的目标是减轻企业税收成本，降低税收负担。要达到此目标，只有税收政策和筹划方法还不够。因为企业的所有经营业务的结果最终都要在会计核算中体现，因而纳税人还要利用好会计处理方法，把税收筹划结果恰当地体现在会计处理中，最终实现降低税负的目的。

案例分析

某企业生产销售纯净水，在销售时一并收取水桶的押金，这就是业务流程。根据现行税法规定，收取包装物押金，逾期超过一年未退还的，全额征收增值税，这就是所涉及的税收政策。有了业务流程和税收政策，纳税人就需要进行税收筹划，因而涉及到第二个关键结合点。税收筹划的分析过程是这样的：正常销售纯净水，纳税是合情合理的，但如果包装物押金也需要全额征收17%的增值税，就显得合法不合理。因为包装物押金迟早要退还给购买方，销售方并没有实现这部分的销售收入，只是一项负债性质的押金而已。税法作出这样的规定，是为了防止企业在包装物实现销售收入时仍逃避纳税义务。

销售方怎样才能避免包装物押金缴纳增值税呢？这就需要将税收政策与税收筹划方法有效地加以结合。根据这个案例的背景条件及相关政策，我们找到的税收筹划突破口就是“一年”这个期限。如果包装物押金能控制在一个纳税年度内，则就不存在纳税问题了。这里找到的“突破口”就是税收筹划方法。因此，第二个结合点是税收筹划方案设计的关键环节。

在实践操作中，企业需要恰当运用会计处理方法，这就是第三个结合点要解决的问题。在本案例中，设计的最优税收筹划方案如下：如果押金期限超过一年，那么销售方在一年之内把所收取的水桶押金退还给消费者，第二年再重新向消费者收取押金。最终达到扣留的押金期限总是不超过一年，从而使水桶押金避免缴纳增值税，相关会计处理如下：

（1）年初销售纯净水时收取水桶押金的会计处理：

借：库存现金（银行存款）

　　贷：其他应付款——包装物押金

（2）年终退还水桶押金时作相反的会计处理：

借：其他应付款——包装物押金

　　贷：库存现金（银行存款）

四、税收筹划方案设计的关键期

1. 企业设立、组织架构调整时

税收政策中有许多政策尤其是企业所得税、增值税和营业税政策都是针对新设立的企业制定的，因此，企业设立环节是进行税收筹划方案设计的关键时期。

组织架构调整也是不容忽视的重要时期，因为组织架构调整会带给企业许多影响，包括经营和纳税方面，所以要赶在组织架构调整之前进行税收筹划方案设计。

2. 企业实施并购重组时

合并分立对于企业的发展至关重要，国家出台了相关政策来规范企业的合并分立活动。在合并分立及资产重组之际设计税收筹划方案，可以获得较大的税收筹划空间。

3. 对外签订合同时

企业在对外签订合同时，必须考虑合同条款对纳税活动的影响，否则会给企业的后期经营带来隐患。因此，对于合同条款的仔细斟酌甚为必要，为了达到税收筹划节税目标必须调整或改变合同条款。

4. 发生重大特殊业务时

企业发生重大特殊业务时，也是进行税收筹划方案设计的关键时期。因为业务重大，会对企业产生很大的经营和财务影响。如果企业能够准确掌握相关税收政策，设计最优税收筹划方案，就可以利用该特殊业务一举筹划成功。

5. 税收政策发生重大调整时

国家出于调节经济的目的，经常会对税收政策作出调整，重大税收政策变化是企业进行税收筹划、设计税收筹划方案的关键时期。许多企业往往忽视或看不到税收政策变化带给企业的影响，而只有那些关注税收政策变化的企业才能够找到税收筹划的空间。比如，全国范围的营业税改征增值税试点已经拉开改革大幕，若“营改增”企业利用该税制调整时机，把一些设备购置时间适当推迟到“营改增”之后就可以享受进项税额抵扣的好处。

第三节 税收筹划方案设计流程

一、税收筹划方案设计的基本流程

税收筹划方案设计的工作流程是筹划人员（财务人员或中介机构等）在设计税收筹划方案中所采取的基本步骤和方法。制定科学、合理的税收筹划方案设计工作流程是顺利开展筹划活动的首要条件和重要保证。在税收筹划过程中采用恰当合理的工作流程是实现筹划目标的重要条件，是影响筹划效率和效果的重要因素。恰当合理的税收筹划方案设计工作流程可以使筹划活动有条不紊地进行，提高筹划工作的效率，保证筹划工作的质量。

我们在总结税收筹划实践经验的基础上，提出了税收筹划方案设计的基本流程，如图 3－2 所示。

二、税收筹划方案设计的具体步骤

（一）企业涉税情况与需求分析

了解企业的基本情况和纳税要求，不同企业的基本情况及要求有所不同，在实施税收筹划活动时，要了解企业下列基本情况：

1. 企业组织形式

对于不同的企业组织形式，其税收待遇不同，了解企业的组织形式可以根据组织形式的不同制定有针对性的税务规划和税收筹划方案。

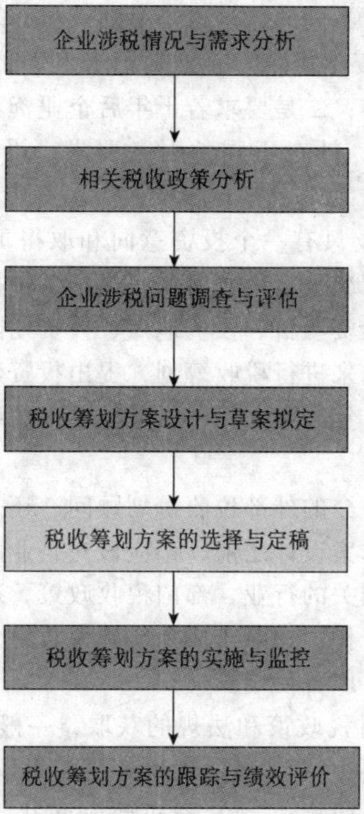

图 3－2　税收筹划方案设计流程

2. 财务状况

财务与税收紧密相连，只有全面、细致地了解企业的真实财务情况，才能设计出最优税收筹划方案。财务情况主要包括企业的财务报告和账簿资料。

3. 投资意向

投资有时可享受税收优惠，不同规模的投资额有时又会有不同的税收优惠；投资额与企业规模（包括注册资本、销售收入、会计利润等）往往有很大的关系，不同规模企业的税收待遇和优惠政策有时也是不同的。

4. 对风险的态度

不同风格的企业领导对纳税风险的态度是不同的，开拓型领导人往往愿意冒更大的风险节减最多的税收，而稳健型领导人则往往希望在最小风险的情况下节减税收。节税与风险并存，节税越多的方案往往也是风险越大的方案，两者的权衡取决于多种因素，包括纳税人对风险的态度这个因素。了解纳税人对风险的态度，可以设计更符合企业要求的税收筹划方案。

5. 企业的需求

在了解企业基本情况的基础上，还要了解企业的需求，纳税人对税收筹划的共同要求肯定是尽可能多地节税，节税的目的说到底是增加企业的财务利益，而在这一点上，不同纳税人的要求可能是有所不同的，这也是筹划人员必须了解的：

（1）要求增加所得还是资本增值。企业对财务利益的要求大致有三种：一种是要求最大程度地增加每年的所得；二是要求若干年后企业资本有最大的增值；三是既要求增加所得，也要求资本增值。针对不同的财务要求，设计的税收筹划方案也应有所不同。

（2）投资要求。有些企业只有一个投资意向和取得更大财务收益的要求，此时筹划者可以根据纳税人的具体情况进行税收筹划，提出各种投资建议。但有时企业对投资已经有了一定的意向，包括投资项目、投资地点、投资期限等，这时筹划者就必须了解企业的要求，根据企业的要求来进行税收筹划，提出投资建议或提出修改企业要求的建议，比如，建议投资期限从5年改为3年，以节减更多的税。

（二）相关税收政策分析

不论是作为企业或税务中介的外部税收筹划顾问，还是作为纳税企业的内部税收筹划者，在着手进行税收筹划方案设计之前，都应该对企业相关的财税政策和法规进行梳理和归类。全面了解与企业相关的行业、部门税收政策，理解和掌握国家税收政策及精神，争取税务机关的帮助与合作，这对于成功实施税收筹划尤为重要。如果有条件，最好建立企业税收信息资源库，以备使用。

至于与筹划企业相关的财税政策和法规的获取，一般有以下渠道：（1）通过税务机关寄发的免费税收法规资料；（2）通过到税务机关索取免费税收法规资料；（3）通过图书馆查询政府机关有关出版物；（4）通过政府网站或专业网站查询政府机关的免费电子税收资料库；（5）通过订阅和购买政府机关发行的税收法规出版物；（6）通过订阅和购买中介机构出于盈利目的税收汇编法规资料。

（三）企业涉税问题调查与评估

在税收筹划方案设计之前，对企业进行涉税问题调查和纳税评估是极为必要的。该步骤的工作应重点分析、整理以下涉税资料：（1）纳税内部控制制度；（2）涉税会计处理；（3）涉税理财计划；（4）主要涉税税种及税负率；（5）近三个年度纳税情况分析；（6）主要涉税问题；（7）纳税失误与税收违规处罚记录；（8）税企关系情况。

（四）税收筹划方案设计与草案拟订

税收筹划方案设计是税收筹划的核心，不同的筹划者在方案形式的设计上可能大相径庭，但是在程序和内容方面具有共同之处，即一般的税收筹划方案都有以下几部分构成：（1）涉税问题的认定。主要是判断所发生的理财活动或涉税项目属于什么性质，涉及哪些税种，形成什么样的税收法律关系。（2）涉税问题的判断。涉税项目可能向什么方面发展，会引发什么后果；能否进行税收筹划，筹划的空间到底有多大；需要解决哪些关键问题。（3）设计可行的多种备选方案。针对涉税问题，设计若干个可供选择的税收筹划方案，并对涉及的经营活动、财务运作及会计处理拟订配套方案。（4）税收筹划方案选优。对设计的多种备选方案进行比较、分析和评估，然后，选择一个最优的税收筹划方案。

（五）税收筹划方案的选择与定稿

在税收筹划实践活动中，由于筹划者只能根据法律条文和法律实践设计税收筹划方案并作出判别，而税务机关与筹划者对于税法条款的理解可能不同，看问题的角度也可能存在差异，因此，可能会对一项税收筹划方案形成不同的认识，甚至会持截然相反的观点，在税收筹划方案的认定和实施方面可能会导致涉税纠纷。

因此，设计好的税收筹划方案还要作最终的评价，尤其还要尽量与税务机关进行充分的交流与沟通，实现税务协调；如果真的导致税务与企业认知的差异，企业应该进一步评估税收筹划方案的合法性，合理合法的方案要据理力争，不合法的方案要积极放弃。

如何认定税收筹划方案的合法性，我们应该关注税务机关的理解：一方面，税务机关从宪法和现行法律角度了解合法性，税务机关的征税和司法机关对税务案件的审理，都必须以立法机关制定的宪法和现行法律为依据；另一方面，从行政和司法机关对合法性的法律解释和执法实践角度了解合法性。行政机关依法行政，负责执行法律及法律规定的权力，它们还往往得到立法机关授权制定执行法律的法规，这些行政法规更具体地体现了国家的政策精神，而司法机关依法审判税务案件，负责维护、保证和监督税收法律的实施，它们的判决使国家政策精神体现得更加明确、清晰。人们可以从税务机关组织和管理税收活动以及司法机关受理和审判税务案件中，具体了解行政和司法机关在执法和司法过程中对合法性的界定。

（六）税收筹划方案的实施与监控

对于税收筹划方案，仅仅设计出来还没有达到最终目的，必须要真正实施才能体现出方案的效益。因此，要特别关注税收筹划方案的实施，并及时监控税收筹划方案实施中出现的问题，譬如国家税收政策有所调整，税收筹划方案出现漏洞等。

（七）税收筹划方案的跟踪与绩效评价

实施税收筹划方案之后，要不断对税收筹划方案实施情况和结果进行跟踪，并在方案实施后，对方案进行绩效评价，考核其经济效益和最终效果。

第四节 税收筹划方案设计技术

税收筹划方案设计，是一项专业性极强的纳税技巧与税负控制技术，有着复杂的操作规程和灵活多变的运作方式。但税收筹划方案设计本身也是有章可循的，具有较强的规律性。下面我们研究税收筹划方案的设计技术与方法。

一、纳税人筹划技术

纳税人亦称纳税义务人。它是指税法规定的直接负有纳税义务的单位和个人，有时也被称为纳税主体。纳税人可以是法人也可以是自然人。每一种税都有关于纳税义务人的规定，如果纳税人不履行纳税义务，就应由该行为当事人承担法律责任。纳税人是税制的一个基本要素。

纳税人筹划，实质上是进行纳税人身份的合理界定或转化，使纳税人承担的税收负担尽量减少或降低到最小限度，或者直接避免成为某税种的纳税人。纳税人筹划可以合理降低税收负担，且方法简单，易于操作。纳税人筹划技术的关键是准确把握纳税人的内涵和外延，合理确定纳税人的范围。

（一）纳税人不同类型的选择

从纳税人性质角度分析，现阶段我国有多种不同性质的纳税人：个体工商户、独资企业、合伙企业和公司制企业等。不同性质的纳税人所使用的税收政策存在很大差异，这给税收筹划提供了广阔空间。

案例分析

王某承包经营一集体企业。该企业将全部资产租赁给王某使用，王某每年上缴租赁费100 000元，每年计提折旧10 000元，租赁后的经营成果全部归王某个人所有。2010年王某生产经营所得为200 000元，假如王某每月开支2000元工资，王某应该如何利用不同的企业性质合理筹划呢？

方案一：如果王某仍使用原集体企业的营业执照，按税法规定其经营所得应缴纳企业所得税，而且其税后所得还要再按承包、承租经营所得缴纳个人所得税。在不考虑其他调整因素的情况下，企业纳税情况如下：

企业所得税 = (200 000 − 10 000) × 25% = 47 500（元）

王某承包经营所得 = 200 000 − 100 000 − 47 500 − 10 000 = 42 500（元）

王某应纳个人所得税 = (42 500 − 2 000 × 12) × 10% − 250 = 1 600（元）

王某实际获得的税后利润 = 42 500 − 2 000 × 12 − 1 600 = 16 900（元）

方案二：如果王某将原企业的工商登记改变为个体工商户，则其承包经营所得应缴纳个人所得税。在不考虑其他调整因素的情况下，王某纳税状况如下：

王某应纳个人所得税 = (200 000 − 100 000 − 2 000 × 12) × 30% − 4 250 = 18 550（元）

王某获得的税后利润 = 200 000 − 100 000 − 2 000 × 12 − 18 550 − 10 000 = 47 450（元）

通过比较，王某的纳税身份由私营企业主改变为个体工商户后，多获利30 550(47 450 − 16 900)元。其原因在于私营企业同时面临企业所得税和个人所得税的负担，相当于对其收益重复纳税。而个体工商户（个人独资企业、合伙企业投资者）仅缴纳个人所得税，税负相对较轻。

当然，纳税人在进行这方面的税收筹划时，应充分考虑各方面的因素，因为选择不同性质的企业形式，其经营风险不同：个人投资企业和合伙制企业承担无限责任，风险较大，而私营企业若以有限责任公司形式出现，只承担有限责任，风险相对较小。

（二）不同纳税人之间的转化

由于不同纳税人之间存在税负差异，所以可以采取转变纳税人的身份的办法合理节税。

根据税法规定，增值税的纳税人分为一般纳税人和小规模纳税人。这两类纳税人在征收增值税时，其计税方法和征管要求也不同。一般将年应税销售额超过小规模纳税人标准的个人、非企业性单位，不经常发生应税行为的企业，视同小规模纳税人纳税。年应税销售额未超过标准的，从事货物生产或提供劳务的小规模企业和企业性单位，账簿健全、能准确核算并提供销项税额、进项税额，并能按规定报送有关税务资料的，经企业申请，税务部门可将其认定为一般纳税人。一般纳税人实行进项税额抵扣制，而小规模纳税人必须按照适用的简易税率计算增值税，不实行进项税额抵扣制。

一般情况下，小规模纳税人的税负略重于一般纳税人，其原因在于选择一般纳税人可以将进项税额抵扣，尤其是当应税销售额增值率较小时，一般纳税人的税负明显低于小规模纳税人。但这也不是绝对的，小规模纳税人的税负不一定在任何情况下都比一般纳税人重，这需要通过比较两类纳税人的应税销售额增值率与税负平衡点的关系，合理合法选择税负较轻的纳税人身份。

纳税人之间的转化一般存在多种情况，比如增值税一般纳税人和小规模纳税人之间的转变，可以实现筹划节税。

案例分析

假设某商业批发企业主要从小规模纳税人处购入服装进行批发，年销售额为90万元，其中可抵扣进项增值税的购入项目金额为60万元，由税务机关代开的增值税专用发票上记载的增值税为6万元。

按照一般纳税人认定标准，该企业（从事货物批发或零售的纳税人）年销售额超过50万元，应被认定为一般纳税人，并缴纳9.3（90×17%－6）万元的增值税。但如果该企业被认定为小规模纳税人，只需要缴纳2.7（90×3%）万元的增值税。因此，该企业可以将原企业分设为两个批发企业，年销售额均控制在50万元以下，这样当税务机关进行年检时，两个企业将分别被重新认定为小规模纳税人，并按照3%的征收率计算缴纳增值税。通过企业分立实现一般纳税人转化为小规模纳税人，节约税款6.6（9.3－2.7）万元。

营业税存在多个税目，如建筑业税目，适用3%的税率，服务业适用5%的税率，娱乐业适用20%的税率，文化体育业适用3%的税率。因此，适用不同税目的纳税人之间即使营业额相同，税负也会因适用税率存在差异而大相径庭。

案例分析

某建设单位B拟建设一座办公大楼，需要找一家施工单位承建。在工程承包公司A的组织安排下，施工企业C最后中标。于是，建设单位B与施工企业C签订承包合同，合同金额为6 000万元。另外，B还支付给A公司300万元的中介服务费。按税法规定，工程承包公司收取的300万元中介服务费须按“服务业”税目缴纳5%的营业税。

如果工程承包公司A承包建筑工程业务，A与B直接签订建筑工程承包合同6 300万元，然后再以6 000万元把承包的建筑工程业务转包给C，则A公司应按“建筑业”税目缴纳3%的营业税。

两个方案的税款对比如下：

A公司收取300万元中介费，按照“服务业”税目缴纳营业税：

300×5%＝15（万元）

A公司进行建筑工程转包，按照承包工程款和转包工程款的差额计算缴纳“建筑业”营业税：

（6 300－6 000）×3%＝9（万元）

节税额＝15－9＝6（万元）

很显然，A公司进行税收筹划，由服务业税目纳税人转变为建筑业税目纳税人，使所适用税率出现显著差异，从而实现依法节税的目的。

（三）避免成为法定纳税人

纳税人可以通过灵活运作，使得企业不符合成为某税种的纳税人的条件，从而彻底规避税收。比如，在企业内部设立的一些内部组织或附属组织，不属于纳税人；不具有独立法人资格的分公司或分支机构也不是企业所得税的纳税人，但具备独立法人资格的子公司则属于企业所得税的纳税人。

案例分析

甲公司是一家餐饮店，主要为乙公司提供商业招待服务，甲企业每月营业额为500 000元，发生总费用200 000元。

甲公司缴纳营业税：500 000×5% =25 000（元）

如果双方进行筹划，乙公司对甲公司进行兼并，那么兼并之后双方之间原本存在的服务行为就变成企业内部行为，而这种内部行为是不需要缴纳营业税的。于是，甲公司就避免成为营业税的纳税人，从而节约税金25 000元。

从另一角度思考，甲公司的企业所得税也会因为合并而最终消失。并且乙公司还会减少一部分商业招待费支出，从而乙公司也会因为兼并行为而增加营业净利润。

二、税基筹划技术

税基就是计税依据，是计算税金的基本依据。不同税种其税基计算方法不同。

税基筹划技术是指纳税人通过控制计税依据的方式来减轻税收负担的一种筹划方法。

大部分税种都采用税基与适用税率的乘积来计算应纳税额。在税率一定的情况下，应纳税额的大小与税基大小成正比，即税基越小，纳税人负担的纳税义务越轻。因此，如果能够控制税基，也就控制了应纳税额。

（一）控制或安排税基的实现时间

1. 税基推迟实现

即税基总量不变，合法推迟税基的实现时间。税基推迟可以实现递延纳税；在通货膨胀环境下，税基推迟实现的效果更为明显，能够降低未来支付税款的购买力。

2. 税基均衡实现

即税基总量不变，税基在各个纳税期间均衡实现；在适用累进税率的情况下，还可实现边际税率的最小化，从而大幅降低税负。

3. 税基提前实现

即税基总量不变，税基合法提前实现。在减免税期间，税基提前实现可以享受更多的税收减免额。

（二）分解税基

即把税基合理进行分解，实现税基从税负较重的形式转化为税负较轻的形式。

案例分析

远辉中央空调公司主要生产大型中央空调机，销售价格相对较高，每台售价为100万元，且销售价格中都包含5年的维护保养费用，维护保养费用占售价的20%。由于维护保养费用包含在价格中，税法规定一律作为销售额计算缴纳增值税。税收筹划前，远辉中央空调公司应交增值税为：

100×17% =17（万元）

如果进行税收筹划，针对空调维护保养专门注册成立一家具有独立法人资格的“远辉中央空调维修服务公司”，主营业务为“中央空调机维护保养服务”。这样每次销售中央空调机时，远辉中央空调公司负责签订“销售合同”，只收取中央空调机的机价144万元，款项汇入“远辉中央空调公司”所在银行的“基本账户”

上；远辉中央空调维护服务公司负责签订"维修服务合同"，只收取中央空调机的维护服务费 360 000 元，款项汇入"远辉中央空调维护服务公司"所在银行的"基本账户"上。这样一来，各负其责，共同完成中央空调机的销售、服务业务。筹划后的纳税额计算如下：

远辉中央空调公司应交增值税 = 100 × (1 - 20%) × 17% = 13.6（万元）

远辉中央空调维护服务公司应交营业税 = 20 × 5% = 1（万元）

合计纳税额 = 13.6 + 1 = 14.6（万元）

通过成立远辉中央空调维护服务公司，就可以实现售价合理分解为维护保养费用，分解出来的维护保养费收入需要缴纳 5% 的营业税。

筹划方案节税额 = 17 - 14.6 = 2.4（万元）

（三）税基最小化

即税基总量合法降低，从而减少应纳税额或者避免多缴税。这是企业所得税、增值税和营业税筹划常用的方法。

案例分析

卓达房地产开发公司 2012 年实现营业收入 9 000 万元，各项代收款项 2 500 万元［包括水电初装费、燃（煤）气费、维修基金等各种配套设施费］，代收手续费收入 125 万元（按代收款项的 5% 计算）。对于卓达房地产开发公司来说，这些配套设施费属于代收应付款项，不作为房屋的销售收入，而应作"其他应付款"处理。

根据《中华人民共和国营业税暂行条例》规定：纳税人的营业额为纳税人提供应税劳务、转让无形资产或者销售不动产向对方收取的全部价款和价外费用。价外费用，包括向对方收取的手续费、基金、集资费、代收款项、代垫款项及其他各种性质的价外收费。凡价外费用，无论会计制度规定如何核算，均应并入营业额计算应纳税额。

如何才能降低这部分税收负担呢？根据《国家税务总局关于物业管理企业的代收费用有关营业税问题的通知》（国税发【1998】217 号）规定：物业管理企业代有关部门收取水费、电费、燃（煤）气费、维修基金、房租的行为，属于营业税"服务业"税目中的"代理"业务，因此，对物业管理企业代有关部门收取的水费、电费、燃（煤）气费、维修基金、房租不计征营业税，对其从事此项代理业务取得的手续费收入应当缴纳营业税。据此，卓达房产开发公司可以成立自己独立的物业公司，将这部分价外费用转由物业公司收取。这样，其代收款项就不属于税法规定的"价外费用"，当然也就不需要缴纳营业税。

上述两个方案的纳税情况比较如下：

(1) 原方案：代收款项作为价外费用

应纳营业税 = (9 000 + 2 500 + 125) × 5% = 581.25（万元）

应纳城市维护建设税及教育费附加 = 581.25 × (7% + 3%) = 58.13（万元）

应纳税费合计 = 581.25 + 58.13 = 639.38（万元）

(2) 筹划方案：各项代收款项转为物业公司收取

卓达公司应纳营业税 = 9 000 × 5% = 450（万元）

应纳城市维护建设税及教育费附加 = 450 × (7% + 3%) = 45（万元）

物业公司应纳营业税 = 125 × 5% = 6.25（万元）

物业公司应纳城市维护建设税及教育费附加 = 6.25 × (7% + 3%) = 0.63（万元）

两个公司应纳税费合计 = 450 + 45 + 6.25 + 0.63 = 501.88（万元）

采取筹划后方案比原方案节约税费总额 = 639.38 - 501.88 = 137.5（万元）

三、税率筹划技术

税率式筹划技术是指纳税人通过降低适用税率的方式来减轻税收负担的一种筹划方法。税率是重要的税制要素之一，也是决定纳税人税负高低的主要因素。在计税依据一定的情况下，纳税额与税率呈现正向变化关系。即降低税率就等于降低了税收负担，这就是税率筹划的原理。一般情况下，税率低，应纳税额少，税后利润就多；但是，税率低，不能保证税后利润一定实现最大化。

各种不同的税种适用不同的税率，纳税人可以利用课税对象界定上的含糊性进行筹划；即使是同一税种，适用的税率也会因税基或其他假设条件不同而发生相应的变化，纳税人可以通过改变税基分布调整适用的税率，从而达到降低税收负担的目的。

（一）比例税率筹划技术

同一税种对不同征税对象实行的不同税率政策，分析其差距的原因及对税后利益的影响，可以寻找实现税后利益最大化的最低税负点或最佳税负点。例如，我国的增值税有17%的基本税率，还有13%的低税率；对小规模纳税人规定的税率为3%。对上述比例税率进行筹划，可以寻找最低税负点或最佳税负点。

此外消费税、个人所得税、企业所得税等税种都存在多种不同的比例税率，可以进一步筹划比例税率，尽量使用较低的税率以节约税金。

（二）累进税率筹划技术

各种形式的累进税率都存在一定的筹划空间，筹划累进税率的主要目标是防止税率的爬升。其中，适用超额累进税率的纳税人对防止税率爬升的欲望程度较弱；适用全额累进税率的纳税人对防止税率爬升的欲望程度较强；适用超率累进税率的纳税人防止税率爬升的欲望程度与超额累进税率相同。

我国个人所得税中的“工资、薪金所得”、“劳务报酬所得”等多个项目的所得分别适用不同的超额累进税率，其中工资、薪金所得适用的税率如表3-1所示。对个人所得税来说，采用税率筹划方法可以取得较好的筹划效果。

表3-1　　个人所得税税率表（工资、薪金所得适用）

级数	全月应纳税所得额	税率（%）	速算扣除数（元）
1	不超过1 500元的	3	0
2	超过1 500元至4 500元的部分	10	105
3	超过4 500元至9 000元的部分	20	555
4	超过9 000元至35 000元的部分	25	1005
5	超过35 000元至55 000元的部分	30	2 755
6	超过55 000元至80 000元的部分	35	5 505
7	超过80 000元的部分	45	13 505

案例分析

某工程设计人员，利用业余时间为某项工程设计图纸，同时担任该项工程的顾问，设计图纸花费时间 1 个月，获取报酬 30 000 元。

如果该设计人员要求建筑单位在其担任工程顾问的期间，将该报酬分 10 个月支付，每月支付 3 000 元，试分析该工程设计人员的税负变化情况。

方案一：一次性支付 30 000 元。

劳务报酬收入按次征税，若应纳税所得额在 20 000 ~ 50 000 元之间的部分，计算应纳税额后再按照应纳税额加征五成。那么，该设计人员应交个人所得税计算如下：

应纳税所得额 = 30 000 ×（1 − 20%）= 24 000（元）

应纳税额 = 20 000 × 20% + 4 000 × 30% = 5 200（元）

或者，应纳税额 = 30 000 ×（1 − 20%）× 30% − 2 000 = 5 200（元）

方案二：分月支付。

应纳税额 =（3 000 − 800）× 20% = 440（元）

10 个月共负担税款 = 440 × 10 = 4 400（元）

按照分月支付报酬方式，该设计人员的节税额为：5 200 − 4 400 = 800（元）

在上述案例中，之所以分次纳税可以降低税负，其原因在于：把纳税人的一次收入分多次支付，既多扣费用，又免除一次收入畸高的加成征收，从而减轻了税收负担。

读者需要注意以下税法规定：当某项活动带来的收入持续在 1 个月以上的，支付间隔超过 1 个月，按每次收入额计入各月计算税金，而间隔时间不超过 1 个月的，应合并收入额计算税金。因而劳务报酬收入采取什么方式取得，直接影响到个人一定期间的纳税额。所以，当为他人提供劳务时，需要根据劳务合同，合理安排纳税年度内每月收取劳务费的数量和收取劳务费的次数，这样就可以达到筹划节税的目的。

四、税收优惠筹划技术

（一）税收优惠的形式

税收优惠是指国家为了支持某个行业或针对某一特殊时期，经常出台一些包括减免税在内的优惠性规定或条款。税收优惠是一定时期国家的税收导向，纳税人可以充分利用这些税收优惠政策，依法节税。税收优惠主要表现为以下形式：

1. 免税

免税是国家对特定的地区、行业、企业或特定的纳税人、应税项目等所给予纳税人完全免税的照顾或奖励措施。免税属于国家的税收照顾方式，同时也是国家出于政策需要的一种税收奖励方式，它是贯彻国家政治、经济和社会政策的重要手段。我国对从事农、林、牧、渔业生产经营的企业给予免税待遇，就属于一种行业性照顾或激励。各国税法里的免税鼓励规定随处可见，它是各国税收制度的组成部分，是采用免税政策依法节税的法律依据。

对于免税优惠，纳税人应考虑以下操作技巧：第一，在合法、合理的前提下，尽量争取多的免税待遇。与缴纳税收相比，免征的税收就是节减的税收，免征的税收越多，节减的税收也越多；第二，在合法、合理的情况下，尽量使免税期最长化。许多免税都有期限规定，免税期越长，节减税收越多。

2. 减税

减税是对某些纳税人或课税对象给予鼓励或照顾的一种特殊措施。减税与免税类似，实质上也相当于一种财政补贴。政府主要给予纳税人两类减税办法：一类是出于税收照顾目的的减税。比如，国家对遭受自然灾害地区企业、残疾人企业等的减税，这类减税是一种税收照顾，是国家对纳税人因各种不可抗力造成的损失进行财务补偿。另一类是出于税收奖励目的的减税。比如，对产品出口企业、高科技企业、环境保护项目等的减税，这类减税是一种税收奖励，是政府对纳税人贯彻国家政策的财务奖励。

3. 免征额

亦称扣除额，是指在征税对象全部数额中免予征税的数额。它是按照一定标准，从征税对象全部数额中预先扣除的数额。免征额部分不征税，只对超过免征额的部分征税。如工资薪金所得允许每月扣除的免征额为3 500元。

4. 起征点

亦称征税起点，是根据征税对象的数量，规定一个标准，达到这个标准的就征税，未达到这个标准就不征税，这个标准也称为起征点。

5. 退税

退税是指可以直接减轻纳税人税收负担的那一部分退税。在国际贸易中，退税是鼓励出口的一种有效措施。

6. 优惠税率

对符合条件的产业、企业或项目课以较低的税率。优惠税率有利于吸引外部投资、加快该优惠产业的发展。

7. 税收抵免

对纳税人的境内、境外全部所得计征所得税时，准予在税法规定的限度内以其国外已纳税款抵减其应纳税款，以避免重复课税。

（二）优惠政策筹划方法

优惠政策属于一种特殊性政策，这种特殊性体现着国家对某些产业或某一领域的税收照顾。优惠政策的筹划可以使纳税人轻松地享受低税负待遇。优惠政策的筹划关键是寻找合适的优惠政策并把它运用在纳税实践中，在一些情况下还表现在创造条件去享受优惠政策，获得税收负担的降低。

优惠性政策条款多表现为行业性、区域性优惠政策或特定行为、特殊时期优惠政策，如福利企业减免税政策、软件企业的税收优惠政策、环保、节能节水项目的税收优惠政策，鼓励科技发展的税收优惠政策等。

《中华人民共和国企业所得税法》第二十七条规定：企业的下列所得，可以免征、减征企业所得税：（1）从事农、林、牧、渔业项目的所得；（2）从事国家重点扶持的公共基础设施项目投资经营的所得；（3）从事符合条件的环境保护、节能节水项目的所得；（4）符合条件的技术转让所得。

案例分析

八方建设集团公司是一家以建筑施工为主的工程施工企业，自2008年起，从传统的商品房建筑装修逐渐转向以从事国家重点扶持的公共基础设施项目的建设施工，主要是港口码头、机场、铁路、公路、水利等项目的工程施工。

按照《中华人民共和国企业所得税法实施条例》第八十七条规定，企业从事国家重点扶持的公共基础设施项目的投资经营的所得，自项目取得第一笔生产经营收入所属纳税年度起，第一年至第三年免征企业所得税，第四年至第六年减半征收企业所得税。该政策自2008年起全面执行。

按照上述税收政策，八方建设集团公司2008年起所从事的公共基础设施的建设施工业务所获得的收入，就可以享受企业所得税“三免三减半”优惠政策，即2008年、2009年、2010年享受所得税免征，2011年、2012年、2013年享受减半征收企业所得税的优惠。

五、会计政策筹划技术

会计政策是会计核算时所遵循的基本原则以及所采纳的具体处理方法和程序。不同的会计政策必然会形成不同的财务结果，也必然会导致不同的税收负担。

会计政策在形式上表现为会计过程的一种技术规范，但其本质上是一项社会经济和政治利益的博弈规则和制度安排。企业选择不同的会计政策会导致不同的财务结果和纳税结果，同时也会对利益相关者产生不同的影响。会计政策是会计的生命，因为企业存在会计政策选择的空间，才使企业的涉税活动变幻无穷，丰富多彩。当企业存在多种可供选择的会计政策时，择定有利于税后收益最大化的会计政策也是税收筹划的基本技术。

（一）分摊筹划技术

对于一项费用，如果涉及到多个分摊对象，分摊依据的不同会造成分摊结果的不同；对于一项拟摊销的费用，如果摊销期限和摊销方法不相同，摊销结果也不相同。分摊的处理会影响企业损益计量和资产计价，进而影响到企业的实际税负。

分摊筹划技术涉及的主要会计事项有：无形资产摊销、待摊费用摊销、固定资产折旧、存货计价方法选择以及间接费用的分配等。

例如，存货计价方法也会对企业纳税造成影响。在会计实务中，存货计价方法主要有先进先出法、月末一次加权平均法、移动加权平均法、个别计价法等。在不同纳税形势下，应根据存货市场价格的变动趋势合理选择存货计价方法。表3-2给出不同情况下选择存货计价方法的基本规律。

表3-2　存货发出计价方法的选择

项　目	比　例　税　率			累进税率
价格变动趋势	物价上涨	物价下跌	物价波动	物价波动
存货计价方法	加权平均法	先进先出法	加权平均法	加权平均法
选择理由	多计发出存货成本，少计期末存货成本，减少当期所得税支出。	提高本期发出存货成本，减少当期收益，减轻所得税负担。	避免各期利润忽高忽低及企业各期应纳所得税上下波动，利于企业资金安排与管理。	使计入成本的存货价格比较均衡，进而使各期利润比较均衡，避免适用较高的税率而加重税负。

（二）会计估计筹划技术

由于企业生产经营中存在诸多不确定因素，一些项目不能精确计量，而只能加以估计。因此，在会计核算中，对尚在延续中、其结果尚未确定的交易或事项需要估计入账。这种会计估计会影响计入特定会计期间的收益或费用的数额，进而影响到企业的税收负担。

会计估计筹划技术涉及的主要会计事项有：坏账估计、存货跌价估计、折旧年限估计、固定资产净残值估计、无形资产受益期限估计等。

案例分析

丽江矿泉水公司是一家生产销售天然矿泉水的生产商，该公司为了鼓励代理商，给予优惠折扣政策如下：年销售矿泉水在100万瓶以下的，每瓶享受0.2元的折扣；年销售矿泉水在100万～500万瓶的，每瓶享受0.22元的折扣；年销售矿泉水在500万瓶以上的，每瓶享受0.25元的折扣。但是，在代理期间，由于丽江矿泉水公司不知道也不可能知道每家代理商到年底究竟能销售多少瓶矿泉水，也就不能确定每家代理商应享受的折扣率。因此，丽江矿泉水公司通常采用下列做法：等到年底或次年年初，一次性结算应给代理商的折扣总额，单独开具红字发票，但这种折扣在计税时不允许冲减销售收入，造成每年多缴纳一部分税款。那么，有没有筹划办法改变这一现状呢？

丽江矿泉水公司通过税收筹划，采取预估折扣率的办法来解决折扣问题，具体操作模式如下：每年年初，丽江矿泉水公司按最低折扣率或根据上年每家经销代理商的实际销量初步确定一个折扣率，在每次销售时预扣一个折扣率和折扣额来确定销售收入，即在代理期间每一份销售发票上都预扣一个折扣率和折扣额，这样企业就可以理所当然地将折扣额扣除后的收入确认为“主营业务收入”，从而抵减税收支出。等到年底或次年年初每家代理商的销售数量和销售折扣率确定后，只要稍作一些调整即可。如果属于调增折扣额，虽不能再冲减销售收入，但绝大部分的销售折扣已经在平时的销售中直接冲减了销售收入，已经降低了税款支出。当然，也可以根据历史数据将预估折扣率测算得更准确些，以减少结算时的折扣调整额。

六、税负转嫁筹划技术

在市场经济环境下，由于利益机制的驱动，纳税人会通过种种途径和方式将税负部分或全部转移给他人，因此，税负转嫁行为可以视为市场主体之间的一种博弈行为。

税负转嫁是一种纳税技巧，在悄无声息中实现税负降低。税负转嫁筹划的操作平台是价格，其基本操作原理是利用价格浮动、价格分解来转移或规避税收负担。税负转嫁筹划能否通过价格浮动实现，关键取决于商品的供给弹性与需求弹性的大小，而价格分解的手法不拘一格，则更为巧妙。

税负转嫁应明确以下几点：第一，税负转嫁问题和商品价格是直接联系的，和价格无关的因素是不能纳入税负转嫁的范畴的；第二，税负转嫁是一个客观过程，没有税收价值的转移过程也不能算转嫁；第三，税负转嫁应该理解为纳税人的主动行为，与纳税人主动行为无关的价格再分配性质的价值转移不能算税负转嫁。

税负转嫁意味着税负的实际承担者不是直接缴纳税款人，而是背后的隐匿者或潜在的替代者。税款的直接纳税人通过转嫁税负给他人自己并不承担纳税义务，仅仅是充当了税务部门与实际纳税人之间的中介桥梁。由于税负转嫁没有伤害国家利益，也不违法，因此，税负转嫁筹划受到纳税人的普遍青睐，利用税负转嫁筹划减轻纳税人税收负担，已成为普遍的经济现象。

（一）税负前转筹划技术

纳税人将其所负担的税款，通过提高商品或生产要素价格的方式，转移给购买者或最终消费者承担。这是最为典型、最具普遍意义的税负转嫁形式。比如，在生产环节课征的税收，生产企业就可以通过提高商品出厂价格而把税负转嫁给批发商，批发商再以类似的方式转嫁给零售商，零售商最终将税负转嫁给最终消费者。税负顺转法一般适用于市场紧俏的生产要素或知名品牌商品。

税负前转筹划技术的基础是价格平台，如果将税负顺转法与转让定价策略及集团经济结合起来，会显示出更大的威力。税负顺转法运作灵巧，有时能够起到“四两拨千金”的奇妙效果。

税负前转筹划技术很难将企业所有税负都实现转嫁。从实践情况来看，能够进行前转的，主要是那些难以查定税源的商品，即那些征税时无法确定其最终负担者的税种。比如对香烟缴纳的消费税，香烟的消费者实际上是香烟消费税的承担者，但由于预先并不能确定每包香烟的消费者（或购买者），因而只能以香烟为标准，以其制造者和贩卖者为纳税人，由制造者和贩卖者将税负转移给消费者和购买者。类似香烟消费税的还有其他消费税、关税、营业税等税种，它们的共同点在于，税款可以加在商品价格上，通过提高产品售价的方法将税负转移给消费者，实现税负转移。

企业之间的购销交易很容易出现税负转嫁。在一些情况下，购买方在没有付款给销售方的情况下，要求销售方先开增值税专用发票，然后根据资金周转的安排情况再付款给销售方，这其中就会出现税负转嫁：购买方在没有付款的情况下，却取得增值税专用发票，在当期可以申请抵扣进项税；而销售方把增值税专用发票开给上游企业或购买方以后，就必须计提销项税额缴纳增值税。如果遇上所得税申报期，销售方还要计算销售收入缴纳企业所得税。所以，购买方在取得增值税专用发票而没有支付价款的情况下，会实现其税负转嫁。而销售方却因此承担了购买方转嫁来的增值税负担。

当然，作为销售方也可以采取一定措施进行反转嫁，具体措施如下：其一，销售方可以控制增值税专用发票的开具时间，在收到购买方的货款之前，不给购买方开具增值税专用发票；其二，销售方与购买方就购销活动签订合同，通过一些条款来限制增值税发票和货款的支付。譬如，销售方根据收到的货款金额开具相应的发票，对于没有实际收到的款项，不予开具发票。通过以上措施，就合理规避了购买者的税负转嫁行为。

案例分析

我国南方一些竹木产区生产竹木地板，这种地板的特点是清凉、透气、加工制造简单。但是与革制地板、化纤地毯相比较，显得不够美观、漂亮。生产厂商将竹木地板的定价确定为每平方米50元。由于竹木地板只适用于南方潮湿地区，北方多数地区无法使用（竹木地板易裂，怕干燥），市场需求量不大，结果造成竹木地板生产厂商只能简单维持企业运转。由于这在当时已被认为是很高的价格标准，所以有关税负只能由生产厂商负担。

后来日本人发现了这种竹木地板，经他们分析测定，这种竹木地板具有很高的医学价值，使用竹木地板对维持人们体内微量元素的平衡起重大作用。因此，日本及东南亚国家纷纷到我国南方订货，原来50元的竹木地板一下变成50美元。这样，竹木地板的生产厂商大幅提高了利润水平，其所承担的税负通过提高售价顺利实现了转嫁。

2. 税负后转筹划技术

税负后转筹划技术多与商品流转有关，纳税人通过降低生产要素购进价格、压低工资或其他转嫁方式，将其负担的税收转移给提供生产要素的企业。纳税人已纳税款因种种原因不能转嫁给购买者和消费者，而是转嫁给货物的供给者和生产者。比如，一个批发商纳税后，因为商品价格下降，已纳税款难以加在商品价格之上转移给零售商，于是批发商就要求厂家退货或要求厂家承担全部或部分已纳税款，这时就会发生税负逆转。税负后转筹划技术一般适用于生产要素或商品积压时的买方市场。

在现实经济生活中，税负转嫁法的运用非常灵活。下面介绍酒厂常用的税负转嫁筹划技术。白酒厂商生产的白酒产品是一种特殊的消费品，需要缴纳消费税。

白酒厂商为了保持适当的税后利润率，通常的做法是相应提高出厂价，但这样做一方面会影响市场，另一方面也会导致从价定率消费税与增值税的攀升。有没有实现税负转嫁的筹划办法呢？下面分析酒厂的两种税负转嫁筹划方法：

（1）设立独立的销售公司。许多酒厂都在政策调整后设立自己独立的销售公司，利用增加流通环节的办法转嫁税负。由于酒类产品的消费税仅在出厂环节计征，即按产品销售给经销商的价格计征消费税，后续的分销、零售等环节不再缴纳。在这种情况下，通过引入独立的销售公司，便可以采取“前低后高”的价格转移策略，先以相对较低的价格卖给自己的销售公司，然后再由销售公司以合理的高价进行层层分销，这样便可在确保总体销售收入的同时减少消费税的负担。

（2）市场营销费、广告费的转嫁。酒厂还有一种转嫁税负的手段，即将市场营销费、广告费等费用合理转嫁给经销商负担，但酒厂要对经销商作出一定的价格让步，以弥补经销商负担的相关市场营销费、广告费等。由于这种费用的转嫁方式，降低了酒类产品的出厂价，直接转嫁了增值税，降低了消费税。对于经销商来说，在销售及其他因素维持不变的情况下，由于进价的降低会导致可以抵扣的进项税额减少，相当于经销商负担了酒厂的一部分增值税，而酒厂的一部分消费税却在转嫁中悄然消失了。对于经销商多负担的转嫁来的增值税，会因为经销商增加营销费、广告费用等费用，从而降低其企业所得税而得到补偿，当然补偿程度会因为营销费、广告费等的开支以及酒厂价格让利程度的不同而不同。

七、递延纳税筹划技术

递延纳税可以获取资金的货币时间价值，等于获得了一笔无息贷款的资助，给纳税人带来的好处是不言而喻的。《国际税收词汇》中对延期纳税条目的注释作了精辟的阐述：“递延纳税的好处有：有利于资金周转，节省利息支出，以及由于通货膨胀的影响，延期以后缴纳的税款币值下降，从而降低了实际纳税额。”

纳税环节、抵扣环节、纳税时间、纳税地点是递延纳税法的关键。纳税人可以通过合同控制、交易控制及流程控制延缓纳税时间，也可以合理安排进项税额抵扣时间，企业所得税预缴、汇算清缴的时间及额度，合理推迟纳税。

由于税收的重点是流转税和所得税，而流转税的计税依据是收入，所得税的计税依据是应纳税所得额，即纳税人的收入减去费用后的余额。所以，递延纳税的本质是推迟收入或应纳税所得额的确认时间，所采用的筹划方法很多，但概括起来主要有两个：一是推迟收入的确认，二是费用应当尽早确认。

税法对不同销售行为的纳税义务时间，作出了明确的法律规定。纳税人采取不同的收款方式，纳税义务时间有很大差别。如果纳税人合理利用这些具体规定，就可以签订对自己有利的销售合同。

采取委托代销方式，委托方先将商品交付给受托方，受托方根据合同要求，将商品出售后给委托方开具销货清单。此时，委托方才确认销售收入的实现。按照这一原理，如果企业的产品销售对象是商业企业，并且产品以销售后付款结算方式销售，则可以采用委托代销结算方式，根据实际收到的货款分期计算销项税额，从而延缓纳税时间。

案例分析

某造纸厂7月向汇文文具商店销售白版纸117万元（含税价格），货款结算采用销售后付款的方式，汇文商店10月份只汇来货款35.1万元。对此类销售业务，该造纸厂应如何进行筹划呢？

此笔业务，由于购货企业是商业企业，并且货款结算采用销售后付款的方式，因此，可以选择委托代销货物的形式，按委托代销结算方式进行税务处理：该造纸厂5月份可以不计算销项税额，10月份按收到代销单位的销货清单后确认销售额，并计提销项税额 $35.1 \div (1+17\%) \times 17\% = 5.1$（万元）。对尚未收到销货清单的货款，可以暂缓申报、计算销项税额。如果不按委托代销结算方式处理，则应计提销项税额 $117 \div (1+17\%) \times 17\% = 17$（万元）。因此，对于此类销售业务，选择委托代销结算方式可以实现递延纳税。

八、规避平台筹划技术

在纳税筹划中，常常把税法规定的若干临界点称之为规避平台。规避平台建立的基础是临界点，因为临界点会由于“量”的积累而引起“质”的突破，是一个关键点。当突破某些临界点时，由于所适用的税率降低或优惠增多，从而获得税收利益，这便是规避平台筹划技术的基本原理。

规避平台筹划技术的着眼点在于寻找临界点，利用临界点控制税负。

（一）税基临界点筹划技术

税基临界点筹划技术主要是寻找关键点税基，税基临界点主要有起征点、扣除限额、税率跳跃临界点。由于税基相对于临界点的变化会引起税负的巨大差别，即临界点的边际税率出现递增或递减的变化态势。

税收筹划的聚焦点在于临界点，要关注临界点，把握临界点，利用临界点。诸如个人所得税的起征点，个人所得税的税率跳跃临界点，企业所得税的税前扣除限额等，都是典型的税基临界点，对其进行合理筹划，可以降低税负。

像公益性捐赠支出、业务招待费、广告费及业务宣传费等扣除项目都有税前扣除限额，都属于税基临界点。新企业所得税法及其实施条例规定，企业发生的公益性捐赠支出，在年度利润总额12%以内的部分，准予在计算应纳税所得额时扣除；企业发生的业务招待费，按照实际发生额的60%扣除，最高不超过营业额（销售额）的5‰；企业发生的广告费和业务宣传费，在不超过营业额（销售额）15%的范围内扣除。

（二）优惠临界点筹划技术

优惠临界点筹划技术主要着眼于优惠政策所适用的前提条件，只有在满足前提条件的基础上才能适用于税收优惠政策。一般优惠临界点包括以下三种情况：一是绝对数额临界点，二是相对比例临界点，三是时间期限临界点。

由于规避平台利用的是临界点“量”变引起“质”的突破，但如果距离优惠临界点太远，那么要突破它，就得有足够的“量变”，这其中可能会损耗一些成本。所以，在利用优惠临界点筹划技术时应避免舍本逐利、本末倒置的做法。

案例分析

李先生在天津市拥有一套住房，已经居住满4年零10个月，这时他在北京找到一份薪水很高的工作，需要出售该住房，李先生应该如何筹划呢？

《中华人民共和国土地增值税暂行条例实施细则》规定：凡居住满五年或五年以上的，按规定免征土地增值税；居住满三的末满五年的，减半缴纳土地增值税。居住未满三年的，按规定计土地增值税。很显然，如果李先生再等2个月出售该住房，便可以适用居住满5年享受土地增值税免征待遇，而如果现在马上出售，只能享受减半缴纳土地增值税的优惠。合乎理性的做法便是将住房于2个月后再转让而不是马上转让。

当然，如果这时遇到合适的买主，也可以出售。这时也可以利用时间期限临界点筹划，即和买主签订两份合同：一份是远期合同（2个月后正式交割房产）；另一份是为期2个月的租赁合同。只要租金和售价之和等于买主理想中的价位，这种交易很容易成功。这样买主可以马上住进去，房产主可以享受免税待遇。

但也有这样的情况，即房产所有人由于工作需要，要转让使用年限较短的住房，比如仅用一年，用上面的筹划方法进行筹划便不具备可操作性。这种情况下可以转变思路，采取换房模式解决该问题，即寻找一个愿意和自己交换住房，而且对方住房又合乎自己要求的经济当事人。《中华人民共和国土地增值税暂行条例》实施细则规定：个人之间互换自有居住用房地产的，经当地税务机关批准，可以免征土地增值税。

九、资产重组筹划技术

（一）合并筹划技术

企业合并是实现资源流动和有效配置的重要方式，在企业合并过程中不可避免地涉及企业的税收负担及筹划节税问题。企业合并筹划是指企业利用并购及资产重组手段，改变其组织形式及股权关系，实现税负降低的筹划方法。

企业合并筹划技术一般应用于以下五个方面：

（1）合并重组后的企业可以进入新的领域、新的行业，享受新领域、新行业的税收优惠政策；

（2）并购有大量亏损的企业，可以盈亏抵补，实现低成本扩张；

（3）企业合并可以实现关联性企业或上下游企业流通环节的减少，合理规避流转税和印花税；

（4）企业合并可能改变纳税主体性质，譬如，企业可能因为合并而由小规模纳税人变为一般纳税人，或由内资企业变为中外合资企业；

（5）企业合并可以利用免税重组优惠政策，规避资产转移过程中的税收负担。

（二）分立筹划技术

分立，是指一家企业（以下称为被分立企业）将部分或全部资产分离转让给现存或新设的企业（以下称为分立企业），被分立企业股东换取分立企业的股权或非股权支付，实现企业的依法分立。企业分立有利于企业更好地适应环境和利用税收政策获得税收方面的利益。

分立筹划技术利用分拆手段，可以有效地改变企业规模和组织形式，降低企业整体税负。分立筹划技术一般应用于以下方面：

（1）企业分立为多个纳税主体，可以形成有关联关系的企业群，实施集团化管理和系统化筹划；

（2）企业分立可以将兼营或混合销售中的低税率或零税率业务独立出来，单独计税降低税负；

（3）企业分立使适用累进税率的纳税主体分化成两个或多个适用低税率的纳税主体，税负自然降低；

（4）企业分立可以增加一道流通环节，有利于流转税抵扣及转让定价策略的运用。

案例分析

奥立电梯公司主要生产销售电梯并负责电梯的安装、维修及保养。8月份奥立电梯公司取得含税收入3 510万元，其中安装费约占总收入的30%，保养费、维修费约占收入总额的10%，假设本月购进的进项税额为240万元。

《中华人民共和国增值税暂行条例》实施细则规定：混合销售行为和兼营的非应税劳务应当缴纳增值税的，其销售额分别为货物与非应税劳务的销售额的合计，货物或者应税劳务与非应税劳务的销售额的合计。奥立电梯公司既生产销售电梯又负责安装、维修及保养的行为属于典型的混合销售行为，按照税法规定，2012年度奥立电梯公司应纳税额计算如下：

应纳增值税 = 销项税额 - 进项税额 = 3 510 ÷ (1 + 17%) × 17% - 240 = 270（万元）

如果奥立电梯公司投资设立一个独立核算的安装公司，奥立电梯公司只负责生产销售电梯，而安装公司专门负责电梯的安装、保养和维修。那么，奥立电梯公司和安装公司分别就销售电梯收入、安装维修收入开具普通发票，对购货方而言作为固定资产或在建工程入账，均不存在进项税额抵扣问题，即对购买方不构成税收影响。而奥立电梯公司设立电梯安装公司后，涉税情况会发生变化。国税函［1998］390号文件规定，电梯属于增值税应税货物的范围，但安装运行之后，则与建筑物一道形成不动产。因此，对企业销售电梯（自产或购进）并负责安装及保养、维修取得的收入，一并缴纳增值税；对不从事电梯生产销售，只从事电梯保养和维修的专业公司对安装运行后的电梯进行的保养、维修取得的收入缴纳营业税。

奥立电梯公司应纳增值税 = 销项税额 - 进项税额 = 3 510 × (1 - 40%) / (1 + 17%) × 17% - 240 = 66（万元）

安装公司应纳税额 = 3 510 × 30% × 3% + 3 510 × 10% × 5% = 49.14（万元）

分立出安装公司后可以节省税收 = 270 - 66 - 49.14 = 154.86（万元）

对同时符合以下两个条件的建筑业务收入，准予缴纳营业税：一是必须具备建设行政部门批准的建筑业施工（安装）资质；二是签订建设工程施工总分包合同中单独注明了建筑业劳务价款。否则，对纳税人取得的全部收入缴纳增值税。

上述分立筹划技术一般适用于电梯、机电设备等大型设备生产企业。对于这类企业，还可根据需要再分立出独立核算的运输公司或物流公司，因为对既销售货物又负责货物运输的混合销售行为也要按照收取的全部价款计缴增值税。

分立筹划技术在实际操作中要注意以下问题：

（1）要进行成本收益衡量。设立安装公司所增加的分立成本或税收筹划代理费用应小于节税收益；

（2）注意定价的合理性。由于涉及货物销售价格与劳务价格的剥离，不要为了节税而故意抬高劳务价格，因为生产销售企业与提供劳务企业存在关联方关系，如果定价不合理，税务机关有权调整货物及劳务定价。

（3）涉及销售自产货物（主要指金属结构件、铝合金门穿、玻璃幕墙、机构设备、电子通讯设备等）并同时提供建筑劳务的纳税人不要照搬上述分立筹划技术。

十、业务转化筹划技术

通过业务转化筹划技术可以寻找更大的节税空间，其手段灵活多变。诸如购买、销售、运输、建房等业务可以合理转化为代购、代销、代运、代建等业务，无形资产转让可以合理转化为投资或合营业务，工程招标中介可以合理转化为转包人，甚至还有企业雇员与非雇员之间的相互转化……而这些转化使得企业享受的税收待遇天壤之别，筹划空间瞬息凸现。

案例分析

科研人员张某发明了一种新技术，该技术获得了国家专利，专利权属其个人拥有。由于该专利实用性极强，许多企业拟出高价购买。其中，甲公司开出了100万元的最高价。这种情况下，张某是否应该转让其技术专利呢？

根据营业税的有关规定，转让专利权属转让无形资产，适用税率为5%，张某则应纳营业税、城建税基教育费附加计算如下：$100\times5.5\%=5.5$（万元）

根据个人所得税法的有关规定，转让专利使用权属特许权使用费收入，以个人每次取得的收入每次收入不超过4 000元的，减除费用800元；4 000元以上的，减除费用的20%，其缴纳的个人所得税计算如下：$(100-5.5)\times(1-20\%)\times20\%=15.12$（万元）

张某的税后所得为：$100-5.5-15.12=79.38$（万元）

如果采用业务转化筹划技巧，张某不采取转让方式，而是将技术专利折合为股份投资于甲公司。按甲公司的经营状况测算，张某每年预计可从甲公司获取股息收入不低于10万元。若张某愿意采取投资形式，则其所负担的税收大大下降：（1）按照营业税有关规定，以无形资产投资入股，参与接受投资方的利润分配，共同承担投资风险的行为，不征收营业税；（2）按照个人所得税法规定，员工因拥有股权而参与企业税后利润分配取得的所得，应按照“利息、股息、红利所得”计算缴纳个人所得税，即按照20%的比例税率缴纳个人所得税。所以，张某采取专利投资形式，他每年应纳个人所得税为：$10\times20\%=2$（万元）

若采用专利投资形式，张某当年仅需负担2万元的税款，且税款还实现了递延。如果每年都可获取股息收入10万元，只要经营10年，张某就可以收回全部转让收入，且还可得到100万元的股份。

思考与练习

复习思考题

1. 税收筹划方案设计有哪三大目标？
2. 如何经济运行中的税负点寻找税收筹划方案的切入点？
3. 税收方案设计有哪些关键时期和关键切入点？
4. 主要有哪些常见的税收筹划方案设计技术？
5. 合并筹划技术与分立筹划技术分别适用于哪些情形？

案例分析题

案例一　购房送装修的税收筹划

假定某房地产开发企业建造并出售普通标准住宅，预计销售收入为2 000万元，除“与转让房地产有关的税金”以外的扣除项目金额合计为1 400万元。适用营业税税率为5%，城市维护建设税税率为7%，教育费附加3%，印花税税率为0.05%，契税税率为3%。

（1）请计算该房地产开发企业应缴纳的各项税金。

（2）如果进行税收筹划，先对这些普通标准住宅进行装修，预计发生装修费用500万元，然后再对外出售，售价为2 500万元（假定装修费按成本价算）。请计算在这种情况下，该房地产开发企业缴纳的各项税金。

（3）请比较房地产企业在筹划前后税收负担的差异。

附：　土地增值税税率表

级次	级距	税率	速算扣除系数
1	增值额未超过扣除项目金额50%的部分	30%	0
2	增值额超过扣除项目金额50%，未超过100%的部分	40%	5%
3	增值额超过扣除项目金额100%，未超过200%的部分	50%	15%
4	增值额超过扣除项目金额200%的部分	60%	35%

参考答案：

1. 筹划前各项税金计算如下：

（1）营业税：2 000×5%=100（万元）

（2）城市维护建设税：100×7%=7（万元）

（3）教育费附加：100×3%=3（万元）

（4）印花税：2 000×0.05%=1（万元）

（5）土地增值税：上述与转让房地产有关的税金合计为111万元，则扣除项目金额合计为：

1 400+111=1 511（万元）

增值额为：2 000−1 511=489（万元）

增值率=增值额÷扣除项目金额=489/1 511=32.36%

应纳土地增值税489×30%=146.7（万元）

房地产开发企业应纳各项税费合计为：111+146.7=257.7（万元）

2. 筹划后各项税金计算如下：

（1）营业税：2 500×5%=125（万元）

（2）城市维护建设税：125×7%=8.75（万元）

（3）教育费附加：125×3%=3.75（万元）

（4）印花税：2 500 ×0.05% =1.25（万元）

（5）土地增值税：与转让房地产有关的税金合计为138.75万元。

根据国税发［2006］187号文件的规定：房地产开发企业销售已装修的房屋，其装修费用可以计入房地产开发成本，也就是说，装修费用可以同时加计20%的扣除。则扣除项目金额合计为：

1 400 +500 +138.75 +500 ×20% =2 138.75（万元）

增值额 =2 500 －2 138.75 =361.25（万元）

增值率 =增值额 ÷扣除项目金额 =361.25 ÷2 138.75 =16.89% <20%，故免征土地增值税。

房地产开发企业应纳各项税费合计为138.75万元。

3. 房地产开发企业在筹划后比筹划前节税金额为：257.7 －138.75 =118.95（万元）

案例二　选择在哪里演出?

某文艺公司准备从事文艺演出项目，如果在歌舞厅等娱乐场所从事文艺演出，每年营业额大约为1 200万元，成本费用为600万元。如果在文化馆（或剧场）等文化场所从事文艺演出，每年营业额大约为800万元，成本费用大约为350万元。

思考：从税收筹划角度出发，该公司应选择在哪里从事文艺演出?

参考答案：

（1）在歌舞厅等娱乐场所从事文艺演出，应按营业税中的娱乐业税目纳税，娱乐业的营业税税率为20%。公司的纳税情况如下：

应纳营业税 =1 200 ×20% =240（万元）

应纳城建税和教育费附加 =240 ×（7% +3%）=24（万元）

应纳税所得额 =1 200 －600 －240 －24 =336（万元）

应纳企业所得税 =336 ×25% =84（万元）

税后利润 =336 －84 =252（万元）

（2）在文化馆、剧场等文化场所从事文艺演出，应按营业税中的文化体育业税目纳税，文化体育业的营业税税率为3%。公司的纳税情况如下：

应纳营业税 =800 ×3% =24（万元）

应纳城建税和教育费附加 =24 ×（7% +3%）=2.4（万元）

应纳税所得额 =800 －350 －24 －2.4 =423.6（万元）

应纳企业所得税 =423.6 ×25% =105.9（万元）

税后利润 =423.6 －105.9 =317.7（万元）

因此，应选择在文化馆、剧场等文化场所从事文艺演出，这样可以适用较低的营业税税率，从而实现税后利润最大化。

第四章

企业设立的税收筹划

相比较而言，合伙人及个人独资者仅就其个人收入缴纳一次税款，因为不征收实体税，合伙企业和个人独资企业充当向所有者转移收入的管道。

——诺贝尔经济学奖得主　迈伦·斯科尔斯（Myron S. Scholes）

第一节　居民企业与非居民企业

一、居民企业的设立与筹划

（一）居民企业及其税收政策

《中华人民共和国企业所得税法》第二条规定：企业分为居民企业和非居民企业。

这里所指的居民企业，是指依法在中国境内成立，或者依照外国（地区）法律成立但实际管理机构在中国境内的企业。居民企业包括两大类：一类是依照中国法律、行政法规在中国境内成立的企业、事业单位、社会团体以及其他取得收入的组织；另一类是依照外国（地区）法律成立的企业和其他取得收入的组织。

需要解释的是，“依法在中国境内成立的企业”中的“法”是指中国的法律、行政法规。目前我国法人实体中各种企业及其他组织类型分别由各个领域的法律、行政法规规定。如《中华人民共和国公司法》、《中华人民共和国全民所有制工业企业法》、《中华人民共和国乡镇企业法》、《事业单位登记管理暂行条例》、《社会团体登记管理条例》、《基金会管理办法》等，都是有关企业及其他取得收入的组织成立的法律、法规依据。

居民企业如果是依照外国法律成立的，必须具备其实际管理机构在中国境内这一条件。所谓的“实际管理机构”是指对企业的生产经营、人员、账务、财产等实施实质性全面管理和控制的机构。我国借鉴国际惯例，对“实际管理机构”作出了明确的界定，这里所指的“实际管理机构”通常要求符合以下三个条件：

第一，对企业有实质性管理和控制的机构。实际管理机构与名誉上的企业行政中心不同，属于企业真实的管理中心之所在。一个企业在利用资源和取得收入方面往往和其经营活动的管理中心联系密切。国际私法中对法人所在地的判断标准中，通常采取“最密切联系地”的标准，也符合实质重于形式的原则。税法将实质性管理和控制作为认定实际管理机构的标准之一，有利于防止外国企业逃避税收征管，从而保障我国的税收主权。

第二，对企业实行全面的管理和控制的机构。如果该机构只是对该企业的一部分或并不关键的生产经营活动进行影响和控制，比如只是对在中国境内的某一个生产车间进行管理，则不被认定为实际管理机构。只有对企业的整体或者主要的生产经营活动有实际管理控制，对本企业的生产经营活动负总体责任的管理控制机构，才符合实际管理机构标准。

第三，管理和控制的内容是企业的生产经营、人员、账务、财产等。这是界定实际管理机构的最关键标准，尤其在控制时特别强调人事权和财务权的控制。比如，到中国大陆投资的许多外国企业，如果其设在中国的管理机构冠以"亚太区总部"、"亚洲区总部"等字样，一般都被认定为"实际管理机构"，即对企业具有实质性管理和控制的权利。比如，在我国注册成立的通用汽车（中国）公司，就是我国的居民企业；在英国、美国、百慕大群岛等国家和地区注册的企业，但实际管理机构在我国境内，也是我国的居民企业。

（二）居民企业的税收政策

居民企业负担全面的纳税义务。居民企业应当就其来源于中国境内、境外的所得缴纳企业所得税。居民企业承担全面纳税义务，对本国居民企业的一切所得纳税，即居民企业应当就其在中国境内、境外的所得缴纳企业所得税。

这里所指的所得，包括销售货物所得、提供劳务所得、转让财产所得、股息红利等权益性投资所得、利息所得、租金所得、特许权使用费所得、接受捐赠所得和其他所得。

（三）属于居民企业的公司制企业的税收政策

公司制企业属于法人实体，有独立的法人财产，享有法人财产权。公司以其全部财产对公司的债务承担有限责任。公司制企业一般分为有限责任公司和股份有限公司两大类。《中华人民共和国公司法》还规定了两种特殊形式的有限责任公司：一人有限公司和国有独资公司。

无论是有限责任公司还是股份有限公司，作为法人实体，我国税法作了统一规定，即公司制企业应对其实现的利润总额作相应的纳税调整后缴纳企业所得税，如果向自然人投资者分配股息或红利，还要代扣投资者20%的个人所得税。对于投资国内（沪市和深市）上市公司的自然人股东，对其所获得的股息红利所得，减按10%的税率征收个人所得税。

国有独资公司作为拥有大量国有资产的国有企业，目前，中国还处于社会转型期，国有独资公司还享受一些税收优惠政策。比如国有独资企业之间划拨土地、房产等各类资产，以及国有独资企业改制时，免征资产交易过程中的契税、营业税和企业所得税等。

就税收负担而言，公司形式应该是股份有限公司为佳，其原因有二：其一，世界各国税法中鼓励投资的有关税收减免条款一般针对股份有限公司；其二，有利于股东降低税收。《国家税务总局关于股份制企业转增资本和派发红股征免个人所得税的通知》

(国税发［1997］198 号）规定：股份制企业用资本公积金转增股本不属于股息、红利性质的分配，对个人取得的转增股本数额，不作为个人所得，不征收个人所得税。

二、非居民企业

（一）非居民企业及其税收政策

非居民企业，是指依照外国（地区）法律成立且实际管理机构不在中国境内，但在中国境内设立机构、场所的，或者在中国境内未设立机构、场所，但有来源于中国境内所得的企业。

这里所说的机构、场所，是指在中国境内从事生产经营活动的机构、场所，包括以下情形：

第一，管理机构、营业机构、办事机构。管理机构是指对企业生产经营活动进行管理决策的机构；营业机构是指企业开展日常生产经营活动的固定场所，如商场等；办事机构是指企业在当地设立的从事联络和宣传等活动的机构，如外国企业在中国设立的代表处，往往为开拓中国市场进行调查和宣传等工作，为企业到中国开展经营活动打下基础。

第二，工厂、农场、开采自然资源的场所。这三类场所属于企业开展生产经营活动的场所。工厂是工业企业，如制造业的生产厂房、车间所在地；农场是农业、牧业等生产经营的场所；开采自然资源的场所主要是采掘业的生产经营活动场所，如矿山、油田等。

第三，提供劳务的场所。提供劳务的场所包括从事交通运输、仓储租赁、咨询经纪、科学研究、技术服务、教育培训、餐饮住宿、中介代理、旅游、娱乐、加工以及其他劳务服务活动的场所。

第四，从事建筑、安装、装配、修理、勘探等工程作业的场所。包括建筑工地、港口码头、地质勘探场地等工程作业场所。

第五，其他从事生产经营活动的机构、场所。

第六，非居民企业委托营业代理人在中国境内从事生产经营活动的，包括委托单位和个人经常代其签订合同，或者储存、交付货物等，该营业代理人视为非居民企业在中国境内设立的机构、场所。

（二）非居民企业的税收政策

第一，非居民企业在中国境内设立机构、场所的，应当就其所设机构、场所取得的来源于中国境内的所得，以及发生在中国境外但与其所设机构、场所有实际联系的所得，缴纳企业所得税。

这里所说的实际联系，是指非居民企业在中国境内设立的机构、场所拥有据以取得所得的股权、债权，以及拥有、管理、控制据以取得所得的财产等。例如，日本一家企业在中国设立营业机构（非实际管理机构），属于中国的非居民企业，如果该营业机构对中国境内的一家中国企业进行股权投资，其所获得的股息、红利等权益性收益就可以认定为与该营业机构有实际联系的所得，应就其股息、红利所得缴纳企业所得税。

第二，非居民企业在中国境内未设立机构、场所的，或者虽设立机构、场所但取得的所得与其所设机构、场所没有实际联系的，应当就其来源于中国境内的所得缴纳企业所得税。

由于非居民企业的税收政策相对复杂，且适用较为复杂的税率制度，这里对非居民企业适用的税率归纳如图4－1所示：

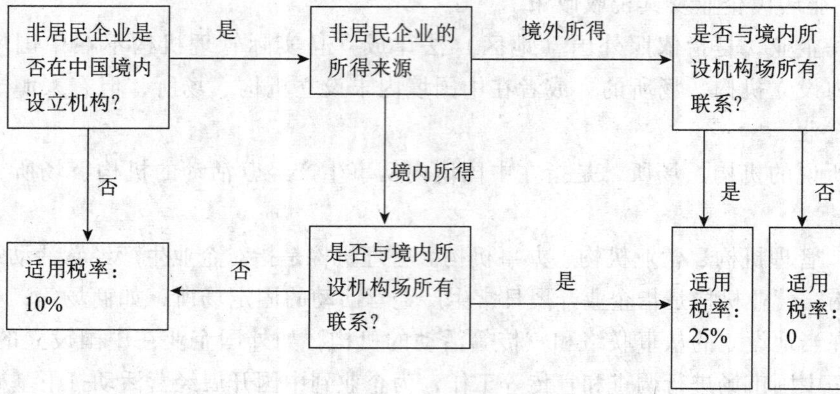

图4－1 非居民企业适用的税率

居民企业和非居民企业都属于企业所得税的纳税人，我国之所以对“居民企业”与非居民企业进行合理划分，关键是为了区分纳税义务的不同，这将会对不同纳税主体的税收活动产生深远影响。

第二节 分支机构的设立与税收筹划

一、分支机构的设立与税收政策

分支机构的所得税缴纳有以下两种方式：一种是分支机构独立申报纳税；另一种是分支机构集中到总公司汇总纳税。采用何种方式纳税关键取决于分支机构的性质——是否为独立纳税人。同时，受分支机构的盈亏状况、所处地区的税率及资金控制等因素影响，不同纳税方式会使企业当期及未来各期的税负水平产生显著差异。由于受分支机构可能存在的盈亏不均、地区税率差异及资金控制等因素影响，不同组织形式的分支机构其税收待遇是不同的，甚至在当期和未来期间还会产生较大的税负差异。

（一）子公司的设立及税收政策

《中华人民共和国公司法》第十四条规定：“子公司具有法人资格，依法独立承担民事责任；分公司不具有法人资格，其民事责任由公司承担。”

子公司是对应母公司而言的，是指被另一家公司（母公司）有效控制的下属公司或者是母公司直接或间接控制的一系列公司中的一家公司。子公司因其具有独立法人资格，而被设立的所在国视为居民企业，通常要履行与该国其他居民企业一样的全面纳税义务，同时也能享受所在国为新设公司提供的免税期或其他税收优惠政策。但建立子公司一般需要复杂的手续，财务制度较为严格，必须独立开设账簿，并需要复杂的审计和证明，经营亏损不能冲抵母公司利润，与母公司的交易往往是税务机关反避税审查的重点内容。

子公司属于独立法人企业，拥有独立的财产权，一般独立对外开展经营活动，与母公司之间没有连带责任。母公司作为子公司的控股公司，仅在控股权基础上对子公司行使权利，享有对子公司重大事务的决定权。设立子公司，其税收筹划有如下优势：一是子公司可以独立享受所在区域或行业的税收优惠政策；二是子公司的利润分配形式灵活，且不受母公司的干涉；三是子公司的税务风险责任不会给母公司造成影响，即母公司没有风险连带责任。

（二）分公司的设立及税收政策

分公司是指公司独立核算的、进行全部或部分经营业务的分支机构，如分厂、分店等。分公司是企业的组成部分，没有独立的财产权，不具有独立的法人资格，其经营活动所有后果均由总公司承担。

《企业所得税法》第五十条规定："居民企业在中国境内设立不具有法人资格的营业机构的，应当汇总计算并缴纳企业所得税"。汇总纳税是指一个企业总机构和其分支机构的经营所得，通过汇总纳税申报的办法实现所得税的汇总计算和缴纳。我国实行法人所得税制度，不仅是引入和借鉴国际惯例的结果，也是实现所得税调节功能的必然选择。法人所得税制要求总、分公司汇总计算缴纳企业所得税。因此，设立分支机构，使其不具有法人资格，就可由总公司汇总缴纳所得税。这样可以实现总、分公司之间盈亏互抵，合理减轻税收负担。

《国家税务总局关于印发〈跨地区经营汇总纳税企业所得税征收管理暂行办法〉的通知》（国税发［2008］28号）规定：企业实行"统一计算、分级管理、就地预缴、汇总清算、财政调库"的企业所得税征收管理办法。上述管理办法的基本内容是：企业总机构统一计算包括企业所属各个不具有法人资格的营业机构、场所在内的全部应纳税所得额、应纳税额。但总机构、分支机构所在地的主管税务机关都有对当地机构进行企业所得税管理的责任，总机构和分支机构应分别接受机构所在地主管税务机关的管理。在每个纳税期间，总机构、分支机构应分月或分季分别向所在地主管税务机关申报预缴企业所得税。等年度终了后，总机构负责进行企业所得税的年度汇算清缴，统一计算企业的年度应纳所得税额，抵减总机构、分支机构当年已就地分期预缴的企业所得税款后，多退少补税款。

提醒读者注意的是，税法还规定了八类不需要就地预缴税款的分支机构：

（1）垂直管理的中央类企业。如铁路运输企业（包括广铁集团和大秦铁路公司）、国有邮政企业、中国工商银行股份有限公司、中国农业银行、中国银行股份有限公司、国家开发银行、中国农业发展银行、中国进出口银行、中央汇金投资有限责任公司、中国建设银行股份有限公司、中国建银投资有限责任公司、中国石油天然气股份有限公司、中国石油化工股份有限公司以及海洋石油天然气企业（包括港澳台和外商投资、外国海上石油天然气企业）等缴纳所得税未纳入中央和地方分享范围的企业。

（2）三级及以下分支机构不就地预缴企业所得税，其经营收入、职工工资和资产总额统一计入二级分支机构。

（3）分支机构不具有独立生产经营的职能部门时，该部具有独立生产经营的职能部门不就地预缴企业所得税。如果分支机构具有独立生产经营的职能部门，但其经营收入、职工工资和资产总额与管理职能部门不能分开核算的，则该独立生产经营部门也不得视同一个分支机构，其企业所得税允许和总部汇总缴纳，而不需要就地预缴企业所得税。

（4）不具有主体生产经营职能，且在当地不缴纳增值税、营业税的产品售后服务、内部研发、仓储等企业内部辅助性的二级及以下分支机构，不就地预缴企业所得税。

（5）上年度认定为小型微利企业的，其分支机构不就地预缴企业所得税。

（6）新设立的分支机构，设立当年不就地预缴企业所得税。

（7）撤销的分支机构，撤销当年剩余期限内应分摊的企业所得税款由总机构缴入中央国库。

（8）企业在中国境外设立的不具有法人资格的营业机构，不就地预缴企业所得税。

总之，设立分公司有如下税收筹划优势：一是分公司与总公司之间的资本转移因不涉及到所有权变动，不必纳税；二是分公司交付给总公司的利润不必纳税；三是经营初期分公司的经营亏损可以冲抵总公司的利润，减轻税收负担。

二、选择分支机构形式的税收筹划

根据分公司及子公司的不同税收特征，下面进行选择分支机构形式的决策分析。假设分支机构与总机构都不存在税收优惠时，根据总机构与分支机构预计的盈亏程度及税率的不同，可分为八种情况讨论，如图 4－2 所示①。

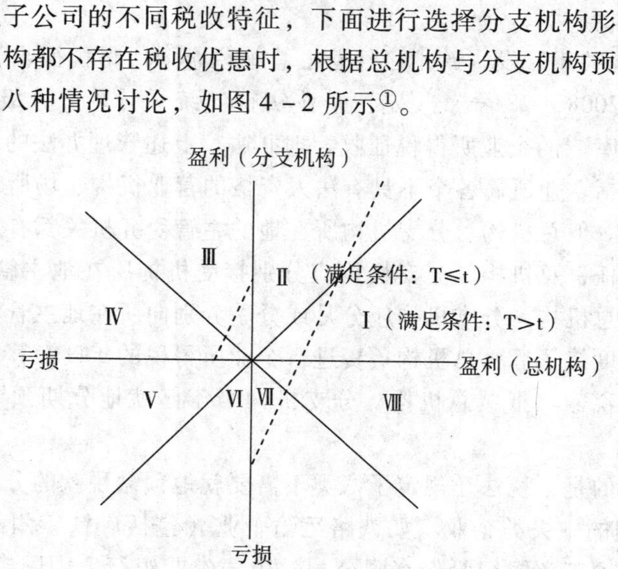

图 4－2　选择分支机构形式的决策模式

① 宋献中、沈肇章：《税收筹划与企业财务管理》，暨南大学出版社 2002 年版。

图4－2中，横轴表示总机构的预计盈亏状况，纵轴表示分支机构的预计盈亏状况。t表示分支机构的税率，T表示总机构的税率。由于我国存在多层面优惠政策，企业所得税存在25%、20%、15%等多种税率，这里分别讨论T>t和T≤t两种情况，图中虚线区域表示采用分公司形式合适，其余区域表示采用子公司与分公司形式没有差别。

第Ⅰ、Ⅱ种情况下，总机构与分支机构预计皆为盈利，则分支机构不论采取哪种形式，企业（集团）应纳税额都相等。若要求子公司将税后利润分回母公司，在第Ⅰ种情况下，满足条件T>t，按规定则联营企业分回利润要就税率差补税（如果属于正常法定低税率则不需要补税），因此采用分公司形式更为有利。第Ⅱ种情况下，满足条件T≤t，不涉及补税也没有退税，故不影响上述结论。

第Ⅲ、Ⅳ种情况下，总机构预计亏损，分支机构预计盈利。分支机构最好采用分公司形式，能够在当期就利用净经营亏损，可使企业当期应纳税额减少。

第Ⅴ、Ⅵ种情况下，总机构与分支机构预计皆为亏损，则分支机构不论采取哪种形式对企业（集团）的应纳税额影响都一样。

第Ⅰ、Ⅱ种情况下，总机构预计盈利，分支机构预计亏损。虽然两种情况下，企业（集团）应纳税额相同，但采用分公司形式可以推迟纳税。

在设立分公司与子公司的选择筹划中，还要考虑分支机构所处的区域优势及其享受税收优惠政策的情况。若分支机构单独运作，其所享受的税收优惠优于母公司时，分支机构应采用子公司形式，反之采用分公司形式。还要考虑到分支机构初期经营情况，由于开办费、市场风险等因素的存在很容易导致分支机构出现亏损，所以在分支机构组建初期，最好采用分公司形式；当分公司开始盈利后，可以再把分公司设法转变为子公司，这样可能会收到较好的税收效果。

案例分析

深圳新营养技术生产公司，为扩大生产经营范围，准备在内地兴建一家芦笋种植加工企业，在选择芦笋加工企业组织形式时，该公司进行如下税收分析：

芦笋是一种根基植物，在新的种植区域播种，达到初次具有商品价值的收获期需要4～5年，这样使企业在开办初期面临着很大的亏损，但亏损会逐渐减少。经估计，此芦笋种植加工公司第一年的亏损额为200万元，第二年亏损额为150万元，第三年亏损额为100万元，第四年亏损额为50万元，第五年开始盈利，盈利额为300万元。

该新营养技术生产公司总部设在深圳，属于国家重点扶持的高新技术公司，适用的公司所得税税率为15%。该公司除在深圳设有总部外，在内地还有一H子公司，适用的税率为25%；经预测，未来五年内，新营养技术生产公司总部的应税所得均为1 000万元，H子公司的应税所得分别为300万元、200万元、100万元、0万元、－150万元。

经分析，现有三种组织形式方案可供选择：

方案一：将芦笋种植加工企业建成具有独立法人资格的M子公司

因子公司具有独立法人资格，属于企业所得税的纳税人。按其应纳税所得额独立计算缴纳企业所得税。

在这种情况下，该新营养技术生产公司包括三个独立纳税主体：深圳新营养技术公司、H子公司和M子公司。在这种组织形式下，因芦笋种植企业——M子公司是独立的法人实体，不能和深圳新营养技术公司或H子公司合并纳税，所以，其所形成的亏损不能抵消深圳新营养技术公司总部的利润，只能在其以后年度实现的利润中抵扣。

在前四年里，深圳新营养技术生产公司总部及其子公司的纳税总额分别为225（1 000×15% +300×25%）万元、200（1 000×15% +200×25%万元）、175（1 000×15% +100×25%）万元，150（1 000×15%）万元四年间缴纳的企业所得税总额为750万元。

方案二：将芦笋种植加工企业建成非独立核算的分公司

因分公司不同于子公司，它不具备独立法人资格，不独立建立账簿，只作为分支机构存在。按税法规定，分支机构利润与其总部实现的利润合并纳税。深圳新营养技术公司仅有两个独立的纳税主体：深圳新营养技术公司总部和H子公司。

在这种组织形式下，因芦笋种植企业作为非独立核算的分公司，其亏损可由深圳新营养技术公司用其利润弥补，降低了深圳新营养技术公司第一年至第四年的应纳税所得额，不仅使深圳新营养技术公司的应纳所得税得以延缓。

在前四年里，深圳新营养技术生产公司总部、子公司及分公司的纳税总额分别为195（1 000×15% -200×15% +300×25%）万元、177.5（1 000×15% -150×15% +200×25%）万元、160（1 000×15% -100×15% +100×25%）万元、142.5（1 000×15% -50×15%）万元，四年间缴纳的企业所得税总额为675万元。

方案三：将芦笋种植加工企业建成内地H子公司的分公司

在这种情况下，芦笋种植加工企业和H子公司合并纳税。此时深圳新营养技术公司有两个独立的纳税主体：深圳新营养技术公司总部和H子公司。在这种组织形式下，因芦笋种植加工企业作为H子公司的分公司，与H子公司合并纳税，其前四年的亏损可由H子公司当年利润弥补，降低了H子公司第一年至第四年的应纳税所得额，不仅使H子公司的应纳所得税得以延缓，而且使得整体税负下降。

在前四年里，深圳新营养技术生产企业总部、子公司及分公司的纳税总额分别为175（1 000×15% +300×25% -200×25%）万元、162.5（1 000×15% +200×25% -150×25%）万元、150（1 000×15% +100×25% -100×25%）万元、150（1 000×15%）万元，四年间缴纳的企业所得税总额为637.5万元。

通过对上述三种方案的比较，应该选择第三种组织形式，将芦笋种植企业建成内地H子公司的分公司，可以使整体税负最低。

第三节　各类经济组织的选择与税收筹划

一、公司制企业与非公司制企业选择的税收筹划

按照中国法律规定，企业有公司制企业和非公司制企业之分。非公司制企业主要指个人独资企业与合伙企业，公司制企业主要指有限责任公司和股份有限公司。

公司制企业属于企业法人，有独立的法人财产，享有法人财产权。无论是有限责任公司还是股份有限公司，公司制企业应对其利润总额作相应的纳税调整后缴纳企业所得税，如果向自然人投资者分配股息或红利，还要代扣投资者税率为20%的个人所得税。

由于我国税法对于个人独资企业、合伙企业只征收个人所得税，而对于公司制企业，既要征收企业所得税又要征收个人所得税，这通常被称为“双重征税”。但由于存在股息红利和资本利得之间可能的转化，以及资本利得税率偏低甚至免征的优惠待遇，公司制企业的“双重征税”下的总税负并不必然多于个人独资企业或合伙企业缴纳的税款。因此，在组织形式选择决策中，存在个人独资企业、合伙企业与公司之间的选择

与筹划。下面构建一个比较合伙企业或独资企业与公司的税后收益的模型①。该模型假定：公司的税前收益率为 R_C、合伙企业的税前收益率为 R_P，假定 R_C 和 R_P 在不同时期均保持不变。公司所得税税率为 t_c，个人所得税税率为 t_p，资本利得税税率为 t_g。由于存在非税因素，合伙企业的生产经营和投融资活动面临较高的管理成本。在缴纳公司所得税之后、个人所得税之前，公司的收益率为 r_C，且 $r_C = R_C(1-t_c)$，合伙企业缴纳个人所得税之前的收益率为 r_p，且 $r_p = R_p(1-t_p)$。假定该投资项目持续期为 n 年，n 年后公司清算买回所有的股票，且公司中间不对股东支付股利或分配利润。

如果项目是在合伙企业中实施，当取得收入时，合伙人以税率 t_p 支付税收，则合伙人 1 美元的原始投资 n 年后的税后累计收益为：$[1+R_p(1-t_p)]^n$。

如果项目是在公司实施，则 n 年后公司清算买回所有的股票时，股东投入到公司的 1 美元投资的税收累计收益为：$[1+R_C(1-t_c)]^n - t_g\{[1+R_C(1-t_c)]^n - 1\}$。

当合伙企业与公司的税后收益率相等时，合伙企业形式与公司形式的税收筹划没有差异，令此时的公司层次的税后收益率的均衡临界值为 $r_C{}^*$。则有：

$$[1+R_p(1-t_p)]^n = [1+R_C(1-t_c)]^n - t_g\{[1+R_C(1-t_c)]^n - 1\}$$

故整理可得：$r_C{}^* = \{[(1+r_p)^n - t_g]^{1/n} / (1-t_p)^{1/n}\} - 1$

根据上式可知，$r_C{}^*$ 受到以下因素的影响：合伙企业缴纳个人所得税之前的收益率 r_p、资本利得税税率 t_g，以及投资项目持续期 n。从税收角度来看，如果公司层次的税后收益率大于 $r_C{}^*$，则投资者选择公司形式更合适；如果公司层次的税后收益率小于 $r_C{}^*$，则投资者选择合伙企业形式更合适。

有趣的是，历史的发展轨迹带给我们一个十分置信的结论：公司制企业晚于个人独资、合伙企业的出现，公司制企业相对较为进步，这不仅体现在公司较低的运作风险方面，而且公司体现在税收方面的独特优势：公司在冲抵损失时不限于当期利润，损失甚至可以延续冲抵未来的利润；公司能够在合理范围内税前列支有利于雇员的金额相当可观的年金支出；公司还能够在所得税扣除方面税前列支更多的成本费用项目。这些都是个人独资企业或合伙企业所无可比拟的。

二、个人独资企业、合伙企业的设立与筹划

我国对个人独资企业、合伙企业从 2000 年 1 月 1 日起，比照个体工商户的生产、经营所得，适用五级超额累进税率仅征收个人所得税。而公司制企业需要缴纳企业所得税。如果向个人投资者分配股息、红利的，还要代扣其个人所得税（投资个人分回的股息、红利，税法规定适用 20% 的比例税率）。

一般来说，企业设立时应合理选择纳税主体的身份，选择的一般思路如下：

第一，从总体税负角度考虑，独资企业、合伙制企业一般要低于公司制企业，因为前者不存在重复征税问题，而后者一般涉及双重征税问题。

第二，在独资企业、合伙制企业与公司制企业的决策中，要充分考虑税基、税率和

① 迈伦·斯科尔斯、马克·沃尔夫森：《税收与企业战略》，中国财政经济出版社 2004 年版。

税收优惠政策等多种因素，最终税负的高低与否是多种因素起作用的结果，不能只考虑一种因素。

第三，在独资企业、合伙制企业与公司制企业的决策中，还要充分考虑可能出现的各种风险。

案例分析

李先生投资兴办一个企业，年应纳税所得额为100万元。该企业如果注册登记为个人独资企业，应按照个人所得税个体工商户生产经营所得缴纳税收，所得税负担为：

1 000 000×35% -6 750=343 250（元）

税后利润为：

1 000 000-343 250=656 750（元）

但如果该企业注册为有限责任公司，则应首先以法人身份计算缴纳企业所得税，然后，其税后利润还应按照股息、红利所得计缴个人所得税，所得税负担为：

1 000 000×25% +1 000 000×（1-25%）×20% =400 000（元）

税后利润为：

1 000 000-400 000=600 000（元）

可见，有限责任公司比个体工商户多缴所得税56 750元。

另外，如果投资成立的是合伙制企业，虽然也仅需要缴纳个人所得税，但由于现行税制规定每一个合伙人单独按照其所获得的收益计缴个人所得税，因此，使投资人有更多机会按照相对较低的税率计税，其总体税负会比独资企业更低。

按照前例，如果李先生与三位朋友共同兴办一个私人合伙制企业，每人投资均为25%，年应纳税所得额为100万元。其所得税负担为：

[（1 000 000÷4）×35% -6 750] ×4=323 000（元）

比个人独资企业少缴所得税金额为：

343 250-323 000=20 250（元）

公司制企业所得税采用25%的比例税率，这意味着无论企业应纳税所得额规模多大，其税收负担率是不变的（小型微利企业税率为20%）；而个人所得税对生产经营性收入采用五级超额累进税率，这意味着应纳税所得额越大，其税收负担率越高。从个人所得税生产经营所得适用的五级超额累进税率表可以看出，个体工商户的应税所得额在3万元时，适用的边际税率为20%，由于超额累进税率计税时应将以前级次适用低税率部分的差额减除，因此其实际税率为15.8%[（30 000×20% -1 250）÷30 000×100% =15.8%]。应税所得额在6万元时，适用的边际税率为30%，其实际税率是27.5%[（60 000×30% -4 250）÷50 000×100% =27.5%]。应税所得额为10万元时，适用的边际税率为35%，其实际税率是28.25%[（100 000×35% -6 750）÷100 000×100% =28.25%]。随着应税所得的增加，个体工商户的实际税率还会逐渐增加。

因此，如单纯比较企业所得税与个人所得税生产经营收入的负担率时，会出现应纳税所得额较少时，企业所得税负担率高于个人所得税生产经营收入负担率；而应纳税所得额较多时，企业所得税负担率低于个人所得税生产经营收入负担率的情况。

当应纳税所得额为3万元时，如按企业所得税计算，应纳税额为：

30 000×20% =6 000（元）

如按个人所得税生产经营所得计算，应纳税额为：

30 000×20% -1 250=4 750（元）

按企业所得税计税比按个人所得税计税多缴税1 250(6 000-4 750)元。

而当应纳税所得额为200万元时，如按企业所得税计算，应纳税额为：

2 000 000 × 25% = 500 000（元）

如按个人所得税生产经营所得计算，应纳税额为：

2 000 000 × 35% − 6 750 = 693 250（元）

按企业所得税计税比按个人所得税计税反而少缴税 193 250(693 250 − 500 000)元。

三、私营企业、个体工商业户的选择与筹划

私营企业亦称“私有企业”，是由私人投资经营的企业，有资本家私人企业、劳动者私人企业等类型。其生产资料和产品属私人所有，经营活动由自己或雇用管理人员管理，资金来源有私人独自集资或债券集资、贷款投资、发行股票等。我国现阶段允许私有企业的存在和发展，鼓励外国资本家依法在中国投资建立各种形式的私人联合企业。

个体户是个体经济单位，它以劳动者个人及其家庭成员为主体，用自有的劳动工具及生产资料、资金，经向国家有关部门登记，独立地从事生产、经营活动。主要存在于各种小型手工业、零售商业、饮食业、服务业、运输业等生产、劳务部门。

按照现行税法规定，私营企业适用《中华人民共和国企业所得税法》，其税率是25%。而个体工商户却适用《中华人民共和国个人所得税法》，税率如表 4－1 所示：

表 4－1　　个体工商户适用的个人所得税税率

级数	含税级距	税率	速算扣除数
1	不超过 15 000 元的部分	5%	0
2	超过 15 000 元至 30 000 元的部分	10%	750
3	超过 30 000 元至 60 000 元的部分	20%	3 750
4	超过 60 000 元至 100 000 元的部分	30%	9 750
5	超过 100 000 元的部分	35%	14 750

注：表中所列含税级距为按照税法规定减除有关费用后的所得额；含税级距适用于个体工商户的生产经营所得和由纳税人负责税款的承包经营、承租经营所得。

思考与练习

复习思考题

1. 居民企业与非居民企业的税收政策有何差异？

2. 子公司与分公司的税收政策有何差异？

3. 非公司制企业有哪些类型？公司制企业与非公司制企业的税收政策有何差异，如何利用企业性质的差异进行税收筹划？

案例分析题

湖北省某市孙某想经营一家税务师事务所，预计年盈利 20 万元。该所如果采取合伙企业组织形式，则要按合伙人课征个人所得税；如果采取公司企业组织形式，则先要

征企业所得税，然后税后利润作股息分配时征收个人所得税。

思考：

(1) 如果采取合伙企业组织形式，孙某要承担多少税负？

(2) 如果采取公司企业组织形式，孙某要承担多少税负？

(3) 比较两种组织形式，孙某采取哪种形式税负较轻？

参考答案：

(1) 如果采取合伙企业组织形式，孙某按个人所得税法“个体工商户生产经营所得”缴纳个人所得税 = 200 000 × 35% − 14 750 = 55 250（元）。

(2) 如果采取公司企业组织形式，孙某要缴纳企业所得税 = 200 000 × 20% = 40 000（元），税后利润如全部分配还要按“利息、股息、红利所得”缴纳个人所得税 = (200 000 − 40 000) × 20% = 32 000(元)，合计缴纳所得税 72 000(40 000 + 32 000)元。

(3)比较两种组织形式，孙某应采取合伙企业组织形式，可以降低税负 16750（72 000 − 55 250)元。

第五章

投资决策的税收筹划

在未来税前现金流量和税收法规本身存在不确定性的条件下，风险报酬往往被写入契约中，以保证税收筹划对未预期的税收状况变化作出灵活的反应。

——诺贝尔经济学奖得主　迈伦·斯科尔斯（Myron S. Scholes）

第一节　投资地点选择的税收筹划

一、境内投资地点的选择

在我国境内投资，从税负角度来说，主要考虑所得税的因素。为了鼓励高新技术产业发展和扶植贫困地区的经济，我国制定了不同地区税负差别化的税收优惠政策。

在其他投资条件相同的情况下，投资主体一般考虑在税负低的地区进行投资。

（一）利用经济特区和上海浦东新区高新技术企业的税收优惠政策

对经济特区和上海浦东新区内在2008年1月1日（含）之后完成登记注册的国家需要重点扶持的高新技术企业，在经济特区和上海浦东新区内取得的所得，自取得第一笔生产经营收入所属纳税年度起，第一年至第二年免征企业所得税，第三年至第五年按照25%的法定税率减半征收企业所得税。

（二）利用西部大开发的税收优惠政策

重庆市、四川省、贵州省、云南省、西藏自治区、陕西省、甘肃省、宁夏回族自治区、青海省、新疆维吾尔自治区、新疆生产建设兵团、内蒙古自治区和广西壮族自治区，以及湖南省湘西土家族苗族自治州、湖北省恩施土家族苗族自治州、吉林省延边朝鲜族自治州，自2011年1月1日至2020年12月31日，对设在上述地区的鼓励类产业企业减按15%的税率征收企业所得税。

（三）利用新疆困难地区新办企业所得税优惠政策

为支持新疆经济社会发展，2010年1月1日至2020年12月31日，政府对在新疆困难地区新办的属于《新疆困难地区重点鼓励发展产业企业所得税优惠目录》范围内的企业，自取得第一笔生产经营收入所属纳税年度起，第一年至第二年免征企业所得税，第三年至第五年减半征收企业所得税。

因此，企业有必要在投资之前，充分考虑基础设施、金融环境等外部因素，选择整体税收负担相对较低的地点进行投资，以获得最大的税收利益。一般做法是：在低税区创办企业，即利用低税地区的各种优惠政策，其业务活动自然也可以扩大到非低税区；或在低税区设置关联机构，将更多利润留在低税区，以降低总体税负。但是企业一旦选择了在“老、少、边、穷”地区投资，必须考虑这些地区的硬件环境、软件环境及需求状况，以免为了节税影响企业盈利，得不偿失，这是企业投资前应当慎重考虑的。

二、跨国投资地点的选择

如果进行跨国投资，仅从税收角度出发，一要考虑宏观税负的高低；二要考虑所涉及的主要税种及其税负的高低；三要考虑税收结构；四要考虑居住国与投资地所在国关于避免双重征税的政策规定。

从国外的情况看，有的国家或地区不征收所得税，有的国家的所得税率高于或者低于我国。因此，投资地点不同，税收负担会有所差别，最终影响到投资收益。对于跨国投资者，还应考虑有关国家同时实行居民管辖权和收入来源地管辖权而导致对同一项所得的双重征税，以及为避免国际间双重征税的双边税收协定有关税收抵免的具体规定，以进行投资国别或地区选择。

公司所得税是世界上开征相当普遍的一个税种。根据对220个国家和地区的最新跟踪检索，截至2010年上半年，世界各国公司所得税的基本状况是：普遍征收公司所得税的国家和地区有203个，没有开征公司所得税或者对普通企业征收所得税时适用零税率的国家和地区仅为17个。

公司所得税以比例税率为主，实行累进税率的国家和地区日趋减少。2010年实行不同形式累进税率的国家和地区只有13个：法属波利尼西亚（按成本利润率累进）；利比亚（15%～40%六级超额累进）；列支敦士登（按资本利润率累进）；澳门（0%～12%三级超额累进）；缅甸（外币所得5%～40%十五级超额累进）；叙利亚（10%～28%五级超额累进）；塔吉克斯坦（按销售利润率25%、13%、8%三级超率累退）；委内瑞拉（15%～34%三级超额累进）；美国以及美属萨摩亚、美属维尔京群岛、关岛、北马里亚纳群岛，它们与美国实行相同的15%～39%～35%八级超额累进累退混合税率；北马里亚纳群岛另征的毛收入税实行1.5%～5%六级超额累进税率。另有一些国家和地区对中小企业在规定的所得限额内实行优惠税率，从而实质上形成两级或多级超额累进税率，主要如亚美尼亚、比利时、福克兰群岛、匈牙利、日本、基里巴斯、韩国、立陶宛、马来西亚、蒙古、荷兰、新喀利多尼亚、葡萄牙、塞舌尔、南非、西班牙、泰国和英国等。此外，波多黎各虽然对普通公司所得税按20%比例税率征税，但开征的附加税实行5%～19%六级超额累进。

公司所得税综合税率存在持续下降的趋势：2010年220个国家和地区公司所得税综合平均税率约为24.6%，比2006年的26.9%下降了2.3个百分点，平均每年约下降0.57个百分点。2010年降低公司所得税税率的国家和地区至少有21个。自从美国1986

年实行以降低税率、拓宽税基为基调的税制改革以来，世界上公司所得税税率普遍呈下降趋势，而且，近几年公司所得税税率的这种下降趋势并没有减弱，甚至有加强的迹象。从220个国家和地区公司所得税综合税率（如表5－1所示，未开征公司所得税的国家和地区按零税率计算）的初步计算看，2006年至2010年综合平均税率分别为26.9%、26.5%、25.6%、25.1%和24.6%，4年下降了约2.3个百分点，平均每年约降0.57个百分点。

从综合税率水平的排序和分布状况看，2010年公司所得税综合税率在25%～35%之间的国家和地区比较集中，有104个。公司所得税综合税率除普通公司所得税率外，还包括公司缴纳的附加税、特别所得税、地方所得税等其他各项所得税的税率。在计算综合税率时，作了一些统一的技术处理：如与公司所得税具有替代性质的最低税、只对部分企业征收的所得税等不予考虑；实行累进税率的，按最高有效税率或最高边际税率计算；征收毛收入税的，统一按15%毛利率折算；对于所得附加税、特别所得税、地方所得税，虽然其税基与公司所得税不一定一致，但我们假定其为一致进行估算，不过对于附加税、地方税等允许在普通公司税前扣除的部分在计算时予以调整。

此外，不少国家的地方所得税各地税率不一，如美国、日本、德国、瑞士、意大利等，有的差别还比较大，对此按以下方式处理：有全国平均税率的，按平均税率计算；没有平均税率，但有多数地方采用的主流税率的，按主流税率计算；否则，根据地方税率的两极计算其平均值。研究发现，达到30%但不超过35%这一税率段的国家和地区最多，有56个，其中税率为30%的国家和地区就有37个；达到25%但不超过30%这一税率段的国家和地区次之，有48个，其中税率为25%的国家和地区就有31个，两者相加有104个，占203个国家的一半还多。2010年提高公司所得税税率的国家只有3个。它们是：冰岛（从15%提高到18%）；洪都拉斯（附加税性质的团结税税率从5%提高到7%）；墨西哥（从28%临时提高到30%，2014年将恢复到28%）。

企业进行投资时，应充分利用不同地区的税制差别或区域性税收倾斜政策，选择整体税负较轻的地区进行投资，提高投资收益率。下面给出亚太地区主要国家（或地区）公司所得税税率一览表（如表5－1所示）。

表5－1　　　亚太地区主要国家（或地区）公司所得税税率一览表

国家或地区	税　　率	备　注
日本	法人税税率30%，还有其他地方税，居民税6.21%，企业地方税7.56%，其法定税率达到43.77%。	有效税率降至40.69%
印度	国内公司：33.66%（包括附加税） 外国公司：41.82%	另有最低替代税率：国内公司为11.22%；外国公司为10.455%。
韩国	14.3%（对第一个1亿韩元应税所得），27.5%（超过1亿韩元，包括10%的居民附加费）。	
菲律宾	35%（主业务净所得），从经营的第四年度起，毛所得适用2%的最低公司所得税。	
新加坡	20%	2008年降至18%

续表

国家或地区	税　　率	备　注
泰国	30%（符合特定条件可以降低税率）	
印度尼西亚	10%～30%	
斯里兰卡	33.33% 35%	15%的低税率，适用于非传统出口、农业、旅游推广、建筑业等。
澳大利亚	30%	
越南	28%	
马来西亚	28%	
新西兰	33%	
中国香港	16.5%	税率较低，体现国际避税地的优势。

注：表5-1提供了亚太主要国家和地区的企业（公司）所得税税率。从表5-1中我们可以看到，我国《企业所得税法》所规定的25%的税率在亚太地区是有较强竞争力的，但是，国际上出现的减税趋势对我国也可能造成较大的影响和冲击，例如，新加坡从2008年起，税率将从20%降为18%。中国香港作为国际税收优惠地区，其所得税税率仅为16.5%。

第二节　投资行业选择的税收筹划

一、流转税的行业税负差异

流转税主要通过对企业现金流量的影响约束企业的投资决策，在一定的时期内企业缴纳的流转税越多，企业在该时期的现金流量就越少，从而抑制企业的投资；反之，企业的现金流量增加将会刺激企业的投资。

我国现行税法在流转税方面是根据企业所属行业及从事经营业务内容分别规定按不同税种征收，即工业企业、商业提供加工、修理修配劳务以及货物销售所获得的收入应缴纳增值税，其中，特定产品（如烟、酒、化妆品等共十四大类）在缴纳增值税的同时还须缴纳消费税；建筑安装、邮电通信、金融保险、服务业等行业企业的经营收入应缴纳营业税。

为此，企业投资进行行业选择时应首先考虑未来经营收入应缴流转税的差异，尽管，从经济学原理角度讲，流转税可以转嫁他人负担，但实际能否转嫁，转嫁程度如何都会对企业的税收负担及税后利润总额造成不同影响。具体可从以下几个方面分析：

（一）适用税种差异

不同行业业务收入适用的税种不同，实际税负大不相同。工商企业销售收入缴纳增值税，名义税率较高，为17%或13%，但以增值额为计税依据，购进项目可作进项抵扣，税基较小。提供各类劳务的服务性企业营业收入缴纳营业税，名义税率为3%或

5%，但以全部营业收入作为计税依据，税基较大。

（二）适用税种数量差异

生产销售产品的工业企业，大部分商品销售收入只缴一道增值税；而生产消费税应税产品的企业则须缴纳增值税、消费税两道流转税，而且由于消费税是价内税，增值税与消费税计税价格相同，消费税税率高低既影响消费税应缴税款的多少，又影响增值税应缴税款的多少。

（三）适用税目差异

同样缴纳增值税、消费税或者营业税，税目不同，适用税率不尽相同，税负轻重不同。不同类商品或劳务税率不同，如增值税、营业税；同类商品也会有税率高低的差别，如消费税。另外，还需考虑免税项目、出口退税率差别、进口征税时关税对增值税及消费税的影响等问题。

（四）其他差异

在混合销售、兼营（包括兼营不同税率、不同税种问题）时，实际适用税率、税种差异也会造成应缴税款的差别。

二、所得税的行业税负差异

所得税对企业投资决策的影响主要体现在其直接影响企业的税后利润水平，继而影响企业的投资收益和投资决策。虽然我国企业所得税对各行各业采用统一比例税率，但各种优惠政策仍然为企业投资的行业选择提供了空间。

（一）工业制造业税收优惠

1. 利用公共基础设施项目和环境保护、节能节水项目企业税收优惠政策

从事国家重点扶持的公共基础设施项目投资经营的所得；企业从事前款规定的国家重点扶持的公共基础设施项目的投资经营的所得，自项目取得第一笔生产经营收入所属纳税年度起，第一年至第三年免征企业所得税，第四年至第六年减半征收企业所得税。

2. 利用从事农、林、牧、渔业项目企业税收优惠政策

企业从事农、林、牧、渔业项目的所得，可以免征、减征企业所得税。

企业从事花卉、茶以及其他饮料作物和香料作物的种植；海水养殖、内陆养殖所得，减半征收企业所得税：

3. 利用环境保护、节能节水项目企业税收优惠政策

企业从事环境保护、节能节水项目，包括公共污水处理、公共垃圾处理、沼气综合开发利用、节能减排技术改造、海水淡化等，自项目取得第一笔生产经营收入所属纳税年度起，第一年至第三年免征企业所得税，第四年至第六年减半征收企业所得税。

4. 利用高新技术企业税收优惠政策

国家需要重点扶持的高新技术企业，减按15%的税率征收企业所得税。

5. 利用创业投资企业税收优惠政策

创业投资企业采取股权投资方式投资于未上市的中小高新技术企业2年以上的，可以按照其投资额的70%在股权持有满2年的当年抵扣该创业投资企业的应纳税所得额；

当年不足抵扣的，可以在以后纳税年度结转抵扣。

6. 利用资源综合利用企业税收优惠政策

企业综合利用资源，以《资源综合利用企业所得税优惠目录》规定的资源作为主要原材料，生产国家非限制和禁止并符合国家和行业相关标准的产品取得的收入，减按90%计入收入总额。

7. 利用国家扶持动漫产业发展税收优惠政策

（1）企业所得税：经认定的动漫企业自主开发、生产动漫产品，可申请享受国家现行鼓励软件产业发展的所得税优惠政策。

（2）进口关税和进口环节增值税：经国务院有关部门认定的动漫企业自主开发、生产动漫直接产品，确需进口的商品可享受免征进口关税和进口环节增值税的优惠政策。具体免税商品范围及管理办法由财政部会同有关部门另行制定。

8. 利用鼓励软件产业税收优惠政策

（1）软件生产企业实行增值税即征即退政策所退还的税款，由企业用于研究开发软件产品和扩大再生产，不作为企业所得税应税收入，不予征收企业所得税。

（2）我国境内新办软件生产企业经认定后，自获利年度起，第一年和第二年免征企业所得税，第三年至第五年减半征收企业所得税。

（3）国家规划布局内的重点软件生产企业，如当年未享受免税优惠的，减按10%的税率征收企业所得税。

（4）软件生产企业的职工培训费用，可按实际发生额在计算应纳税所得额时扣除。

9. 利用鼓励集成电路产业发展的税收优惠政策

（1）集成电路设计企业视同软件企业，享受上述软件企业的有关企业所得税政策。

（2）集成电路生产企业的生产性设备，经主管税务机关核准，其折旧年限可以适当缩短，最短可为3年。

（3）投资额超过80亿元人民币或集成电路线宽小于0.25微米的集成电路生产企业，可以减按15%的税率缴纳企业所得税，其中，经营期在15年以上的，从开始获利的年度起，第一年至第五年免征企业所得税，第六年至第十年减半征收企业所得税。

（4）对生产线宽小于0.8微米（含）集成电路产品的生产企业，经认定后，自获利年度起，第一年和第二年免征企业所得税，第三年至第五年减半征收企业所得税。

（二）服务业税收优惠

1. 利用技术先进型服务企业税收优惠政策

（1）自2010年7月1日起至2013年12月31日，对经认定的技术先进型服务企业，减按15%的税率征收企业所得税；

（2）自2010年7月1日起至2013年12月31日，对经认定的技术先进型服务企业发生的职工教育经费支出，不超过工资薪金总额8%的部分，准予在计算应纳税所得额时扣除；超过部分，准予在以后纳税年度结转扣除。

2. 利用促进节能服务产业发展的税收优惠政策

（1）企业所得税：对符合条件的节能服务公司实施合同能源管理项目，符合企业所得税税法有关规定的，自项目取得第一笔生产经营收入所属纳税年度起，第一年至第三年免征企业所得税，第四年至第六年按照25%的法定税率减半征收企业所得税。

（2）营业税：对符合条件的节能服务公司实施合同能源管理项目，取得的营业税应税收入，暂免征收营业税。

（3）增值税：对符合条件的节能服务公司实施符合条件的合同能源管理项目，将项目中的增值税应税货物转让给用能企业，暂免征收增值税。

（三）其他税收优惠政策

除流转税、所得税以外的一些税种具有更明显的行业税负差异。如资源税主要针对矿产等自然资源开采行业企业；土地增值税主要针对房地产开发行业企业；车辆购置税主要针对汽车销售行业企业。当企业投资于这类行业时，对相关税种税负必须作出测算，有时这类税种的税负甚至超过流转税、所得税税负。如当房地产开发企业增值额较大、增值率较高时，其所应缴纳的土地增值税往往会比所需缴纳的营业税、企业所得税还要多。

尽管我国主体税种税制对不同行业是统一的（如企业所得税），即使有些不一致（如流转税），但从总体上看，同一类型税种各行业企业的税收负担是大致相同的，立法机构在制定税法时也尽量考虑各行业税负公平。但实际上由于各行业企业收入形式、成本费用水平等重要涉税因素都有很大差别，因此，导致各行业企业实际税负水平会有较大不同。或者可以说，不同行业企业税负轻重不同，除了税法规定的差别以外，更重要的是行业业务内容的差别导致的。因此，在投资行业决策的涉税分析中，通常更需进行综合性的考虑。

案例分析

M公司现有3 000万元，准备寻找一个投资项目进行长期投资。经多方考察，现有三个备选方案。

方案一，投资兴办一个中型机械加工厂，年销售额3 200万元，购进原料2 400万元，均为含税价。人工及各项管理费用260万元。

方案二，投资兴办一座酒楼，年营业额3 100万元，原料成本2 100万元，人工及各项管理费用230万元。

方案三，投资兴建一个花卉种植农场（以种植为主，经过繁育种子、幼苗等过程，培育出成品花卉销售），年花卉销售收入2 600万元，种子、农药、化肥等购进金额1 000万元，人工及各项管理费用200万元。

解析：由于三个方案的投资行业不同，相关税种及行业性税收待遇不尽相同，税后收益的差别十分明显。

方案一：

应缴增值税：$3\ 200/(1+17\%)\times 17\% - 2\ 400/(1+17\%)\times 17\% = 116.24$（万元）

应缴城市维护建设税及教育费附加：$116.24\times(7\%+3\%) = 11.62$（万元）

企业利润：$3\ 200/(1+17\%) - 2\ 400/(1+17\%) - 11.62 - 260 = 412.14$（万元）

应缴企业所得税：$412.14\times 25\% = 103.04$（万元）

企业税后利润：$412.14 - 103.04 = 309.10$（万元）

年投资利润率：$309.10 \div 3\ 000\times 100\% = 10.3\%$

方案二：

应缴营业税：$3\ 100\times 3\% = 93$（万元）

应缴城市维护建设税及教育费附加：93×（7%+3%）=9.3（万元）

企业利润：3 100-93-9.3-2 100-230=667.7（万元）

应缴企业所得税：667.7×25%=166.93（万元）

企业税后利润：667.7-166.93=500.77（万元）

年投资利润率：500.77÷3 000×100%=16.69%

方案三：

其生产经营内容属于《增值税暂行条例》第十五条所列免税项目的第一项所称的农业生产者销售的自产农业产品，投资后经申请获得免征增值税待遇。《企业所得税法》及其实施条例规定：企业从事花卉、茶以及其他饮料作物和香料作物的种植取得的所得，减半征收企业所得税。

应缴企业所得税：（2 600-1 000-200）×25%×1/2=175（万元）

企业税后利润：2 600-1 000-200-175=1 225（万元）

年投资利润率：1 225÷3 000×100%=40.83%

对三个方案进行比较分析，不难看出，税收政策对不同行业投资税后利润影响十分明显。在流转环节既要考虑不同行业收入适用税种不同导致的税负差异，如方案一中加工制造业适用增值税，而方案二中酒楼餐饮业适用营业税。即使适用同一税种，也存在税收待遇的差别，如方案一中一般加工制造业需全面缴纳增值税，而方案三中花卉种植收入可以享受免税待遇。

第三节　投资方式选择的税收筹划

一、投资方式分类

在我国多税种复合型税制下，企业投资类型不同，需要缴纳的税收也不同，因此，可按不同投资类型分析企业投资的税收效应。按投资者能否直接控制其投资资金的运用进行划分，可将企业投资分为直接投资与间接投资。

直接投资主要是指投资者用于开办企业、购置设备、收购和兼并其他企业等的投资行为，其主要特征是投资者能有效地控制各类投资资金的使用，并能实施全过程的管理。直接投资的形式多种多样，如投资开办一家新公司；以较高比例股份参与其他企业经营；对外扩张设立子公司或分公司；收购或兼并外部企业；开办中外合资公司，等等。

间接投资主要是指投资者购买金融资产的投资行为，依据具体投资对象的不同，间接投资又可分为股票投资、债券投资及其他金融资产投资，并可依据所投资证券的具体种类作进一步划分。例如债券投资，又可细分为国库券投资、金融债券投资、公司债券投资等。其特点是投资者在资本市场上可以灵活地购入各种有价证券和期货、期权等，并能随时进行调整和转移，有利于避免各类风险，但投资者一般不能直接干预和有效控制其投资资金的使用状况。

二、直接投资方式的税收筹划

直接投资涉税选择需考虑的因素有哪些？企业直接投资是一个长期的、极其复杂的事项，在投资过程中的涉税问题也同样错综复杂。但无论怎样复杂，涉税事项无非是税收成本的增减。企业选择投资项目，主要判断标准就是以最少的投入获得最大的收益。而税收成本的增加是一种现金净流出；税收成本的节减与现金流入具有同样的意义。

（一）项目之间的不同税收处理

国家税收有多种差异性条款，企业投资于不同项目常常会由于所适用的条款不同，导致税前收益与税后收益有很大差别。

案例分析

A公司现有一笔资金准备投资兴建一个项目，有甲、乙两个备选项目。其中甲项目预计年收入1 000万元，成本费用620万元，计算企业所得税时，由于部分费用超过税法规定准予税前扣除的标准，故税前可扣除项目金额仅为500万元。乙项目预计年收入960万元，收入中有200万元可以按90%比例减计收入，成本费用600万元，均符合税法规定准予税前扣除的标准，可在税前全额扣除。两项目所得税税率为20%，税收成本计算分析过程见表5－2。

表5－2　甲乙两项目的税收成本比较　单位：万元

项　目	甲项目	乙项目
应纳税收入	1 000	760＋200×90%＝940
成本费用	620	600
税前现金流	380	360
可扣除项目金额	500	600
所得税成本	（1 000－500）×20%＝100	（940－600）×20%＝68
税后现金流	380－100＝280	360－68＝292

如果不考虑税收对不同项目的影响，甲项目（税前现金流380万元）收益优于乙项目（税前现金流360万元），但当考虑了税收对不同项目的影响后，则乙项目（税后现金流292万元）优于甲项目（税后现金流280万元）。

（二）税率的影响

企业投资项目在不同年度适用的边际税率不一定完全相等。所谓边际税率是指当纳税人再增加一单位应纳税所得额时所适用的税率。有的国家采用的所得税税率是累进税率，在这种情况下，当纳税人某年收入较少时，其所适用的边际税率就比较低；但当纳税人某年收入较多时，其所适用的边际税率就比较高。再如，虽然有的国家所得税规定的是比例税率，但对于那些可以享受定期税收优惠的企业来说，实际上不同年度所适用的边际税率是不同的。

《企业所得税法实施条例》规定：企业从事国家重点扶持的公共基础设施项目的投资经营所得，从项目取得第一笔生产经营收入所属纳税年度起，第一年至第三年免征企业所得税，第四年至第六年减半征收企业所得税。不难看出，适用这项优惠政策的企业第一年至第三年适用的边际税率为0；第四年至第六年适用的边际税率为12.5%；第七年及以后年度适用税率为25%，实际上是一种不同年度间的累进税率。或者说，当企业获得同样数量的应税所得（如100万元），如在第一年获得，不需缴纳企业所得税；如在第四年获得，则需要缴纳企业所得税12.5万元；如在第七年获得，则需缴纳企业所得税25万元。

案例分析

B公司所在国实行超额累进税率的企业所得税，相关税收政策规定，年应纳税所得额在60万元以下的适用税率20%；年应纳税所得额超过60万元的部分适用税率30%。2012年B公司原应纳税所得额为40万元；2013年预计年应纳税所得额为80万元。2012年拟追加投资一个项目，有甲、乙两个方案可供选择，两方案均可获得30万元应纳税所得额。甲项目收益可在2012年实现，而乙项目收益可在2013年实现。两个项目的投资比较分析如表5－3所示：

表5－3　项目的投资比较分析

如追加投资选择甲项目	2012年	2013年	两年合计
应纳税所得额	40＋30＝70（万元）	80万元	150万元
应缴所得税	60×20%＋10×30%＝15（万元）	60×20%＋20×30%＝18（万元）	33万元
税后利润	70－15＝55（万元）	80－18＝62（万元）	117万元
如追加投资选择甲项目	2012年	2013年	两年合计
应纳税所得额	40万元	80＋30＝110（万元）	150万元
应缴所得税	40×20%＝8（万元）	60×20%＋50×30%＝27（万元）	35万元
税后利润	40－8＝32（万元）	110－27＝83（万元）	115万元

从甲、乙两个方案的比较可以看出，同样数额应税所得，由于适用的边际税率不同，缴税数额并且最终使投资项目的税后收益也是不同的。投资于甲项目所获得的30万元应税所得由于是在原收入较少年度实现，其中的20万元实际适用税率20%，只有10万元适用较高边际税率30%。而投资于乙项目所获得的30万元应税所得是在原收入较高年度实现，全部适用30%的较高的边际税率，故比甲项目收益多缴2万元企业所得税，导致整体税后收益降低。

（三）现值的考虑

企业投资是一项长期行为，故在投资决策中须考虑投资收益的货币时间价值，应用净现值法对不同时期的投资收益折现值比较。显然，运用净现值法分析，税款缴纳时间的早晚也会导致分析结果的变化。

案例分析

C公司投资有甲、乙两个可选择方案，两年中各年的收入均为100万元，而甲项目第一年成本费用为55万元，第二年成本费用为65万元。乙项目第一年成本费用为70万元，第二年成本费用为50万元。每年年终计算缴纳企业所得税（假设税率为30%，当期利率为10%，第一年复利现值系数为0.909，第二年复利现值系数为0.826）。计算两个方案的应纳税现值见表5－4。

表 5－4　应纳税额现值比较分析

项　目		甲项目	乙项目
第 1 年	应纳税所得	100－55＝45（万元）	100－70＝30（万元）
	应纳所得税	45×30%＝13.5（万元）	30×30%＝9（万元）
	折现值	13.5×0.909＝12.2715（万元）	9×0.909＝8.181（万元）
第 2 年	应纳税所得	100－65＝35（万元）	100－50＝50（万元）
	应纳所得税	35×30%＝10.5（万元）	50×30%＝15（万元）
	折现值	10.5×0.826＝8.673（万元）	15×0.826＝12.39（万元）
两年应纳税合计		13.5＋10.5＝24（万元）	9＋15＝24（万元）
两年应纳税现值合计		12.2715＋8.673＝20.9445（万元）	8.181＋12.39＝20.571（万元）

如果单纯从账面价值看，甲、乙两项目两年缴纳的企业所得税总额是一样的，都是 24 万元。但考虑折现因素后，乙项目第一年成本费用比甲项目数额大，应纳税所得额较少，缴纳所得税额较少；第二年成本费用比甲项目数额小，应纳税所得额较多，缴纳所得税额较大。实际上是一部分税款递延了缴纳时间，所以降低了所缴纳税款的折现值。

（四）利用关联交易创造节税机会

当企业的一些业务可能适合国家税收优惠政策时，企业可以投资单独成立一个子公司专门经营该类业务，以便享受税收优惠。这种投资实际上也会为未来通过集团内部企业间交易降低税负提供便利。

案例分析

某医疗器械生产企业既生产普通医疗器械，又生产 A 类新型医疗器械（该产品属于《国家重点扶持的高新技术领域》规定的范围）。按现时情况，由于某些指标不能达到企业所得税规定的高新技术企业要求（如 A 类新型医疗器械销售收入未占到全部销售收入所得税优惠条款要求比例），故全部所得只能按照一般企业所得税 25% 的税率计算缴税。经过筹划，企业决策层决定投资成立一个具有独立法人资格的子公司，专门生产经销 A 类新型医疗器械。独立后的子公司拥有核心自主知识产权，研究开发费用占销售收入的比例、高新技术产品销售收入占企业全部销售收入的比例、科技人员占企业职工总数的比例以及其他条件均符合高新技术企业认定管理办法规定，经批准成为享受 15% 优惠税率的高新技术企业。假设称原来的子公司为 X 公司，称新建子公司为 Y 公司。这种投资实际上为以后集团通过内部交易降低税负提供了便利。

当 X 公司向 Y 公司销售一批成本价为 450 万元的零部件，市场交易价格在 800 万元～1 000 万元之间，或者说，只要在这一价格区间都可以被认定为合理的市场定价。Y 公司用这批零部件加工成成品销售，销售价格为 1 600 万元。此时，X 公司就可以主动按照市场交易的最低价格将这批零部件销售给 Y 公司。不同交易定价模式下的纳税分析如表 5－5 所示。

表 5－5　不同交易定价模式下的纳税分析

项目	X 公司	Y 公司	合　计
按市场交易平均价	税前利润：900－450＝450（万元）	1 600－900＝700（万元）	1 150 万元
	适用税率：25%	15%	
	应缴所得税：450×25%＝112.5（万元）	700×15%＝105（万元）	217.5 万元
	税后利润：450－112.5＝337.5（万元）	700－105＝595（万元）	932.5 万元

续表

按市场最低价	税前利润：800 - 450 = 350（万元）	1 600 - 800 = 800（万元）	1 150 万元
	适用税率：25%	15%	
	应缴所得税：350 × 25% = 87.5（万元）	800 × 15% = 120（万元）	207.5 万元
	税后利润：350 - 87.5 = 262.5（万元）	800 - 120 = 680（万元）	942.5 万元

投资成立 Y 公司使企业有可能通过集团内部定价降低税负，仅这一笔交易就为企业节税 10 万元。

在现代社会，税制体系是一个由多税种构成的复合型税制体系，每一税种都由极为复杂的条款构成，各税种之间又有错综复杂的关联关系。这样一来，企业进行直接投资时，对不同项目的选择通常是统筹考虑的决策过程，或者说，各个备选方案都可能存在某一方面或多方面的税收优势，但与此同时，又可能存在某些方面的税收劣势。因此，企业在作投资决策时，只能选择最适合预期投资目标要求的项目。

案例分析

某企业有 2 000 万元资金准备追加投资扩大原产品生产规模。企业现在生产的 A、B、C 三种产品，市场销路都很好，供不应求。但由于资金有限，只能集中资金投入某一种产品的生产。

三个投资方案情况如下：A 项目用于扩大 A 产品的生产规模，B 项目用于扩大 B 产品的生产规模，C 项目用于扩大 C 产品的生产规模。在不同方案中，投资的 2 000 万元分别用于购置生产不同产品的设备。设备使用期为 5 年，暂不考虑设备使用期满后的残值。

A 产品是比较稳定的传统产品，商场销售及盈利较为平稳；B 产品是高科技产品，在可预期的时间内，初期利润水平比较高，但以后逐年呈下降趋势；C 产品是更新换代产品，消费者对该产品有一个接受过程，市场打开后，企业收益呈逐年增长趋势。A 产品、C 产品生产设备采用平均直线法计提折旧；B 产品生产设备可采用加速折旧法计提折旧。内部收益率为 10%，税率为 20%。项目第二行所列收益额均为未扣固定资产折旧的收益额。A、B、C 三个项目投资收益的计算见表 5 - 6、表 5 - 7、表 5 - 8 所示。

表 5 - 6　　A 项目投资收益表　　单位：万元

指标 \ 年份	0	1	2	3	4	5	合计
投资额	2 000						2 000
收益额		700	700	700	700	700	3 500
设备折旧额		400	400	400	400	400	2 000
应纳税所得额		300	300	300	300	300	1 500
应纳所得税		60	60	60	60	60	300
税后收益		240	240	240	240	240	1 200
折现值		218.16	198.24	180.24	163.92	149.04	909.60

注：1 年期、2 年期、3 年期、4 年期、5 年期利率的 10% 的复利现值系数分别为 0.909、0.826、0.751、0.683 和 0.621。

表 5－7　**B 项目投资收益表**　单位：万元

年份／指标	0	1	2	3	4	5	合计
投资额	2 000						2 000
收益额		850	800	700	600	500	3 450
设备折旧额		800	600	240	180	180	2 000
应纳税所得额		50	200	460	420	320	1 450
应纳所得税		10	40	92	84	64	290
税后收益		40	160	368	336	256	1 160
折现值		36.36	132.16	276.37	229.49	158.98	833.36

表 5－8　**C 项目投资收益表**　单位：万元

年份／指标	0	1	2	3	4	5	合计
投资额	2 000						2 000
收益额		400	600	750	900	950	3 600
设备折旧额		400	400	400	400	400	2 000
应纳税所得额		0	200	350	500	550	1 600
应纳所得税		0	40	70	100	110	320
税后收益		0	160	280	400	440	1 280
折现值		0	132.16	210.28	273.20	273.24	888.88

对 A、B、C 三个投资项目分析比较如下：

第一，如果不考虑折现因素，单纯从账面数据看，C 项目最优，五年共获得税后收益 1 280 万元；A 项目次之，五年共获得税后收益 1 200 万元；B 项目最差，五年共获得税后收益 1 160 万元。其基本原因是在投资额相等的情况下，C 项目获得的税前收益最多，五年共计 3 600 万元；A 项目获得的税前收益较少，五年共计 3 500 万元；B 项目获得税前收益最少，五年共计 3 450 万元。而且，各年税率相等，最终项目优劣排序为：C＞A＞B。

第二，如果从折现的角度看，项目的优劣排序发生了变化，即 A 项目最优，五年税后收益折现值为 909.60 万元；C 项目次之，五年税后收益折现值为 888.88 万元；B 项目最差，五年税后收益折现值为 833.36 万元。显然，这种变化的原因是 A 项目五年获得的总收益虽然比 C 项目少，但有部分收入获得时间较 C 项目早，当其乘以较高的折现系数时，其五年收益折现总值高于 C 项目。

第三，在现实经济生活中，企业的实力（或者说真实效益）不能单纯从账面损益来看（即使已经考虑折现因素），还必须考察企业的现金流入与现金流出状况。B项目虽然五年总体收益额较少，但其现金流入（收益额）呈现早期较多，后期较少的状态；而现金流出（应纳所得税）由于实行了加速折旧法，呈现早期较少，后期较多的状态。（设备的折旧虽然是核算中的成本，但却没有实际现金的流出。采用加速折旧法使企业加大了早期折旧成本，产生抵税效应，减少了应缴所得税的现金流出，但却未增加早期设备成本的现金流出，）因此，从现金流入与现金流出的角度比较，结果见表5-9（这里暂不考虑其他现金流入流出事项）：

表5-9　　A、B、C三个项目的现金流入与流出分析

A项目	现金流入折现值	700×0.909+700×0.826+700×0.751+700×0.683+700×0.621 =636.3+578.2+525.7+478.1+434.7=2 653（万元）
	现金流出折现值	60×0.909+60×0.826+60×0.751+60×0.683 +60×0.621 =54.54+49.56+45.06+40.98+37.26=227.40（万元）
	净现金流入折现值	2 653-227.40=2 425.60（万元）
B项目	现金流入折现值	850×0.909+800×0.826+700×0.751+600×0.683+500×0.621 =772.65+660.8+525.7+409.8+310.5=2 679.45（万元）
	现金流出折现值	10×0.909+40×0.826+92×0.751+84×0.683+64×0.621 =9.09+33.04+69.092+57.372+39.744=208.338（万元）
	净现金流入折现值	2 679.45-208.338=2 471.112（万元）
C项目	现金流入折现值	400×0.909+600×0.826+750×0.751+900×0.683+950×0.621 =363.9+495.6+563.25+614.7+589.95=2 627.10（万元）
	现金流出折现值	0×0.909+40×0.826+70×0.751+100×0.683+110×0.621 =0+33.04+52.57+68.3+68.31=222.22（万元）
	净现金流入折现值	2 627.10-222.22=2 404.88（万元）

从净现金流入的角度看，B项目有明显的优势。而且，由于各项目的收益都是一种预期，时间越远，预计结果的不确定性就越大，或者说风险越大。因此，选择早期收回现金较多的项目投资也是规避这种风险的重要考虑。

第四，边际税率变化的预期也会对不同投资项目的选择产生一定的影响。例如，预期从第三年开始，税率将提高至25%。这种变化对A项目税后收益降低的不利影响最小。对B项目的影响在于两个方面，一方面，从其收益前期高后期低的角度讲，适用相对税率较高的收益较少，不利影响较少；另一方面，加速折旧法加大前期账面成本，使一部分所得向以后年度递延，适用较高税率，增加了企业税负，减少了企业税后收益。对C项目税后收益降低的影响比较大，因其大部分收入在后三年实现，边际税率的提高会直接增加其税收负担。

三、间接投资方式的税收筹划

（一）债券投资的税收筹划

《企业所得税法》规定，企业取得的国债利息收入免征企业所得税，而购买其他债券所取得的利息收入需要缴纳企业所得税。所以，企业在进行间接投资时，除要考虑投资风险和投资收益等因素外，还必须考虑相关税收规定的差别，以便全面权衡和合理决策。

国库券投资收益少，但无风险，且国家对国库券利息收入免征所得税。对个人而言，在没有时间和精力经营股票的情况下，购买国库券可以取得稳定的投资收益。

案例分析

有两种长期债券，一种是企业债券，年利率为5%；另一种为国债，年利率为4.2%。请分析，企业应该投资于哪一种债券呢？

解析：表面上看起来企业债券的利率要高于国债利率，但是由于前者要被征收25%的企业所得税，而后者不用缴纳企业所得税，实际的税后收益应该通过计算来评价和比较：

$5\% \times (1-25\%)=3.75\% <4.2\%$

也就是说，企业债券的税后收益要低于国债的税后收益，所以进行国债投资更为合算。事实上，只有当其他债券利率大于5.6%［即4.2%/(1-25%)］时，其税后收益才大于利率为4.2%的国债收益。

案例分析

某企业有1 000万元的闲置资金，打算近期进行投资。其面临两种选择：一种选择是投资国债，已知国债年利率为4%，另一种选择是投资金融债券，已知金融债券年利率为5%，企业所得税税率为25%。请问从税务角度分析哪种方式更合适？

解析：

方案1：若企业投资国债，则：

投资收益＝1 000×4%＝40（万元）

根据税法规定国债的利息收入免交所得税，则税后收益为40万元。

方案2：若企业投资金融债券，则：

投资收益＝1 000×5%＝50（万元）

税后收益＝50×(1-25%)＝37.5(万元)

所以从税务角度分析，选择国债投资对于企业更有利。

（二）股票投资的税收筹划

《企业所得税法》第六条规定：股息、红利等权益性投资收益应当组成企业所得税收入总额；《企业所得税法》第二十六条规定：符合条件的居民企业之间的股息、红利等权益性投资收益以及在中国境内设立机构、场所的非居民企业从居民企业取得与该机构、场所有实际联系的股息、红利等权益性投资收益属于免税收入。

《企业所得税法实施条例》第十六条规定：企业所得税法第六条第三项所称转让财产收入，是指企业转让固定资产、生物资产、无形资产、股权、债权等财产取得的收入。财产转让收入以收入总额为应税收入额。《企业所得税法实施条例》第八十三条规定：符合条件的居民企业之间的股息、红利等权益性投资收益，是指居民企业直接投资于其他居民企业取得的投资收益；股息、红利等权益性投资收益，不包括连续持有居民企业公开发行并上市流通的股票不足12个月取得的投资收益。

对企业所得税纳税人投资股票取得的投资收益应区别不同情况处理：首先，对于企业在股票市场上低价买入、高价卖出股票获得的价差收益要并入企业收入总额计算缴纳企业所得税。其次，对于企业购买并持有上市公司股票获得的股息、红利需根据情况确定：

（1）居民企业或非居民企业连续持有居民企业公开发行并上市流通的股票超过12个

月取得的投资收益免征企业所得税；（2）居民企业或非居民企业连续持有居民企业公开发行并上市流通的股票不超过12个月取得的投资收益，应并入企业所得税应税收入，即应当依法征收企业所得税；（3）居民企业或非居民企业持有非居民企业公开发行并上市流通的股票取得的投资收益，一律并入企业所得税应税收入计算缴纳企业所得税。

提醒读者注意的是，《企业所得税法》还进一步明确，在中国境内没有机构、场所的非居民企业应就其来源于中国境内的所得，包括股息、红利所得等，按照10%的税率缴纳企业所得税。这改变了此前我国境内外商投资企业向其外方投资者派发的股利免征预提所得税及对持有H股的外国企业，从发行该H股的中国境内企业所取得的股息所得，暂免征收企业所得税的政策规定。

企业在进行股票投资时可通过适当延长股票的持有时间，或选择居民企业公开发行的股票等方式，获得股息、红利的免税利益。

各国对买卖股票一般征收交易税（印花税）、资本利得税，股票投资收益征收所得税。多数国家对企业的股息收益在征收公司所得税时都有税前扣除等避免经济性双重征税的规定。如美国对企业的股息所得，通常在税前扣除其所得的70%；在应税公司股份比例达到20%~80%的，税前扣除股息所得的80%；超过80%股份的，税前扣除股息的100%。多数国家或地区对个人投资所得实行不同形式的避免经济性双重征税的政策。

股票投资风险大，但收益高。一般情况下，企业通过股票投资，可以利用较少的投资实现较大规模的扩张经营，但税负一般不会有明显变化；对于个人而言，在有时间和精力经营股票的情况下，可选择股票方式进行投资，可取得较多的税后利润。

（三）基金投资的税收筹划

《财政部、国家税务总局关于企业所得税若干优惠政策的通知》（财税［2008］1号）规定，对投资者从证券投资基金分配中取得的收入，暂不征收企业所得税。因此，企业在证券基金现金分红中获得的收益是免税的。但应注意的是，有些证券投资基金会采用拆分基金份额的方式向投资者“分红”。在这种“分红”方式中，投资者获得了更多基金份额，降低了单位基金成本，待赎回时获得的价差收益是需要缴纳企业所得税的。

显然，证券投资基金采用不同的分红方式，投资者的税后利益是不同的。当然，采用何种方式分红是由基金公司决定的，投资企业并没有决策权，但企业却可以选择有较大税收分红利益的基金进行投资。

案例分析

2012年1月，A企业以500万元投资购买单位净值为1元的证券投资基金份额500万份。2012年末，基金净值升为1.6元。基金公司决定将升值部分全部向投资者分配。A企业在2013年5月基金净值又升为1.3元时将基金赎回。

如果基金公司采用现金分红，则A企业全部税后收益为：

$(1.6-1)\times500+(1.3-1)\times500\times(1-25\%)=412.5$（万元）

如果基金公司采用拆分方式，则原来的500万份拆分后变为800万份，单位净值将为0.625元。赎回时，价差收益应缴纳所得税：

$(1.3-0.625)\times800\times25\%=135$（万元）

A 企业的税收净收益为：

[(1.3－0.625)×800]－135＝405（万元）

可以看出，现金分红方式为 A 企业节税 7.5 万元，增加了基金投资的收益。企业在进行基金投资决策时，当预计分红水平相等时，应更倾向于选择采用现金分红方式的基金进行投资。

另外，由于现金分红与基金赎回收益税收待遇上的差异，投资企业在确定基金赎回时间时也应将税收因素考虑进来。

案例分析

2012 年 2 月，B 企业投资 800 万元申购面值 1 元的 Y 基金 800 万份。到 2013 年 2 月，Y 基金净值为 1.5 元，Y 基金公司决定采取大比例分红方案，每基金份额现金分红 0.45 元。B 企业对这笔基金投资赎回的时间有两种选择：一是在 Y 基金分红之前赎回；二是在 Y 基金实施分红方案（除权日）后再赎回。

计算两种方案下 B 企业的投资收益：

方案一：B 企业的投资收益为：(1.5－1)×800×(1－25%)＝300(万元)

方案二：B 企业的投资收益为：0.45×800＋(1.5－1.45)×800×(1－25%)＝390（万元）

显然，在第二方案中，投资者在基金分红时先获得分红现金收益，享受了免税待遇；分红后，基金净值大幅下降，赎回时，赎回收益很少，应缴税款明显减少，投资收益也相应增加。

当然，企业投资者还必须考虑到基金投资中的税收风险问题。根据《企业所得税法》第四十七条规定，企业实施不具有合理商业目的的安排而减少其应纳税收入或所得额的，税务机关有权按合理方法调整。当企业购买基金数额较大，超过合理投资比例，有可能被税务机关认定为是以减少、免除或推迟税款缴纳为目的的不合理安排，从而对其进行调整。

第四节　投资出资形式选择的税收筹划

一、以实物出资的税收筹划

投资出资方式是指现金与实物的不同投资方式。从涉税角度看，实物投资往往优于现金投资，故应尽量选择以设备等实物或无形资产进行投资。其原因分析如下：

第一，《增值税暂行条例》《营业税暂行条例》对企业用设备等实物或土地使用权等无形资产注入新的企业，与被投资企业共同承担经营风险、共享利润的投资方式均作出了免税规定。因此，以实物或无形资产进行投资可以规避其变现或其他流转方式必须缴纳的流转税。

第二，用设备等实物或无形资产进行投资，可以通过资产评估适当提高其价值。实物资产或无形资产在产权变动时，必须进行资产评估。评估的方法主要有重置成本法、现行市价法、收益现值法、清算价格法等。在资产评估中，企业应尽可能将资产价值高估，这样，在未来企业运营中可以更多计提折旧或摊销额，增加企业运营成本，降低所得税负担。

案例分析

甲实业发展公司准备与某法国公司联合投资设立一中外合资经营企业，投资总额 8 000 万元，注册资本为 4 000 万元。中方占 40% 的股份。中方准备以自己使用过的价值为 1 600 万元的固定资产和价值为 1 600 万元的房屋建筑物入股。投入方案有两个：

方案一，以作价 1 600 万元的机器设备作为注册资本金投入，价值 1 600 万元的房屋建筑物以其他资金形式投入。

方案二，以价值 1 600 万元的房屋建筑物作为注册资本金投入，而作价 1 600 万元的机器设备则以其他资金形式投入。

分析：

方案一，按照税法规定，企业以设备作为注册资本投入，参与合资企业利润分配，共担投资风险，不征收增值税及相关税金和附加。但把房屋建筑物直接作价给另一企业，作为新企业的负债，不共担风险，不共享利润分配的，应视同房产转让，须缴纳营业税、城市维护建设税、教育费附加以及契税。

应缴营业税为：1 600 × 5% = 80（万元）

应缴城市维护建设税及教育费附加为：80 ×（7% + 3%）= 8（万元）

应缴契税为：1 600 × 3% = 48（万元）（由受让方缴纳）

各项税金之和为：80 + 8 + 48 = 136（万元）

方案二，按照国家税收政策规定，房屋建筑物作为注册资本投资入股，参与利润分配，共担经营风险的，可以不征收营业税及相关税金和附加，但须征收契税（由受让方缴纳）。同时税法又规定，企业出售自己使用过的固定资产，其售价不超过原值的，不征收增值税。在方案二中，企业把自己使用过的机器设备直接作价给另一企业，视同转让固定资产，且其售价一般达不到设备原值，因此，按政策规定可以免征增值税。其最终应缴的税收只有契税：1 600 × 3% = 48（万元）

比较两个方案可知，中方在投资过程中只是简单地将不同资产的投资方式作了转换，就减少税款 88 万元。也可以说，方案二的巧妙调整实际上是更充分地运用了国家的税收政策。在方案一中，机器设备作为注册资本注入新的企业，享受免征增值税的待遇，而增值税相关文件中规定，对使用过的机器设备，在转让中只要转让价格不超过原值也可以免征增值税。这样，等于两项免税都集中在机器设备的转移上。而房产的转让由于不作为新企业的注册资本，故而不能享受免税待遇，使企业的这项投资行为多交了 88 万元流转税。而在方案二中，机器设备的转移适用“转让价格不超过原值免征增值税”的待遇，将房产转移适用“作为注册资本免征营业税”条款，结果使两部分实物资产均以免征增值税和营业税的方式注入新的合资企业。

二、购置机器设备投资的税收筹划

固定资产投资具有耗资多、时间长、风险大等特点，其税收筹划主要考虑以下方法：企业购置机器设备，进行固定资产投资可以采用多种方法，既可以完全自行出资，直接购置所需设备；也可以借助他人资金，采用分期付款赊购或者融资租赁方式。显然，前者须考虑完全由自己支付资金所形成的机会成本的增加；后者则需考虑借用他人资金所需承担的融资成本。无论哪一种方式，在预测中都须考虑税收因素。

案例分析

某企业预扩大生产规模，需购置一台大型设备，设备使用年限为5年。有两个投资方案可供选择：

方案一，企业直接出资购入设备。设备购置款为2 000万元。

方案二，采用融资租赁方式从某租赁公司租入设备。首期付款400万元，每年年末支付租金350万元，租期为5年。双方约定租期结束，设备所有权转让给承租方。

预计租期结束设备尚有估值40万元（设备采用平均直线折旧法，折旧抵税视同现金流入。折现率为10%）（注：1年期、2年期、3年期、4年期、5年期利率的10%的复利现值系数分别为0.909、0.826、0.751、0.683和0.621）。

方案一：

购置设备现金流出：2 000万元

折旧抵税（视同现金流入）：

第一年：(400×25%)×0.909=90.9（万元）

第二年：(400×25%)×0.826=82.6（万元）

第三年：(400×25%)×0.751=75.1（万元）

第四年：(400×25%)×0.683=68.3（万元）

第五年：(400×25%)×0.621=62.1（万元）

折旧抵税折现值：90.9+82.6+75.1+68.3+62.1=379（万元）

现金净流出：2 000－379=1 621（万元）

方案二：

交付首期款现金流出：400万元

每年支付租金现金流出：

第一年：350×0.909=318.15（万元）

第二年：350×0.826=289.1（万元）

第三年：350×0.751=262.85（万元）

第四年：350×0.683=239.05（万元）

第五年：350×0.621=217.35（万元）

现金流出：400+318.15+289.1+262.85+239.05+217.35=1 726.5（万元）

折旧抵税：[年折旧额：(400+350×5)÷5=430（万元）]

第一年：(430×25%)×0.909=97.72（万元）

第二年：(430×25%)×0.826=88.80（万元）

第三年：(430×25%)×0.751=80.73（万元）

第四年：(430×25%)×0.683=73.42（万元）

第五年：(430×25%)×0.621=66.76（万元）

折旧抵税折现值：97.72+88.80+80.73+73.42+66.76=407.43（万元）

现金净流出：1 726.5－407.43－40×0.621=1 294.23（万元）

采用融资租赁方式进行设备投资，表面上看，比直接购置设备多支付设备款150[(400+350×5)－2 000]万元，但从长期投资的折现角度看，融资租赁方式的投资不仅使设备购置方减轻了初期支付大额现金的压力，而且获得了低成本融资的额外利益。最后，从折旧抵税的角度看，增加的设备使用成本也扩大了抵减企业所得税的效应。

哪一种投资方式能为投资者带来更大的税后收益并没有一个绝对的定势。影响投资税后收益的因素是多种多样的，其中，某一项因素的变化都可能使不同投资方案的比较结果发生变化。分析上例可知，当预计融资租赁所支付首期付款和年租金水平比较低时，方案二优于方案一。如果预计融资租赁所支付的首期付款和年租金水平比较高，尽管较高的设备使用成本可以增加折旧抵税效应，但仍可能由于现金流出量的加大，使方案二的现金净流出大于方案一，从而失去其比较优势。

第五节 投资规模及结构的税收筹划

一、投资规模的税收筹划

（一）中小规模企业的税收筹划

1. 一般纳税人与小规模纳税人在增值税方面的税负差异

增值税是我国主体税种，凡生产、批发、零售、进出口商品和提供加工修理修配劳务的企业和个人都是增值税的纳税人。一般纳税人以销项税额减去进项税额确定应纳税额，适用税率17%（或13%）；小规模纳税人以全部销售额乘以3%征收率确定应纳税额。两种不同身份纳税人实际税负不相同。一般来讲，当增值率比较低时，一般纳税人比小规模纳税人税负轻；当增值率比较高时，一般纳税人比小规模纳税人税负重。一般纳税人与小规模纳税人税负无差别平衡点的增值率如表5－10所示。

表5－10　一般纳税人与小规模纳税人税负无差别平衡点分析

一般纳税人税率	小规模纳税人征收率	税负均衡点的增值率
17%	3%	17.64%
13%	3%	23.08%

企业增值率的高低明显会影响其税负率。如预计增值率低于税负平衡点的增值率，可选择成为增值税一般纳税人，通过扩大经营规模获得规模效益；如预计增值率高于税负平衡点的增值率，则选择成为小规模纳税人，或者将企业分设成两个或多个小规模企业纳税人。

案例分析

A地某食品零售公司准备在B地投资兴建子公司，预计新设子公司开始营业后年零售含税销售额为150万元，会计核算制度比较健全，销售商品适用17%的税率。年购货金额为100万元（含税），可取得增值税专用发票。

如果设立一个子公司，该子公司由于经营规模较大，其他方面也符合增值税一般纳税人的条件，应按一般纳税人计缴增值税，年应缴增值税：

150÷(1+17%)×17%－100÷(1+17%)×17%＝21.79－14.53＝7.26（万元）

根据前述无差别平衡点增值率分析，可以看出，其增值率为(150－100)÷150×100%＝33.33%，高于无差别平衡点增值率17.64%，说明按照一般纳税人计税将比按照小规模纳税人计税多缴税。因此，可以分设成两个子公司，各自作为独立核算单位缴税。

假设分设两个子公司各自年销售额均为75万元，则两个子公司都作为小规模纳税人，年共缴增值税：75÷(1+3%)×3%×2＝4.37（万元）。比作为一个一般纳税人少缴增值税2.89(7.26－4.37)万元。

但是，如果年购货金额为130万元，其他条件不变。其增值率为(150－130)÷150×100%＝13.33%，低于无差别平衡点增值率17.64%，说明按照一般纳税人计税将比按照小规模纳税人计税少缴税。因此，只需设立一个子公司［注：按一般纳税人计税，应缴增值税150÷(1+17%)×17%－130÷(1+17%)×17%＝21.79－18.89＝2.9（万元）］。

在依据一般纳税人与小规模纳税人税负无差别平衡点原理确定投资规模时，还须注意以下问题：第一，企业投资规模大小。企业的基本目标是追求利润最大化，当有足够的市场需求，企业又有一定经济实力时，不断扩大生产经营规模就是一种必然趋势，这时，企业也不必仅仅因为小规模纳税人缴税较少而人为限制自身经营规模。第二，一般纳税人有权开具增值税专用发票，这就为其获得更多大客户提供了便利。

2. 小型微利企业在企业所得税方面的优惠政策

《企业所得税法实施条例》规定：符合条件的小型微利企业（从事国家非限制和禁止行业的工业企业，年度应纳税所得额不超过30万元，从业人数不超过100人，资产总额不超过3 000万元；其他企业，年度应纳税所得额不超过30万元，从业人数不超过80人，资产总额不超过1 000万元），按照20%的税率计算缴纳企业所得税。

创业投资企业采取股权投资方式投资于未上市的中小高新技术企业2年以上的，可以按照其投资额的70%在股权持有满2年的当年抵扣该创业投资企业的应纳税所得额；当年不足抵扣的，可以在以后纳税年度结转抵扣。

《国务院办公厅关于加强中小企业信用担保体系建设意见的通知》（国办发［2006］90号）明确规定，符合条件的中小企业信用担保机构3年免征营业税。2006年国家发改委和税务总局颁布《关于中小企业信用担保机构免征营业税有关问题的通知》（发改企业［2006］563号），进一步规范了从事为中小企业提供担保服务的机构及其免税业务的要求。并规定，其享受3年营业税减免政策期限已满的担保机构，仍符合条件的，可继续申请免税。

从企业所得税法的政策来看，国家鼓励小型微利企业的发展，不仅明确规定了小型微利企业的低税率直接性优惠政策，还规定了鼓励创业投资企业向中小高新技术企业投资，以及信用担保机构为中小企业信用融资提供担保等间接性优惠政策。通常，这种间接性优惠政策可以更好地动员社会资源投向中小企业，产生资源聚集的乘数效应。

3. 对中小企业采用核定征收方式征税

我国目前对一部分中小企业采用“核定征税”方式，具体是按照企业当年销售（营业）收入确定应税所得率，然后按照应税所得率确定应纳税所得额作为计税依据。显然，应税所得率的高低直接影响企业实际应缴纳税款的多少。为减轻中小企业的税收负担，国家税务总局于2007年9月颁布了《关于调整核定征收企业所得税应税所得率的通知》（国税发［2007］104号），降低了各行业的应税所得率，具体见表5-11。

表5-11　中小企业各行业应税所得率

行　业	应税所得率（%）
农林牧渔业	3~10
制造业	5~15
批发和零售贸易业	4~15

续表

行　业	应税所得率（%）
交通运输业	7～15
建筑业	8～20
饮食业	8～25
娱乐业	15～30
其他行业	10～30

（二）大中型企业的税收筹划

在我国现行税制中，对大中型企业虽然没有明文规定的“大中型企业税收优惠”字样，但是，分析各种税收优惠的具体条款，其中大部分是只有具备较大经营规模的企业才可能具备的条件。

因此可以说，实际上，大中型企业在享受税收优惠方面比中小企业具有更大的空间。仅以企业所得税为例，税法及实施条例规定的多项税收优惠政策都只有大中型企业才可能具备相应的条件。

国家需要重点扶持的高新技术企业，可以按15%的低税率计税，可享受优惠的高新技术企业是指拥有核心自主知识产权，而且产品所属范围、研发费用比例、高新技术产品收入比例、科技人员比例等都符合条件的企业。显然，符合上述条件的企业大多是经营具有一定规模，财务会计核算比较规范，企业内部管理也比较严格的大中型企业，小企业很难具备上述条件。2008年《企业所得税法》颁布实施后，相关部门对原有高新技术企业进行重新认定时，相当一部分企业不完全符合规定的条件，不再享受该项优惠政策。被停止优惠的企业大多为中小型企业。

国家重点扶持的公共基础设施项目，符合条件的环境保护、节能节水项目可以享受“三免三减半”优惠政策。从《企业所得税法实施条例》对“符合条件”的界定看，只有大中型企业才可能具备。

从科研费用的加计扣除，综合利用资源的减计收入，环保、节能节水、安全生产转向设备购置抵税等间接优惠条款的具体要求看，也同样是大中型企业才可能做到的。而且，在实际工作中，税务机关对各项优惠的审批也主要倾向于大中型企业。

在固定资产折旧方法选择、存货发出方法选择以及外币汇兑方法选择等方面，通常也是大中型企业可以操作的空间。因此，税法以及相关法规给大中型企业留有更多计税调整的余地，企业可以通过内部业务流程的调整、财务会计处理方法的选择等实现降低税负的目的。

二、投资结构的税收筹划

投资结构是指一定时期内企业将自身可控资源在不同项目、不同业务之间进行的配置所形成的投资结构组合。投资结构有量的规定性和质的规定性，而且是量与质的统一。质的规定性是指投资结构各要素之间的经济属性、技术属性的内在联系；量的规定性是指投资结构各要素之间的数量关系。投资结构可以从不同角度表述，包括：投资地区结构、投资产业结构、投资用途结构、资金来源结构、投资项目性质结构等。在现实企业投资结构的安排过程中，实际上是经过对上述各方面结构因素综合考虑后作出的决策。而且，这种安排是需要根据市场供求、企业内部各要素等的变化不断做出调整的，是一个动态的过程。

等量资源投向不同项目，或在不同项目作不同比例安排决定了企业应税收益的构成，也最终决定企业的税收负担。一般讲，投资结构不同，有效税基的综合比例、税率的总体水平和纳税综合成本的高低也不相同，必然会对企业税后收益的绝对水平和相对水平产生直接影响。

案例分析

假设某企业以等量资金作以下几个投资项目安排，有 A、B 两种不同的投资结构，纳税及税后收益情况如下列表 5－12 和表 5－13 所示。

表 5－12　　A 方案税后收益结构　　单位：万元

应税收益	类别	会计利润	纳税调增项目	适用税率	应纳税额	税后利润
营业利润	小型微利企业	90（三个企业）	—	20%	18	72
	高新技术企业	420	—	15%	63	357
	普通企业	200	45	25%	61.25	138.75
对外投资	企业债券	150	—	25%	37.5	112.5
	国债	80	—	0	0	80
合计		940	45	—	179.75	760.25

表 5－13　　B 方案税后收益结构　　单位：万元

应税收益	类别	会计利润	纳税调增项目	适用税率	应纳税额	税后利润
营业利润	小型微利企业	30（一个企业）	—	20%	6	24
	高新技术企业	200	—	15%	30	170
	普通企业	440	88	25%	132	308
对外投资	企业债券	240	—	25%	60	180
	国 债	60	—	0	0	60
合计		970	88	—	228	742

【注】从数据比较可以看出，仅从企业会计利润看，B 方案各项目收益 970 万元，较 A 项目的 940 万元多 30 万元。但由于 B 方案收益结构中适用高税率收益的数额较大，应纳税款 228 万元，较 A 方案应纳税额 179.75 万元多 48.25 万元，实际税后收益反而低于 A 方案。因此，A 方案的投资组合对于企业降低税负、增加税后利润更为有利。

从分散风险的角度看，企业不可能也不应该把资金全部投资于某地区、某行业，或者全部用于某种用途、某个项目。分散投资于各个项目是大多数企业的投资策略。从上述案例也可以明显看出，投资组合中的涉税因素直接影响整体投资的税后收益水平，因此，需将其从其他财务数据中独立出来进行具体分析。

(1) 有效税基的综合比例

分析 A 方案与 B 方案的有效税基，可以看出，B 方案会计利润 970 万元，比 A 方案多 30 万元。这增加的

30万元作为计税所得，虽然会引起所得税的增加，但应当说是企业利益的有效增长。因为，即使多缴纳了所得税，但仍带来企业税后利益的增加。而B方案的"纳税调增项目"金额88万元，比A方案的45万元增加43万元。"纳税调增项目"意味着企业发生的费用超过税法规定准予税前扣除的标准，必须就超过部分金额计算缴纳所得税，或者说，企业一方面支付了费用，形成现金流出；另一方面还需就超量流出的部分现金计算缴纳所得税。这部分计税所得对企业来讲是既没有真实所得，又要计税，直接减少企业的税后利润。上述案例中，A方案的有效税基为985（940+45）万元；B方案的有效税基为1058（970+88）万元。

（2）税率的总体水平

在上述案例中，A、B两方案不同项目适用税率分别都有15%、20%、25%几档，但来源于不同档次的税率收入的结构有较大不同，从而使两方案实际税率总水平不同。

A方案税率总水平：［90×20%+420×15%+（200+45）×25%+150×25%］÷940×100%

=［18+63+61.25+37.5］÷940×100%

=19.12%

B方案税率总水平：［30×20%+200×15%+（440+88）×25%+240×25%］÷970×100%

=［6+30+132+60］÷970×100%

=23.51%

较高的税率总水平使B方案比A方案付出更多税款，降低了税后利润水平。

（3）纳税综合成本的高低

企业纳税综合成本主要是由有效税基和税率总水平决定的。但除此之外，仍有一些其他的税收因素会影响纳税综合成本的高低。前面我们对A方案与B方案实际税负及税后收益的比较都是仅针对一年的投资结构收益而言的，实际上，企业的投资结构是经常变动的，国家对不同产业及企业不同投资行为的税收政策也是不断变化的，这些变化都会导致企业实际税收负担的变化。故在投资结构安排中通常需要对未来几年可预期的几年的税收负担及税后收益作通盘考虑。这时就必须将折现因素包括进来。例如在A方案中，所投资的高新技术企业已过成熟期，以后年度会出现收益逐年下滑情况；普通企业正处于高速增长时期。而B方案所投资的高新技术企业与普通企业所处的阶段性状态恰恰相反。这样，如果将投资结构的这种动态变化因素考虑进来，从5年、10年这样一个长期决策的角度看，B方案就可能比A方案具有更好的投资结构优势。

思考与练习

复习思考题

1. 如何利用投资地点的差异进行税收筹划？
2. 请分析农、林、牧、渔类企业有哪些税收优惠政策？
3. 请论述直接投资时不同投资形式存在的税收差异。
4. 投资出资形式对税收负担有何影响？
5. 不同规模的企业如何利用税收优惠政策降低税负？

案例分析题

案例一　如何合作开发房地产项目

四川一家房地产开发企业A以5 000万元竞拍到位于本市商业区的一块土地使用权共21亩，这块土地如果按照规划书要求（商住）开发4幢商业楼10万平方米，市场能接受的销售价格为每平方米4 000元，但由于A公司资金不足，银行借贷也十分困难，于是努力从外界寻找资金进行合作开发。北京一家律师事务所由于近几年业务开展得很好，这家合伙制的事务所积累了大量闲置资金，经过中间人的介绍，拟斥资5 100万元与这家房地产公司进行合作开发。对于这项合作开发房地产项目应如何进行税收筹划（暂不考虑营业税以外的其他税种）？

参考答案：

第一种合作方式：以物易物。北京事务所B借出5 100万元给A公司开发该商业楼换取开发完成的楼盘5万平方米；

第二种合作方式：由A、B共建另一家合营公司C，两家分别占股份50%，共同经营风险，商业楼全部出售完毕后，由A公司再回购B事务所在C公司的所有股权，B所退出。

测算各方在两种交易模式下的营业税税负情况如下：

①第一种模式下

A公司：该商业楼盘建成后，以一半楼盘所有权过户给B所时也视同销售，A公司应就其所有的楼盘承担相应的营业税及附加 =4 000×100 000×5.5% =2 200（万元）

而B所换取5万平方米的楼盘对外销售时，需要缴纳其营业税及附加为4 000×50 000×5.5% =1 100（万元）。

双方营业及附加共计3 300（万元）。

②第二种模式下

C公司独立销售整个楼盘后共计收入为4 000×100 000=40 000（万元）。

A与B各占股份50%，全部按股份分配应各得20 000万元，A公司以20 000万元现金回购B所占的50%的C公司的股份。B所仅需要就其所得缴纳相应的所得税，而不需要缴纳其在第一种交易模式下的1 100万元的营业税及附加。

案例二 投资出资方式的选择

广州市某合资企业准备与某外国企业联合投资设立中外合资经营企业，投资总额为8 000万元，注册资本为4 000万元。其中：中方1 600万元，占40%；外方2 400万元，占60%。中方准备用使用过的机器设备1 600万元和房屋、建筑物1 600万元作为注册资本投入，投入的方式有两种：一种是以机器设备作价1 600万元作为注册资本投入，而房屋、建筑物作价1 600万元作为其他投入；另一种是以房屋、建筑物作价1 600万元作为注册资本投入，而机器设备作价1 600万元作为其他投入。试对这两种不同投入方式做出综合税负分析，并提出合理化税务建议。

参考答案：

第一种合资经营方式，以机器设备作为注册资本投入时，需要中方作为视同销售处理，缴纳增值税，而房屋、建筑物作价投入时由于共同投资风险合作经营免征营业税，可依据这些法律规定测算各项税负。

第二种合资经营方式，以房屋、建筑物作价，应视同销售处理，需要缴纳营业税与土地增值税，而机器设备不缴纳增值税，可依据这些法律规定测算其税负。

比较这两种税负情况，选择一种综合税负较小的方式进行合资经营。

案例三　投资方式选择的税收筹划

湖北省某市属橡胶集团拥有固定资产7亿元，员工4 000人，主要生产橡胶轮胎，同时也生产各种橡胶管和橡胶汽配件。该集团位于某市A村，在生产橡胶制品的过程中，每天产生近30吨的废煤渣。为了妥善处理废煤渣，使其不造成污染，该集团尝试过多种办法，如与村民协商用于乡村公路的铺设、维护和保养；与有关学校、企业联系用于简易球场、操场的修建等等，但效果并不理想。因为废煤渣的排放未能达标，使周边乡村的水质受到不同程度的污染，该集团也因污染问题受到环保部门的多次警告和罚款，最高一次罚款达10万元。该集团要想维持正常的生产经营，就必须治污。所以其根据有关人士的建议，拟定了以下两个方案：

方案一：

把废煤渣的排放处理全权委托给A村村委会，每年支付该村村委会40万元的运输费用，以保证该集团生产经营的正常进行。此举可缓解该集团同当地村民的紧张关系，但每年40万元的费用是一笔不小的支出。

方案二：

将准备支付给A村的40万元的煤渣运输费用改为投资兴建墙体材料厂，利用该集团每天排放的废煤渣生产"免烧空心砖"，这种砖有较好的销路。

思考：从税收角度分析，集团应选择哪个方案？

参考答案：

方案二有三大好处：

（1）符合国家的产业政策，能获得一定的节税利益。

"凡属生产企业生产的原料中掺有不少于30%的煤矸石、粉煤灰、烧煤锅炉底渣（不包括高炉水渣）及其他废渣的建材产品，免征增值税。"

（2）解决了长期以来困扰企业发展的废煤渣所造成的工业污染问题；

（3）部分解决了企业的就业压力，使一批待岗职工能重新就业。

评价：

方案一是以传统的就治污而论治污的思维模式得出的。由这种模式形成的方案，一般不会有意识、有目的的去考虑企业的节税利益，而仅以是否解决排污为目的。此种方案并没彻底解决废渣问题。

方案二既考虑治污，又追求企业收益最大化。此方案的建议者懂得企业要想获得税收减免，就必须努力生产出符合税收政策规定的资源综合利用产品。

该集团最终采纳了第二种方案，并迅速建成投产，全部消化了废煤渣，当年实现销售收入100多万元，因免征增值税，该厂获得了10多万元的增值税节税利益。

第六章

融资决策的税收筹划

因为税收原因，利息可以在企业收益中扣减，所以财务杠杆有助于给现有投资者增加企业价值。另一方面，如果破产和重组是有可能有成本的，带给现有投资者的企业价值会变少……债务结构的最优水平就处在同财务杠杆边际递增相关的税收利益现值和同财务杠杆不利的边际成本现值相等之点上。

——著名经济学家　罗比切克与梅耶斯（Robichekt Mayers）

第一节　资本结构与税收政策

一、资本结构理论

（一）MM 资本结构理论

1. 无税模型

1958 年，美国著名学者莫迪格利尼（Franco · Modigliani）与米勒（Mertor · Miller）在《资本成本、企业理财和投资理论》一文中所提出的 MM 资本结构理论的无税模型，是 MM 理论的雏形。无税模型包括以下三个定理：

定理一：任何企业的市场价值与其资本结果无关，而是取决于按照与其风险程度相适应的预期收益率进行资本化的预期收益水平。

定理二：股票每股收益率应等于与处于同一风险程度的纯粹权益流量相适应的资本化率，再加上与其风险相联系的溢价。其中，风险以负债权益比率与纯粹权益流量资本化率和利率之间差价的乘积来衡量。

定理三：任何情况下，企业投资决策的选择点只能是纯粹权益流量资本化率，它完全不受用于为投资提供融资的证券类型的影响。

无税模型的最重大贡献在于首次清晰地揭示了资本结构、资本成本以及企业价值各概念之间的联系，但该模型没有考虑税收因素。无税模型认为，在资本市场充分有效，不考虑市场交易费用，也不存在公司所得税和个人所得税的情况下，企业价值取决于投资组合[①]和资产的获利能力，而与资本结构和股息政策无关。企业的平均资本成本并不取决于资本结构，也与公司价值毫不相关，但资本会随收益率的不同而发生转移。所以，融资结构的变化不会导致资本成本的变化，也不会引起企业价值的变化。这一基本结论是抽象出来的一种理想状态，在现实社会经济中是不存在的。

2. 公司税模型

1963 年，无税的 MM 理论模型得到修正，将公司所得税的影响因素引入模型，从而得出了公司所得税下的 MM 理论，也称为修正的 MM 理论或公司税模型。修正的 MM 理论认为：由于公司所得税的存在，负债会因利息抵税效应，而使企业价值随着负债融资程度的提高而增加。公司税模型包括三个命题：

命题一：无负债企业的价值等于企业所得税后利润除以权益资本成本率，而负债企业的价值则等于同类风险的无负债企业的价值加上负债节税利益。负债节税利益等于公司所得税乘以负债总额。故而，企业价值会因负债比率的上升而增大。

命题二：负债企业的权益资本成本率等于相同风险等级的无负债企业的权益资本成本率加上风险溢价，风险溢价取决于公司的资本结构和所得税率。

命题三：在公司所得税存在的情况下，企业的加权资本成本率与负债比率负相关，即企业资本总成本随负债比率的提高而降低。

由于公司所得税的影响，尽管权益资本成本会随负债比率的提高而上升，但上升速度却慢于负债比率的提高，所以在所得税法允许债务利息税前扣除时，负债越多，即资本结构中负债比率越高，企业资本加权平均成本就越低，企业的收益乃至企业价值就越高。这其中在起作用的是负债利息抵税效应[②]。沿着这一思路分析，公司最佳资本结构应该是 100% 负债，因为此时负债利息抵税效应发挥到极至状态。

修正的 MM 理论模型把税收因素与资本结构以及企业价值有机地结合起来，我们可以得到以下启示：

第一，税收制度对纳税主体的经济行为产生影响。税收制度与征税标准的变化会对一个纳税主体的经济行为产生影响，其中包括融资行为，因而会产生资本结构改造效应。税收筹划活动实际上应该关注资本结构与税收负担之间的关系，税收筹划与融资契约之间的血肉联系不应被割裂和忽略。

第二，MM 理论从反面证明资本结构与交易成本有关。MM 理论与科斯定理有相似之处。科斯认为，如果交易费用为零，资源的配置与产权无关，企业就不会存在。与此相似，MM 理论认为，如果没有交易费用，则资本结构与企业价值无关。而现实经济中，交易费用为正，所以资本结构与企业价值有关。

第三，政府通过税收政策的变化可以决定整个社会的均衡负债比率。对一国（或地区）整个社会经济而言，理论上一定存有一个均衡的负债水平，其均衡点是由企业所得

① 投资组合隐含给定投资的概念，投资收益率决定于投资组合，而与资本来源无关。

② 由于所得税法对待利息与股利存在扣除差异，债务融资可以获得税收利益（Tax subsidy），这就是所谓的利息抵税效应。

税、债权收益和股权收益的个人所得税以及投资者的课税等级所决定的，它随公司所得税率的增加而增加，随个人所得税率的增加而减少。当边际节税利益等于个人边际所得税时，负债处于均衡状态，所以负债比率不可能达到100%。从上述分析可以得到一个结论，即整个社会负债率的水平取决于税收政策。

（二）最佳资本结构与米勒模型

最佳资本结构是每个企业的追求，但最佳资本结构不能针对单个企业确定。原因在于与企业相关的投资者因课税等级不同而产生的股权收益税率与债权收益税率不同，这是企业无法控制和调节的。高负债率的企业可以吸引那些个人课税等级较低的投资者，而低负债率的企业可以吸引那些个人课税等级较高的投资者。实际上，在信息透明的有效资本市场中，任何企业以改变融资结构来实现企业市场价值最大化的决策效应，都会被股权投资者和债权投资者为追求自身利益最大化所采取的对策所抵消。

关于这一问题，米勒于1977年又引入个人所得税因素，解释企业负债节税效应与个人所得税多征之间的矛盾，从而得出资本结构（债务比率）的均衡状态是由公司所得税率、利息个人所得税率、股利个人所得税率以及投资者的课税等级所决定的。引入个人所得税因素的米勒模型如下：

$$Vg = Vu + [1 - (1 - Tc) \times (1 - Te)/(1 - Td)] \times D$$

其中：Vg——有负债公司的市价

Tc——公司所得税率

Td——债权人利息个人所得税率

Te——股东股利个人所得税率

Vu——无负债公司的市价

D——负债的市价

下面对引入个人所得税因素的米勒模型分析如下：

（1）当 $Te = Td$ 时，上式可简化为 $Vg = Vu + TcD$。即当股利个人所得税率与利息个人所得税率相等时，个人所得税的征收不会对公司的资本结构产生影响。此时，个人所得税对股东和债权人是中性的。

（2）当 $Te < Td$ 时，债务融资在公司所得税层面上所带来的节税利益被个人所得税层面上的债权人税收歧视部分抵消，因此，债务融资所带来的税收利益被缩小。极端地，如果 $(1 - Tc) \times (1 - Te) = (1 - Td)$，则财务杠杆不会带来任何税收上的利益，此时，资本结构与公司价值无关。

（3）当 $Te > Td$ 时，债务融资在公司所得税层面上所带来的税收利益，在个人所得税层面上被进一步放大，因此，债务融资所带来的税收利益比单纯征收公司所得税时更大。

米勒模型还可以推广到一般情形，假设企业的税后利润当期全部以现金股利或通过股票回购以资本利得的形式支付给股东。$b(0 \leqslant b \leqslant 1)$为股利支付率，$(1 - b)$ 为资本利得支付率，股东资本利得税率为Tf。[①] 在这些前提假设下，当同时考虑公司所得税、股

① 中国目前对个人的资本利得不征税，即资本利得税率为零。

利个人所得税、利息个人所得税和资本利得税时，米勒模型的更一般表达式为：

$$Vg = Vu + \{1 - (1 - Tc) \times [b(1 - Te) + (1 - b)(1 - Tf)]/(1 - Td)\} \times D$$

其中：Vg——有负债公司的市价

Tc——公司所得税率

Td——债权人利息个人所得税率

Te——股东股利个人所得税率

Tf——股东资本利得税率

Vu——无负债公司的市价

$b(0 \leqslant b \leqslant 1)$——股利支付率

$(1 - b)$——资本利得支付率

D——负债的市价

知识链接

米勒模型的证明

[米勒模型的表达式]：当同时考虑公司所得税和个人所得税时，有财务杠杆的公司的价值为：$Vg = Vu + [1 - (1 - Tc) \times (1 - Te)/(1 - Td)] \times D$

其中：Vg 为有负债公司的市价，Tc 为公司所得税税率，Td 为债权人利息个人所得税税率，Te 为股东股利个人所得税税率，Vu 为无负债公司的市价，D 为负债的市价，r 为负债的必要报酬率。

证明：当同时征收公司所得税和个人所得税时，股东每年获得的现金流为：

$(EBIT - rD)(1 - Tc)(1 - Te)$

债权人获得的现金流为：$rD(1 - Td)$

则公司每年产生的总现金流为：$(EBIT - rD)(1 - Tc)(1 - Te) + rD(1 - Td) = EBIT(1 - Tc)(1 - Te) + rD(1 - Td)[1 - (1 - Tc)(1 - Te)/(1 - Td)]$

上式中的第一项 $EBIT(1 - Tc)(1 - Te)$ 是无财务杠杆的公司所得税和个人所得税后的现金流，该现金流的折现值就是无财务杠杆的公司的价值 Vu。债权人购买债券在支付个人所得税后获得的现金流为 $rD(1 - Td)$，因此，第二项的折现值等于 $D[1 - (1 - Tc)(1 - Te)/(1 - Td)]$。所以，有：

$Vg = Vu + [1 - (1 - Tc) \times (1 - Te)/(1 - Td)] \times D$

[米勒模型的一般表达式]：$Vg = Vu + \{1 - (1 - Tc) \times [b(1 - Te) + (1 - b)(1 - Tf)]/(1 - Td)\} \times D$

其中：Vg 为有负债公司的市价，Tc 为公司所得税税率，Td 为债权人利息个人所得税税率，Te 为股东股利个人所得税税率，Tf 为股东资本利得税率，Vu 为无负债公司的市价，$b(0 \leqslant b \leqslant 1)$ 为股利支付率，$(1 - b)$ 为资本利得支付率，D 为负债的市价。

证明：当同时征收公司所得税、个人所得税及资本利得税时，股东每年获得的现金流为：$(EBIT - rD)(1 - Tc)[b(1 - Te) + (1 - b)(1 - Tf)]$

债权人获得的现金流为：$rD(1 - Td)$

则公司每年产生的总现金流为：$(EBIT - rD)(1 - Tc)[b(1 - Te) + (1 - b)(1 - Tf)] + rD(1 - Td) = EBIT(1 - Tc)[b(1 - Te) + (1 - b)(1 - Tf)] + rD(1 - Td)\{1 - (1 - Tc)[b(1 - Te) + (1 - b)(1 - Tf)]/(1 - Td)\}$

上式中的第一项是无财务杠杆的公司所得税和个人所得税后的现金流，该现金流的折现值就是无财务杠杆的公司的价值 Vu。债权人购买债券在支付个人所得税后获得的现金流为 $rD(1 - Td)$，因此第二项的折现值等于：

$D\{1 - (1 - Tc)[b(1 - Te) + (1 - b)(1 - Tf)]/(1 - Td)\}$

所以，有财务杠杆公司的总价值为：

$Vg = Vu + \{1 - (1 - Tc) \times [b(1 - Te) + (1 - b)(1 - Tf)]/(1 - Td)\} \times D$

二、权衡理论

在现实经济实践中，事实是各种负债成本随负债比率的增大而上升，当负债比率达到某一程度时，息税前收益率会下降，同时企业负担破产成本的概率会增加。还要看到，融资的来源和结构还存在着一种市场均衡问题，债务关系还存在着代理成本和披露责任问题。因此，即使修正的 MM 理论模型也并不完全符合现实情况，因为 MM 理论忽略了财务杠杆、财务风险、资本成本三者之间的密切相关性。

20 世纪 70 年代，形成了权衡理论，作为对 MM 理论的补充和发展，其主要观点是：企业最优资本结构就是在负债的税收利益与破产成本现值之间进行权衡。早期的权衡理论完全是建立在纯粹的负债的税收利益与破产成本相互权衡的基础上，如图 6－1 所示。

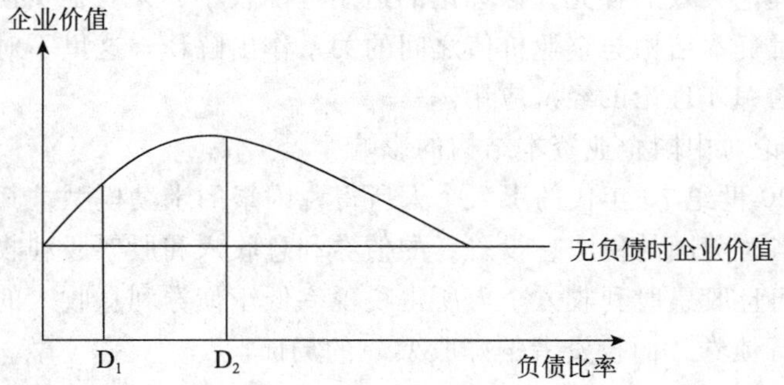

图 6－1　企业价值与资本结构图

据图 6－1 分析：当负债比率未超过 D_1 点时，破产成本不明显；当负债比率达到 D_1 点时，破产成本开始变得重要，负债利息抵税利益开始被破产成本所抵消；当负债比率达到 D_2 点时，边际利息抵税利益恰好与边际破产成本相等，企业价值最大，达到最佳资本结构；当负债比率超过 D_2 点后，破产成本大于负债利息抵税利益，导致企业价值下降。因此，从道理上讲，一个独立的企业存在着达到企业价值最大的最优资本结构，该资本结构存在于负债的节税利益与破产成本相互平衡的点上。

后期的权衡理论将负债的成本从破产成本进一步扩展到代理成本、财务困境成本和其他利益损失等方面，同时，又把税收利益从原来所单纯讨论的负债税收利益引申到非负债税收利益[①]方面，实际上是扩大了成本和收益所包含的内容，把企业的最优资本结构看成是在税收利益与负债相关的各类成本之间的权衡。

权衡理论的倡导者罗比切克和梅耶斯在 1966 年所写的《最优资本结构理论问题》一文中指出："因为税收原因，利息可以在企业收益中扣减，所以财务杠杆有助于给现有投资者增加企业的价值。另一方面，如果破产和重组是有可能有成本的，带给现有投资者的企业价值会变少……。债务结构的最优水平就处在同财务杠杆边际递增相关的税

① 非负债税收利益主要指资产折旧和投资减免等税收方面的抵税利益。

收利益现值和同财务杠杆不利的边际成本现值相等之点上。”①

从契约角度分析，在复杂的资本融资关系中，除了负债的过渡增长带来的破产成本外，企业股东、债权人和经营者之间会因为资本结构问题而产生利益冲突，发生各式各样的代理成本，在现实中是难以穷举和精确量化的。尽管理论上确信在一个特定经济环境下，企业一定存在实现企业价值最大化的最佳资本结构，但是由于融资活动本身、个人所得税的课征和企业外部环境的复杂性，目前仍难以准确地显示出存在于资本成本、每股收益、资本结构及企业价值之间的关系，实现企业价值最大化的最佳资本结构还要靠有关人员的经验分析和主观判断。

三、MM 理论对资本结构调整的启示

权衡理论其实是对 MM 理论的一种发展和解释，笔者认为仅仅是对负债比例超过一定限度时的 MM 理论失效的补充，该理论的适用范围较小，只有在负债比例较高、企业濒临破产时，才对资本结构与企业价值之间的关系作出解释。这里不对其经济影响展开讨论，而主要讨论 MM 理论的经济应用。

（一）MM 理论对中国企业资本结构的影响

米勒发表于 20 世纪 70 年代的引入个人所得税因素的米勒模型，其实是有其经济制度背景的。根据当时美国的税法，投资者的债券利息收入和股票股利收入都要按累进税率缴纳所得税，而且股票股利收入个人所得税税率低于债券利息收入的税率。这就出现了“公司偏好发行债券，而投资者偏好股票”的局面。

就单个投资者而言，会倾向于投资股票追求较低的税负；就投资者整体而言，收入层次不同，税级不同的投资者对股票、债券的偏好程度也不同。为了吸引资金流向债券，公司用负债带来的节税收益来提高债券利息率以弥补债权投资者的税收损失。但公司无法控制不同收入阶层的投资者的税率，因而单个公司的最佳资本结构不能够确定。

在当前我国的税收制度下，股利和利息的个人所得税率一样，都是比例税率，利息的税率为 5%，股利的税率为 20%，不存在累进税率制。而对于公司来说，由于债券利息具有抵债作用，公司应该偏向于债券融资。所以，对于投资者来说，债权投资和股权投资所承担的税负相同。在相对稳定的税收环境里，公司可以一定程度上控制投资者的税率，但由于投资者的风险观念和偏好差异的缘故，公司仍然无法准确控制不同投资者的税率。所以，在中国当前经济环境下，单个公司应该存在弹性的最佳资本结构范围。

目前，我国已经实现内外资企业所得税法的合并，《企业所得税法》规定企业所得税的基本税率为 25%，而股票股利和利息的个人所得税税率分别为 20% 和 5%，应用米勒模型，把相关税率代入 $[1-(1-Tc)\times(1-Te)/(1-Td)]$，则有：

$1-(1-25\%)\times(1-20\%)/(1-5\%)=0.36$，使 $[1-(1-Tc)\times(1-Te)/(1-Td)]>0$ 仍然成立。故而，这里可以得出以下结论：在中国的现实经济中，负债的利息抵税效应作用会存在，企业可以通过调整资本结构，加大负债比例，发挥负债的税收屏

① 转引自盖地主编的《企业税务筹划理论与实务》一书（东北财经大学出版社 2005 年版）。

蔽作用，实现企业税后利润最大化乃至于企业价值最大化。

（二）风险与收益：MM 理论发挥作用的现实约束

上面分析了 MM 理论对于企业税收的影响，但资本结构对于企业税收的影响也存在着一定程度的现实约束，现实经济中，企业并不一定具备无限的利息扣除能力，利息抵扣的上限是息税前收益，如果息税前收益水平不高或者为负数，则导致债务利息只能得到部分扣除或根本得不到扣除，那么就产生不了任何债务利息抵税效应。除此之外，MM 理论还受到风险和收益的约束，对此分析如下：

（1）负债比率越高，利息抵税效应越显著。相应地，负债比率越高，财务风险也越大，负债比率是衡量财务风险的重要指标，与企业财务风险正相关。所以，在发挥债务杠杆效应和利息抵税效应的同时，也无形中加大了企业的财务风险。对财务风险的态度和风险偏好决定了一些企业不愿以较大的风险为代价换取税收利益，这就势必造成高负债率并不像想象的那样被企业所热捧。这与基于权衡理论的分析结论如出一辙。

（2）我国实行的所得税制涵盖企业所得税和个人所得税两个完全独立的税种，且在不同领域、对于不同纳税主体存在许多不均衡性。现行税制对股利同时征收企业所得税和个人所得税，即所谓的“双重征税”。如果合并考虑企业所得税和个人所得税的影响，股利的实际税负相当高。按企业所得税税率 25% 和个人所得税税率 20% 测算，股利的实际税负率为：25% +（1 - 25%）×20% = 40%。而利息不需要承担企业所得税，其实际税负率仅为 20%。

由于股利部分是对企业利润的双重征税，股东被征税部分的损失希望通过较高的股权收益率得到补偿，从而造成股权成本更高。企业管理当局试图通过提高负债率加大债务筹资力度，以增加股东对既定收入的实际分配份额。但是，由于债权人获得的利息收入也要缴纳一定的税收，因此，当负债企业取得的免税优惠小于债权人因纳税而产生的损失时，债权人提供资金的愿望将下降，使得企业负债率难以继续上升。

四、资本结构决策与税收筹划

税收之所以对企业资本结构决策产生影响，关键在于税收制度对于股利支付和利息支付区别对待，股利必须在公司所得税后支付，而利息却允许税前支付。在考虑个人所得税因素后，税收对企业资本结构决策的影响波及个人所得税方面，因为政府对债权人的利息收益和股东的股利所得征收了不同的税。总之，资本结构的税收效应源于政府对不同收入项目征收不同的税收。如果税收是中性的，那么，政府征税不会对资本结构产生影响，即不会对融资行为及市场配置资源产生扭曲效应。

融资对企业绩效的影响主要是通过资本结构质量的变化而发挥作用的，这应从两个方面进行分析：资本结构的变化究竟是怎样对企业绩效与税收产生影响的；企业应如何寻找最佳资本结构以降低税负。

（一）资本结构对企业业绩及税收的影响

资本结构，特别是负债比率合理与否，不仅制约着企业风险、成本的大小，而且在相当大的程度上影响着企业税收负担以及企业权益资本税后收益实现的水平。

负债融资的财务杠杆效应主要体现在节税及提高权益资本收益率（包括税前和税后）等方面。其中节税功能反映为负债利息计入财务费用抵减应纳税所得额，从而相应减少应纳所得税额。在息税前收益率不低于负债成本率的前提下，负债比率越高，额度越大，其节税效果就越显著。当然，负债最重要的杠杆作用在于提高权益资本的收益水平及普通股的每股收益（税后）方面，这可以从以下公式得到充分的反映：

权益资本收益率(税前)=息税前投资收益率+负债/权益资本×(息税前投资收益率-负债成本率)

从上式可以看出，只要企业息税前投资收益率高于负债成本率，增加负债额度，提高负债比率，就必然会带来权益资本收益率提高的效应。只是应当明确的是，这种分析是基于纯粹的理论意义，而未考虑其他约束性条件，尤其是舍弃了风险因素及风险成本的追加等等，MM 理论及后来的权衡理论正说明了这一点。因为随着负债比率的提高，企业的财务风险及融资风险成本必然增加，以致负债的成本水平超过了息税前投资收益率，从而使负债融资呈现出负的杠杆效应，即权益资本收益率随着负债额度、比例的提高而下降，这也正是实现负债利息抵税效应必须满足“息税前投资收益率不低于负债成本率”这一前提条件。

（二）最佳税收筹划绩效的资本结构规划

评价税收筹划绩效优劣的标准在于是否有利于企业所有者权益的增长，因而依据企业权益资本收益率或普通股每股税后盈余预期目标，组织适度的资本结构，成为融资管理的核心任务，其中的关键无疑在于怎样确立适度的负债比率，并以此为基础，进一步界定负债融资的有效限度。

目标负债规模与负债比率的确定：

$$EPS=[(k\times R-B\times I)(1-t)-u]/n$$

其中：EPS——期望普通股每股盈余

R——息税前投资收益率

B——负债总额

I——负债成本率

n——已发行普通股股数

u——优先股利支付额

t——所得税率

k——投资总额

此外，还可以根据获利能力预期，通过比较负债与资本节税功能的差异，利用上述公式进行追增资本或扩大负债的优选决策：

如果企业拟扩大规模 ΔK，追加负债 ΔK，则追增负债后，有：

权益资本收益率 $Q=(EBIT-BI-\Delta KJ)/S$ ①

如果企业拟扩大规模 ΔK，追加资本 ΔK，则追增资本后，有：

权益资本收益率 $Q=(EBIT-BI)/(S+\Delta K)$ ②

令①=②，整理得：$EBIT=BI+SJ+\Delta KJ$

即举债盈亏均衡点的息税前利润 $EBIT = BI + SJ + \Delta KJ$

进一步整理，则可得到下式：

$$\Delta KJ = EBIT - BI - SJ$$

这样，在所得税率以及其他因素既定的条件下，企业欲维持原有的权益资本收益率，就必须要求 $EBIT - BI - SJ \geqslant \Delta KJ$ 成立，方可追加负债规模，追加负债的最高限额为：

$$\Delta K \leqslant (EBIT - BI)/J - S$$

其中：Q——权益资本收益率

I——既有负债成本率

J——追加负债成本率

R——息税前投资收益率

S——权益资本额

B——既有负债额

ΔK——追增负债额

（三）财务视角的税收成本及其对资本收益率的影响

税收成本与企业净收益率之间存在着一定的联系。从理财角度分析，最能有效地量化所有者权益最大化的指标是自有资本净收益率（即净资产收益率），其公式如下：

$$Q = [R + (R - I) \times B/S] \times (1 - T)$$

其中：Q——自有资本净收益率

R——息税前总资本收益率

I——借入资本利息率

B——借入资本总额

S——自有资本总额

T——企业所得税率

上式中，税收成本相对数由 $[R + (R - I) \times B/S] \times T$ 表示。只要将上述公式稍作变形就可表述为：

$$Q = [R + (R - I) \times B/S] - [R + (R - I) \times B/S] \times T$$

自有资本净收益率 = 自有资本总收益率 - 税收成本

在决定税收成本的变量中，所得税率由于税法规定而具有固定性，可视为常量；息税前总资本收益率虽与资本运作有关，但主要还是由行业平均利润率决定，因此也可视为常量；借入资本利息率在一定时期内是一个常量。因此，在决定税收成本的变量中，关键变量是负债权益比率，即通常所指的资本结构。

税收成本就是通过资本结构这一渠道对企业净收益产生作用的。如果企业弱化自有资本，利润可通过债务利息的支付而减少，由此所获利益通常称为负债利益，由上述公式中的 $[(R - I) \times B/S]$ 表示，从而取得巨大的节税收益，导致税收成本的降低。有趣的是，即使在负债利益为 0 的情况下，弱化自身资本也能导致税收成本的降低。

第二节 融资渠道选择的税收筹划

一、多种融资渠道的比较

一般来说，企业的融资渠道有：(1) 财政性资金；(2) 金融机构贷款；(3) 企业之间的拆借；(4) 企业自我积累；(5) 企业内部集资；(6) 债券融资；(7) 股票融资；(8) 商业信用融资。

这些融资渠道不外乎内部渠道和外部渠道两种。从内部来说，包括企业的自我积累和内部集资；从外部来说，包括股权融资、债权融资，以及财政性资金、金融机构贷款、企业间资金拆借等渠道。

这些融资方式无论采用哪一种组合方式，都能满足企业的资金需求。但从企业纳税角度考虑，这些融资渠道产生的税收效果有很大的差异，利用一些融资渠道可以有效地帮助企业减轻税负，获得税收利益。通常情况下，企业自我积累融资所承担的税收负担要重于向金融机构贷款所承担的税收负担，向金融机构贷款所承担的税收负担要重于企业之间拆借融资所承担的税收负担，企业之间拆借融资所承担的税收负担要重于企业内部集资所承担的税收负担。从筹划节税的角度出发，企业内部集资与企业之间拆借效果最好（尤其当企业间存在税率差异时），金融机构贷款次之，自我积累效果最差。其原因在于企业内部集资与企业之间的拆借涉及的部门和机构较多，容易增加融资成本，也会因税收收益分散而降低负债抵税效应。

税法规定，纳税人在经营期间向金融机构借款的利息支出，按照实际发生数扣除；向非金融机构借款的利息支出，不高于按照金融机构同类、同期贷款利率计算的数额以内的部分，准予扣除。但是，企业通过增加资本金的方式进行融资所支付的股息或红利，是不能在税前扣除的。因此，比较发行股票融资与发行债券融资，由于发行债券融资的利息支出可以作为财务费用税前列支，所以，这种融资方式使所得税税基缩小，税负得以减轻。而发行股票融资方式则不能实现股利的税前分配。因此，企业应优先选用债权融资的方式，后选股权融资的方式，从而充分发挥“利息税盾”的作用。

融资活动不可避免地涉及还本付息的问题。利用利息摊入成本的不同方法和资金往来双方的关系及所处经济活动地位的不同往往是实现合理节税的关键所在。金融机构贷款，其核算利息的方法和利率比较稳定、幅度变化较小，节税的空间不大。而企业之间的资金拆借在利息计算和资金回收期限方面均有较大弹性和回旋余地，从而为节税提供了有利条件。

尤其是企业内部基于委托贷款方式而进行的资金的划拨，在实际操作的过程还是可以由企业自行进行决定。通过设定不同的利率可以实现利润的转移。比如使利息支出发生在高税率地区，降低税前利润；或是使利息收入发生在低税率地区，这样集团整体的税负就能够实现最小化。

二、租赁的税收筹划

（一）租赁的分类与税务处理

按照租赁资产所有权相关的风险和报酬是否转移分类，租赁分为融资租赁与经营租赁两种形式。

融资租赁是指本质上转移了与资产所有权有关的全部风险和报酬的租赁。所有权最终可能转移，也可能不转移。如果一项租赁实质上转移了与资产所有权有关的全部风险和报酬，那么该项租赁应分类为融资租赁。

融资租赁的税务处理如下：（1）融资租赁发生的租赁费不得直接扣除，承租方支付的手续费，以及安装交付使用后支付的利息等可在支付时直接扣除；（2）融资租赁设备可以计提折旧并在税前扣除，而租赁费高于折旧的差额也可以税前扣除；（3）租赁费通过举债支付，其利息可以在税前列支；（4）融资租入设备的改良支出可以作为递延资产，在不短于五年的时间内摊销。而企业自有固定资产的改良支出，则作为资产，折旧年限一般长于五年。

如果一项租赁实质上并没有转移与资产有关的全部风险和报酬，那么该项租赁应归类为经营租赁。所以，一项租赁归类为融资租赁还是经营租赁依赖于租赁的实质而不是合同的形式。

对于经营租赁，其涉税处理如下：（1）可以避免因长期拥有设备而承担的负担和风险；（2）支付的租金冲减企业的利润，减少应纳税所得额；（3）当出租人和承租人同属一个大的利益集团时，租赁形式最终将会使该利益集团可以实现利润合理转移，这是典型的租赁节税效应。

（二）租赁形式的选择

对于融资性租赁，由于会计处理要求确认租赁资产和租赁负债，作为一种表内筹资方式，会给承租人带来不利影响：由于企业债务金额上升，已获利息倍数、净利润率、资产收益率、股本收益率等指标就会下降，资产负债率就会上升。承租人一般不欢迎租赁合同被划分为融资租赁，那么如何才能规避呢？

《企业会计准则第21号——租赁》规定，对租赁的分类，应当全面考虑租赁期届满时租赁资产所有权是否转移、承租人是否有购买租赁资产的选择权、租赁期占租赁资产尚可使用年限的比例等因素；同时依据实质重于形式原则，考察与租赁资产所有权有关的风险和报酬是否转移，来具体区分融资租赁与经营租赁。一般在租赁合同中不要涉及资产所有权的转移和廉价购买权问题，或将租赁期设定为租赁资产有效经济年限的75%稍短一些即可，这样可以避免被认定为融资租赁。

三、借款的税收筹划

企业借款用途不一，有的作为流动资金用于日常生产经营活动，有的作为资本性支出用于添置固定资产和无形资产，还有的作为资本运营用于对外投资等。

企业在借款时必然发生借款费用。借款费用指的是与借入资金相关的，由纳税人为经营活动的需要承担的利息费用，包括长期借款、短期借款的利息；与债券相关的折价或溢价的摊销；安排借款时发生的辅助费用的摊销；与借入资金有关，作为利息费用调整额的外币借款产生的差额等。

案例分析

甲企业根据财务收支预测当年资金缺口 2 000 万元，拟通过一年期的银行借款来弥补资金缺口。企业当年除了正常的生产经营外，为了提高管理的信息化水平，拟请某软件公司为自己开发 ERP 软件，软件开发期预计为一年，当年末即可投入使用，需支付软件费用 1 000 万元。假定企业当年及以后两年的税前利润为 2 200 万元，银行一年期正常贷款利率为 10%；企业处于正常的纳税期，没有享受企业所得税减免优惠。那么企业在向银行借款 2 000 万元时，应该以什么名目借款呢？这里有两个方案可供选择：

方案一：全部为流动资金借款。

企业如以流动资金名义借款，当年扣除借款费用 200 万元后的应纳税所得额为 2 000 万元，应缴纳企业所得税为 500（2 000×25%）万元。

企业的净现金流量 =（税前利润 - 利息 - 应纳所得税）×10% 利率 3 期年金现值系数，则：

企业的净现金流量 =（2 200 - 200 - 500）×2. 4869 = 3 730. 35（万元）

方案二：以组合名义借款 1 000 万元用于购置软件，另外 1 000 万元为流动资金借款。

企业购置软件的借款利息不能直接在税前扣除，应计入无形资产成本，在以后两年内分期摊销，第 2、3 年每年摊销 50 万元。

企业第 1 年扣除借款费用后的应纳税所得额为 2 100 万元，应缴所得税为 525（2 100×25%）万元。

企业第 2 年扣除借款费用及多摊销的无形资产摊销额后的应纳税所得额为 2 050 万元，应缴所得税为 512. 5（2 050×25%）万元。

企业第 3 年扣除借款费用及多摊销的无形资产摊销额后的应纳税所得额为 2 050 万元，应缴所得税为 512. 5（2 050×25%）万元。

企业的净现金流量 =（税前利润 - 利息 - 摊销无形资产费用 - 应纳所得税）×复利现值系数，则：

第 1 年的净现金流量 =（2 200 - 200 - 525）×0. 9091 = 1 340. 9225（万元）

第 2 年的净现金流量 =（2 200 - 200 - 50 - 512. 5）×0. 8264 = 1 187. 95（万元）

第 3 年的净现金流量 =（2 200 - 200 - 50 - 512. 5）×0. 7513 = 1 079. 9937（万元）

3 年净现金流量累计额 = 1 340. 9225 + 1 187. 95 + 1 079. 9937 = 3 608. 8662（万元）

比较可知，以流动资金的名义借款比以组合名义借款 3 年净现金流量累计多 121. 4838 万元。如果企业处于免税期间，则情况相反。所以，企业在借款时，要根据自身实际情况，按照税法对不同借款费用的处理规定，在合法和有效的前提下做好税收筹划，以节约筹资成本。

案例分析

某上市公司由于业务发展计划筹资 10 000 万元。财务人员根据目前情况及新年度发展计划提出了三种筹资方案，供公司领导决策。具体筹资方案如下：

（1）银行借款集资

企业发展生产，急需资金，可向银行融资。年贷款利率为 9%，筹资费率估计为 1%，以后贷款利率可能会提高，本企业所得税税率为 25%。

（2）股票集资

公司发展前景被投资者普遍看好，发行股票有良好的基础。因此，在新的一年里可申请增发股票筹集所需要的全部资金，筹资费率为 5%。公司目前普通股市价为 30 元，每股股利为 2 元，预计年股利增长额为 10%。

(3) 联合经营集资

公司可以与下游厂家联合经营，由公司提供原材料物资，成员厂加工成产品配件，再卖给公司，由公司组装成最终产品，并负责对外销售。这样，公司试制成功的新产品可利用成员厂的场地、劳力、设备和资源等进行批量生产，从而形成专业化生产能力，保证产量、产值和税利的稳步增长。

试分析，该上市公司该采取哪种筹资方案？下面采取比较资金成本率的方法选择最优筹资方案。

方案一：银行贷款

借款资金成本率 = 借款年利息 ×(1 - 所得税率) ÷ [借款本金 ×(1 - 筹资费用率)] = 10 000 × 9% ×(1 - 25%) ÷ [10 000 ×(1 - 1%)] = 6.82%

方案二：股票集资

普通股资金成本率 = 预期年股利额 ÷ [普通股市价 ×(1 - 普通股筹资费用率)] + 股利年增长率 = 2 ×(1 + 10%) ÷ [30 ×(1 - 5%)] + 10% = 17.72%

方案三：联合经营集资

资金成本率分为以下两种情况：

(1) 当成立一个联营实体时，资金成本率就是联营企业分得利润占联营企业出资总额的比例。比例越高，联营企业获得的利润越多，资金成本率越高。用公式表示为：

资金成本率 = 联营企业获得利润 ÷ 联营企业出资总额 × 100%

(2) 当仅为一个项目合资生产时，资金成本率就是联营企业获得利润占整个实现利润总额的百分比。所以，企业筹资必须考虑对资本结构造成的影响。

四、偿债方式的税收筹划

不同的偿债方式，其税收负担是不同的。一般采用资金形式偿债优于采用非现金资产形式偿债，因为以非现金资产形式偿债要视同销售行为缴纳流转税，如果是偿债资产为存货或固定资产，需要缴纳增值税；如果偿债资产是无形资产或不动产，需要缴纳营业税。但还要注意的是，通过股权形式偿债也可能有效降低税收负担。

案例分析

甲公司为一家金融企业，乙公司为一家外贸公司。乙公司欠甲公司贷款本息合计为 1 100 万元，其中本金1 000 万元，利息为 100 万元。因市场因素的影响以及乙公司自身的经营管理不善，乙公司难以偿还甲公司的借款本息。甲公司与乙公司友好协商，决定进行债务重组。甲公司同意乙公司以一座位于繁华市区的房产用来抵偿其所欠全部贷款本息，该房产原购置成本为 600 万元，已提折旧 100 万元。房产的市场价约为 1 000 万元。税务机关核定其土地增值税扣除项目金额为 675 万元（含交易所涉及的各种税费）。甲公司取得该房产后准备用作自己公司办公。假设该地区契税税率为 3%，营业税税率为 5%，城建税税率为 7%，教育费附加征收率为 3%，甲、乙公司的所得税税率均为 25%。甲、乙两公司以下列两种不同的房产作价方式进行债务重组。

方案一：重组协议约定乙公司以房产作价 1 100 万元抵偿甲公司的全部贷款本息。在这种情况下，两家公司的税负计算如下：

甲公司：

应缴纳营业税：100 × 5% = 5（万元）；

城市维护建设税和教育费附加：5 ×(7% + 3%) = 0.5（万元）；

应缴纳契税：1 100 × 3% = 33（万元）；

应缴纳印花税：1 100 × 0.5‰ = 0.55（万元）；

应缴纳企业所得税：(100 - 5 - 0.5 - 33 - 0.55) ×25% = 15.24（万元）；

甲公司在债务重组过程中的总税负：5 + 0.5 + 33 + 0.55 + 15.24 = 54.29（万元）；

此外，每年尚需缴纳的房产税：1 100 × (1 - 30%) × 1.2% = 9.24（万元）。

乙公司：

应缴营业税：(1 100 - 600) ×5% = 25（万元）；

城市维护建设税和教育费附加：25 × (7% + 3%) = 2.5（万元）；

应缴印花税：1 100 × 0.5‰ = 0.55（万元）。

另外，根据《土地增值税暂行条例》的规定，该房产为旧房，增值额需以税务机关核定的扣除项目金额675万元为基础计算，增值额：1 100 - 675 = 425（万元）

增值额与扣除项目金额之比：425 ÷ 675 × 100% = 62.96%

增值额超过扣除项目金额50%，未超过扣除项目金额100%。因此，应缴纳的土地增值税：(1 100 - 675) ×40% - 675 ×5% = 136.25（万元）。

应缴纳的企业所得税：[1 100 - (600 - 100) - 25 - 2.5 - 0.55 - 136.25] ×25% = 108.93（万元）。

乙公司在债务重组过程中总税负：25 + 2.5 + 0.55 + 136.25 + 108.93 = 273.23（万元）。

方案二：甲公司与乙公司协商，首先，甲公司豁免乙公司积欠的利息100万元，然后，双方在重组协议约定以市场价为基础，对乙公司房产作价1 000万元抵偿所欠贷款本金。

《企业债务重组业务所得税处理办法》（国家税务总局令第6号）第六条、第七条规定："债务重组业务中债权人对债务人的让步，包括以低于债务计税成本的现金、非现金资产偿还债务等，债务人应当将重组债务的计税成本与支付的现金金额或者非现金资产的公允价值（包括与转让非现金资产相关的税费）的差额，确认为债务重组所得，计入企业当期的应纳税所得额中；债权人应当将重组债权的计税成本与收到的现金或者非现金资产的公允价值之间的差额，确认为当期的债务重组损失，冲减应纳税所得。"

"以修改其他债务条件进行债务重组的，债务人应当将重组债务的计税成本减记至将来应付金额，减记的金额确认为当期的债务重组所得；债权人应当将债权的计税成本减记至将来的应收金额，减记的金额确认为当期的债务重组损失。"

因此，在这种情况下，甲、乙公司的税负分别为：

甲公司的税负计算如下：

应缴纳契税：1 000 ×3% = 30（万元）；

应缴纳印花税：0.5万元；

应抵减企业所得税：(-30 - 0.5) ×25% = -7.63（万元）；

甲公司在债务重组过程中总税负：30 + 0.5 - 7.63 = 22.87（万元）；

甲公司每年应缴房产税：1 000 × (1 - 30%) × 1.2% = 8.4（万元）。

乙公司的税负计算如下：

应缴纳营业税：(1 000 - 500) ×5% = 25（万元）；

应缴纳城市维护建设税和教育费附加：25 × (7% + 3%) = 2.5（万元）；

应缴纳印花税：0.5万元。

增值率：(1 000 - 675) ÷ 675 = 48.15%

增值率未超过50%，土地增值税税率为30%。因此，乙公司应缴纳土地增值税：(1 000 - 675) ×30% = 97.5（万元）。

应缴纳企业所得税：(100 + 1 000 - 600 - 100 - 25 - 2.5 - 0.5 - 97.5) ×25% = 68.63（万元）；

乙公司在债务重组过程中总税负：25 + 2.5 + 0.5 + 97.5 + 68.63 = 194.13（万元）。

方案比较：甲公司在债务重组过程中采用方案一比经过税收筹划后方案二多缴税金：54.29 - 22.87 = 31.42（万元）。

此外，甲公司每年还需多缴纳房产税：9.24 - 8.4 = 0.84（万元）。

乙公司在债务重组过程中，采用方案一比经过税收筹划后的方案二多缴纳税金：273.23 - 194.13 = 79.10（万元）。

从上例可知，在债务重组中，如果债务人以其拥有的房产抵偿债务，债权人应当先适当豁免债务人所欠债务，促使债务人在合理的范围内降低抵债房产在抵债时的作价，就完全可以达到降低债权人和债务人双方的税收负担的目的。

第三节　基于债务契约的税收筹划

一、借款或债务契约安排

"借款或租赁安排"是交易双方基于控制税负目的，根据现行会计制度对已经或将要发生的交易或事项，运用租赁契约或借款契约安排的包括业务流程设计和法律形式包装等内容在内的税收筹划方案。①

租赁尤其是融资租赁，在法律上既涉及物权又涉及债权，可以认为是法律形式最为复杂的融资交易之一。租赁与税收的关系之密切超乎寻常，税收对租赁业有支配性影响。税收对于融资租赁和经营租赁是区别对待的：出租方的融资租赁收入缴纳增值税，而经营租赁收入缴纳营业税。承租人的融资租赁支出计入"固定资产"，通过计提折旧的形式逐期实现扣除，而承租人的经营租赁支出直接计入当期损益。虽然会计准则对于融资租赁和经营租赁进行了明确区分，以实质上是否转移与资产所有权有关的全部风险和报酬为认定标准，其实这种标准很容易通过租赁契约来转换或者仅进行形式上的变换。

相对于经营租赁而言，长期融资租赁的主要税收利益在于：（1）税务减免；（2）租赁可以使税收优惠从那些需要设备而又因拥有所有权不能充分享有税收优惠的企业转移到一些有关联的企业；（3）当企业没有能力获得与资产所有权有关的全部税收好处时，租赁可能是一种替代性选择。

相比借款融资形式，租赁融资形式更具有隐含节税效果：首先，一般随着实际税率的下降，借款方案相对于融资方案的优势下降，这正是租赁交易深受低税率或零税率企业喜爱的原因所在；其次，社会借款利率水平的平抑下降，也使得更多的企业关注租赁交易的足额扣除节税利益；最后，租赁所形成的税收好处的分享比例由双方协商议定，部分税收好处可以通过调节租金的形式而实现转移。

其实，租赁交易比其他交易或融资形式更易于被操纵，甚至租赁契约的灵活性条款完全可以界定交易的形式、规模和款项支付方式。这里举一实案说明。

① 戴德明、周华："会计制度与税收法规的协作"，《经济研究》，2002 年第 3 期。

案例分析

假定甲方拟向乙方销售大型成套设备，该设备的账面价值为200万元，经济使用寿命20年，双方议定的资产交易价款为300万元，价款以转账形式一次付清。甲、乙双方的企业所得税税率相同。为了降低纳税义务，甲方在不改变经济实质内容的前提下，分别安排与乙方签订《租赁合同》、《借款合同》、《抵押合同》三类不同性质的合同，以替代常规的交易合同：

方案一：租赁合同

主要条款：甲方向乙方出租设备10年，双方确认的资产公允价值为300万元，甲方每年向乙方收取租赁费用20万元，乙方须于租赁期间每一年度的1月1日向甲方指定账户付款，逾期未付款时经双方协商一致本合同可以撤销。

甲、乙双方每年签订租赁合同，总签约期为10年，则该租赁属于经营租赁。10年后甲方向乙方转让设备所有权，适当收取转让价款，使乙方支付的10年租赁费的现值与10年后的该笔转让价款的现值之和为200万元。

这种情况下，甲方可以提折旧，每年10万元，10年为100万元。甲方相当于获得300万元的收益。但甲方的租赁费收入需缴纳营业税，税负明显降低。10年后把设备转让，明显推迟收入的纳税时间。

方案二：借款合同

主要条款：甲方向乙方借款200万元用于乙方同意的投资项目（账面价值为200万元的设备），双方约定的借款年利率为10%。甲方应于借款期间每一年度的1月1日向乙方指定账户支付借款利息（年息）20万元。双方经协商一致同意：甲方逾期未向乙方支付当年应付利息、经书面通知催讨10日仍未付足当年利息时，乙方有权扣押、留置甲方与借款金额价值相当的资产，自甲方邮寄出扣押该资产通知书之日起，本合同自动失效。

采用借款合同形式，甲方第2年对乙方的催讨利息通知书不予理睬，乙方按合同留置该资产并邮寄出扣押该设备通知书，合同按失效条款自动终止。甲方获得乙方200万元借款，而乙方正好获得公允价值为300万元的指定设备。

方案三：抵押合同

主要条款：甲方向乙方借款200万元，乙方作为贷款人要求甲方提供借款抵押资产（账面价值为200万元的设备）。双方经协商一致同意：甲方逾期未向乙方支付、经书面通知催讨10日内仍未付足当年借款利息时，双方以抵押资产折合价款200万元清偿甲方全部债务。

采用抵押合同，效果同借款合同。

评论：就上述三种合同的形式而言，合同的管理机构（工商行政管理部门）不存在裁定合同无效的充足理由，这些合同都是合法而有效的。

就上述合同的筹划效果而言，采用租赁合同形式，甲、乙双方保持第一年的相互结算，直至合同到期终止。与销售资产相比，虽然甲方需要缴纳营业税，但甲方能获得设备折旧抵税收益。因此，租赁合同安排能够达到和设备交易相同的效果，但税负明显下降。

采用借款合同形式，甲方第二年对乙方的催讨利息通知书不予理睬，乙方按合同留置该资产并邮寄出扣押该担保通知书，合同按失效条款自动终止。未来再处理债权债务事宜，可以合理推迟纳税。

采用抵押合同，效果与借款合同如出一辙。

所以，上述甲方根据合同安排所形成的纳税义务额，都明显低于未作安排时的纳税金额。这种税收筹划采用的是契约思想，即通过契约的安排来降低税负。

二、非债务契约：变相融资安排的税收筹划

1. 非债务契约交易涉税分析

案例分析

南方铝业主要从事铝型材生产销售业务，其供应商北方振兴集团主要从事煤、电、铝生产销售业务，双方自6年前建立铝锭购销业务，形成了良好的商业信誉。为强化产业链联合与协作，实现优势互补，双方签订《长期合作协议书》约定：《铝锭采购协议》签订后，南方铝业向北方振兴集团预付货款1.8亿元，用于按月抵付货款。按年度续签铝锭采购协议时，前一《铝锭采购协议》中未抵付完的预付款转入新的铝锭采购协议，继续作为预付款使用。

协议期内，北方振兴集团以价格折让方式向南方铝业提供55 000吨电解铝，具体价格折让方法为：在当月上海期货均价下浮330元/吨的基础上，每吨价格折让2 000元。南方铝业每年享受本价格折让的采购量11 000吨。年度采购量超过11 000吨的部分，仅享受按上海期货均价下浮330元/吨的优惠。

为此，南方铝业向银行借入资金13 000万元，南方铝业作为短期借款入账，具体账务处理为：

借：银行存款	130 000 000	
贷：短期借款		130 000 000

南方铝业将该笔资金从银行直接划出支付给北方振兴铝业集团，共支付1.8亿元，超出部分作为商业承兑汇票，其形式为预付账款，具体账务处理如下：

借：预付账款	180 000 000	
贷：银行存款		130 000 000
应付票据		50 000 000

双方签订的《铝锭预付款采购协议书》约定："南方铝业将北方振兴集团依据签订的《长期合作协议书》和年度《铝锭采购协议》所取得的1.8亿元铝锭采购预付货款，按每月150万元抵扣预付货款，在本协议合作期内共收回5 400万元，剩余的1.26亿元铝锭采购预付货款于本协议到期后的10日内，由甲方一次性归还给乙方。"

2. 涉税筹划风险的分析与鉴别

根据《国家税务总局关于印发〈关联企业间业务往来税务管理规程的通知〉》（国税发［1998］59号）规定：在资金、经营、购销等方面，存在直接或者间接的拥有或者控制关系"、"直接或者间接地同为第三者所拥有或者控制"、"其他在利益上具有相关联的关系"，主要是指企业与另一公司、企业和其他经济组织（以下统称另一企业）有下列之一关系的，即为关联企业：如相互间直接或间接持有其中一方的股份总和达到25%或以上的；直接或间接同为第三者所拥有或控制股份达到25%或以上的；企业与另一企业之间借贷资金占企业自有资金50%或以上，或企业借贷资金总额的10%是由另一企业担保的等。

关联企业间业务往来的类型及其内容主要包括：融通资金，包括各类长短期资金拆借和担保、有价证券的买卖及各类计息预付款和延期付款等业务。对关联企业之间融通资金的利息参照正常利率水平进行调整①。

根据上述政策和涉税事实，我们认定南方铝业与北方振兴集团构成事实上的关联

① 《财政部、国家税务总局关于企业关联方利息支出税前扣除标准有关税收政策问题的通知》（财税【2008】121号）规定：企业实际支付给关联方的利息支出，其接受关联方债权性投资与其权益性投资比例为：（一）金融企业，为5:1；（二）其他企业，为2:1。

方，其发生的购销交易活动属于变相融通资金交易活动。原因在于双方签订的购销交易合同所涉及的五年期的价款总额为 5 400 万元，与剩余的 1.26 亿元铝锭采购预付款相比，差异特别悬殊，属于非正常交易业务，应该认定为融资业务。

思考与练习

复习思考题

1. 如何利用不同的融资方式进行税收筹划？
2. 列举几种常见的融资渠道，并分析其资金成本。
3. 简述资本结构理论，并分析其对税收筹划的影响。
4. 根据本章的基本理论，找一家企业分析一段时间内资本结构变化对税收负担的影响。

案例分析题

案例一　出售与租赁的税负比较

兴华集团中有两家子公司：振兴公司与振华公司，振兴公司拟将一闲置生产线转让给振华公司，现有两种方案可供选择：其一是以售价为500万元出售，该生产线的年经营利润为100万元（扣除折扣）；其二是以年租金50万元的租赁形式出租。假设两子公司的所得税税率均为25%。要求：试比较两种方案对兴华集团税负的影响情况。

参考答案：

若选择出售，振兴公司出售生产线，按照新增值税暂行条例需缴纳增值税 500×17% =85（万元），城建税、教育费附加 8.5 万元，集团应纳企业所得税(100－8.5)×25% =22.875(万元)。

若选择出租，振兴公司需缴纳营业税 50×5% =2.5（万元），城建税、教育费附加 0.25 万元，集团应纳企业所得税(100－50－2.5－0.25)×25% =11.8125（万元）。

整体比较，选择出租方案对集团更有利。

案例二　抵债的税收筹划

2012 年 6 月，山东省一家水泥厂以每吨 200 元（含税价）的价格销售给一家建筑公司 5000 吨水泥，价款共计 100 万元。因该家建筑公司资金紧张，无力支付货款，建筑公司表示愿用其闲置的一幢办公楼（市场价格为 100 万元）抵顶所欠水泥厂的货款。水泥厂为不受损失，初步同意接受该抵顶方案，并欲将该办公楼以市场价对外销售，以此收回建筑公司所欠的货款。应如何进行税收筹划？

参考答案：

若水泥厂先用债权抵顶换得该建筑公司办公楼的产权，对于建筑公司来说，其用不动产产权抵账，视同销售不动产，应就此行为缴纳营业税及相关税费。水泥厂将来销售这幢办公楼以收回账款，对水泥厂来说又再次发生销售不动产行为，依照规定，同样要缴纳以下税费：

营业税 = 1 000 000 × 5% = 50 000（元）

城建税 = 50 000 × 7% = 3 500（元）

教育费附加 = 50 000 × 3% = 1 500（元）

假定不考虑印花税、契税等税种，以上三种税费合计共 55 000（元）。

若水泥厂采用这个方案，可收回 100 万元的账款，但另需额外付出 5.5 万元的税费。

筹划思路：建议水泥厂改变收账方式，建议水泥厂与建筑公司达成协议，水泥厂帮助建筑公司联系办公楼买主，然后建筑公司用售房款来偿还其欠水泥厂的账款，水泥厂采纳了这个方案。

经多方联系，终于在 2012 年 9 月底帮建筑公司找到了买主，建筑公司取得售楼款后随即清偿了水泥厂的账款，水泥厂得以全额收回账款 100 万元。

在案例中，债权人——水泥厂通过行为方式转换，将上账过程中，不动产产权转让次数由两次变为一次，从而减少了在收账过程中不必要的税费支出。

目前，这种以物抵账，以物收账的事例有许多，在处理时，企业应通过税收筹划，合理地选择收账方法，减少不必要的税费支出，从而降低企业税负。

第七章

采购活动的税收筹划

税收代表一种经营成本，而且要像产品成本、雇员工资、财务成本等一样进行管理。将税收作为一种战略规划变量，特别强调其在经营决策制定中的角色。

——美国税务学会主席　萨利·琼斯

第一节　采购发票及税款抵扣的税收筹划

一、索取采购发票

一些企业采购时为了获得部分价格让利，往往能同意供货方不开发票。我们不禁会有所疑问，采用不开发票的办法真能节省采购成本吗？先撇开这种行为的违法性不谈，供货方的这种行为真的能为采购方节省采购成本吗？其实，从财务角度分析，采购方没有发票就意味着采购成本不能入账，就不能实现税前扣除，因此，采购方要为没有取得发票而多承担25%的企业所得税；由于未取得发票或者取得的发票不是增值税专用发票，则采购方不能抵扣17%的增值税进项税额。因此，企业在采购过程中一定要索取合法的发票。财务会计制度对不同情况下取得采购发票作出了如下规定：

（1）在购买商品、接受劳务支付款项时，应当向收款方索取符合规定的发票；不符合规定的发票，不得作为财务凭证入账。

（2）特殊情况下由付款方向收款方开具发票时，必须按号码顺序填开，填写项目齐全，内容真实，字迹清楚，全部联次一次复写、打印，内容完全一致，并在有关联次加盖财务印章或者发票专用章；采购物资时必须严格遵守《发票管理办法》及税法关于增值税专用发票管理的有关规定。

（3）收购免税农产品应按规定填开《农产品收购凭证》，并依13%的抵扣率抵扣进项税额。增值税一般纳税人向小规模纳税人购买农产品，依13%的抵扣率抵扣进项税额。

二、规避采购合同的税收陷阱

采购合同至关重要，购货合同的筹划是企业整个采购筹划的落脚点，因为采购规模、采购单位、采购时间、结算方式等最后都会反映在购货合同上。因此，在进行购货合同筹划时，应注意以下几个问题：①弄清楚合同的性质，属于商业性质合同还是其他类型的合同；②文字规范，用词准确；③充分利用合同保障已方的权益。在现实生活中、因为合同的原因垫付或多缴税款的问题时有发生，因而在采购活动中一定要注意提防采购合同的税收陷阱。对于采购方来说，在采购合同中要避免出现如下条款："采购方全部款项付完后，由供货方开具发票"。这一条款意味着只有采购方全额付款后才能拿到发票。在实际工作中，由于产品质量、货物标准、供货时间等方面的原因，采购方往往不会支付全款，而根据合同条款采购方可能无法取得发票。因此，采购合同条款应改为"根据采购方实际支付金额，由供货方开具发票"，这样就不会出现不能取得发票的问题了。

此外，购销双方在签订合同时，应该在合同条款中明确结算价格、税款等关键性条件。譬如，小规模纳税人不能开具增值税专用发票（按规定由税务机关代开外），从小规模纳税人处购进货物就无法抵扣增值税进项税额。在这种情况下，采购方可以通过谈判压低从小规模纳税人处购进货物的价格，以补偿无法取得发票带来的税收损失。

三、增值税进项税额的筹划

在日常的财务工作中，除了要特别在增值税专用发票的识别上多加留意外，更重要的是要了解进项税抵扣究竟有哪些规定，抵扣时容易出现哪些问题，从而帮助我们按照税法的规定去做采购交易。

（一）进项税额抵扣

1. 准予从销项税额中抵扣的进项税额

根据税法规定，准予从销项税额中抵扣的进项税额，限于下列增值税扣税凭证上注明的增值税税额和按规定的扣除率计算的进项税额。

（1）从销售方或者提供方取得的增值税专用发票上注明的增值税额。

（2）从海关取得的海关进口增值税专用缴款书上注明的增值税额。

纳税人进口货物，凡已缴纳了进口环节增值税的，不论其是否已经支付货款，其取得的海关完税凭证均可作为增值税进项税额抵扣凭证。

纳税人丢失海关完税凭证，应当凭海关出具的相关证明，向主管税务机关提出抵扣申请。主管税务机关受理申请后，应当进行审核，并将纳税人提供的海关完税凭证电子数据纳入稽核系统比对，稽核比对无误后，可予以抵扣进项税额。

（3）购进农产品，除取得增值税专用发票或者海关进口增值税专用缴款书外，按照农产品收购发票或者销售发票上注明的农产品买价和13%的扣除率计算可抵扣的进项税额。计算公式为：进项税额＝买价×扣除率

买价，是指纳税人购进农产品在农产品收购发票或者销售发票上注明的价款和按照规定缴纳的烟叶税。

（4）接受交通运输业服务，除取得增值税专用发票外，按照运输费用结算单据上注明的运输费用金额和7%的扣除率计算的进项税额。计算公式为：进项税额＝运输费

用金额×扣除率

运输费用金额，是指运输费用结算单据上注明的运输费用（包括铁路临管线及铁路专线运输费用）、建设基金，不包括装卸费、保险费等其他杂费。

准予抵扣的进项税额＝运费×扣除率

> **小知识**
>
> 试点纳税人接受试点纳税人中的小规模纳税人提供的交通运输业服务，按照取得的增值税专用发票上注明的价税合计金额和 7% 的扣除率计算进项税额。
>
> 试点纳税人从试点地区取得的 2012 年 1 月 1 日（含）以后开具的运输费用结算单据（铁路运输费用结算单据除外），不得作为增值税扣税凭证。
>
> 从试点地区的小规模纳税人接受交通运输业服务，售票方可按代开的增值税专用发票上注明的运输费用金额和 7% 的扣除率计算抵扣进项税额，未取得代开的专用发票，则不得计算抵扣进项税额。

（5）接受境外单位或者个人提供的应税服务，从税务机关或者境内代理人取得的解缴税款的中华人民共和国税收通用缴款书（以下称通用缴款书）上注明的增值税额。

上述进项税额扣除的具体处理，如表 7－1 所示。

表 7－1　　进项税额扣除分析表

涉及事项	扣税凭证	取得处	进项税额
购进货物、接受应税劳务或应税服务	增值税专用发票	一般纳税人	凭证注明金额
接受货物运输服务	货物运输业增值税专用发票	试点一般纳税人	
进口货物	海关进口增值税专用缴款书	海关	
购进农产品	农产品销售发票	销售自产农产品的农业生产者	买价×扣除率（13%）
	增值税普通发票	小规模纳税人	
	农产品收购发票	零散经营的农户	
接受交通运输劳务	运输费用结算单据（包括税务机关代开的货物运输专用发票）	非试点地区的单位和个人	运输费用×扣除率（7%）
	税务机关代开的增值税专用发票	试点地区的小规模纳税人	凭证价税合计×扣除率（7%）
	增值税专用发票	试点地区的一般纳税人	凭证注明金额（适用 11% 税率）
接受境外单位或者个人提供的应税服务	通用税收缴款书	税务机关或者境内代理人	凭证注明金额

2. 不得从销项税额中抵扣的进项税额

（1）用于适用简易计税方法计税项目、非增值税应税项目、免征增值税项目、集体福利或者个人消费的购进货物、接受加工修理修配劳务或者应税服务。其中涉及的固定资产、专利技术、非专利技术、商誉、商标、著作权、有形动产租赁，仅指专用于上述项目的固定资产、专利技术、非专利技术、商誉、商标、著作权、有形动产租赁。

（2）非正常损失的购进货物及相关的加工修理修配劳务和交通运输业服务。

（3）非正常损失的在产品、产成品所耗用的购进货物（不包括固定资产）、加工修理修配劳务或者交通运输业服务。

（4）接受的旅客运输服务①。

（5）自用的应征消费税的摩托车、汽车、游艇，但作为提供交通运输业服务的运输工具和租赁服务标的物的除外。

知识链接

（1）非增值税应税项目，是指非增值税应税劳务、转让无形资产（专利技术、非专利技术、商誉、商标、著作权除外）、销售不动产以及不动产在建工程。

非增值税应税劳务，是指《应税服务范围注释》所列项目以外的营业税应税劳务。

不动产，是指不能移动或者移动后会引起性质、形状改变的财产，包括建筑物、构筑物和其他土地附着物。

纳税人新建、改建、扩建、修缮、装饰不动产，均属于不动产在建工程。

（2）个人消费，包括纳税人的交际应酬消费。

（3）固定资产，是指使用期限超过12个月的机器、机械、运输工具以及其他与生产经营有关的设备、工具、器具等。

（4）非正常损失，是指因管理不善造成被盗、丢失、霉烂变质的损失，以及被执法部门依法没收或者强令自行销毁的货物。

有下列情形之一者，应当按照销售额和增值税税率计算应纳税额，不得抵扣进项税额，也不得使用增值税专用发票：

（1）一般纳税人会计核算不健全，或者不能够提供准确税务资料的。

（2）应当申请办理一般纳税人资格认定而未申请的。

纳税人取得的增值税扣税凭证不符合法律、行政法规或者国家税务总局有关规定的，其进项税额不得从销项税额中抵扣。

（1）增值税扣税凭证，是指增值税专用发票、海关进口增值税专用缴款书、农产品收购发票、农产品销售发票、运输费用结算单据和通用缴款书。

（2）纳税人凭通用缴款书抵扣进项税额的，应当具备书面合同、付款证明和境外单位的对账单或者发票。资料不全的，其进项税额不得从销项税额中抵扣。

3. 进项税额抵扣的特殊规定

（1）适用一般计税方法的纳税人，兼营简易计税方法计税项目、非增值税应税劳务、免征增值税项目而无法划分不得抵扣的进项税额，按照下列公式计算不得抵扣的进项税额：

① 对于一般纳税人购买的旅客运输劳务，难以准确地界定接受劳务的对象是企业还是个人，故一般纳税人接受的旅客运输劳务不得从销项税额中抵扣。

不得抵扣的进项税额 = 当期无法划分的全部进项税额 ×（当期简易计税方法计税项目销售额 + 非增值税应税劳务营业额 + 免征增值税项目销售额）÷（当期全部销售额 + 当期全部营业额）

主管税务机关可以按照上述公式依据年度数据对不得抵扣的进项税额进行清算。

（2）已抵扣进项税额的购进货物、接受加工修理修配劳务或者应税服务，发生不得抵扣进项税额情形（简易计税方法计税项目、非增值税应税劳务、免征增值税项目除外）的，应当将该进项税额从当期进项税额中扣减；无法确定该进项税额的，按照当期实际成本计算应扣减的进项税额。

案例分析

上海市某运输企业于2012年1月份购入一辆汽车作为企业的运输业务运输工具，车辆购入时不含税价格为40万元，取得的增值税专用发票上注明增值税款为6.8万元，当月该企业就对增值税专用发票进行了认证抵扣。2013年1月，为了增进员工福利，将该车辆转作为接送员工上下班的工具。车辆的折旧期为四年，采用直线法计提折旧。请问该运输企业应如何扣减已抵扣的进项税额？

［分析］（1）由于需扣减的进项税额无法确定，应按照当期实际成本计算应扣减的进项税额，即应扣减的进项税额 = 6.8 ÷ 4 × 3 = 5.1（万元）；

（2）该进项税额应从当期的进项税额中扣减。假设该运输企业2013年1月可抵扣的进项税额为100万元，则实际可抵扣的进项税额 = 100 − 5.1 = 94.9（万元）

（二）特殊情况下的增值税进项税额抵扣

1. 增值税发票丢失的处理

根据国税发［2002］10号文件规定，一般纳税人丢失增值税专用发票，如果该发票丢失前已通过认证，购货单位可凭销货单位出具的丢失发票存根联复印件及销货方所在地主管税务机关出具的“已抄税证明单”，经购货单位主管税务机关批准后，作为进项抵扣的合法凭证。如果该发票丢失前未通过认证，购货单位可凭销货单位出具的丢失发票存根联复印件进行认证，凭存根联复印件及销货方所在地主管税务机关出具的“已抄税证明单”，经购货单位主管税务机关批准后，作为进项抵扣的合法凭证。

2. 企业停产、倒闭、破产留抵的进项税额的处理

《国家税务总局关于企业破产、倒闭、解散、停业后增值税留抵税额处理问题的批复》（国税函［1998］429号）规定：对因破产、倒闭、解散、停业而注销税务登记的企业，其原有的留抵税额处理问题，《国家税务总局关于印发〈增值税问题解答（之一）的通知〉》（国税函［1995］288号）已明确规定，纳税人破产、倒闭、解散、停业后，其初期存货中尚未抵扣的已征税款，以及征税后出现的进项税额大于销项税额后不足抵扣部分（即留抵税额），税务机关不再退税。

3. 处理积压物资进项税转出的处理

《关于企业改制中资产评估减值发生的流动资产损失进项税额抵扣问题的批复》（国税函［2002］1103号）规定：对于企业由于资产评估减值而发生流动资产损失，如果流动资产未丢失或损坏，只是由于市场发生变化，价格降低，价值量减少，则不属于《中华人民共和国增值税暂行条例实施细则》中规定的非正常损失，不作进项税额转出处理。

第二节 采购控制的税收筹划

一、采购时间选择的税收筹划

1. 利用商品供求关系进行税收筹划

企业应在不影响正常生产的情况下选择供大于求、出现过剩时物资进行采购。因为拟采购物品出现供大于求时，采购方往往可以通过谈判压低采购价格。

《中华人民共和国增值税暂行条例》第十条规定："用于非应税项目的购进货物或者应税劳务、用于免税项目的购进货物或者应税劳务、用于集体福利或者个人消费的购进货物或者应税劳务的进项税额不得从销项税额中抵扣。"于是，不少企业在财务核算时为避免在进项税额出现差错，便将用于上述项目的外购材料单独设立"工程物资"、"其他材料"等科目入账，同时将取得的进项税额直接记入材料成本。其实《中华人民共和国增值税暂行条例》第十条规定的进项税额不得从销项税额中抵扣，仅指"用于"，也就是在领用的时候要转出进项税额，不"用于"时就无须转出。一般情况下，材料在购进和领用环节会存在一个时间差，企业往往最容易忽视这段时间差的重要性。如果能充分利用材料购进和领用的时间差，也可以减轻企业税收负担，获得颇为可观的经济效益。

案例分析

一大型煤炭生产企业，下属有医院、食堂、宾馆、浴池、学校、幼儿园、托儿所、工会、物业管理等常设非独立核算的单位和部门，另外还有一些在建工程项目和日常维修项目。这些单位、部门及项目耗用的外购材料金额也是相当巨大的，为了保证正常的生产、经营，必须不间断地购进材料以补充被领用的部分，保持一个相对平衡的余额。假设企业购买的这部分材料平均金额为 1 170 万元，如果单独成立"原材料"科目记账，将取得的进项税额直接记入材料成本，那么就不存在进项税的问题，从而简化了财务核算；但是，如果所有购进材料都不单独记账，而是准备作为用于增值税应税项目，在取得进项税时就可以申报从销项税额中抵扣，领用时作进项税额转出，虽然核算复杂了一些，然而企业在生产经营期间可以少缴税款。

这里不妨算一笔账，该企业将上述单位、部门及项目的材料不间断地购进、领用，再购进、再领用，并形成一个滚动链，始终保持 1 170 万元的余额。如此，企业就可以申报抵扣进项税额 170 万元，少缴增值税 170 万元、城市维护建设税 11.90 万元、教育费附加 5.10 万元。如果没有这部分税金及附加可占用，在流动资金不足的情况下，需向金融机构贷款，假设以贷款年利率6%计算，则节约的财务费用为：$(170+11.90+5.10)\times 6\% = 11.22$（万元），则企业多获得的利润为：$11.22-11.22\times 25\% = 8.415$（万元）。

由此可见，企业对材料采购进行税收筹划，不仅可以节省税款，而且还可以节约利息支出，真是一举两得。

二、供应商选择的税收筹划

作为一般纳税人，考虑到所购买的货物的扣税问题，当然应该到一般纳税人那里去采购，因为只有到一般纳税人那里去采购，才能取得增值税专用发票，才能最大可能地抵扣税款。但是，在现实生活中，事情并不都是那么凑巧，有的货物能够在一般纳税人与小规模纳税人之间选择，有的可能因为质量、采购量、距离远近等因素的制约，只能向小规模纳税人采购。因此，企业采购货物时应从进项税额能否抵扣、价格、质量、何时何地何种方式付款（考虑资金时间价值）等多方面综合考虑。

案例分析

华丰商贸城为一般纳税人，假如当月拟购进某件商品，每件进价20 000元（不含税），销售价为22 000元（不含税）。在选择进货渠道时，可作出三种选择：增值税一般纳税人；能开具增值税专用发票的小规模纳税人；开具普通发票的小规模纳税人。那么以这三种纳税人为供货对象，税收负担有什么不同呢？

方案一：以一般纳税人为供应商，经计算可知：增值税应纳税额为340元，当期净现金流量为2 000元。

方案二：以可以开具增值税专用发票的小规模纳税人为供应商，经计算可知：增值税应纳税额为3 140元，当期净现金流量为2 000元。

方案三：以只能开具普通发票的小规模纳税人为供应商，经计算可知：增值税应纳税额为3 740元，当期净现金流量为2 000元。

由以上分析可知，选择一般纳税人为供应商时，税负最轻，能开增值税专用发票的小规模纳税人次之，只能开普通发票的小规模纳税人税负最重。但考虑净现金流量，作为一般纳税人，无论向一般纳税人进货还是从小规模纳税人进货，只要进价（不含税）相等，当期的净现金流量都是相等的。

三、结算方式选择的税收筹划

结算方式的税收筹划，最为关键的一点就是尽量推迟付款时间，为企业赢得时间。采购结算方式的筹划一般有以下操作方法：付款之前，先取得对方开具的发票；使销售方接受托收承付与委托收款结算方式，尽量让对方先垫付税款；采取赊销和分期付款方式，使销售方先垫付税款，而自身获得足够的资金调度时间；尽可能少用现金支付。

案例分析

北方商业城于3月26日从信阳某酒厂购进一批粮食白酒，取得由防伪税控系统开具的增值税专用发票一份。该公司于当年4月将该份专用发票向当地国税机关申请并通过了认证，并于当月申报抵扣了专用发票上列明的进项税额6.8万元。

当年5月16日，当地国税机关在对该商业增值税一般纳税人进行增值税日常稽核时，以该公司未支付货款为由，责令其转出已抵扣的进项税额6.8万元。原因是该公司与销货方采取的是始终占压对方50万元货物的结算方式，故今后也无法确定该批货物的准确支付货款时间，因此，不知该笔进项税额到底何时能够抵扣。那么，税务机关的处理意见是否正确呢？

税法规定：企业购进货物，必须在购进的货物付款后才能申报抵扣进项税额，尚未付款的，其进项税额不得作为纳税人当期进项税额予以抵扣。

增值税一般纳税人申请抵扣的防伪税控系统开具的增值税专用发票，必须自增值税专用发票开具之日起90日内到税务机关认证；增值税一般纳税人认证通过的防伪税控系统开具的增值税专用发票，应在认证通过的当月按照增值税有关规定核算当期进项税额并申报抵扣，否则不予抵扣进项税额。

四、委托代购方式的税收筹划

制造企业在生产经营中需要大量购进各种原材料、辅助材料。由于购销渠道的限制，企业常常需要委托商业机构代购各种材料，委托代购业务自然就产生了。委托代购一般受托方只向委托方收取手续费，采取委托代购操作必须符合以下条件：

（1）受托方不垫付资金；

（2）销售方将发票开具给委托方，并由受托方将该发票转交给委托方；

（3）受托方按销售实际收取的销售额和增值税额与委托方结算货款，并另外收取手续费。这种情况下，受托方按收取的手续费缴纳营业税；委托方支付的手续费作为费用入账，不得抵扣增值税进项税额。

五、固定资产采购的税收筹划

1. 采购固定资产应尽量获取增值税专用发票

增值税转型会对企业投资产生正效应，使企业存在扩大设备投资的政策激励，从而对企业收益产生影响。但需要注意的是，对除房屋、建筑物、土地等不动产以外的购进（包括接受捐赠和实物投资）固定资产、用于自制（含改扩建、安装）固定资产的购进货物或增值税应税劳务必须取得增值税专用发票，才能享受增值税抵扣政策。如果购进时不能分清固定资产用途的，也应取得增值税专用发票，待明确购进固定资产的用途后，再最终决定增值税进项税额的抵扣与否。

2. 采购固定资产必须选择供货商的纳税人身份

一般纳税人在采购固定资产时，必须在不同纳税人身份的供货商之间作出抉择。供货商有两种纳税人身份——一般纳税人或者小规模纳税人。假定购进固定资产的含税价款为S，供货商若为一般纳税人，其适用的增值税税率为 T_1，若供货商为小规模纳税人（能到税务机关代开增值税专用发票），其增值税征收率为 T_2。则从一般纳税人供货商和小规模纳税人供货商处购进固定资产时，可抵扣的增值税进项税额分别为：$ST_1/(1+T_1)$ 与 $ST_2/(1+T_2)$。

（1）若一般纳税人增值税税率 T_1 取值17%，小规模纳税人增值税征收率 T_2 取值3%时，则有：$17\%/(1+17\%)>3\%/(1+3\%)$，则一般纳税人企业从一般纳税人供货商处采购能获得更多的进项税额抵扣。

（2）若一般纳税人增值税税率 T_1 取值13%，T_2 取值3%时，则有：$13\%/(1+13\%)>3\%/(1+3\%)$，则一般纳税人企业从一般纳税人供货商处采购固定资产能获得更多的可抵扣的进项税额。

3. 采购固定资产抵扣增值税时机的选择

当企业购买固定资产时，必须考虑固定资产的购进时机。一般来说，企业在出现大量增值税销项税额时购入固定资产最为适宜，这样在固定资产购进过程中就可以实现进项税额的全额抵扣。否则，若购进固定资产的进项税额大于该时期的销项税额，则购进固定资产时就会出现一部分进项税额不能实现抵扣，从而降低增值税抵扣的力度。因此，增值税转型后，企业必须对固定资产投资作出财务预算，合理规划投资活动的现金流量、分期分批进行固定资产更新，以实现固定资产投资规模、速度与企业财税目标的相互配合。

第三节 运费的税收筹划

一、运费的税收政策与筹划

企业采购材料要发生运费，而企业的运费收支又跟税收有着密切的联系，增值税一般纳税人支付运费可抵扣进项税，收取运费应缴纳营业税或增值税。运费收支状况发生变化时，对企业纳税情况会产生一定的影响，当对运费进行调控时，就可以合理合法地筹划运费中的税收。

购进材料物资等发生运费、销货方名称要求与运费发票开票方名称一致，否则，由于销货方代垫运费未作为增值税价外费用计税，而使购货方不能抵扣运费进项税额。

（一）运费结构与税负的关系

企业发生的运费对于一般纳税人自营车辆来说，运输工具耗用的油料、配件及正常修理费支出等项目，可以抵扣17%的增值税（索取专用发票扣税）。假设运费价格中的可扣税物耗的比率为R（不含税价，下同），则相应的增值税抵扣率就等于17%×R。我们再换一个角度思考运费扣税问题：若企业不拥有自营车辆，而是外购，在运费扣税时，按现行政策规定可抵扣7%的进项税额，同时，这笔运费在收取方还应当按规定缴纳3%的营业税。这样，收支双方一抵一缴后，从国家税收总量上看，国家只减少了4%（即7%－3%）的税收收入，即运费总算起来只有4%的抵扣率。

假设上述两种情况的抵扣率相等时，就可以求出R之值。即：

17%×R＝4%，则R＝23.53%。

R这个数值说明，当运费结构中可抵扣增值税的物耗比率达23.53%时，实际进项税抵扣率达4%。此时按运费全额7%抵扣与按运费中的物耗部分的17%抵扣，两者所抵扣的税额相等。因此，我们可以把R＝23.53%称为"运费扣税平衡点"。

案例分析

A企业以自营车辆采购材料一批，内部结算运费价格2 000元，现取R之值为23.53%计算，则这笔2 000元的采购运费价格中包含的物耗为：2 000×23.53%＝470.60（元），相应可抵扣进项税额为：470.60×17%＝80（元）。

如果自营车辆独立核算，A企业可以向该独立车辆运输单位索取运费普通发票并可抵扣7%的进项税：2 000×7%＝140（元）。

与此同时，该独立核算的车辆还应缴纳营业税：2 000×3%＝60（元）。这样，站在A企业与独立车辆总体角度看，一抵一缴后实际抵扣税只有80元。

以上说明当R＝23.53%时，两种情况抵扣的税额相等（都是80元），该运费扣税平衡点是存在的。

（二）自营车辆运输与外购运费的权衡

假定运输费用中的可抵扣增值税的项目（不含税）占运费收入（含税）的比重为

R，运费收入总额为 y（含税），可抵扣增值税的项目为 x，不可抵扣增值税的项目为 d，则可抵扣的增值税为 x×17%。单独成立的运输公司取得的运费收入为 y，就运费收入需要缴纳 3%的营业税。

自行运输方式下的税后现金流量为：$y - x \times 117\% - d - (\frac{y}{1.17} \times 17\% - x \times 17\%)$

成立运输公司方式下的税后现金流量为：

$y - x \times 117\% - d - y \times 3\%$

求两种方式的均衡点得：

$R = x/y = 67.82\%$

从税收的角度考虑，当运输费用中可以抵扣增值税的项目（不含税）占运费收入（含税）的比重超过 67.82%时，可以采取自行运输的方式；当运输费用中可以抵扣增值税的项目占运费收入的比重低于 67.82%时，可以采取单独成立运输公司运输。“营改增”之后，运输公司缴纳增值税，读者可自行测算自行运输与成立运输公司的税负均衡点。

案例分析

甲企业为增值税一般纳税人（产品适用增值税税率 17%），2 月 21 日购入一批货物，不含税价格为 400 万元，进项税额 68 万元，3 月 11 日，该企业和乙公司签订销售协议，协议规定该批货物出厂销售价格 440 万元（不含税），采取送货制，甲企业雇佣丙运输公司的车辆运送该批货物到达乙方，另外计算运费 11.7 万元，到达目的地的价税及运费总价款 526.5 万元，货物已发出，货款已收到（为了分析简便，假设甲企业期初进项税额为 0，本月无其他进项税额）。

方案一：由甲企业给乙企业开具运费收据

甲企业在销售时，以销售价格 440 万元（不含税）开具增值税发票，销项税额 74.8 万元，运费 11.7 万元，由甲企业给乙方开具收款收据，通过其他应收款收回。

按税法规定，甲企业在计算缴纳增值税税金时，销售额是指纳税人销售货物或者提供应税劳务向购买方（承受应税劳务也视为购买方）收取的全部价款和价外费用，但是不包括收取的价外费用销项税额。价外费用是指向购买方收取的手续费、补贴、基金、返还利润、奖励费、违约金（延期付款利息）、包装物租金、储备费、优质费、运输装卸费、代收款项、代垫款项及其他性质的价外收费。凡随同销售货物或者提供应税劳务，向购买方收取的全部价款和价外费用，无论其会计制度如何核算，均应并入销售额计算应纳税额。因为根据税法规定，各种性质的价外收费都要并入销售额计算纳税，目的是防止以各种名目的收费减少销售额逃避纳税现象。

因此甲企业纳税情况计算如下：

增值税销项税额 $= 440 \times 17\% + [11.7/(1+17\%)] \times 17\% = 76.5$（万元）

增值税进项税额 = 68 万元

应纳增值税 $= 76.5 - 68 = 8.5$（万元）

销售税金及附加 $= 8.5 \times (7\% + 3\%) = 0.85$（万元）

增值税税负率 $= 8.5 \div [440 + 11.7/(1+17\%)] = 1.90\%$

主营业务利润 $= 440 - 400 - 0.85 - [11.7/(1+17\%)] \times 17\% = 37.45$（万元）

方案二：由运输公司给销货方开具发票

甲企业在销售时，把销售价格 440 万元（不含税）和运费 11.7 万元一并开具增值税发票，销项税额为：$[440 + 11.7/(1+17\%)] \times 17\% = 76.5$（万元）；运费 11.7 万元由丙运输公司给甲方开具运费发票，这时按规定甲企业运费可以按 7%抵扣进项税额，但税法规定随同运费支付的装卸费、保险费等其他杂费不得计算扣除进项税额。

甲企业应纳税额计算如下：

增值税销项税额＝[440＋11.7/(1＋17%)]×17%＝76.5（万元）

增值税进项税额＝68＋11.7×7%＝68.819（万元）

应纳增值税＝76.5－68.819＝7.681（万元）

销售税金及附加＝7.681×(7%＋3%)＝0.7681（万元）

增值税税负率＝7.681÷[440＋11.7/(1＋17%)]＝1.71%

主营业务利润额＝440＋11.7/(1＋17%)－400－11.7×(1－7%)－0.7681＝38.3509（万元）

方案三：由运输公司给购货方开具运费发票

甲企业在销售时，以销售价格440万元（不含税）开具增值税发票，销项税额74.8万元；运费11.7万元，由丙运输公司给乙方开具运费发票，甲企业把运费发票转交给乙方。但是，按税法规定必须符合代垫运费的条件：（1）承运者的运费发票开具给购货方的；（2）纳税人将该项发票转交给购货方。

甲企业纳税情况计算如下：

增值税销项税额＝440×17%＝74.8（万元）

增值税进项税额＝68万元

应纳增值税＝74.8－68＝6.8（万元）

销售税金及附加＝6.8×(7%＋3%)＝0.68（万元）

增值税税负率＝6.8÷440＝1.55%

主营业务利润额＝440－400－0.68＝39.32（万元）

通过方案比较可知：方案二比方案一少缴增值税8.5－7.681＝0.819（万元），少缴销售税金及附加0.85－0.7681＝0.0819（万元），货物销售利润额增加38.3509－37.45＝0.9009（万元），因此方案二优于方案一。方案三比方案二少缴增值税7.681－6.8＝0.881（万元），少纳销售税金及附加0.7681－0.68＝0.0881（万元），货物销售利润额增加39.32－38.3509＝0.9691（万元），方案三优于方案二。通过以上比较，方案三为最佳方案。

二、运输活动的税收筹划

1. 自营运输转变成外购运费，可能会降低税负

拥有自营车辆的采购企业，当采购货物自营运费中的R值小于23.53%时，可考虑将自营车辆“独立”出来。

案例分析

B企业以自营车辆采购货物，根据其以往年度车辆方面抵扣进项税资料分析，其运费价格中R值只有10%，远低于扣税平衡点。假设当年该企业共核算内部运费76万元，则可抵扣运费中物耗部分的进项税为：76×10%×17%＝1.292（万元）。

如果自营车辆“独立”出来，设立隶属于B企业的二级法人运输子公司后，该企业实际抵扣税又是多少呢？“独立”后该企业不仅可以向运输子公司索取运费普通发票计提进项税＝76×7%＝5.32（万元），而且还要承担“独立”汽车应纳的营业税＝76×3%＝2.28（万元），一抵一缴的结果，B企业实际抵扣税款3.04万元，这比原抵扣的1.292万元多抵了1.748万元。运费的内部核算价格未作任何变动，只是把结算方式由内部核算变为对外支付后对企业就能多抵扣1.748万元的税款。

售货企业将收取的运费补贴转变为代垫运费，也能降低税负，但要受到售货对象的制约。对于售货方来说，只要能把收取的运费补贴改变成代垫运费，就能为自己降低税负。

案例分析

C厂销给D企业某产品10 000件，不含税售价100元/件，价外运费10元/件，则增值税销项税额为：10 000×100×17%+10 000÷[10%×(1+17%)]×17%=184 529.91（元），若进项税额为108 000元（其中自营汽车耗用的油料及维修费抵扣进项税8 000元），则应纳税额=184 529.91-108 000=76 529.91（元）。

如果将自营车辆“单列”出来设立二级法人运输子公司，让该子公司开具普通发票收取这笔运费补贴款，使运费补贴收入变成符合免征增值税条件的代垫运费后，C厂纳税情况则变为：销项税额170 000元（价外费用变成符合免征增值税条件的代垫运费后，销项税额中不再包括价外费用计提部分），进项税额100 000元（因运输子公司为该厂二级独立法人，其运输收入应征营业税，运输汽车原可以抵扣的8 000元进项税额现已不存在了，则应纳增值税额为70 000元），运输子公司应缴纳的营业税为：10 000×10×3%=3 000（元），如果属于“营改增”试点地区，则运输子公司应按照11%的税率缴纳增值税。

销售建材产品的企业，如果购货方是建设单位、施工企业或消费者等非增值税一般纳税人时，可考虑对原包含在售价之中的运费价款转变成代垫运费。再如，销售大型机械设备的企业，如果购货方作为固定资产入账的，可将售货总价中的运费价款改变成代垫运费。这样，就不会引起采购方少抵扣税款问题。

需要特别提醒的是，无论是把自营运费转成外购运费，还是把运费补贴收入转成代垫运费，都必然会增加相应的转换成本，如设立运输子公司的开办费、管理费及其他公司费用等支出。当节税额大于转换支出时，说明税收筹划是成功的，反之，当节税额小于转换支出时，应维持原状不变为宜。

2. “营改增”框架下的税收筹划

随着“营改增”改革的推进，全国的交通运输业普遍实行增值税制度，这对运费的筹划产生重大影响。“营改增”在上海、北京、天津、江苏、浙江等地区的试点税率为11%，远高于3%的营业税税率，但是实行“营改增”以后，允许抵扣增值税进项税额。对于一些小规模的交通运输企业（年应税营业额不超过500万元），允许按照3%的征收率实行简易办法征收，这对于小规模交通运输企业是一个利好消息。对于规模较大的交通运输企业，降低税负需要增加进项税额的抵扣。

思考与练习

复习思考题

1. 请分析采购合同中可能出现的税收陷阱有哪些？
2. 从税收筹划角度分析企业采购时应选择什么样的供应商？
3. 如何从税收筹划角度选择自营运输和外购运费？

案例分析题

案例一　运输业务的税收筹划

利华轧钢厂是生产钢材的增值税一般纳税人，拥有一批运输车辆。预计销售钢材时可同时取得运费收入1 170万元（含税），运输费用为900万元（不含税），其中不可抵扣增值税的部分为500万元，可抵扣增值税的项目均取得增值税专用发票。有两种方案可供利华厂选择：一是自营运输；二是将运输部门设立为独立的运输公司。从税收角度考虑，利华厂应如何选择？

参考答案：

方案1：选择自营运输按税法规定属于混合销售，利华轧钢厂统一缴纳增值税。

应纳增值税 = [1 170/(1 + 17%) - (900 - 500)] × 17% = 102（万元）

方案2：将运输部门设立为独立的运输公司，只按3%营业税率缴纳营业税。

应纳营业税 = 1 170/(1 + 17%) × 3% = 30（万元）

节税额 = 102 - 30 = 72（万元）

案例二

中超运输公司是“营改增”试点纳税人，兼营运输及物流仓储服务业务。2012年取得运费收入1 000万元（不含税），取得仓储收入300万元（不含税），交通运输业税率11%，物流仓储业务税率6%，城建税税率7%，教育费附加税率3%。假设不考虑其他税种。

思考：从税收角度考虑，中超运输公司的运费收入及仓储收入应采取分别核算方式还是合并核算方式更为有利？

参考答案：

（1）企业会计核算时未对这两类收入分别核算，则：应纳增值税额 = (1 000 + 300) × 11% = 143（万元）

（2）如果会计核算时对这两类收入分别核算，则：应纳增值税额 = 1 000 × 11% + 300 × 6% = 128（万元）

通过对不同收入分类核算，企业可以实现节税利益 = 143 - 128 = 15（万元）。

所以，在营改增后，纳税人要完善自己的财务核算，通过对不同收入分类核算，避免增加不必要的税收负担。

案例三　运输与租赁的权衡

某试点地区运输业纳税人，除做运输业务外，还将本单位闲置的车辆对外经营性租赁。假设所有业务均未取得进项税发票，其他税费仅考虑城建税和教育费附加，以下两模式发生的费用都相等。3月份发生车辆租赁业务收入5 000万元。

思考：如何进行租赁业务收入的筹划？

参考答案：

（1）3月经营租赁业务收入5 000万元，则租赁业务收入应纳增值税额 = 5 000 × 17% = 850（万元）

（2）如果此运输企业将车辆租赁的同时还为出租的车辆配备司机，收取运输服务收入5 000万元，则运输业务应纳增值税额 = 5 000 × 11% = 550（万元）

同样的收入额，经营模式不同，缴纳的税款也不同，上述租赁业务模式比运输业务模式多缴纳税款330万元。所以，相关行业纳税人可选择此种方法降低税负。

第八章

生产活动的税收筹划

课税在两种情况下可能使一国衰败。第一种情况是，税收数量超过国力，与社会总财富不相称；第二种情况是，税收数量虽然在总体上与国力相称，但负担极不合理。

——意大利经济学家 皮特罗·维里（Pietro Verri）

第一节 存货计价与资产折旧的税收筹划

一、存货发出计价方法

纳税人采取的存货计价方式不同，对产品成本、企业利润和企业所得税都有较大影响。对于性质和用途相似的存货，应当采用相同的成本计算方法确定发出存货的成本。对于不能替代使用的存货，为特定项目专门购入的存货以及提供劳务的成本，通常采用个别计价法确定发出存货的成本。

这里的存货是指企业在生产经营过程中为销售或者耗用而储存的各种资产，如商品、产成品、半成品、在产品以及各类材料、燃料、包装物、低值易耗品等。存货是资产负债表中的重要项目，也是利润表中用来确定主营业务成本的一项重要内容。

存货成本 = 期初存货 + 本期存货 - 期末存货

由上述公式可知，期末存货的大小，恰好与销货成本高低呈反向变化。换言之，本期期末存货的多计，必然会降低本期销货成本，增大本期收益。此外，本期期末存货的多计，又会增加下期期初存货成本，从而使下期的销货成本提高，降低下一期的收益。因而能否正确地确定存货的价值与能否正确地反映企业的经营成果和财务状况有着密切的关系。由于存货计价对企业的收益和应税所得额均有直接影响，会计制度规定的存货计价方法又有多种，不同的计价方法对企业利润和纳税多少的影响是不一样的，因而企业在选择存货计价方法时，可选择使其税负较轻的一种方法。

对企业来说，其可选用的存货计价方法主要有：先进先出法、个别计价法、月末一次加权平均法、移动加权平均法等不同方法。在价格平稳或者价格波动不大时，存货计价方法对成本的影响不显著。但当价格水平处于不断波动时，存货计价方法对成本的影响就较为显著。

由于不同的存货计价方法对企业纳税的影响是不同的，这既是财务管理的重要步骤，也是税收筹划的重要内容。一般采取何种方法为佳，应根据具体情况进行分析：

（1）当物价有上涨趋势时，采用月末一次加权平均法计算出的期末存货价值最低，销售成本最高，可将利润递延至次年，以延缓纳税时间；当物价呈下降趋势时，则采用先进先出法计算出的存货价值最低，同样可达到延缓纳税的目的。

（2）当企业处于所得税的免税期，企业获得的利润越多，其得到的免税额就越多，这样，企业就可以通过选择先进先出法计算期末存货价值，以减少当期成本、费用的摊入，扩大当期利润；相反，当企业处于征税期或高税负期，企业就可以选择月末一次加权平均法，将当期的摊入成本尽量扩大，以减少当期利润，降低应纳所得税额。

（3）存货计价方法作为企业内部核算的具体方法，可以通过利用市场价格水平变动来达到降低税负的目的。由于商品的市场价格总是处于变动状态之中，政府对商品市场价格的控制也总是有一定的限度，这就为企业利用价格变动使自己得到最大利益创造了条件。

二、固定资产折旧的税收筹划

折旧作为成本的重要组成部分，有着“税收挡板”的作用。按我国现行会计制度规定，企业常用的折旧方法有平均年限法、工作量法、年数总和法和双倍余额递减法，运用不同的折旧方法计算出的折旧额在量上是不相等的，因而分摊到各期生产成本中的固定资产成本也不同，这会影响到企业的利润和所得税。

企业计提固定资产折旧时，一般只能选用平均年限法或工作量法。对于加速折旧法的采用，税法有非常严格的规定。《中华人民共和国企业所得税实施条例》第九十八条规定：企业可以采取缩短折旧年限或者采取加速折旧的方法的固定资产包括：（1）由于技术进步，产品更新换代较快的固定资产；（2）常年处于强震动、高腐蚀状态的固定资产。

采取缩短折旧年限方法的，最低折旧年限不得低于本条例第六十条规定折旧年限的60%；采取加速折旧方法的，可以采取双倍余额递减法或年数总和法。

一般情况下，在企业创办初期且享有减免税优惠待遇时，企业可以通过延长固定资产折旧年限，将计提的折旧递延到减免税期满后计入成本，从而获得节税的好处。而对处于正常生产经营期且未享有税收优惠待遇的企业来说，缩短固定资产折旧年限，往往可以加速固定资产成本的回收，使企业后期成本费用前移，前期利润后移，从而获得延期纳税的好处。

在物价持续上涨时期，企业如果采用加速折旧方法，既可以缩短回收期，又可以加快折旧速度，有利于前期的折旧成本取得更多的抵税额，从而取得延缓纳税的好处，相对增加企业的投资收益。

企业采用加速折旧法计提折旧，只是相对改变了折旧计提的时间。在实施该方法的前几年，所得税的数额相对减少，可以达到节税的目的，但实施后期的所得税会逐渐增加。总体而言，总税负是不变的。但采用加速折旧法，可以使企业加速对设备的更新，促进技术进步，从而增强企业发展的后劲，给企业带来良性循环。

第二节　生产设备租赁的税收筹划

企业在生产管理中，经常会遇到设备租赁业务。按税法规定，公司从事经营租赁业务，应按"服务业——租赁业"税目缴纳营业税。公司从事融资租赁业务，则税收政策有所不同。

《国家税务总局关于融资租赁业务征收流转税问题的补充通知》（国税函［2000］909号）规定：经原对外贸易经济合作部批准的经营融资租赁业务的外商投资企业和外国企业开展的融资租赁业务，与经中国人民银行批准的经营融资租赁业务的内资企业开展的融资租赁业务同样对待，按营业税"金融保险业"税目中的"融资租赁"项目计缴营业税。

《国家税务总局关于融资租赁业务征收流转税问题的通知》（国税函［2000］514号）规定：除经批准经营融资租赁业务的单位外，其他单位从事的融资租赁业务，租赁的货物的所有权转让给承租方，征收增值税，不征收营业税；租赁的货物的所有权未转让给承租方，征收营业税，不征收增值税。

案例分析

融源股份公司为商品流通企业，兼营融资租赁业务（未经中国人民银行批准），按黄河公司的要求购入一条生产线，价格为1 638万元（含增值税238万元），支付境内运输费和安装调试费40万元、国内借款利息30万元，有两种方案可供选择：

方案一：双方签订融资租赁合同，明确融资租赁价款为2 400万元，租赁期为8年，黄河公司每年年初支付租金300万元，合同期满付清租金后，该生产线自动转让给黄河公司，转让价款为20万元（残值）。

方案二：双方签订经营租赁合同，约定租期为8年，租金总额2 040万元，黄河公司每年年初支付租金255万元，租赁期满，融源公司收回设备。收回设备的可变现净值为400万元。

融源股份公司与黄河公司之间的租赁业务，可以选择不同的租赁形式，下面对两个方案的纳税情况分析如下：

方案一：租赁期满后，设备的所有权转让，应缴纳增值税，不缴营业税，如果融源公司为增值税一般纳税人，那么该设备的进项税额可以抵扣。

融源公司应纳增值税 $=2\ 420\div(1+17\%)\times17\%-238=113.62$（万元）

应纳城建税及教育费附加 $=113.62\times(7\%+3\%)=11.36$（万元）

征收增值税的融资租赁业务实质上只是一种购销业务，应按购销合同征收万分之三的印花税。

应纳印花税 $=2\ 400\times0.3‰=0.72$（万元）

融源公司获利额 $=2\ 420\div(1+17\%)-1\ 400-40-30-113.6-11.36=473.42$（万元）

方案二：融源公司应纳营业税，不缴增值税。

应纳营业税 $=2\ 040\times5\%=102$（万元）

应纳城建税及教育费附加 $=102\times(7\%+3\%)=10.2$（万元）

融源公司税后利润 $=2\ 040+400-1\ 638-40-30-102-10.2=619.8$（万元）

通过比较可知，融源公司选择经营租赁方式，选择缴纳营业税可以减轻税负。

《企业会计准则第21号——租赁》规定，企业在对租赁进行分类时，应当全面考虑租赁期届满时租赁资产所有权是否转移给承租人、承租人是否有购买租赁资产的选择权、租赁期占租赁资产尚可使用年限的比例等因素。同时依据实质重于形式原则，考察与租赁资产所有权有关的风险和报酬是否转移，来具体区分融资租赁与经营租赁。如果不想被认定为融资租赁，则在租赁合同中不要涉及资产所有权的转移和廉价购买权问题，以及避免租赁期超过租赁资产有效使用年限的75%，这样就可以避免被认定为融资租赁。

第三节　委托加工与自行加工的税收筹划

委托加工的应税消费品与自行加工的应税消费品的计税依据不同。委托加工时，受托方（个体工商户除外）代收代缴税款，计税依据为同类产品销售价格或组成计税价格；自行加工时，计税依据为产品销售价格。通常情况下，委托方收回委托加工的应税消费品后，要以高于成本的价格售出，要求获取盈利。不论委托加工费大于或小于自行加工成本，只要收回的应税消费品的计税价格低于收回后的直接出售价格，委托加工应税消费品的税负就会低于自行加工的税负。

企业在计算应纳税所得额时，消费税允许税前扣除。因此，消费税税负会进一步影响企业所得税税负，进而影响企业的税后利润额。而作为价外税的增值税，则不允许税前扣除。

应税消费品的加工方式有两种：委托加工与自行加工。纳税人选择不同的加工方式，会产生不同的税负。因此，纳税人可以合理选择加工方式进行税收筹划。

案例分析

A卷烟厂委托加工的消费品面临以下两种税收筹划方案的选择：

方案一：委托加工的消费品收回后，继续加工成另一种应税消费品。

A卷烟厂委托B厂将一批价值100万元的烟叶加工成烟丝，协议约定加工费75万元；加工的烟丝运回A厂后继续加工成甲类卷烟，加工成本、分摊费用共计95万元，该批卷烟售出价格（不含税）700万元，出售数量为0.4万大箱。烟丝消费税税率为30%，卷烟的消费税税率为45%（增值税不计）。

A厂支付加工费同时，向受托方支付其代收代缴消费税：

$(100+75)/(1-30\%)\times 30\%=75$（万元）

代收代缴城建税及教育费附加：$75\times(7\%+3\%)=7.5$（万元）

A厂销售卷烟后，应缴纳消费税：$700\times 45\%+150\times 0.4-75=300$（万元）

应缴纳城建税及教育费附加：$300\times(7\%+3\%)=30$（万元）

A厂税后利润：$(700-100-75-75-95-300-30-7.5)\times(1-25\%)=13.12$（万元）

方案二：委托加工的消费品收回后，委托方不再继续加工，而是直接对外销售。

A厂委托B厂将烟叶加工成甲类卷烟，烟叶成本不变，支付加工费为170万元；A厂收回后直接对外销售，售价仍为700万元。

A 厂支付受托方代收代扣消费税金：(100 + 170)/(1 - 45%) × 45% + 0.4 × 150 = 280.91（万元）

支付代收代扣城建税及教育费附加 = 280.91 × (7% + 3%) = 28.091（万元）

A 厂销售时不用再缴纳消费税，税后利润的计算过程如下：

(700 - 100 - 170 - 280.91 - 28.091) × (1 - 25%) = 90.75（万元）

在被加工材料成本相同、最终售价相同的情况下，方案二显然比方案一对企业有利得多，税后利润多77.63（90.75 - 13.12）万元。而在一般情况下，方案二支付的加工费要比方案一支付的加工费（向委托方支付的加工费加自己发生的加工费之和）要少。对受托方来说，不论哪种情况，代收代缴的消费税都与其盈利无关，只有收取的加工费与其盈利有关。

第四节　技术改造及设备大修的税收筹划

一、技术改造与设备大修的税收政策

技术改造是指企业为了达到提高经济效益、提高产品质量、增加花色品种、促进产品升级换代、扩大出口、降低成本、节约能耗、加强资源综合利用和“三废”治理、劳保安全等目的，利用先进的新技术、新工艺、新装备等对生产条件进行的改造。

技术改造时间存在着一个时机选择的问题，而非任意地选择。另外，除了要考虑时间的选择之外，还涉及技术引进的方式以及技术转让购进渠道的选择，以达到节约税款的目的。

修理是使设备恢复原来状况和功能，包括更换零部件。大修理在税法上称之为固定资产改良支出，只有符合下列条件之一才属于固定资产改良支出：（1）修理金额占原固定资产设备价值的 20% 以上；（2）修理后固定资产的经济寿命延长两年以上；（3）修理后固定资产被用于新的或不同的用途。当企业的固定资产修理费用达到或者超过固定资产原值 20% 时，可以考虑采用多次修理的方式来达到税收筹划的目的。

技术改造投资大，时间长，但是，它能极大提高生产效益，可谓“磨刀不误砍柴工”。大修理相对于技术改造来说，简单一些，只是功能的恢复，但它能节约资金。因此，对技术改造和大修理不能简单地比较孰优孰劣，企业在选择时需要根据实际情况进行比较分析，然后进行税收筹划。

二、设备大修理的税收筹划

（一）大修理支出的税务处理

税法规定，企业大修理支出根据固定资产已计提折旧的情况分别归入固定资产或长期待摊费用。

1. 大修理费用计入固定资产原值

当该项固定资产尚有折旧未提完时，大修理费用应计入固定资产原值。假设原固定资产价值为H，大修理费用为K，那么大修理费用K应在20%H以上，大修理增加固定资产原值为20%H以上。

假设K=20%H，按10年计提折旧，每年折旧额为2%H。当修理费越高时，其利润越少。由于大修理只是恢复原有功能，生产效益不能提高，相反，还增加折旧，减少了利润。设原来的年利润为M，经过大修理后，企业的年利润为M-2%H。

2. 大修理费用计入长期待摊费用

假设大修理费用仍为K，按税法政策规定，固定资产大修理计入长期待摊费用，应在5年时间内摊销，每年摊销额为4%H，此时，年利润为M-4%H。

案例分析

某公司2012年10月起对一条生产线进行大修，12月完工，该生产线原价及计税基础均为8 000万元，发生修理费用4 100万元。其中，购买大修理用的零件等取得增值税专用发票上注明的货款1 800万元，增值税进项税306万元，运费100万元，更换一台A设备价值1 000万元，发生人工费用等其他费用894万元。修理后固定资产的使用寿命延长3年，假定当年实现利润6 000万元，不考虑其他纳税调整事项。

按该公司的修理方案，大修理支出占固定资产计税基础为51.25%（4 100÷8 000×100%），超过50%；修理后固定资产的使用寿命延长2年以上，属于大修理支出，按企业的会计政策，修理费用在5年内摊销，当年税前可摊销68（4 100÷5÷12）万元，则当年应纳企业所得税为1 483［（6 000-68）×25%］万元。

【筹划方案】如果上述A设备此次不更换，而在2013年度更换且不影响生产经营。则其结果为：修理支出降为3 100（4 100-1 000）万元，修理支出占固定资产的计税基础38.75%（3 100÷8 000×100%），不符合税法规定的大修理条件，该修理支出中的零件及运费等的进项税额313（306+100×7%）万元可以抵扣。

本案例中，固定资产大修理转为日常修理，可直接获得如下税收利益：①增值税进项税额313万元可在当期抵扣，从而少缴增值税及其附加税费，使得当期税后收益增加。②该项修理支出2 787（3 100-313）万元可在当期税前扣除，直接影响当期应缴纳的企业所得税696.75（2 787×25%）万元，与上述增值税及其附加一起获得的税后利润构成了政府向企业提供的一笔无息贷款。

（二）设备大修与技术改造的结合

企业可以将设备大修和技术改造巧妙结合、统筹安排：（1）在时间安排上，可将大修理安排在技改前一年，使当年利润减少，第二年年初购入技改设备，使设备有提取较多的折旧额抵减利润。（2）对于一些设备的维护与零星维修，可以考虑与技术改造相结合，调整为设备大修，提高税前扣除额。

第五节 产销规模的税收筹划

一、产销规模对企业税负的影响

产销规模对企业的税负状况有着重要影响。生产的完成促成销售的实现，而销售收入从一个方面直观地反映着企业的获利能力。税款的计算依托于法定税率与企业账面记载的应税收益金额，而不考虑这种账面意义的收益所实际取得的现金流入状况。而获利能力便是企业账面收益的具体化。因而企业纳税的行为规范就是，只要体现出账面或会计观念下的应税收益，企业就必须依法及时足额地动用现实的现金予以解缴，否则会受到税法的严厉制裁，使企业利益遭受极大损害。

在课税条件下，存在着会计收益预期的应计现金流入量与实际现金流入量的非对等性，因此，单纯地依据企业最大获利能力所确立的所谓“最佳”财务目标，在纳税现金支出刚性制约下，便失去了其现实意义。

简单地说，产销规模最大化在纳税目标约束下，并非是最优的，它对企业的影响并不体现在税负较重上，而可能因产销规模极大化导致的税前账面收益极大化，由此发生的纳税现金需求超过企业现金供给，给企业带来一系列诸如声誉受损等不利影响。因此，企业必须合理确定纳税目标约束下的产销规模。

二、企业产销规模的测定方法①

企业的获利能力，集中体现为其利润实现的可能性。由于利润的实现程度又是企业营运收入与成本费用配比关系的反映，因而收益能力的预测便首先基点于营运收入的预测和成本费用的预测。通常认为：

$TR = px$；$TC = a + bx$

其中：TR—销售收入总额，p—产品销售单价，x—销售数量，TC—成本费用总额，a—固定成本总额，b—单位变动成本。

故此，大都将收入函数与成本费用函数（以销售数量为自变量）设定为线性状态。

然而，在实际工作中，由于各种因素的影响，如市场供求变动，企业基于竞争考虑等等，往往使产品的销售收入总额及成本费用总额并非完全地与销售数量成正比例关系变动。即经常不是反映为直线关系，而表现为不同程度的曲线关系，原因在于：在市场供求关系的影响下，某种产品的销量增加时，其销售价格可能反向降低。或者为了薄利多销，往往在增加销量的同时，需要不断降低产品的销售价格．以强化竞争实力。在这种情况下，销售收入总额将会以递减的变动率增加，即其增加的幅度低于销量的增幅，就成本费用来看，在产品产量增长的初期阶段，由于受生产管理水平、产品加工工艺及工人劳动熟练程度的限制，生产中直接材料、直接人工和制造费用的消耗通常是较多的，这样变动成本总额会以某一递增的速率上升。而当产销规模达到某一水平时，由于管理经验、水平及工人熟练程度的提高和工艺技术的改进，加之材料使用的规模效应，必然有利于企业产品生产的单位成本的不断降低，即在固定成本相对稳定的同时，变动成本总额将以递减的变动率增长。然而，一旦产品的产销规模超过企业有效的承荷限度，则会由于各种不利因素的影响及企业内在秩序的紊乱，导致产品的生产成本及推销与管理成本大幅度增加。因而，在固定成本增加的同时，变动成本总额也将以递增的变动率上升。

据上述分析，可以得出这样的结论：任何产品的生产与销售都有着一定周期性规

① 参考李大民主编《税收筹划》，中国财政经济出版社 2005 年第 1 版。

律。在其不同的生产阶段，收入与成本费用呈现出差异的变动特征，亦即与业务量的变动反映为曲线的对应关系。各自的基本曲线函数方程为：

$TR = fx - gx^2 \quad TC = a + bx + cx^2$

根据上述收入成本费用曲线方程，可以得出利润 P 的曲线公式：

$P = TR - TC = (fx - gx^2) - (a + bx + cx^2)$

$P = -(c+g)x^2 + (f-b)x - a$

上述公式中 a、b、c、f、g 为参数，可根据企业的历史资料及同行业先进水平的若干组产销业务量与收入，成本费用的对应数组予以具体确定。由此，得出企业某产品经营的盈亏分界点时的产销业务量：

$$x = \frac{-(f-b) \pm \sqrt{(f-b)^2 - 4(-a) \cdot [-(c+g)]}}{2[-(c+g)]}$$

其中 X_1 为由亏转盈时的业务量，X_2 为由盈转亏时的业务量，在 (X_1, X_2) 业务量限度内，最大利润额为：

$$P = \frac{(f-b)^2}{4(c+g)} - a;$$

相应的最佳产销业务量：

$$X = \frac{(f-b)}{2(c+g)}$$

若企业投资项目较少．可利用上述模式逐一进行；倘若企业投资项目较多，测算手段落后，工作量太大时，可依据 ABC 分类原理，即在首先合理归类的基础上再加以预测。

案例分析

某公司经营甲产品（适用增值税率 17%，所得税率 25%），所需原材料的单位外购价税款 100 元，即单位进价 85.47 元，单位进项税额 14.53 元。经测算，其总收入与总成本函数分别为：

$TR = 170X - 0.02X^2$，

$TC = 1248 + 40X + 0.5X^2$

则该产品盈亏分界点产销量为（数量单位：千件）：

$$X = \frac{-(170-40) \pm \sqrt{(170-40)^2 - 4(-1248) \times [-(0.5+0.02)]}}{2 \times [-(0.5+0.02)]}$$

计算得，$X_1 = 10$ 千件；$X_2 = 240$ 千件

在（10，240）有效业务量范围内，最大利润期望值为：

$$P = \frac{(170-40)^2}{4 \times (0.5+0.02)} - 1\ 248 = 6\ 877 \text{（元）}$$

相应的最佳产销业务量为：

$$X = \frac{170-40}{2 \times (0.5+0.02)} = 125 \text{（千件）}$$

据此，企业应做出这样的产销安排：目标利润 6 877 元，最佳产销量 125 千件，销售收入 20 937.50 元（不含增值税），成本费用总额 14 060.50 元，应纳增值税额为：20 937.50 × 17% − 14.53 × 125 = 1 743.13（元），应纳所得税 6 877 × 25% = 1 719.25 元，应纳税款现金需要量总计 3 462.38 元。

思考与练习

复习思考题

1. 企业如何利用存货计价方法的调整降低税收负担?

2. 企业租赁固定资产比购买固定资产有哪些税收好处?

3. 设备大修和技术改造的税收政策有何差异? 如何进行设备大修及技术改造的税收筹划?

案例分析题

案例一　委托加工与自行加工的方案比较

育才酒厂于2012年8月份承接一笔粮食白酒订单，合同约定购销白酒数量100万公斤，不含增值税售价840万元，要求装瓶，每瓶一斤装。该厂为生产该批白酒购进粮食等原材料花费210万元。就如何组织该批白酒的生产，该厂制定了三套加工方案：

方案一：将价值196万元的原料交付乙公司加工成散装白酒100万公斤，支付加工费56万元，加工完成运回本厂后，由本厂装瓶，需支付人工费及其他费用44.8万元。

方案二：将价值210万元的原料交付兴盛酿酒厂，由兴盛酿酒厂直接加工成100万公斤的瓶装白酒，收回后直接销售，需支付加工费100.8万元。

方案三：酒厂自行加工生产。就酒厂将210万元的原料交付生产车间进行生产，发生的加工费用及辅料成本与委托加工方式相同，为100.8万元。

思考：

(1) 分析比较3套方案下的消费税、城建税、教育费附加及税后利润（城建税税率7%；教育费附加3%；企业所得税税率25%，增值税及由此计算的城建税、教育费附加不考虑）。

(2) 选择最优方案。

参考答案：

方案一：委托加工收回后继续加工：

委托环节应纳消费税 = (210 + 56 + 100 × 2 × 0.5) ÷ (1 − 20%) × 20% + 100 × 2 × 0.5
= 191.5（万元）

本厂继续生产应纳消费税 = 840 × 20% + 100 × 2 × 0.5 = 268（万元）

城建税、教育费附加 = (191.5 + 268) × (7% + 3%) = 45.95（万元）

净利润 = (840 − 210 − 56 − 44.8 − 191.5 − 268 − 45.95) × (1 − 25%) = 17.8125（万元）

方案二：全部委托加工，酒厂收回后直接对外销售：

应纳消费税 = (210 + 100.8 + 100 × 2 × 0.5) ÷ (1 − 20%) × 20% + 100 × 2 × 0.5
= 202.7（万元）

城建税、教育费附加 =202.7×(7% +3%)=20.27（万元）

净利润 =(840 -210 -100.8 -202.7 -20.27)×(1 -25%)=229.6725（万元）

方案三：酒厂全部自行生产加工：

应纳消费税 =840×20% +100×2×0.5 =268（万元）

城建税、教育费附加 =268×(7% +3%)=26.8（万元）

净利润 =(840 -210 -100.8 -268 -26.8)×(1 -25%)=175.80（万元）

由以上计算可知，方案二的净利润是最大的。

案例二　连续生产应税消费品的税收筹划

S公司为小规模纳税人，2009年从T企业购进甲种应税消费品一批，用于连续生产应税消费品，支付价税合计500 000元，消费税税率30%。

思考：向供货方索取普通发票好，还是索取专用发票好？

参考答案：

方案一，如果取得普通发票，允许抵扣的增值税和消费税为：

增值税进项税额 =0（元）

消费税可抵扣税额 =500 000×30%/(1 +3%)=145 631.07（元）

方案二，如果取得专用发票，则允许抵扣的增值税和消费税为：

增值税进项税额 =0（元）

消费税可抵扣税额 =500 000×30%/(1 +17%)=128 205（元）

结论：这笔业务对于供贷方而言，无论开具哪一种发票，其应纳税值税和消费税都是不变的。但是对于购货方，由于小规模纳税人不享受增值税抵扣，所以并不增加增值税税负。这时，S公司生产产品向一般纳税人购进应税消费品时，索取普通发票能够获得更多的消费税抵扣，取得普通发票的节税作用便超过了专用发票。然而也需要注意，在购进企业是一般纳税人的情况下，增值税进项税额允许抵扣，就需要重新计算筹划。在此例中增值税进项税额 =500 000÷(1 +17%)×17% =72 650（元），小规模纳税人把该金额计入成本，而一般纳税人则计入应交税费的抵减方。所以，一般纳税人还是应索取专用发票。

第九章

销售活动的税收筹划

尽管你费尽心机去征想征的税，但商人们最终还是把他们自己承担的税收转嫁出去。

——英国著名民主宪政哲学家　约翰·洛克（John Locke）

第一节　混合销售与兼营行为的税收筹划

一、混合销售

混合销售，是指一项销售行为同时涉及货物和非增值税应税劳务（即属营业税征税范围的劳务活动），即同一项销售行为既包括销售货物又包括提供非应税劳务，销售货物与提供非应税劳务是由同一纳税人实现，价款是同时向一个交易者收取的；该项非应税劳务是直接为销售货物而发生的，具有较强的从属关系。由于增值税和营业税是并行的税种，征收增值税就不征收营业税，反之征收营业税就不征收增值税，因此，其相关规定两者是一致的。

从事货物的生产、批发或零售为主，并兼营非应税劳务的企业、企业性单位及个体经营者，年货物销售额超过50%，非增值税的应税劳务营业额不到50%的混合销售行为，均视为销售货物，一并征收增值税。对以从事非增值税应税劳务为主，并兼营货物销售的单位和个人，其混合销售行为应视为销售非应税劳务，不征收增值税，但必须单独核算，如果不单独核算就视同销售货物，一并征收增值税。

税法对混合销售的几项特殊情况作出如下规定：从事运输业务的单位和个人，销售货物并负责运输的，所售货物的混合销售行为，征收增值税；电信单位（电信局及经电信局批准的其他从事电信业务的单位）自己销售无线寻呼机、移动电话，并为客户提供有关的电信服务的，属于混合销售，征收营业税。对单纯销售无线寻呼机、移动电话，不提供电信服务的，征收增值税。

案例分析

某企业为增值税一般纳税人，12月份，该企业将1 000平方米的办公楼出租给某公司，由于房屋出租属于营业税应税行为，同时又涉及水电等费用的处理问题，因此，在合同的签署上存在如下两种方案：

方案一：双方签署一个房屋租赁合同，租金为每月每平方米160元，含水电费，每月租金共计160 000元，每月供电7 000度，水1 500吨，电的购进价为0.45元/度，水的购进价为1.28元/吨，均取得增值税专用发票。

该企业房屋租赁行为应缴纳营业税为：

160 000×5%＝8 000（元）（其他各税忽略不计）

而该企业提供给公司的水电费，由于是用于非应税项目的购进货物，其进项税额不得从销项税额中抵扣。因此，对该企业购进的水电进项税金应作相应的转出，即相当于缴纳增值税：7 000×0.45×17%＋1 500×1.28×13%＝785.1（元）

该企业最终应负担营业税和增值税合计：8 000＋785.1＝8 785.1（元）

方案二：该企业与公司分别签订转售水电合同、房屋租赁合同，分别核算水电收入、房屋租金收入，并分别作单独的账务处理。转售水电的价格参照同期市场价格：转售价格确定为：水每吨1.78元，电每度0.68元。房屋租赁价格折算为每月每平方米152.57元，当月取得租金收入152 570元，水费收入2 670元，电费收入4 760元。

该企业的房屋租赁与转售水电属相互独立且能分别准确核算的两项经营行为，应纳税额计算如下：

应纳营业税＝152 570×5%＝7 628.5（元）

应纳增值税＝(2 670×13%＋4 760×17%)－785.1＝371.2(元)

该企业最终应负担营业税和增值税之和为：7 628.5＋371.2＝7 999.7（元）

两种方案税负差额为：8 785.1－7 999.7＝785.4（元），故第二个方案优于第一个方案。

上述两个筹划方案的差异在于对转售水电这一经营行为的处理方式不同。第一个方案，双方只签订一个房屋租赁合同，把销售水电视同营业税的混合销售，一并征收营业税，而相应的水电费进项税额不能扣除；而第二个方案，双方分别签订房屋租赁合同、转售水电合同，并分别核算租赁收入、水电费收入，这样水电费收入就应缴纳增值税，进项税额允许抵扣，从而减轻了企业税收负担。

案例分析

某商场为促销空调，推出为客户免费安装的服务。比如售出一台空调，售价为4 000元，商场为消费者开具4 000元的发票，同时聘请专业安装公司为客户安装空调，安装费为200元。这样，商场计算的增值税销项税额为：

4 000÷(1＋17%)×17%＝581.2（元）

安装公司应纳营业税为：

200×3%＝6（元）

该商场实际上多缴了税，因为空调售价虽然为4 000元，但是又支付给安装公司200元，实际自己所得是3 800元，理应按3 800元纳税。

如果把这个营销过程改成商场开具3 800元的发票、安装公司开具200元的发票给消费者，那么商场应交纳的增值税销项税为：3 800÷(1＋17%)×17%＝552.14（元），与原来相比，销售每台空调省下29.06元增值税。

二、兼营行为

兼营行为是指纳税人的经营范围既包括销售货物和增值税应税劳务，又包括提供非应税劳务；但是，销售货物或应税劳务与提供非应税劳务不发生在同一项销售行为中，也不一定针对同一交易者。《中华人民共和国增值税暂行条例实施细则》第六条规定：纳税人兼营非应税劳务的，应分别核算货物或应税劳务和非应税劳务的销售额。不分别核算或不能准确核算的，其应税劳务应与货物或应税劳务一并征收增值税。

案例分析

北京富华建材商城主营建筑材料批发和零售的同时，还兼营对外承接安装、装饰劳务。该商城是增值税一般纳税人，增值税税率为17%。8月对外发生一笔混合销售业务，销售建筑材料并为客户装修。这批建筑材料的购入价是200万元，该商店以220万元的价格销售并代为安装。

纳税人在进行筹划时，主要是对比增值税和营业税税负的高低，然后选择低税负的税种。为了比较增值税和营业税税负的高低，这里设计一个简单的模型：

假设经营收入总额为Y，临界增值率为V_0，增值税税率为t_1，营业税税率为t_2，则：

应纳增值税税额 = $Y \times V_0 \times t_1$

应纳营业税税额 = $Y \times t_2$

令：$Y \times V_0 \times t_1 = Y \times t_2$

则：$V_0 = t_2 \div t_1$。

实际增值率V = 增值额 ÷ 经营收入总额 = （经营收入总额 - 允许扣除项目金额） ÷ 经营收入总额

当实际的增值率$V > V_0$时，纳税人筹划缴纳营业税比较合算；当实际增值率$V < V_0$时，缴纳增值税税负较低，根本原因在于增值税可以抵扣外购项目进项税额。

富华建材商城的实际增值率：$V = (220 - 200) \div 220 \times 100\% = 9.09\%$

临界增值率：$V_0 = 3\% \div 17\% \times 100\% = 17.65\%$

即$V < V_0$，富华建材商城应选择缴纳增值税可节税，节税额为：$220 \times 3\% - (220 \times 17\% - 200 \times 17\%) = 3.2$（万元）。

所以，北京富华建材商城应当设法使建材的销售额占到全部营业额的50%以上，缴纳增值税最为合适。

第二节　促销行为的税收筹划

一、折扣销售

折扣销售，又称为“商业折扣”。对于折扣销售，如果销售额和折扣额在同一张发票上注明，则允许销售方以其销售额扣除折扣额后的余额作为计税额；如果销售额和折扣额不在同一张发票上注明，则不允许将折扣额从销售额中扣除计算计税额。

案例分析

华美盛服装有限公司因商业折扣问题而头疼，情况是这样的：该公司是内衣生产企业，产品主要销往日本、韩国以及东南亚国家，考虑到外销的产品利润较低，近年来大力开拓国内市场，主要利用各地的代理商扩大市场。为了激励代理商，根据代理商的销售业绩给予商业折扣。公司规定：在以月度结算的条件下，月销售内衣10 000件（不含10 000件）以下的，月度折扣为2元/件；月销售10 000～20 000件的月度折扣为3元/件。年销售内衣在150 000件以下的，年终折扣为2.5元/件；年销售内衣在150 000～250 000件的，年终折扣为3元/件。

该方法在经营实践中收到较好的效果，很快打开国内市场，当年内销实现4亿元。到年底与代理商进行结算时，支付商业折扣2 000万元（以产品的形式或货币的形式），但税负很高，因为价款与商业折扣不能在同一发票上体现，增值税、企业所得税等税收负担大大增加。

华美盛公司邀请税务顾问为其设计税收筹划方案，税务专家设计了如下三种方案：

方案一：预估折扣率

根据代理商以前月份或者以往年度的销售情况平均计算确定一个适当的折扣率。当该代理商于本期来公司提货时，会计人员在开具发票过程中就可以按平均数10 000件的折扣率计算折扣，然后在一定的期间内再进行结算。

这种方法的优点是能够反映代理商的折扣情况，及时结算商业折扣；其缺点是对业务不稳定、销售波动比较大的客户的折扣情况难以把握。

方案二：递延处理折扣

将月度折扣推迟至下一个月来反映，年度折扣推迟到下个年度来兑现。假如某代理商1月销售衣服12 000件，其享受的折扣额为3元/件，那么该客户1月应享受的月度折扣为36 000元，待该客户2月份来开票时，便将其上月应享受的月度折扣36 000元在票面予以反映，客户按减除折扣后的净额付款。如果客户上月应结折扣大于当月开票金额，则可分几次在票面上予以体现。年度折扣主要目的是为了加强对市场网络的管理，如无非常特殊情况，一般推迟到次年的3月份进行结算，其处理方法与月度折扣一样，在次年3月开票时在票面上反映出来即可。

这种方法的优点是操作非常简便。如果月份间和年度间销量和折扣标准差异较大，不能较为真实地反映当月和本年度实际的经营成果，而且12月和年终折扣在进行所得税汇算清缴时可能会遇到一些障碍。这种方法适用于市场比较成熟、稳定，月份和年度间销量的折扣标准变化不大的企业。

方案三：当期结算和递延结算相结合

当期结算和递延结算相结合的办法，即在日常开票时企业可设定一个当期结算折扣的最低标准，比如2元/件，所有的客户都按照这一标准来结算，并在发票上予以体现，客户按减除折扣后的净额付款，月末计算出当月的应结给客户的折扣总额，减去在票面上已经反映了的折扣额即为尚应结付的折扣额，将该差额在下月的票面上予以反映，年度折扣仍然放到下一个年度。

这种方法的优点是：缓解了客户的资金压力，操作也相对较为简便。缺点是：因部分月度折扣放在下一个月，年度折扣放在下一个年度去了，如果销量起伏太大，便不能真实地反映月度和年度的经营成果。这种方法适用于客户资金有一定压力或有特殊要求的企业。

案例分析

山泉矿泉水公司是一家生产销售天然矿泉水的生产商，该公司为了鼓励代理商，给予优惠折扣政策如下：年销售矿泉水在100万瓶以下的，每瓶享受0.2元的折扣；年销售矿泉水在100万～500万瓶的，每瓶享受0.30元的折扣；年销售矿泉水在500万瓶以上的，每瓶享受0.35元的折扣。但是，在代理期间，由于山泉矿泉水公司不知道也不可能知道每家代理商到年底究竟能销售多少瓶矿泉水，也就不能确定每家代理商应享受的折扣率。

通常的做法是等到年底结算或第2年的年初，一次性地结算应给代理商的折扣总金额，单独开具红字发票，但这种折扣在计税时不允许冲减销售收入，山泉矿泉水公司每年多纳了部分税款。那么，有没有办法减少这样的损失呢？

对于这一问题，可以通过采取预估折扣率的办法解决，具体操作方案如下：每年年初，山泉矿泉水公司按最低折扣率或根据上年每家经销代理商的实际销量初步确定一个折扣率，在每次销售时预扣一个折扣率和折扣额来确定销售收入，即在代理期间每一份销售发票上都按预估折扣率预计一定的折扣额，这样山泉矿泉水公司就可以将扣除折扣额后的收入确认为“主营业务收入”，从而抵减税收支出。等到年底结算或次年年初每家代理商的销售数量和销售折扣率确定后，只需要对主营业务收入及折扣额的差额稍作一些调整即可。折扣额的差额可以递延到次年，作为下一年度的销售折扣额。

二、销售折扣

销售折扣，也称为现金折扣，即为鼓励客户早付款而给予的价款结算额的优惠。税法规定无论财务上如何做账，都不能将销售折扣从销售额中扣除。

案例分析

甲公司是一家玩具生产企业，系增值税一般纳税人。乙公司从甲公司采购一批玩具，采购价格为117 000万元（含税价格），由于乙公司提前10天付款，甲公司给予乙公司2%的现金折扣。

甲公司的会计处理如下：

发货时：

借：应收账款——乙公司　117 000

　贷：主营业务收入　100 000

　　应交税费——应交增值税（销项税额）　17 000

收款时：

借：银行存款　114 660

　财务费用　2 340

　贷：应收账款——乙公司　117 000

如果甲公司给予乙公司2%的商业折扣，并将折扣额开在同一张发票上。甲公司的会计处理为：

借：银行存款　114 660

　贷：主营业务收入　98 000

　　应交税费——应交增值税（销项税额）　16 660

两种促销方式甲公司同样获得114 660元销售收入，但缴纳的增值税额却相差340（17 000 - 16 660）元。因此，同是促销手段，但商业折扣和现金折扣会产生不同的税收结果。

三、销售折让

对于销售折让，税法规定可以按照折让后的销售额作为计税依据计算征收增值税。

因此，在其他条件都相同的情况下，选择商业折扣或者折让方式的税负最低，因为商业折扣或销售折让均允许作为税基扣除额。

案例分析

某大型商场是增值税的一般纳税人，购货均能取得增值税的专用发票，为促销欲采用三种方案：一是商品7折销售；二是购物满200元赠送价值60元的商品（成本为36元，均为含税价）；三是购物满200元，返还60元的现金。假定该商场销售商品的毛利率为40%，销售额为200元的商品，其成本为120元；赠送的60元的商品，其成本为36元。

请问：消费者同样购买200元的商品，对于该商场选择哪种促销方式最为有利呢？

税负分析：

方案一：商品7折销售，价值200元的商品销售价格为140元，应纳增值税额计算如下：

$140 \div (1+17\%) \times 17\% - 120 \div (1+17\%) \times 17\% = 2.9$（元）

税后现金净流量 $= 140 - 120 - 2.9 = 17.1$（元）

方案二：购物满200元赠送价值60元的商品，应纳增值税额计算如下：

应纳增值税 $= 200 \div (1+17\%) \times 17\% - 120 \div (1+17\%) \times 17\% = 11.6$（元）

赠送60元的商品视同销售，应纳增值税额计算如下：

60 ÷ (1 + 17%) × 17% − 36 ÷ (1 + 17%) × 17% = 3.5(元)

应纳增值税总额为：11.6 + 3.5 = 15.1（元）

税后现金净流量 = 200 − 120 − 36 − 15.1 = 28.9（元）

方案三：购物满200元，返还60元的现金，应纳增值税额计算如下：

应纳增值税 = 200 ÷ (1 + 17%) × 17% − 120 ÷ (1 + 17%) × 17% = 11.6(元)

税后现金净流量 = 200 − 120 − 60 − 11.6 = 8.4（元）

从税负角度分析，方案一最优，企业缴纳的增值税总额最少。从税后现金净流量的比较来看，方案二最优。那么到底哪个方案是最优方案呢？

【分析】 方案三虽然购物满200元，返还60元，看似打7折，其实不然，因为计税收入为200元，而不是方案一的计税收入为打折后的140元。

为什么方案二最优呢？原因在于方案二非常类似于捆绑销售，相对于方案一而言，多销售了商品，也多获得了现金净流量。进一步分析，如果赠送商品的成本很高，那么方案二就不一定是最优的了，读者朋友可以进行验证。

四、商业捐赠

税法规定，在商业活动中对外赠送的商品视同销售，一并计算缴纳增值税。

案例分析

汇丰商场以销售国内外名牌服装为主，五一节期间搞促销活动，推出了优惠的销售政策：凡购买一套西服便赠送一条配套的领带，西服和领带的市场销售价分别为1 170元（含税价）和175.5元（含税价）。

汇丰商场的具体操作方法为：对客户出具的发票是填写西服一套，价格为1 170元，同时领出领带一条，客户付款1 170元，在账务处理上记录的“主营业务收入”为1 000［即1 170/（1 + 17%）］元，销项税额为170元。对于赠送的领带则按实际进货成本予以结转，进入当期“销售费用”科目核算。按照《增值税暂行条例实施细则》的规定：将自产、委托加工或购买的货物无偿赠送他人，应视同销售计算缴纳增值税。所以，随同西服赠送的领带价值175.5元视同销售计算增值税销项税额25.5元。此项销售活动每人次最终涉及增值税销项税额195.5元。同时补缴相应的企业所得税和个人所得税。

对商场而言，搞赠送活动旨在吸引顾客，加快销售，提高市场占有率，其结果却加重了企业的税收负担，增加了企业的现金流出。为此，汇丰商场邀请税务专家策划促销活动，税务专家设计以下两种税收筹划方案：

方案一：实行捆绑销售。即将西服和领带价格分别下调，使两种商品的销售价格总额等于1 170元，并将西服和领带一起捆绑销售。这样，就能达到促销和节税的双重目的。

方案二：将赠送的领带作为销售折让。将西服按正常销售来对待，同时将赠送的领带按其销售价格以现金折扣的形式返还给客户。即在普通发票上填写西服一套价格为1 170元，同时填写领带一条，价格175.5元，同时以折扣的形式将175.5元在发票上反映，直接返还给客户，发票上的销售净额为1 170元，客户实际付款1 170元。此项活动的不含税销售收入为1 000元，增值税的销项税额为170元，从而减少了增值税销项税额25.5元。同时也规避了企业所得税和个人所得税。

五、捆绑销售

（一）“买一赠一”

税法规定，企业以买一赠一等方式组合销售本企业商品的，不属于捐赠，应将总的销售金额按各项商品的公允价值的比例来分摊确认各项的销售收入，并可相应结转商品成本。

“买一赠一”属于捆绑销售模式，所以，许多企业在销售活动中运用“买一赠一”方式替代商业捐赠行为，能够合理控制税负。

案例分析

某房地产公司推出“买一赠一”促销活动，购买一栋300平方米、市场价为120万元的别墅，赠送一个车库，市场价为30万元。

请问：该房地产公司应如何确认主营业务收入，应如何缴纳税款？

“买一赠一”活动不属于捐赠，应将总的销售金额按别墅和车库的公允价值比例来分摊确认各项的销售收入。

别墅价格＝120/(120＋30)×120＝96(万元)

车库价格＝30/(120＋30)×120＝24(万元)

（二）“加量不加价”

“加量不加价”是一种有效的促销方式，其操作要点是：在销售商品时，增加每一包装中的商品数量，而销售总价不提高，相当于商品打折销售，但可以起到打折销售不能实现的促销效果。同时，还可以加快存货周转速度，增加税前扣除项目金额，从而降低企业所得税负担。“加量不加价”的促销模式，实际上是一种特殊形式的捆绑销售。

案例分析

某洗衣粉厂在进行洗衣粉促销时，推出的促销方式是“加量不加价”。该洗衣粉厂采取“买5 000克的洗衣粉再送1 000克”的促销政策，则就要为免费赠送的1 000克洗衣粉缴纳增值税并代扣代缴个人所得税。而采取“加量不加价”的促销模式，相当于6 000克洗衣粉卖5 000克的价钱，数量增加，价格不变，相当于洗衣粉打折销售，则该洗衣粉厂只须按照销售价格计算缴纳增值税，允许税前扣除6 000克洗衣粉的成本，从而降低了企业所得税负担。从税收筹划角度分析，“加量不加价”是一种很好的促销方式，其实质是打折销售，也可以看成是“商业捐赠”的替代方式。

第三节　销售模式及结算方式的税收筹划

一、产品成套销售

当产品成套销售时，要特别注意套装产品各组成部分所适用的税率是否一致。如果套装产品中有应税产品，有免税产品，有税率高的产品，有税率低的产品，最好的办法是把产品分开销售，独立核算分别计税，否则，税务机关征税时会从高适用税率。因此，套装产品的销售要规避税率从高征税的陷阱。

案例分析

某酒厂生产粮食白酒与药酒组成的套装礼品酒进行销售。该厂对外销售的套装礼品酒单价为600元/套，其中粮食白酒、药酒各1瓶，均为1斤装（假设该酒厂单独销售，粮食白酒400元/瓶，药酒200元/瓶，礼品套装酒的包装费忽略不计）。请问该酒厂销售礼品套装酒应如何进行税收筹划？根据现行的税法规定，粮食白酒的比例税率为20%，定额税率为0.5元/斤；药酒的比例税率为10%。

该酒厂经过策划，采取以下两种税收筹划方案：

方案一：先包装后销售

税法规定，将不同税率的应税消费品组成成套消费品销售的则应按最高税率征税。因此，如果销售套装礼品酒，药酒不仅要按20%的高税率从价计税，而且还要按0.5元/斤的定额税率从量计税。这样，该酒厂应纳消费税计算如下：

600×20%+2×0.5=121（元）

方案二：先销售后包装

即先将粮食白酒和药酒分品种销售给零售商，分别开具发票并分别核算收入，然后再由零售商包装成套装礼品酒后对外销售。在这种情况下，药酒仅需按10%的比例税率从价计税，而且不必按0.5元/斤的定额税率从量计税。这样，该酒厂的应纳消费税为：

400×20%+200×10%+1×0.5=101（元）

通过比较可知，每销售套装礼品酒一份，方案二就比方案一节省消费税20元（121元-101元）。

二、代理销售

代理销售通常有两种方式：一是收取手续费的方式，即受托方根据所代销的商品数量向委托方收取手续费，这对受托方来说是一种劳务收入，需要缴纳营业税；二是视同买断，即委托方不采用支付手续费的方式委托代销商品，而是通过制定较低的协议价格鼓励受托方买断商品，受托方再对外以较高的市场价格对外销售。如果委托方为了统一市场价格，执意要受托方按一定的市场价格销售，那么双方可以调整协议价格以达到满意的合作结果。这种情况受托方无须缴纳营业税，但委托方、受托方之间的流通环节应视为正常销售行为，需要缴纳增值税。两种代销方式对委托双方的税务处理及总体税负水平是不相同的，合理选择代销方式可以达到合法节税的目的。

案例分析

利群商贸公司用收取手续费的方式为中华制衣公司代销品牌服装，销售单价为1 000元/件，每销售1件收取手续费200元。利群商贸公司在第一季度共销售服装100件，收取手续费20 000元。则双方的纳税额计算如下：

利群商贸公司应缴纳营业税=20 000×5%=1 000（元）

利群商贸公司应缴纳城建税及教育费附加=1 000×（7%+3%）=100（元）

利群商贸公司应纳增值税由于销项税额和进项税额相等，实际负担增值税额为零。

假定中华制衣公司的进项税额为7 000元，则中华制衣公司承担的增值税税负=1 000×100×17%-7 000=10 000（元）

中华制衣公司应缴纳城建税及教育费附加=10 000×（7%+3%）=1 000（元）

两个公司承担的流转税之和=1 000+100+10 000+1 000=12 100（元）

如果利群商贸公司按视同买断方式为中华制衣公司代销品牌服装，中华公司按800元/件售给利群商贸公司，利群商贸公司再按1 000元/件对外销售。第一季度利群商贸公司共销售服装100件。则双方的纳税额计算如下：

利群商贸公司应缴纳增值税 = 100 × 1 000 × 17% - 100 × 800 × 17% = 3 400(元)

利群商贸公司应缴纳城建税及教育费附加 = 3 400 × (7% + 3%) = 340(元)

假定中华制衣公司的进项税额仍为7 000元，则：

中华制衣公司承担的增值税税负 = 100 × 800 × 17% - 7 000 = 6 600(元)

中华制衣公司应缴纳城建税及教育费附加 = 6 600 × (7% + 3%) = 660(元)

中华制衣公司承担的总税负 = 6 600 + 660 = 7 260（元）

中华制衣公司的税后收益 = 100 × 800 - (6 600 + 660) = 72 740(元)

两个公司承担的流转税之和 = 3 400 + 340 + 6 600 + 660 = 11 000(元)

比较上述两种方式，视同买断方式下，利群商贸公司节省了营业税1 000元，但多缴纳了增值税3 400元，取得的收益减少了2 640(3 400 + 340 - 1 000 - 100)元；中华制衣公司少缴纳增值税3 400元，但多取得收益3 740元。委托双方流转税的总体税负水平，视同买断方式比收取手续费方式少纳1 100元。

因此，在代理销售业务中，委托双方应争取采取视同买断方式。而采用这种方式代销时，受托方需多缴纳一部分增值税，委托方则可少缴纳等额的增值税，因此，受托方可以要求委托方在协议价格上作出一定的让步，以使受托方多缴纳的增值税额在协议价格制订时就得到补偿，最终使委托双方的具体税负水平趋于合理。现假定在协议价格为w时，受托方多缴纳的增值税及其附加税金能够通过议价让步而得到补偿，则下列方程式成立：

(100 × 1 000 × 17% - 100 × w × 17%) × (1 + 7% + 3%) = 100 × (800 - w)

解得：w = 754（元）

即中华制衣公司应按754元/件的协议价格销售给利群商贸公司，利群商贸公司再按1 000元/件的价格对外销售，这样利群商贸公司销售100件服装取得的收益为100 × (1 000 - 754) × (1 - 17%) - 100 × (1 000 - 754) × (1 - 17%) × (7% + 3%) = 18 376(元)，比收取手续费方式增加收益1 624(20 000 - 18 376)元。

对于中华制衣公司，其所负担的税额计算如下：

中华制衣公司承担的增值税 = 100 × 754 × 17% - 7 000 = 5 818（元）

中华制衣公司应缴纳城建税及教育费附加 = 5 818 × (7% + 3%) = 581.8(元)

中华制衣公司承担的总税负 = 5 818 + 581.8 = 6 399.8（元），其负担的税负总额降低了860.2（7 260 - 6 399.8）元。

三、销售结算方式

与采购时的付款方式相对应，在销售时企业也可通过收款方式的选择进行税收筹划。从本质上看，委托代销、分期收款销售与直接收款销售结算方式并无太大区别，它们最终都表现为货物所有权的转移和货款的收取，只是结算的方式不同而已。但从税收角度来看，不同的结算方式，将导致应税收入的确认时间不同，纳税人缴纳税款的时间也不同。由于税金缴纳均为现金形式，企业如果能够在取得现金后进行税金支出显然是最好的选择，这也可以减少财务风险。

案例分析

2012年12月初，某外贸企业与当地交通部门签订一笔合同，由该外贸公司为交通部门从国外进口一批通讯设备，销售额达3亿元之多。由于该外贸公司看到市场竞争激烈，怕失去交通部门这一重要客户，因此急于成交，合同迁就草率。合同中规定交通部门货到验收后付款，交通部门出于自身财务预决算的考虑，请求外贸公司在12月底以前开具正式销售发票，该外贸公司认为进口商品会很快运抵，便同意了交通部门的请求，并马上开具了销售额为3亿元的增值税专用发票。由于进口谈判和季节周期等原因，该批通讯设备截至2013年2月还未运抵，但结果是该外贸公司在开票后确认销售收入的实现，先垫付了5 000万元的增值税，还提前确认销售收入，提前缴纳企业所得税。

对于上述外贸公司，在交易没有完成之前，轻率地开出销售发票，很容易出现垫付增值税的现象。这是由于交易的不确定性造成的，防止垫税的最佳方法是利用合同转嫁税负，在充分考虑结算方式和销售方式的前提下以合同条款的形式将交易活动控制在自己手中，实际上该外贸公司完全可以通过分期销售方式来规避垫税风险。

每种销售结算方式都有其收入确认的标准条件，企业通过对收入确认条件的控制，可以控制收入确认的时间。因此，在进行税收筹划时，企业可以采用合法的方式推迟销售收入的确认时间，推迟纳税。

如对发货后一时难以回笼的货款，作为委托代销商品处理，待收到货款时才出具发票纳税；尽量避免采用托收承付和委托收款结算方式销售货物以防止垫付税款；在不能及时收到货款的情况下，采用赊销或分期收款结算方式以避免预付税款等。

案例分析

美华公司以生产化妆品为主，以一个月为一个纳税期限。预计5月28日销售化妆品10 000盒给永安商场，不含税单价为每盒100元，单位销售成本为40元。预计销售费用为50 000元。增值税税率为17%，消费税税率为30%。企业所得税税率为25%，城市维护建设税税率为7%，教育费附加征收率为3%。假设美华公司与永安商场均为增值税一般纳税人，所有购销业务均开具或收取增值税专用发票。在选择销售结算方式时，美华公司有以下几种方案。

方案一：直接收款销售结算。

《增值税暂行条例实施细则》规定：采取直接收款方式销售货物，不论货物是否发出，其纳税义务发生时间，均为收到销售款或取得索取销售款凭据的当天。

在5月28日，无论是否收到货款，美华公司都应该确认收入，计算缴纳增值税、消费税和企业所得税。此方案优点是可以在销售货物的同时及时收到货款，能够保证企业在取得现金后再支出税金。

方案二：分期收款销售结算。

若预计5月28日无法及时取得货款，可以采取分期收款销售结算方式。假设将上述货款平均分成4个月收取，每个月收取250 000元，合同约定分别在6、7、8、9月10日收取货款。销售费用50 000元在6月份发生。

《增值税暂行条例实施细则》规定：采取赊销和分期收款方式销售货物，为书面合同约定的收款日期的当天，无书面合同的或者书面合同没有约定收款日期的，为货物发出的当天。

购销双方签订书面合同约定收款日期为6月20日。则5月28日发出货物无需确认收入，到6月20日才确认收入缴纳税款。

此方案虽然不能减少纳税总额，也未增加税后净收益总额，但可以延迟纳税义务发生时间，减轻企业资金支付压力。

方案三：委托代销结算。

若美华公司于5月28日，将化妆品委托永安商场代销，合同约定永安商场以单价100元销售，每销售一盒化妆品可提取4元作为手续费（商场在交付销售清单时开具普通发票给美华公司）。美华公司5月份的销售费用则减少为10 000元。美华公司于7月20日收到永安商场的代销清单，上列已销售数量为8 000盒，不含税价款为800 000元。永安商场扣除手续费后，将余款通过银行支付给美华公司。

《增值税暂行条例实施细则》规定：委托其他纳税人代销货物，为收到代销单位的代销清单或者收到全部或者部分货款的当天；未收到代销清单及货款的，为发出代销货物满180天的当天。

5月28日，由于尚未收到销售清单，所以无需确认该笔业务收入，也不需要计算缴纳相关税金，但5月份发生的销售费用10 000元，可以在计算5月份的应纳税所得额时扣除。

7 月 20 日，美华公司收到永安商场的代销清单时，确认收入计算缴纳税金。

根据上述筹划案例，可以得出以下结论：

1. 若预期在商品发出时，可以直接收到货款，则选择直接收款方式较好；若商品紧俏，则选择预收货款销售方式更好，可以提前获得一笔流动资金又无需纳税。

2. 若预期在发出商品时无法及时收到货款，如果采取直接收款方式，则会出现现金净流出，表现为企业账面利润不断增加的同时，流动资金却严重不足，企业为了维持生产可以向银行贷款解决资金问题，但又需要承担银行利息，加上尚未收到的货款还存在坏账风险，所以，财务风险大大增加。此时宜选择分期收款或赊销结算方式，一方面可以减轻销售方的财务风险，另一方面也可以减轻购买方的付款压力。

3. 自营销售与委托代销相比，委托代销可以减少销售费用总额，还可以推迟收入实现时间。但同时可能使纳税人对受托方产生依赖性，一旦受托方出现问题，可能给纳税人的生产经营活动带来很大危害。

第四节　销售返利及佣金的税收筹划

一、销售返利的税收筹划

企业为了促销，往往对销售其产品的代理商给予货币或实物形式的销售返利，这种销售返利已经成为一种日趋成熟的商业模式。《国家税务总局关于平销行为征收增值税问题的通知》（国税发［1997］167 号）规定：从 1997 年 1 月 1 日起，凡增值税一般纳税人，无论是否有平销行为（生产企业以商业企业经销价或高于商业企业经销价的价格将货物销售给商业企业，商业企业再以进货成本或低于进货成本的价格进行销售，生产企业则以返还利润等方式弥补商业企业的进销差价损失），因购买货物而从销售方取得的各种形式的返还资金，均应依所购货物的增值税税率计算应冲减的进项税金，并从取得返还资金当期的进项税额中予以冲减。

企业如何筹划销售返利呢？下面给出税收筹划方案设计思路：

思路一：销售返利递延滚动到下一期间

把本期该返利的部分递延到下一期间，以销售折扣或销售折让的形式体现出来，这样可以合理抵减主营业务收入。这一方法适用于业务量大且交易稳定的代理商。

思路二：销售返利以“加量不加价”的方式体现在产品包装里

销售返利无法返还或不易直接返还时，可采用不同的产品包装，以加量不加价的方法解决。这也适用于交易稳定的代理商。譬如，西部地区有一家制药厂，他们对批发商和零售商采取不同的药品包装，对于批发商销售政策优惠，给予较多的返利，而对于零售商销售优惠就相对少一些。该制药厂就对批发商和零售商采用不同形式的包装，发给批发商的产品采用加量不加价的方法给予较多的优惠，就把相当于销售返利的部分蕴含在产品包装里了。

当然，一些企业通过固定资产、存货、福利品等实物形式实现销售返利，还有一些企业通过代为支付费用等形式返利，这些做法在一定程度上都是违法的，应引起注意。

案例分析

某摩托车厂家拥有多家代理商，销售返利政策如下：代理商每次购买1 000辆摩托车，当累计达到3 000辆时，该摩托车厂家给予代理商3%的销售返利，并当期支付给代理商。税务机关对此销售返利的看法是：由于是在代理商最后达到3 000辆时才给予销售返利，所以与税法规定不符。不能够在发票上体现折扣额，即不属于折扣销售。所以，必须按照销售收入全额确认收入纳税。对此情况，该摩托车厂家应该如何筹划销售返利？

该摩托车厂家邀请税务顾问为其进行税收筹划，税务顾问设计了以下三种筹划方案：

方案一：当代理商的销售量达到3 000辆时，对最后的1 000件给予9%的折扣，并且在发票上注明折扣额。这样一来，就转化了销售返利，解决了销售返利的纳税问题。

方案二：当代理商的销售量达到3 000辆时，需要给的销售返利不再当期返还，而是作为下一期间的折扣额，在下一期间的销售发票上体现，即采取销售返利递延的方法处理。

方案三：当代理商为大型商场或超市时，给予代理商的销售返利一般转化为进场费、管理费或展销费。即大型商场或超市以收费形式替代销售返利，并为摩托车厂家开具营业税发票，从而达到规避增值税的目的。

二、销售佣金及手续费的税收筹划

《财政部、国家税务总局关于企业手续费及佣金支出税前扣除政策的通知》（财税[2009] 29号）对销售佣金及手续费作出了以下规定：

1. 支出限额

企业发生与生产经营有关的手续费及佣金支出，不超过以下规定计算限额以内的部分，准予扣除；超过部分，不得扣除：

（1）保险企业：财产保险企业按当年全部保费收入扣除退保金等后余额的15%（含本数，下同）计算限额；人身保险企业按当年全部保费收入扣除退保金等后余额的10%计算限额。

（2）其他企业：按与具有合法经营资格中介服务机构或个人（不含交易双方及其雇员、代理人和代表人等）所签订服务协议或合同确认的收入金额的5%计算限额。

2. 扣除条件

（1）企业应与具有合法经营资格中介服务企业或个人签订代办协议或合同，并按国家有关规定支付手续费及佣金。除委托个人代理外，企业以现金等非转账方式支付的手续费及佣金不得在税前扣除。企业为发行权益性证券支付给有关证券承销机构的手续费及佣金不得在税前扣除。

（2）企业不得将手续费及佣金支出计入回扣、业务提成、返利、进场费等费用。

（3）企业已计入固定资产、无形资产等相关资产的手续费及佣金支出，应当通过折旧、摊销等方式分期扣除，不得在发生当期直接扣除。

（4）企业支付的手续费及佣金不得直接冲减服务协议或合同金额，并如实入账。

（5）企业应当如实向当地主管税务机关提供当年手续费及佣金计算分配表和其他相关资料，并依法取得合法真实凭证。

三、礼品赠送的税收筹划

企业在促销活动中，一般会涉及礼品赠送问题。企业发生的馈赠礼品事项，按照税法规定应缴纳税款，履行纳税义务。《关于企业促销展业赠送礼品有关个人所得税问题的通知》（财税［2011］50号）规定：企业在营销活动中以折扣折让、赠品、抽奖等方式，向个人赠送现金、消费券、物品、服务等（以下简称礼品）有关个人所得税问题通知如下：

企业向个人赠送礼品，属于下列情形之一的，取得该项所得的个人应依法缴纳个人所得税，税款由赠送礼品的企业代扣代缴：

（1）企业在业务宣传、广告等活动中，随机向本单位以外的个人赠送礼品，对个人取得的礼品所得，按照“其他所得”项目，全额适用20%的税率缴纳个人所得税。

（2）企业在年会、座谈会、庆典以及其他活动中向本单位以外的个人赠送礼品，对个人取得的礼品所得，按照“其他所得”项目，全额适用20%的税率缴纳个人所得税。

（3）企业对累积消费达到一定额度的顾客，给予额外抽奖机会，个人的获奖所得，按照“偶然所得”项目，全额适用20%的税率缴纳个人所得税。

赠送的礼品是自产产品（服务）的，按该产品（服务）的市场销售价格确定个人的应税所得；是外购商品（服务）的，按该商品（服务）的实际购置价格确定个人的应税所得。

一般管理费用中列支的礼品均属于应代扣代缴个人所得税的情形。取得礼品所得的个人应依法缴纳个人所得税，税款由赠送礼品的企业代扣代缴。

对于企业发生的礼品赠送行为，什么情况下可以避免缴纳个人所得税呢？下面分析礼品赠送行为的税收筹划方法。

1. 实行折扣销售

企业在销售商品（产品）和提供服务过程中，通过价格折扣、折让方式向个人销售商品（产品）和提供服务，不征收个人所得税：即把赠品或对外捐赠之物作为价格折扣或折让向购买方提供。这种情况不构成商业捐赠，属于促销政策的范畴。

2. 赠送服务项目

企业在向个人销售商品（产品）的同时赠送服务项目，属于捆绑销售模式，一般不缴纳个人所得税。譬如，房地产公司在销售房产时向客户赠送物业服务（即免收若干年物业费），就属于这种情况。

3. 累计消费送礼品

企业对累计消费达到一定额度的个人按消费积分反馈礼品。譬如，超市连锁企业对外销售办理消费积分卡，按照消费金额累计积分，并按积分赠送礼品，这种情况不需缴纳个人所得税。

4. 作为宣传费用的礼品赠送

企业所赠送的礼品在采购时作为宣传费用处理，此种情形不需要缴纳个人所得税。但所购礼品必须符合宣传费的标准，且金额不宜过大，即开支属于宣传费的正常范围。

第五节　销售活动的其他税收筹划方法

一、设立销售公司筹划

对于生产企业，设立销售公司不仅可以通过关联定价规避税收，而且还可以实现销售费用、管理费用、财务费用等的转移支付，加大税前费用扣除力度。

案例分析

黄河酒厂主要生产粮食白酒，是一个大型骨干企业。以前该企业的产品销售是按照计划经济的模式来进行的，产品按照既定的渠道销售给全国各地批发商。随着市场的日益活跃，商品销售出现了多元化的格局，部分消费者也直接到生产企业买一定数量的白酒。按照以往的经验，本市的一些零售商店、酒店、消费者每年到工厂直接购买的白酒大约 5 000 箱（每箱 20 斤）。

为了提高企业的盈利水平，2012 年 1 月 8 日，企业在本市设立了一个独立核算的白酒销售公司。该厂按照给其他批发商的产品价格与销售公司核算，每箱 400 元，销售公司再以每箱 480 元的价格对外销售。粮食白酒适用消费税税率 20%。黄河酒厂每年的业务招待费超支 20 000 元。

如果 2012 年度的销售额与往年持平，则黄河酒厂应纳消费税额分析如下：

上期应纳消费税 = 5 000 × 480 × 20% + 20 × 5 000 × 0.5 = 530 000（元）

本期应纳消费税 = 5 000 × 400 × 20% + 20 × 5 000 × 0.5 = 450 000（元）

消费税节税额 = 530 000 − 450 000 = 80 000（元）

销售公司业务招待费可以列支金额 = 5 000 × 480 × 5‰ = 12 000（元）

由于销售公司的设立，分流一部分业务，所以黄河酒厂可以将业务招待费转移到销售公司，税前多扣除业务招待费为 12 000 元，所以可以抵减所得税 3 000 元。

通过设立销售公司筹划，黄河酒厂共实现节税额：80 000 + 3 000 = 83 000（元）

二、关联定价筹划

转让定价是利用税率的差异或减免税的低税负政策，通过价格因素在企业之间转移利润的行为。实行转让价格的双方具有一定的隶属关系和互惠关系，属于关联方。转让定价会造成关联体内部之间利益的再分配，但能够从关联体整体角度降低税负。

案例分析

振邦集团总部的所得税税率为 25%，其一子公司振龙公司，雇用残疾人比例达到 75%，被认定为福利企业，暂免征收企业所得税。振邦集团总部把成本 80 万元，原应按 120 万元作价的一批货物，以转让定价 100 万元销售给振龙公司，振龙公司最后以 140 万元的价格销售到集团之外。

下面比较转让定价对振邦集团总体税负水平的影响：

振邦集团按正常定价应负担的税收 = (120 − 80) × 25% = 10（万元）

降低转让定价后，振邦集团实际负担的税收 = (100 − 80) × 25% = 5（万元）

采用转让定价后，振邦集团可以实现的节税额 = 10 − 5 = 5（万元）

转让定价之所以被广泛运用，是因为任何一个商品生产者和经营者及交易双方均有权力根据自身的需要确定所生产和经营产品的价格标准，只要交易双方是自愿的，别人就无权干涉，这是一种合法行为。但有失公允的转让定价会被税务机关调节或处罚，所以转让定价筹划具有一定的风险。

下面通过对转让定价模型来分析转让定价在税收筹划中的运用技巧，见图 9－1：

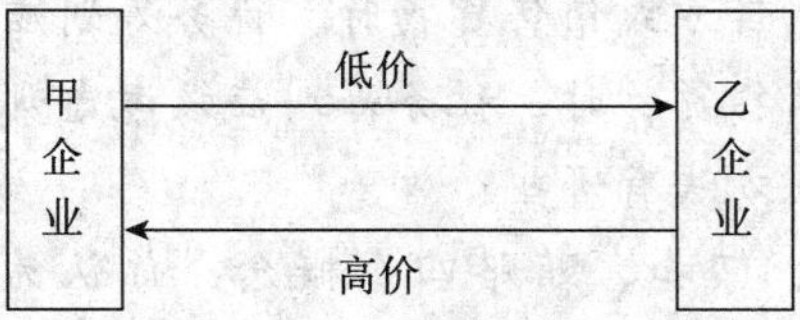

图 9－1　转让定价简单模型

图 9－1 中甲企业和乙企业为异地关联企业，当两企业承受的税率不同时，将利润从税率高的企业向税率低的企业转移有利于关联企业整体税负的减少。（1）当甲企业税率较高时，采取低价出货给乙企业，从乙企业高价进货的方法，将利润转移给乙企业，减少应纳税额。（2）当乙企业适用税率较高时，甲企业采取从乙企业低价进货，高价出货的方式，将利润转移到甲企业，减少应纳税额。

假如甲、乙企业为异地非关联企业，甲企业的税率高于乙企业，如果再采取图 9－1 方式，甲企业抬高进价、压低售价的方法，会使非关联企业获益，自己反倒吃亏。因而要引入丙企业。假定丙企业与甲企业是关联企业，且丙企业与乙企业同处一地，适用税率与乙企业相同。其筹划基本思路如图 9－2 所示：甲企业先与丙企业按内部价格核算，再由丙企业与乙企业按市场价格进行正常交易。

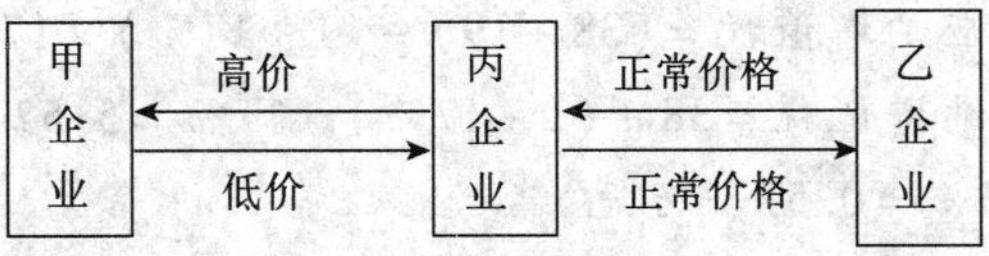

图 9－2　转让定价扩大模型

由于现实经济生活中的复杂性，甲、乙企业可能为同地企业，也可能是异地企业但适用税率相同，有时并不涉及交易活动，可能只涉及集团内部的税费分摊。这时上面的模型便不能说明问题，需借助复杂的转让定价模型，即通过建在低税区或避税地的中转公司进行转让定价，将利润转入低税区或避税地以实现节税目的。还有更复杂的，利用关联交易非关联化处理，即引入不相关联的第三方甚至更多方，通过多边关系多重交易过程实现转让定价。

总之，除了以上货物交易的转让定价之外，关联企业之间的劳务转让定价、资金借贷转让定价、资产租赁转让定价、无形资产转让定价、管理费用分摊转让定价等使利润从集团内高税率公司向低税率公司转移的操作原理与货物交易是相同的。

思考与练习

复习思考题

1. 企业采用委托销售方式销售货物时，税务筹划应该考虑哪些要点？

2. 企业采用分期收款销售方式销售货物时，税务筹划应该考虑哪些要点？

3. 企业采用促销方式销售货物时，税务筹划应该考虑哪些要点？

4. 销售返利的税收筹划方法有哪些？

5. 请辨析佣金、返利、回扣、贿赂四个概念，你认为在商业实践中应如何合理筹划？

案例分析题

案例一　分开核算筹划方案

杜美思（深圳）装饰材料有限公司是增值税一般纳税人，主要从事装饰装修材料的销售业务，同时又承揽一些装饰装修业务。2012 年 8 月杜美思（深圳）装饰材料有限公司对外销售装饰装修材料获得含税销售收入 38 万元，另外又承接装饰装修业务获得劳务收入 19 万元。增值税税率为 17%、营业税税率为 3%。

思考：杜美思（深圳）装饰材料有限公司应做何种税收筹划减轻税负？

参考答案：

（1）不分开核算　应纳增值税 = (38 + 19) ÷ (1 + 17%) × 17% = 8.28（万元）

（2）分开核算　应纳增值税 = 38 ÷ (1 + 17%) × 17% = 5.52（万元）

应纳营业税 = 19 × 3% = 0.57（万元）

案例二　促销模式的税收筹划

华润商业（集团）公司以几项世界名牌服装的零售为主，商品销售的平均利润为 30%。他们准备在 2010 年春节期间要开展一次促销活动，以扩大该企业在当地的影响。经测算如果将商品打八折让利销售，企业可以维持在计划利润的水平上。在促销活动的酝酿阶段，企业的决策层对销售活动的涉税问题了解不深，于是他们向普利税务师事务所的注册税务师提出咨询。

为了帮助该企业了解销售环节的涉税问题，并就有关问题做出决策，普利税务师事务所的专家提出三个方案进行税收分析：

方案一，让利（折扣）20% 销售，即企业将 10 000 元的货物以 8 000 元的价格销售；

方案二，赠送 20% 的购物券，即企业在销售 10 000 元货物的同时，另外再赠送 2 000 元的购物券，持券人仍可以凭购物券购买商品；

方案三：返还20%的现金，即企业销售10 000元货物的同时，向购货人赠送2 000元现金。

思考：请从税收筹划角度分析比较三个促销方案。

参考答案：

（一）筹划分析

现以销售10 000元的商品为基数，公司每销售10 000元商品发生可以在企业所得税前扣除的工资和其他费用600元。具体计算分析如下：

方案一：让利20%销售商品。

因为让利销售是在销售环节将销售利润让渡给消费者，让利20%销售就是将计划作价为10 000元的商品作价8 000元（购进成本为含税价7 000元）销售出去。假设其他因素不变，则企业的税收及利润计算如下：

1. 应纳增值税额 =8 000÷(1+17%)×17% −7 000÷(1+17%)×17% =145.30（元）；

2. 应纳企业所得税 =[8 000÷(1+17%)−7 000÷(1+17%)−600]×25% =63.68（元）；

3. 税后利润 =8 000÷(1+17%)−7 000÷(1+17%)−600−63.68 =191.02（元）。

方案二：赠送价值20%的购物券。

即消费者购买满价值10 000元的商品，就赠送2 000元的商品。该业务比较复杂，将其每个环节作具体的分解，计算纳税情况如下：

1. 增值税：

公司销售10 000元商品时应纳增值税为：

10 000÷(1+17%)×17% −7 000÷(1+17%)×17% =435.90（元）；

赠送2 000元的商品，应作视同销售处理，应纳增值税为：

2 000÷(1+17%)×17% −1 400÷(1+17%)×17% =87.18（元）；

合计应纳增值税为：435.90+87.18=523.08（元）。

2. 个人所得税：

由于消费者在购买商品时获得购物券属于偶然所得，应该缴纳个人所得税，按照现行个人所得税管理办法，发放购物券的企业应该在发放环节代扣代缴。因此，华润商业（集团）公司在赠送购物券的时候，应该代顾客缴纳个人所得税。具体操作环节应将其换算成含税所得额，其应代扣代缴个人所得税金额为：

2 000÷(1−20%)×20% =500（元）

3. 企业所得税：

由于赠送的商品成本及代顾客缴纳的个人所得税款不允许在税前扣除，因此应纳企业所得税额为：

[(10 000−7 000)÷(1+17%)−600]×25% =491.03（元）

企业的税后实际利润额为：

(10 000−7 000)÷(1+17%)−1 400÷(1+17%)−500−600−491.03

=−223.51（元）

方案三：返还20%的现金。

与方案二同理，纳税情况如下：

1. 增值税：[(10 000 - 7 000) ÷ (1 + 17%)] × 17% = 435.90（元）

2. 应代顾客缴纳的个人所得税：2 000 ÷ (1 - 20%) × 20% = 500（元）

3. 企业所得税：

由于赠送的现金及代顾客缴纳的个人所得税款不允许在税前扣除，应纳所得税额为：

[(10 000 - 7 000) ÷ (1 + 17%) - 600] × 25% = 491.03（元）

企业税后实际利润额为：

(10 000 - 7 000) ÷ (1 + 17%) - 2 000 - 600 - 500 - 491.03 = -1 026.93（元）

各方案的税收负担比较

单位：元

税种	增值税	个人所得税	企业所得税	税后利润
方案一	145.30	—	63.68	191.02
方案二	523.08	500	491.03	-223.51
方案三	435.90	500	491.03	-1 026.93

根据上表，可以比较不同方案的优劣：

方案一：企业通过销售10 000元的商品，可以获得191.02元的税后净利润；

方案二：企业销售10 000元商品实际支出价值12 000元的货物，企业亏损223.51元；

方案三：企业销售10 000元的商品，另外还要支出2 000元的现金，结果亏损1 026.93元。显然，该方案三最差，方案二次之，方案一最优。

在不同的促销方式下，企业的税收负担是不同的。对于让利折扣销售，我国增值税有关法规对折扣销售有明确的定义和特殊的税收处理。“折扣销售”是指销货方在销售货物或应税劳务时，因购货方购货数量较大等原因，而给予购货方的价格优惠（如购买10件优惠5%，购买20件以上优惠10%等）。由于折扣是在实现销售的同时发生的，因此税法规定，如果销售额和折扣在同一张发票上分别注明的，可按折扣后的余额作为销售额计算增值税；如果将折扣额另开发票，则无论其在财务上如何处理，均不得从销售额中扣减折扣。方案一将折扣销售的原则进一步扩大，直接将销售价格下调，从而既未违反税法，又提高了销售额，收到了双重效果。

对于方案二和方案三则不然。方案二是在发生销售额的基础上赠送商品，从税法的角度讲属于视同销售行为，在财务上应作视同销售处理，同时应代收代缴个人所得税。而企业未代扣代缴，从而进一步了税收负担。而方案三赠送货币资金，则是将自己的净利润都赠送出去了，这种促销行为没有不发生亏损的。

第十章

技术研发的税收筹划

税收研究的问题非常明确——现金流量影响企业的行为，税收影响现金流量，因此，税收激励就影响企业的行为。

——美国会计学教授、著名学者　爱德华·梅杜（Edward L. Maydew）

第一节　技术服务、技术培训与技术转让

一、技术服务

科研单位的技术服务与技术转让业务极易混淆，下面分析对比“技术服务”与“技术转让”的税收政策。

技术转让是指有偿转让专利和非专利技术的所有权或使用权的行为。《财政部、国家税务总局关于对科研单位取得的技术转让收入免征营业税的通知》（财税［1994］10号）规定：为了鼓励技术引进和推广，对科研单位取得的技术转让收入免征营业税。

科研单位转让技术，应持各级科委技术市场管理机构出具的技术合同认定登记证明，向主管税务机关提出申请。由主管税务机关批准后，可以享受免征营业税待遇。

《企业所得税法实施条例》（国务院令［2007］512号）第九十条规定：居民企业在一个纳税年度内，技术转让所得不超过500万元的部分，免征企业所得税；超过500万元的部分，减半征收企业所得税。

目前技术市场常见的合同有两种：一种是《技术转让合同》，规定其适用于非专利技术转让合同、专利技术转让合同、专利申请权转让合同等文本的签订。另一种是《技术服务合同》，它是“对于专项技术的技术培训、技术指导、业务训练签订的技术培训合同”。同样是技术类合同，由于一个是技术转让合同，所涉及的技术转让收入可享受免税优惠；另一个是技术服务合同，所涉及的技术服务收入（涵盖技术培训、技术服务项目收入等）不能享受免税政策。因此，企业和科研机构必须严格区分《技术转让合同》与《技术服务合同》，并清楚划分技术转让收入与技术服务收入。

二、技术指导与技术培训

技术指导与技术培训是极为类似的两种活动。但两种活动的税收政策存在很大的差异性。技术指导属于技术服务的范畴，按“服务业”税目计算缴纳营业税，而技术培训属于文化活动，按“文化体育业”计算缴纳营业税。“营改增”之后，技术指导与技术培训同属于现代服务业，一律按照6%的税率缴纳增值税。

案例分析

韩国LPDK公司是一家专门生产显示器回扫线圈的高科技电子企业。2000年，该公司与北京某国有电子集团合资成立了中韩合资北京LPDJ电子有限公司。由于韩国LPDK公司的技术在世界属于领先地位，技术成分较高，因而在北京公司投产经营之初，双方约定每季度由韩国LPDK公司派专门技术人员来华对北京公司的技术骨干进行技术指导，解决生产中发现的问题，并组织一场全体技术人员的培训。对于韩国技术人员来华的技术指导与培训，北京LPDJ公司每次向LPDK公司支付技术指导费10万美元（人民币对美元平均汇率为8元），折合人民币约80万元。截至2005年底，北京公司累计向韩国LPDK公司支付技术指导费1 200万元人民币。

对于这笔技术指导费支出，北京LPDJ公司在每次向韩国公司支付时，依据营业税中“服务业”税目按照5%的税率代扣代缴营业税，即每次代扣韩国LPDK公司在华技术指导服务的营业税为：80×5%＝4（万元）。六年累计代扣税款60万元。税务师事务所在对该公司进行涉税风险诊断时，对于这笔涉税业务，税务专家认为，通过税收筹划可以减少税款支出，具体方案如下：

由于韩国技术人员每次来华，不但要针对中方技术人员提出的问题进行技术上的指导，还要对全体技术人员开展一次最新技术操作的培训，而技术指导与培训在适用的营业税税率上是存在差异的。根据《营业税暂行条例实施细则》和《营业税问题解答（之一）》（国税函［1995］156号）的规定，技术指导应依照“服务业”税目适用5%的税率，而《营业税税目注释》中所称的文化体育业中的培训包括各种培训活动（见《营业税问题解答（之一）》第十五条），因此，韩国技术人员向中方提供的培训活动应依照“文化体育业”适用3%的税率。显然，由于这两种活动之间存在的税率差，通过将北京公司向韩国公司支付的技术指导费重新界定为技术指导和技术培训，并将支出总额在这两者之间合理划分，就可以达到合理减轻该涉税业务整体税负的目的。

在具体纳税操作上，企业可通过重新签订技术服务合同，约定韩国技术人员每次来华进行现场技术指导，并召开一次培训会议，中方就这两项服务分别支付劳务费2万美元和8万美元（比重为1:4），折合人民币16万元和64万元。则：

中方每次代扣韩方技术劳务的营业税＝16×5%＋64×3%＝2.72（万元）

比筹划前少缴税1.28（4－2.72）万元。

按照此方法操作，以北京LPDJ公司之前支付给韩国LPDK公司的1 200万元技术指导费为例，只需缴纳营业税40.8（240×5%＋960×3%）万元，合计节税额为：60－40.8＝19.2（万元）。

第二节　技术研发费的加计扣除

一、技术研发费的税收政策

为了促进企业技术进步，国家先后出台了一系列税收优惠政策。企业在进行技术开发时，有必要根据企业实际情况事先进行筹划，合理地利用这些税收优惠政策，以节约技术研发费。

《企业所得税法》第三十条规定，企业开发新技术、新产品、新工艺发生的研究开发费用，可以在计算应纳税所得额时加计扣除。《企业所得税法实施条例》（国务院令[2007] 512号）第九十五条规定：企业所得税法第三十条第（一）项所称研究开发费用的加计扣除，是指企业为开发新技术、新产品、新工艺发生的研究开发费用，未形成无形资产计入当期损益的，在按照规定据实扣除的基础上，按照研究开发费用的50%加计扣除；形成无形资产的，按照无形资产成本的150%摊销。

根据上述规定，所有财务核算制度健全、实行查账征收企业所得税的各种所有制的工业企业，都可以享受技术开发费加计扣除的优惠政策，即对财务核算制度健全、实行查账征税的内外资企业、科研机构、大专院校等在一个纳税年度实际发生的下列技术开发费项目，包括新产品设计费，工艺规程制定费，设备调整费，原材料和半成品的试制费，技术图书资料费，未纳入国家计划的中间实验费，研究机构人员的工资，用于研究开发的仪器、设备的折旧，委托其他单位和个人进行科研试制的费用，与新产品的试制和技术研究直接相关的其他费用，在按规定实行100%扣除基础上，允许再按当年实际发生额的50%在企业所得税税前加计扣除。

案例分析

乙公司内部成立技术研发部，2012年该部门全年研究开发费用1 000万元，技术转让收入2 500万元，乙公司当年税前利润2 500万元，研究开发费用已全部计入当期损益，没有其他纳税调整。

2012年乙公司同样应交企业所得税：(2 500－500) ×25% =500（万元）。

如果乙公司将研发部门独立出来成立一家全资的高新技术企业或软件企业B公司。不考虑成立新公司新增的管理费用，则B公司技术转让收入2 500万元，成本1 000万元，税前利润1 500万元。

（1）若B公司是免税期，无需缴纳企业所得税。将研发部门独立出来后，乙公司的税前利润变为：

2 500＋1 000－ 2 500＝1 000（万元）

乙公司应交企业所得税：1 000×25% ＝250（万元）

两家公司合计应交企业所得税250万元。

因此，乙公司将研发部门独立出来更节税，少交企业所得税额为：

500－250＝250（万元）

（2）若B公司符合居民企业技术转让所得优惠：一个纳税年度内居民企业技术转让所得不超过500万元的部分免征企业所得税，超过500万元的部分减半征收企业所得税。

B公司技术转让所得为：2 500－1 000＝1 500（万元），应交企业所得税：（1 500－500）×12. 5% ＝125（万元）。

同样乙公司应交企业所得税250万元，两家公司合计应交企业所得税：125＋250＝375（万元）。

乙公司将研发部门独立出来可少交税：500－375＝125（万元）。

（3）若B公司可按优惠所得税税率15%计算，应交纳企业所得税为：

(2 500－1000） ×15% ＝225（万元）

同样乙公司应交企业所得税250万元。

两家公司合计应交企业所得税为：225＋250＝475（万元）

乙公司将研发部门独立出来可少交税：500－475＝25（万元）。

二、技术研发部独立的税收筹划

假如研究开发费为A，技术转让收入为S。

方案一为企业内部设研发部，方案二为将研究开发业务分离成立独立的公司。

（1）如果一个纳税年度内，估计技术转让所得不超过500万元，则方案一应交税$(S-1.5A)\times25\%$，方案二免征企业所得税，两种方案等额交税时技术开发收入与研究开发费的关系为：

$$(S-1.5A)\times25\%=0$$

筹划思路：如果$S>1.5A$，将研究开发业务独立出来成立公司节税，反之，在企业内设立研发部门。

（2）如果一个纳税年度内，估计技术转让所得超过500万元。按税法规定，一个纳税年度内，居民企业技术转让所得不超过500万元的部分，免征企业所得税；超过500万元的部分，减半征收企业所得税。则方案一应交税$(S-1.5A)\times25\%$，方案二应交税$(S-A-500)\times25\%\div2$，两种方案等额交税时技术开发收入与研究开发费的关系为：

$$(S-1.5A)\times25\%=(S-A-500)\times25\%\div2$$

$$S=2A-500$$

筹划思路：如果$S>2A-500$，将研究开发业务独立出来成立公司节税，反之，在企业内设立研发部门。

（3）若研究开发业务分离后的公司所得税税率为优惠税率15%，分离前公司为基本税率25%。

则方案一应交税$(S-1.5A)\times25\%$

方案二应交税$(S-A)\times15\%$，两种方案等额交税时技术开发收入与研究开发费的关系为：

$$(S-1.5A)\times25\%=(S-A)\times15\%$$

$$S=2.25A$$

筹划思路：如果$S>2.25A$，将研究开发业务独立出来成立公司节税，反之，在企业内部设立研发部。

第三节　转让商誉的税收筹划

商誉是企业一项特殊的无形资产。商誉通常是指企业由于所处的地理位置优越，或由于信誉好而获得了客户信任，或由于组织得当、生产经营效益好，或由于技术先进、掌握了生产诀窍等原因而形成的无形价值，这种无形价值具体体现在该企业的获利能力超过一般企业的获利能力。商誉是企业获得超额利润的综合能力，只有在产权转让时才予以确认。商誉与整个企业密切相关，因而它不能单独存在，也不能与企业可辨认的各种资产分开出售。

案例分析

中华公司有一笔营业外收入，是该公司总部将其全球的彩印机研发部转让给另一企业。进一步调查发现，中华公司总部因研发部转让而取得的总收入为2 000万元，而总成本仅占总收入的40%。对于这笔收入中华公司缴纳企业所得税无可非议，但这笔收入是否应该缴纳营业税却引起了争议。

《营业税暂行条例》规定：在中华人民共和国境内提供本条例规定的劳务、转让无形资产或者销售不动产的单位和个人，为营业税的纳税义务人。《营业税税目税率表》中第八项税目为转让无形资产，包括转让土地使用权、专利权、非专利技术、商标权、著作权、商誉。这明确规定了转让无形资产的单位和个人负有缴纳营业税的义务。

《营业税税目注释》中“转让商誉，是指转让商誉的使用权的行为”；“以无形资产投资入股，参与投资方利润分配，共同承担投资风险的行为，不征营业税。但转让该项股权应按本科目征税”。大家可能有个疑问，商誉真的需要纳税吗？

对此，下面分两种情况进行讨论：

第一，自创商誉。新会计准则规定，自创商誉不能确认为无形资产，不入账不核算。原因是商誉不能单独辨认，且自创商誉的相关代价已经计入企业相关费用，如由于广告投入而形成的自创商誉，广告费已在支付时计入销售费用。当转让自创商誉且获取实际收入时，应按转让所得缴纳营业税。自创商誉投资入股，并承担经营风险的行为，则不缴纳营业税。

第二，外购商誉。外购商誉，一般在整体收购一家企业或企业整体资产时形成，在会计核算时，通常以实际支付的价款计入长期股权投资。企业自用或以此投资入股，并承担风险的，则不负有缴纳营业税的义务；如果用于再转让并取得实际收入的，应当按规定的税率缴纳营业税。

同时提醒大家注意的是，商誉转让时如果实现转让所得，要计算缴纳企业所得税。而企业外购商誉的支出，在企业整体转让或者清算时，准予扣除（详见《企业所得税法实施条例》第六十七条的规定）。

商誉在我国税收实务中存在“征管盲区”，税法只解释“转让商誉，是指转让商誉的使用权的行为”，并规定按5%的税率征收营业税。但什么是商誉，在税收征管中对转让商誉使用权的行为应如何界定，没有详细规定，很难在实践中具体操作。

上述案例中，中华公司总部将其全球的彩印机研发部以2 000万元转让，如果对这一交易行为进行筹划，有以下两种操作思路：一是把彩印机研发部包装成一个新企业，通过股权转让形式转让新企业的全部股权，可以规避营业税；二是把彩印机研发部的资产分解为固定资产和技术两部分，分开实施转让交易，已使用过的固定资产转让可以享受减征或免征增值税的优惠政策，而技术转让则要缴纳营业税，但营业税负担因税基的降低而减轻。

思考与练习

复习思考题

1. 技术服务、技术培训、技术转让的税收政策有何差别？如何利用政策差异进行税收筹划？

2. 技术研发部是否独立分设，应如何筹划？

3. 商誉转让的税收筹划方法有哪些？

4. 实现技术研发费加计扣除的操作要点有哪些？

案例分析题

案例一　研发部门独立出来是否合适?

甲公司内部成立技术研发部，2012 年该部门全年研究开发费用 1 000 万元，技术转让收入 500 万元，甲公司当年税前利润 2 500 万元，研究开发费用已全部计入当期损益，没有其他纳税调整。

税务处理为：按税法规定，技术转让收入免征营业税；所得税前除可扣除实际发生的技术开发费 1 000 万元外，还加计扣除 500 万元。

所以，2012 年甲公司应交企业所得税(2 500 - 500) × 25% = 500（万元）。

思考：如果甲公司将研发部门独立出来成立一家全资的高新技术企业或软件企业 A 公司，企业应交所得税是多少？

参考答案：

不考虑成立新公司新增的管理费用，则 A 公司技术转让收入 500 万元，技术开发成本 1 000 万元，企业亏损不交纳企业所得税，享受不到企业所得税的税收优惠。

将研发部门独立出来后，甲公司的税前利润变为：

2 500 + 1 000 - 500 = 3 000（万元）

甲公司应交企业所得税 3 000 × 25% = 750（万元）

两家公司合计应交企业所得税 750 万元。

因此，甲公司内部设立研发部更节税，少交税额：750 - 500 = 250（万元）

第十一章

薪酬激励的税收筹划

在组织契约问题上，外部观察者往往难以确定与利润挂钩的契约究竟是出于税收考虑，还是出于激励考虑，或两者兼而有之。这种识别问题使人们难以了解究竟是什么经济问题形成了契约的微观结构。

——诺贝尔经济学奖得主　迈伦·斯科尔斯（Myron S. Scholes）

第一节　工资薪金筹划的基本方法

一、工资薪金的个人所得税政策

中共十一届全国人大常委会第二十一次会议决定对《个人所得税法》作如下修改：

(1) 工资、薪金所得，适用超额累进税率，税率为3%至45%。

(2) 工资、薪金所得，以每月收入额减除费用扣除额3 500元后的余额，为应纳税所得额。

(3) 9月1日起实施调整后的7级超额累进税率如表11－1所示：

表11－1　　个人所得税税率表（工资、薪金所得适用）

级数	全月应纳税所得额	税率（%）	速算扣除数（元）
1	不超过1 500元的	3	0
2	超过1 500元至4 500元的部分	10	105
3	超过4 500元至9 000元的部分	20	555
4	超过9 000元至35 000元的部分	25	1 005
5	超过35 000元至55 000元的部分	30	2 755
6	超过55 000元至80 000元的部分	35	5 505
7	超过80 000元的部分	45	13 505

全月应纳税所得额＝扣除“三险一金”后的月收入－个税费用扣除标准。也就是说，实际的工资薪金额＝全月应纳税所得额＋三险一金扣除额＋费用扣除额。企业工资薪金筹划主要涉及企业职工的工资、薪金及劳务报酬的课税。虽然个人所得税是由个人

负担的，但如果企业能够精心筹划，不但对职工有利，对企业也会产生重要影响。

知识链接

个税新政影响“北漂族”买车：不能不说的黑色幽默

由于北京对非京籍人员买车实行严格限购措施，即非京籍人员必须连续五年以上在京缴纳社保和个税，才能参加摇号取得购车指标，所以，那些月收入2 000元至3 500元的外来人员，原本在北京“暂住”五年就有机会买车，现在则遇到了麻烦，因为他们9月1日之后不缴个税，无法提供缴税证明（7月4日中央人民广播电台）。

看到这条消息，让人不禁想起此前一些专家反对提高个税起征点的理由：起征点提高将导致一部分人失去缴纳个税的权利。这真是有点“黑色幽默”的味道。首先，如果说限制购车是为缓解交通拥堵不得已采取的措施，那么也应一视同仁地对待户籍居民与外来人员。退一步讲，即使要对外来人员在京购车实行更严厉的限制，也不应将五年缴纳个税作为前提条件，因为缴纳个税是有门槛的，现在是月收入2 000元以上，9月1日之后是月收入3 500元以上，将五年缴纳个税作为购车前提，就相当于以一个人的收入多少来决定其是否拥有购车的权利，收入高的才有权购车，收入低的则无权购车——作为一项公共政策，偏向较高收入者而剥夺较低收入者的某项权利，其正当性、合理性显然令人怀疑。

其次，不缴纳个税的人同样是纳税人，推而广之，任何自然人都是消费者，因而都是纳税人，日常生活中无时无刻不在纳税。在北京居住的外来人员，即使不缴纳个税，但他平时的任何花销，只要从口袋里掏钱出来消费，都是在为北京的税收做贡献，比如买一袋售价2元的食盐，里面包含0.29元的增值税和0.03元的城建税；喝一瓶售价3元的啤酒，就为国家贡献了近0.7元的税收；去餐馆吃一顿饭或去理发店理一次发，花销的5.5%是营业税和城建税……中国的现行税制，致使商品和服务中包含的税负畸高，个人所得缴税则相对较少，一个人暗中所缴纳的流转税（包括增值税、消费税、营业税、关税等），要远高于明里所缴纳的个税，但是，我们的税务部门“避重就轻”，除了向公民提供个税证明，再也没有其他纳税证明。

案例分析

一家事业单位改制之后增设一家新公司。由于人手不够，事业单位的员工都在新公司兼职，同时也在新公司拿薪水。然而，在代扣员工个人所得税时，会计主管认为，两份薪水加在一起，在扣除免税额后按照相应的工资税率纳税；老总却主张，两份收入都是工资，要分开纳税。不少企业都面临着这样的困惑。

在这一案例中，会计主管和老总的想法都是错误的。正确的做法是，员工的这两份收入，只能以其中一份当做工资收入；另一份要按照劳务报酬来处理，在扣除免征额后按照相应的税率纳税。

二、工资薪金的个人所得税筹划方法

（一）为职工提供福利性支出

可以采用非货币支付办法，提高职工公共福利支出。例如免费为职工提供宿舍（公寓）；免费为职工提供交通便利；免费提供职工用餐；单位安排职工教育培训、外出学习考察等。企业替员工个人支付这些支出，企业可以把这些支出作为费用税前列支，加大企业所得税的扣除力度，个人在实际工资水平未下降的情况下，减少了应由个人负担的税款，可谓一举两得。

案例分析

小王每月从单位获得薪金 10 000 元，但是由于单位不能提供住房，不得不每月花费 1 500 元在外面租房居住，同时由于单位没有班车，每月上下班的交通费用为 600 元。则小王应缴纳的个人所得税为：

(10 000 - 3 500) ×20% - 555 = 745(元)

小王的净报酬额 = 10 000 - 745 - 1 500 - 600 = 7 155(元)

如果单位为小王提供宿舍，并且在宿舍与单位之间开班车，同时小王每月的工资调整为 7 900 元，则小王每月应纳的个人所得税为：

(7 900 - 3 500) ×10% - 105 = 335(元)

小王的净报酬额 = 7 900 - 335 = 7 565（元）

这样小王每月可以少缴纳个人所得税 410（745 - 335）元，净报酬额增加 410 元。

（二）均衡发放工资薪金

企业为激励职工，往往在年底给职工发放奖金。年终奖金属于工资薪金，应该按工资薪金所适用的七级超额累进税率由扣缴义务人代扣代缴个人所得税。但是企业是按月份发放奖金，还是按季度、半年或全年发放奖金，在个人所得税法的规定上是不同的。具体操作时，企业应该将奖金细化，拿出一些奖金按月发放，留一些奖金按季考核发放，最后再保留一部分奖金用于“拉差距”在年终发放。这样，从总体上说，个人所得税负担就会明显降低。

此外，对于采掘业、远洋运输业、远洋捕捞业企业等季节性经营企业而言，应按照按月预缴、年终按 12 个月平均并计算实际应纳的税款、多退少补的方式扣缴职工的个人所得税，以降低职工的税负；对于其他从事季节性生产的企业而言，要注意调整职工工资的发放数额，避免由于各月工资差额过大而增加税负。

（三）灵活安排工资薪金和劳务报酬

由于工资薪金与劳务报酬适用不同的计税方法和税率，所以合理安排工资薪金和劳务报酬可以实现节税。

工资薪金所得与劳务报酬所得都属于劳动所得。对于劳务报酬所得，税法规定，每次收入不超过 4 000 元的减除 800 元费用、每次收入 4 000 元以上的减除 20% 的费用作为应纳税所得额，适用 20% 的比例税率，一次收入畸高的，实行加成征收，劳务报酬实际上相当于适用 20%、30%、40% 的超额累进税率。可见工资薪金所得与劳务报酬所得的税负是不相同的，实现二者的转化在一定程度上可起到降低税负的作用。

1. 劳务报酬所得转化为工资薪金所得

由于在某些情况下，比如当应纳税所得额比较少的时候，工资薪金所得适用的税率比劳务报酬所得适用的比例税率 20% 低，因此，在某些情况下将劳务报酬所得转化为工资薪金所得，能节约税收。

2. 工资、薪金所得转化为劳务报酬所得

在纳税人工资薪金较高，适用边际税率高的情况下，将工资、薪金所得转化为劳务报酬所得更有利于节约税收。

案例分析

协和医院欲聘用一知名专家为主任医师，双方商定每月的报酬为30 000元。在签订合同时，面临两种选择：存在雇佣关系的劳动合同和不存在雇佣关系的合同。

方案一：签订存在雇佣关系的劳动合同

如果签订存在雇佣关系的劳动合同，则该主任医师每月30 000元收入，按工资、薪金所得项目征税。

应纳税额 =(30 000 - 3 500) ×25% - 1 005 = 5 620(元)

方案二：签订不存在雇佣关系的合同

如果该主任医师与医院不存在雇佣关系，只是一名兼职的工作人员，则其30 000元收入应该按照劳务报酬所得纳税。

应纳税额 = 30 000 × （1 - 20%） ×30% - 2 000 = 5 200（元）

方案二比方案一少纳税420（5 620 - 5 200）元。

三、全年一次性奖金的税收筹划方法

（一）年终一次性奖金的税收政策

1. 基本政策

国税发［2005］9号文件对于全年一次性奖金计缴个人所得税问题作了重大调整，下面对其政策内容分析如下：

全年一次性奖金是指行政机关、企事业单位等扣缴义务人根据其全年经济效益和对雇员全年工作业绩的综合考核情况，向雇员发放的一次性奖金。也包括年终加薪、实行年薪制和绩效工资办法的单位根据考核情况兑现的年薪和绩效工资。

纳税人取得全年一次性奖金，单独作为一个月工资、薪金所得计算纳税，并按以下计税办法，由扣缴义务人发放时代扣代缴，其计算步骤如下：

步骤一：先将雇员当月内取得的全年一次性奖金，除以12个月，按其商数确定适用税率和速算扣除数。

步骤二：如果在发放年终一次性奖金的当月，雇员当月工资薪金所得低于税法规定的费用扣除额，应将全年一次性奖金减除“雇员当月工资薪金所得与费用扣除额的差额”后的余额，按上述办法确定全年一次性奖金的适用税率和速算扣除数。

步骤三：将雇员个人当月内取得的全年一次性奖金，按上述办法确定的适用税率和速算扣除数计算征税，计算公式如下：

（1）如果雇员当月工资薪金所得高于（或等于）税法规定的费用扣除额的，适用公式如下：

应纳税额 = 雇员当月取得全年一次性奖金 × 适用税率 - 速算扣除数

案例分析

张华在振邦公司取得全年一次性奖金为24 000元，除以12个月后的商数为2 000（24 000 ÷12）元，适用税率为10%，速算扣除数为105元，应纳税额 = 24 000 ×10% - 105 = 2 295（元）

（2）如果雇员当月工资薪金所得低于税法规定的费用扣除额的，适用公式如下：

应纳税额 =（雇员当月取得全年一次性奖金 - 雇员当月工资薪金所得与费用扣除额的差额）×适用税率 - 速算扣除数

案例分析

张华在振邦公司取得全年一次性奖金为 24 000 元，当月工资薪金收入为 3 100 元，费用扣除额为 3 500 元。

第一，确定全年一次性奖金的适用税率和速算扣除数，即将全年一次性奖金减去个人当月工资薪金所得与费用扣除额的差额除以 12 个月后的 1 967｛[24 000 - (3 500 - 3 100)] ÷12｝元作为商数，确定适用税率为 10%，速算扣除数为 105 元。

第二，计算应纳税额，应纳税额 = [24 000 - (3 500 - 3 100)] ×10% - 105 = 2 255(元)

需要注意的是，采用上述计税办法，在一个纳税年度内，对每一个纳税人，该计税办法只允许采用一次。雇员取得除全年一次性奖金以外的其他各种名目奖金，如半年奖、季度奖、加班奖、先进奖、考勤奖等，一律与当月工资、薪金收入合并，按税法规定缴纳个人所得税，即维持现有的征税办法。

2. 涉及一次性奖金为不包含个人所得税的净额时的处理方法

（1）当个人当月工资薪金所得高于（或等于）规定费用扣除额时，个人所得税的计算公式如下：

第一步：找出适用的税率与速算扣除数

按照不含税的全年一次性奖金收入除以 12 的商数，查找相应适用税率 A 和速算扣除数 A。

第二步：将不含税所得换算为含税所得

含税的全年一次性奖金收入 =（不含税的全年一次性奖金收入 - 速算扣除数 A）÷（1 - 适用税率 A）

第三步：计算应缴个人所得税税款

按含税的全年一次性奖金收入除以 12 的商数，重新查找适用税率 B 和速算扣除数 B。

应纳税额 = 含税的全年一次性奖金收入 × 适用税率 B - 速算扣除数 B。

案例分析

小刘在振华公司取得不含税全年一次性奖金为 24 000 元。

第一，将不含税全年一次性奖金换算成含税奖金，即以 24 000 元除以 12 个月后的 2 000 元为商数，不含税所得的税率 10%，速算扣除数 105，换算成含税的全年一次性奖金为 [(24 000 - 105) ÷ (1 - 10%)] = 26 650（元）。

第二，确定含税全年一次性奖金的适用税率和速算扣除数，即将含税的全年一次性奖金除以 12 个月后的 2 220.83（26 650 ÷ 12）元作为商数，确定适用税率为 10%，速算扣除数为 105 元。

第三，计算应纳税额，应纳税额 = 26 650 × 10% - 105 = 2 560（元）

（2）当个人取得不含税全年一次性奖金收入的当月工资薪金所得低于规定费用扣除额时，应先将不含税全年一次性奖金减去当月工资薪金所得低于税法规定费用扣除额的差额部分后，再按照上述办法处理。

案例分析

小刘在振华公司取得不含税全年一次性奖金为24 000元，当月工资薪金收入为3 100元，税法规定的费用扣除额为3 500元。

第一，将不含税全年一次性奖金换算成含税奖金，即以24 000元减去当月工资薪金所得与费用扣除额的差额400元，不含税所得的税率10%，速算扣除数105，换算成含税的全年一次性奖金为：[(24 000 - 400) - 105] ÷ (1 - 10%) = 26 105.56(元)。

第二，确定含税全年一次性奖金的适用税率和速算扣除数，即将含税的全年一次性奖金除以12个月后的2 175.46（26 105.56 ÷ 12）元作为商数，确定适用税率为10%，速算扣除数为105元。

第三，计算应纳税额，应纳税额 = 26 105.56 × 10% - 105 = 2 505.56（元）。

（二）全年一次性奖金的“税收陷阱”

全年一次性奖金计税政策采用简易计税办法，与工资薪金的七级超额累进税率计税办法有很大差异。在某些奖金区间内，可能会出现税前奖金多，而纳税人实际获得的税后奖金反而少的情况。

案例分析

中华房地产公司副总经理所获得的全年一次性奖金为18 000元，而总经理所获得的全年一次性奖金为18 600元。

下面分别计算副总经理和总经理全年一次性奖金应该缴纳的个人所得税：

副总经理平均月收入额 = 18 000/12 = 1 500（元），则适用税率是3%，速算扣除数是0，则：

副总经理应缴纳个人所得税 = 18 000 × 3% = 540（元）

税后奖金 = 18 000 - 540 = 17 460（元）

总经理平均月收入额 = 18 600/12 = 1 550（元），则适用税率是10%，速算扣除数是105，则：

总经理应缴纳个人所得税 = 18 600 × 10% - 105 = 1 755（元）

税后奖金 = 18 600 - 1 755 = 16 845（元）

对比总经理与副总经理的全年一次性奖金，总经理比副总经理多600（18 600 - 18 000）元，而税后奖金总经理反而比副总经理减少了615（17 460 - 16 845）元。为何会出现这种情况，我们认为这是政策本身的不合理性所带来的，这时就出现了年终奖金政策“无效区间”，或称“不合理区间”。企业及相关单位在发放年终奖金时，应尽量避免将税前年终奖金的金额定在所谓“无效区间”内。

通过细致测算，全年一次性奖金的“无效区间”共有六段，分别对应于3% ~ 45%的税率：18 001元 ~ 19 283.33元、54 001元 ~ 60 187.50元、108 001元 ~ 114 600元、420 001元 ~ 447 500元、660 000元 ~ 706 538.46元、960 000元 ~ 1 120 000元。

（三）月薪与全年一次性奖金的最佳组合

对于员工拿到的工资薪金总额，可以合理安排月薪和全年一次性奖金的分配比例，使得工资薪金总额缴纳最少的个人所得税。

案例分析

林先生的每月工资为4 500元，该年林先生的奖金预计共有36 000元。

下面我们对奖金按月发放、年中和年末两次发放及年终一次性发放四种不同方案进行比较（扣除额按照个人所得税标准3 500元计算）。

方案一：奖金按月发放，每月发放 3 000 元。则林先生每月应纳税所得额为：4 500 + 3 000 - 3 500 = 4 000（元），4 000 元适用的税率为 10%，于是，每月应纳税额为 4 000 × 10% - 105 = 295（元）。

年应纳个人所得税总额 = 295 × 12 = 3 540（元）。

方案二：年中 7 月份发放一次半年奖 10 000 元，年末再发放一次全年奖 26 000 元。则除 7 月外，林先生应纳税所得额为 4 500 - 3 500 = 1 000（元），1 000 元适用的最高税率为 5%，每月应纳税额为 1 000 × 5% = 50（元）。

7 月份发放半年奖时，7 月应纳税所得额为 4 500 + 10 000 - 3 500 = 11 000（元）。

7 月份应纳税额 = 11 000 × 25% - 1 005 = 1 745（元）。

由于全年一次性奖金计税方法是一种优惠办法，一个纳税年度此法每人只许用一次，全年分次发放奖金的，也只能用一次。因此，年终奖金为 26 000 元，适用税率和速算扣除数分别为 10% 和 105［根据 26 000/12 = 2 167（元）确定］，此时，年终奖金应纳税额为 26 000 × 10% - 105 = 2 495（元）。

年应纳个人所得税总额 = 50 × 11 + 1 745 + 2 495 = 4 790（元）。

方案三：年终一次性发放奖金 36 000 元。林先生每月应纳税所得额仍为 4 500 - 3 500 = 1 000（元），每月应纳税额为 1 000 × 5% = 50（元）。

年终一次性发放奖金 36 000 元。适用税率和速算扣除数分别为 10% 和 105［根据 36 000/12 = 3 000（元）］确定。于是，年终一次性奖金应纳税额为 36 000 × 10% - 105 = 3 495（元）。

年应纳个人所得税总额 = 50 × 12 + 3 495 = 4 095（元）。

由此可见，年终奖金按月平均发放方式是税负最轻的情形。从上述筹划分析中，可以得出一个结论：

结论：奖金按月发放的方式税负最轻，而年中和年末两次发放及年终一次性发放两种方式的税负则较重。

那么，在年中和年末两次发放及年终一次性发放之间，还存在什么技巧呢？再来看第四种发放方式。

方案四：年中 7 月份发放一次半年奖 12 000 元，年末再发放一次全年奖 24 000 元。此时，除 7 月份外，林先生应纳税所得额仍为 4 500 - 3 500 = 1 000（元），每月应纳税额为 50 元。

7 月份发放半年奖时，7 月份应纳税所得额为 4 500 + 12 000 - 3 500 = 13 000（元），7 月份应纳税额为 13 000 × 25% - 1 005 = 2 245（元）。

年终奖金为 24 000 元，适用税率和速算扣除数分别为 10% 和 105［根据 24 000/12 = 2 000（元）确定］，于是，年终奖金应纳个人所得税额为 24 000 × 10% - 105 = 2 295（元）。

此时，年应纳个人所得税总额 = 50 × 11 + 2 245 + 2 295 = 5 090（元）。

笔者根据不同工资薪金水平，计算出个人所得税负担最小化的月薪与年终奖组合的节税速查表如 11 - 2 所示：

表 11 - 2　　月薪与年终奖组合的节税速查表　　单位：元

序号	总薪酬 X	月度发放 Y	税率%	年度发放 Z	税率%
1	(0，42 000]	X/12	0	0	0
2	(42 000，60 000]	X/12	3	0	0
3	(60 000，78 000]	5 000	3	X - 6 000	3
4	(78 000，114 000]	(X - 18 000)/12	10	18 000	3
5	(114 000，125 550]	(X - 18 000)/12	20	18 000	3
6	(125 550，150 000]	8 000	10	X - 96 000	10
7	(150 000，204 000]	(X - 54 000)/12	20	54 000	10
8	(204 000，516 000]	(X - 54 000)/12	25	54 000	10

续表

序号	总薪酬 X	月度发放 Y	税率%	年度发放 Z	税率%
9	(516 000, 561 720]	(X－54 000)/12	30	54 000	10
10	(561 720, 570 000]	(X－108 000)/12	25	108 000	20
11	(570 000, 669 000]	(X－108 000)/12	25	108 000	20
12	(669 000, 882 000]	38 500	25	X－462 000	20
13	(882 000, 1 122 000]	(X－420 000)/12	30	420 000	25
14	以下省略				25

第二节　年金的个人所得税政策与税收筹划

一、年金与法定保险不同

无论是法定保险或是年金，都应分为企业为个人缴纳部分与个人实际缴纳部分分别进行税务处理。

1. 个人实际缴纳部分，法定保险允许在其个人所得税前扣除，而年金则不能在个人所得税前扣除

依据财税［2006］10 号文第一条规定，个人按照国家或省（自治区、直辖市）人民政府规定的缴费比例或办法实际缴付的基本养老保险费、基本医疗保险费和失业保险费，允许在个人应纳税所得额中扣除；而国税函［2009］694 号文件第二条则规定，个人缴纳年金部分不能在计算个人所得税前进行扣除。

案例分析

王某当月工资 5 500 元，扣除个人实际缴纳的基本养老保险、基本医疗保险费和失业保险费、公积金后余 4 580 元，企业建立了年金制度，个人实际缴纳 160 元，王某当月领取工资 4 420 元。则依据上述规定，王某虽然当月实际领取工资为 4 420 元，但其当月应纳税所得额应为 4 580（4 420＋160）元，即个人实际缴纳的 160 元年金部分不能作税前扣除，需要计入到王某当月的工资薪金中计算缴纳个人所得税。

2. 企业为个人所缴纳的法定保险有免税部分，而年金应全额征收个人所得税

依据《财政部、国家税务总局关于基本养老保险费、基本医疗保险费、失业保险费、住房公积金有关个人所得税政策的通知》（财税［2006］10 号）第一条规定，企事业单位按照国家或省（自治区、直辖市）人民政府规定的缴费比例或办法实际缴付的基本养老保险费、基本医疗保险费和失业保险费，免征个人所得税，但需要注意的是，对于超过规定的比例和标准缴付的基本养老保险费、基本医疗保险费和失业保险费，应将超过部分并入个人当期的工资、薪金收入，计征个人所得税，即法定保险是有免征部分的；而国税函［2009］694 号文件第二条则规定，企业年金的企业缴费计入个

人账户的部分是需要计征个人所得税的，在该文件中同时规定，年金在计入个人账户时，应视为个人一个月的工资、薪金（不与正常工资、薪金合并），不扣除任何费用，按照“工资、薪金所得”项目计算当期应纳个人所得税款，并由企业在缴费时代扣代缴。

案例分析

接上例，王某当月应纳税所得额为4 580元，而王某所在企业为其缴纳年金160元，则王某当月实际应缴纳个人所得税应为：

[（4 580 - 3 500）×3%] + 160×3% = 37.2（元）

即：王某当月个人所得税应缴纳37.2元。

二、年金与商业保险不同

企业为个人建立商业性补充保险或者年金时都应计算缴纳个人所得税，但其计算方法明显不同。

1. 商业保险与个人当月工资薪金所得合并适用税率

根据《财政部、国家税务总局关于个人所得税有关问题的批复》（财税［2005］94号）相关规定，企业为职工购买商业性补充保险，应在办理投保手续时作为个人所得税的“工资、薪金所得”项目，按税法规定缴纳个人所得税，即：为职工建立商业补充保险时，企业缴费部分并入个人当月工资薪金所得计算缴纳个人所得税。

2. 年金单独适用税率

年金应视为个人一个月的工资、薪金，这部分工资并不与正常工资、薪金合并，也不扣除任何费用，而是单独按照“工资、薪金所得”项目计算当期应纳个人所得税款，因而，年金的特殊算法实际上体现出了国家对于企业建立年金制度的一种鼓励态度。

三、年金的适用条件

企业在实际操作中尤其需要注意的是，可以采取年金计算方法的应为符合《企业年金试行办法》中相关条件的部分，并非所有的补充养老保险都可以采用年金的方法去进行计算缴纳个人所得税。

此外，根据《企业年金试行办法》（中华人民共和国劳动和社会保障部令第20号）第八条“企业缴费每年不超过本企业上年度职工工资总额的1/12。企业和职工个人缴费合计一般不超过本企业上年度职工工资总额的1/6。”

对企业按季度、半年或年度缴纳企业缴费的，在计税时不得还原至所属月份，均作为一个月的工资、薪金，不扣除任何费用，按照适用税率计算扣缴个人所得税。

四、计算年金需要注意的问题

按照国税函［2009］694号文件的规定，企业年金的企业缴费计入个人账户的部分是个人因任职或受雇而取得的所得，属于个人所得税应税收入，在计入个人账户时，应视为个人一个月的工资、薪金（不与正常工资、薪金合并），不扣除任何费用，按照

“工资、薪金所得”项目计算当期应纳个人所得税款，并由企业在缴费时代扣代缴。

这一规定实际是降低了纳税人的税负。因为年金企业缴费部分如何处理，国家此前并没有明确的规定，如果按照商业保险的规定处理，就必须纳入工资薪金纳税，适用税率肯定要比单独算拿出来按一个月工资纳税要高。但在实际操作中，纳税人需要注意以下问题：

（1）年金的计算应分为两部分，即个人所缴纳部分应并入到其当月收入中，企业缴纳部分则应单独适用税率，通常情况下与个人当月的工资薪金部分适用税率不同，且不再减除任何费用，即虽然将企业所缴纳年金部分单独作为一个月薪金，但因为在计算当月工资薪金收入个人所得税时已考虑到其生计扣除费用，在计算企业所缴年金时不再考虑费用扣除问题，且单独适用税率，这样企业所缴年金部分往往可以找到一个比工资更低的税率，年金的计算方法特殊之处也在于此。

（2）企业按季度、半年或年度缴纳企业缴费的，在计税时不能分摊到所属月份，而应将其作为缴费所属月份的单独一个月工资、薪金，不扣除任何费用，按照适用税率计算扣缴个人所得税，这一点，与我们目前所执行的个人所得税法基本原则是相同的，即个人取得的工资薪金收入应于个人实际取得时计算缴纳个人所得税，对于个人一次性取得原本可能属于不同月份的工资薪金除法规有明确规定外，原则上都不允许进行分摊。

第三节　股票期权的税收筹划

一、股票激励的税收政策

股票期权起源于美国，美国迪斯尼公司和华纳传媒公司是世界上最早施行股票期权激励的两家企业。股票期权是企业授予高级管理人员的一种权利，持有人可以在规定的时间内以股票期权的“施权价”购买本公司股票，这个过程叫做“行权”。行权之前，股票期权持有人没有任何现金收益；行权之后，个人收益为“施权价”与行权日市价之间的差价。

《关于个人股票期权所得征收个人所得税问题的通知》（财税［2005］35 号），首次对企业员工参与企业股票期权计划取得的所得征收个人所得税政策进行了明确。从 2005 年 7 月 1 日起，实施股票期权计划企业授予企业员工的股票期权所得，应按《个人所得税法》及其实施条例的有关规定征收个人所得税。

（一）基本概念及政策的适用范围

1. 股票期权

上市公司按照规定的程序授予本公司及其控股企业员工的一项权利，该权利允许被授权员工在未来时间内以某一特定价格购买本公司一定数量的股票。股票期权一般允许被授权员工在未来才可以行使股票交易权，这体现了激励与约束的相互渗透。

2. 授予价（施权价）

根据股票期权计划可以购买股票的价格，一般为股票期权授予日的市场价格或该价格的折扣价格，也可以是按照事先设定的计算方法约定的价格。

3. 授予日（授权日）

公司授予员工股票期权的日期。

4. 行权（执行）

指员工根据股票期权计划选择购买股票的过程；员工行使上述权利的当日为“行权日”，也称“购买日”。

案例分析

兴华公司于2010年1月1日授予某经理人1万股股票期权，行使期限为5年，施权价为6元/股。如果到了2013年1月1日，公司上市或股票价格上涨到28元/股，该经理人可以按6元/股购进，再按28元/股卖出，从而经理人可获利22万元。当然，如果该经理人预计企业经营状况良好，股票可进一步升值，也可以等到股票升值后，再行转让获利。

（二）股票期权所得的性质及计税方法

员工接受实施股票期权计划企业授予的股票期权时，除另有规定外，一般不作为应税所得征税。

员工行权时，其从企业取得股票的实际购买价（施权价）低于购买日公平市场价（指该股票当日的收盘价，下同）的差额，是因员工在企业的表现和业绩情况而取得的与任职、受雇有关的所得，应按“工资、薪金所得”适用的规定计算缴纳个人所得税。

因特殊情况，员工在行权日之前将股票期权转让的，以股票期权的转让净收入，作为工资薪金所得征收个人所得税。

员工行权日所在期间的工资薪金所得，应按下列公式计算工资薪金应纳税所得额：

股票期权形式的工资薪金应纳税所得额 =（行权股票的每股市场价 - 员工取得该股票期权支付的每股施权价）× 股票数量

对该股票期权形式的工资薪金所得可区别于所在月份的其他工资薪金所得，单独按下列公式计算当月应纳税额：

应纳税额 =（股票期权形式的工资薪金应纳税所得额/规定月份数 × 适用税率 - 速算扣除数）× 规定月份数

上述公式中的规定月份数，是指员工取得来源于中国境内的股票期权形式工资薪金所得的境内工作期间月份数，长于12个月的，按12个月计算；上述公式中的适用税率和速算扣除数，以股票期权形式的工资薪金应纳税所得额除以规定月份数后的商数对照工资、薪金个人所得税税率表确定（即七级超额累进税率）。

员工将行权后的股票再转让时获得的高于购买日公平市场价的差额，是因个人在证券二级市场上转让股票等有价证券而获得的所得，应按照“财产转让所得”适用的征免规定计算缴纳个人所得税，即：

财产转让所得 =（每股转让价格 - 行权股票的每股市场价）× 股票数量

这部分所得理应作为财产转让所得征税，但是鉴于目前对个人投资者在二级市场上买卖境内上市公司流通股的所得暂不征收个人所得税，因此，如果行权所获得的股权是流通股，则其通过二级市场的转让所得暂免征收个人所得税；但如果是场外交易或者非流通股、境外上市公司股票的交易，就应当作为财产转让所得征收个人所得税。

员工因拥有股权而参与企业税后利润分配取得的所得，应按照“利息、股息、红利所得”适用的规定计算缴纳个人所得税。除依照有关规定可以免税或减税的外，应全额按规定税率计算纳税。

综上所述，股票期权的税收政策归纳如下：

股票期权在计提期间（等待期间），不得在企业所得税前扣除相关成本费用，但实际发放时（行权时）可以扣除。

当个人行权时，股票期权的收益应按“工资、薪金所得”计算缴纳个人所得税。

案例分析

某境内上市公司规定，公司员工只要工作满 20 个月，可享受股票期权奖励。小王 2010 年 12 月 21 日进入该公司，2012 年 8 月 21 日满 20 个月，8 月底公司同意他以每股 8 元的施权价购买公司股票 1 万股，当日该股票市场价是每股 14 元。

如果小王当天就把该股票转让，可获得 6 万元，由于公司发展未来看好，小王想留着该股票，10 月 18 日他将其中的一半股票以每股 16 元的市价卖出。小王每月的工资为 5 000 元。请问，小王应该如何纳税？

分析可知，小王 8 月份工资应纳税额 =（5 000 - 3 500）×3% =45（元）

8 月份行权时应纳税额 = {[（14 - 8）×10 000 ÷12]×20% - 555}×12 =5 340（元）

8 月份申报缴纳个人所得税 =45 +5 340 =5 385（元）

10 月份出售一半股票，应纳税额 =（16 - 14）×5 000 =10 000（元），按税法规定免征个人所得税。

（三）流通股和限售股行权后再转让的税收政策分析

1. 流通股和限售股行权后再转让的税收政策比较

其一，流通股行权后再转让环节个人所得税的计税规定。个人将行权后的境内上市公司股票再转让所得，暂免个人所得税；个人转让境外上市公司股票所得，按照“财产转让所得”适用 20% 的税率依法缴纳个人所得税。

其二，限售股行权后再转让环节个人所得税的计税规定。财税［2009］167 号文规定：自 2010 年 1 月 1 日起，对个人转让限售股所得，按照“财产转让所得”，适用 20% 的比例税率征收个人所得税。

通过比较可以看出，对于境内上市公司的流通股，行权后再转让所得暂免征税；对于限售股行权后再转让所得却按“财产转让所得”征税。

2. 限售股行权后再转让环节存在个人所得税重复征税问题

首先应明确行权所得纳税义务发生时间。在行权日，获得的股票距离解禁期还有一段时间，则行权所得纳税义务时间为每一批次限售股解禁日期。

案例分析

假设某公司员工 2006 年 9 月 1 日获得 2 000 股 2 元/股的限售股作为股权激励，行权日 2008 年 8 月 30 日，当日股票市价为 6 元/股。2009 年 12 月 20 日本批次解禁股数为 200 股，2010 年 1 月 6 日，将此 200 股转让（暂不考虑其他相关税费）。则在解禁日和再转让环节应纳税所得额的计算如下：

日期	授权日	行权日	解禁日	再转让日
股票市价	授权价：2 元/股	6 元/股	8 元/股	9 元/股

解禁日的税务处理：

应纳税所得额 =（行权日股票市价 + 本批次解禁股票当日市价）÷ 2 × 本批次解禁股票份数 - 被激励对象实际支付的资金总额 ×（本批次解禁股票份数 ÷ 被激励对象获取的限售股总份数），则解禁日应纳税所得额 =（6 + 8）÷ 2 × 200 - 2 × 200 = 1 000（元），按照“工资薪金所得”纳税。

再转让环节的税务处理：

应纳税所得额 =（9 - 2）× 200 = 1 400（元），按“财产转让所得”，适用 20% 的税率缴纳个人所得税。

在限售股解禁日，已经就股票增值部分（7 - 2 = 5 元/股）按照“工资薪金所得”缴纳过个人所得税；再转让环节就这部分增值额又按照“财产转让所得”征税，造成对同一增值额两次征税。因此，存在重复征税问题。

二、股票期权的税收筹划空间

（一）股票期权能起到推迟纳税的作用

《企业会计准则第 11 号——股份支付》规定：股份支付分为以权益结算的股份支付和以现金结算的股份支付。在等待期间，对于以权益结算的股份支付，在计提费用时计入资本公积，即：

借：管理费用等

　　贷：资本公积——其他资本公积（权益结算）

对于以现金结算的股份支付，在计提费用时计入应付职工薪酬，即：

借：管理费用等

　　贷：应付职工薪酬——股份支付（现金结算）

税法规定，企业对其职工的以现金结算的股份支付，应在实际行权时确认费用，并准予在计算应纳税所得额时扣除；而企业对其职工的以权益结算的股份支付，不得在计算应纳税所得额时确认费用扣除。

（二）控制行权日股票价格，降低税收负担

在行权日，尽量控制股价以降低税收负担。股票价格随着证券市场行情而波动，因此，恰当选择行权日期，尽可能缩小行权价与行权日该种股票市价之间的差距，就可以降低税收负担。

高层管理人员可以选择或决定行权日的股票价格，因为高管人员是企业内部股票期权政策的制定者和执行者，掌握大量的信息，对上市公司的股票价格走势较为了解，一定程度上也在影响着股票价格的走势。

（三）控制工资薪金、财产转让所得和股息、红利所得的整体税负

由于股票期权要涉及工资薪金、财产转让和股息、红利所得这三类不同类型的所

得，因此，如何使这三项应纳个人所得税额的总和最小化就是税收筹划应关注的关键问题。通常可以不考虑期权行使后的股息、红利所得，因为对于持股比例不高的一般股东而言，很难对企业的利润分配政策和实务施加足够大的影响，因而这方面的筹划空间很小，主要还是关注行权时的工资薪金的应纳所得税款和再转让时的“财产转让所得”的应纳所得税款的合计数如何才能达到最小化。

案例分析

王先生为某上市公司的高级职员，该公司于2009年9月30日授予王先生18 000股的股票期权，授予价为每股6元。股票期权协议书约定，王先生在工作满2年后购买该公司的股票。假设王先生行权日为2011年10月31日，行权日该公司的股票市价为每股20元。

根据财税［2005］35号文的规定，王先生应纳的个人所得税为：

应纳税所得额 =（20 - 6）×18 000 = 252 000（元）

应纳税额 =（252 000 ÷ 12 × 25% - 1 005）× 12 = 50 940（元）

根据《关于个人股票期权所得缴纳个人所得税有关问题的补充通知》（国税函［2006］902号）第七条规定，员工以在一个公历月份中取得的股票期权形式工资、薪金所得为一次。员工在一个纳税年度中多次取得股票期权形式工资、薪金所得的，其在该纳税年度内首次取得股票期权形式的工资、薪金所得应按财税［2005］35号文件第四条第（一）项规定的公式计算应纳税款；本年度内以后每次取得股票期权形式的工资、薪金所得，应按以下公式计算应纳税款：应纳税款 =（本纳税年度内取得的股票期权形式工资、薪金所得累计应纳税所得额 ÷ 规定月份数 × 适用税率 - 速算扣除数）× 规定月份数 - 本纳税年度内股票期权形式的工资、薪金所得累计已纳税款。

如果考虑行权时间的调整，王先生在2011年10月31日和2011年11月30日两次行权，两次行权的股数均为9 000股，且两次行权的股票市价不变。则：

第一次行权时，应纳税所得额 =（20 - 6）×9 000 = 126 000（元）

应纳税额 =（126 000 ÷ 12 × 25% - 1 005）× 12 = 19 440（元）

第二次行权时，应纳税额 = [（126 000 + 126 000）÷ 12 × 25% - 1 005] × 12 - 19 440 = 31 500（元）

两次行权共纳税额为50 940（19 440 + 31 500）元。

筹划方案：

假设2012年1月23日行权时的股票市价仍是20元，王先生将行权日筹划为跨年度的两次，即第一次是2011年10月31日，第二次是2012年1月23日。则：

第一次行权时，应纳税所得额 =（20 - 6）×9 000 = 126 000（元）

应纳税额 =（126 000 ÷ 12 × 25% - 1 005）× 12 = 19 440（元）

第二次行权时，应纳税额与第一次相同。

两次行权共纳税为38 880元，节约税额为12 060（50 940 - 38 880）元。

可见，安排跨年度的行权日，可以节约税款。同时，在安排跨年度行权日时，分解了两次行权的股票数量，使每次行权金额控制在低税率的临界点处，从而降低了适用税率。

第四节　个人所得税的其他筹划方法

一、劳务报酬的税收筹划方法

随着中国的经济发展，个人收入的来源和形式日趋多样化。一些个人在取得固定工资薪金所得的同时，还能取得合法的劳务报酬所得。对所获取的劳务报酬所得，如果采用分次领取的办法进行筹划，还可以合法节税。

案例分析

王先生7～9月取得同一项目劳务收入60 000元，下面比较不同的纳税方案：

（1）一次性申报纳税。王先生9月底将60 000元收入一次领取。税法规定，劳务报酬所得按收入减除20%的费用后的余额为应纳税所得额，适用20%的比例税率。如果一次收入超过20 000元，20 000元至50 000元的部分加征5成的应纳税额。则：

应纳税所得额为：60 000×(1－20%)＝48 000(元)

未加成应纳税额为：48 000×20%＝9 600(元)

加成部分应纳税额为：(48 000－20 000)×20%×50%＝2 800(元)

应纳税额合计为：9 600＋2 800＝12 400(元)

其所获得的净收益为：60 000－12 400－9 000＝38 600(元)

若采用速算扣除法，则应纳个人所得税额为：48 000×30%－2 000＝12 400（元）

（2）分次申报纳税。税法规定，属于一次收入的，以取得该项收入为一次，属于同一项目连续性收入的，以1个月内取得的收入为一次。如果支付间隔超过1个月，按每次收入额扣除法定费用后计算应纳税所得额，而间隔期不超过1个月，则合并为一次扣除法定费用后计算应纳税所得额。所以纳税人在提供劳务时，合理安排纳税时间内每月收取劳务报酬的数量，可以多次抵扣法定的定额（定率）费用，减少每月的应纳税所得额，避免适用较高的税率，使自己的净收益增加。

案例分析

接上例，王先生可以同支付报酬方约定，60 000元收入分三次领取，每月领取一次，每次20 000元，则王先生应缴纳个人所得税为：20 000×(1－20%)×20%×3＝9 600(元)。

净收益为：60 000－9 600－9 000＝41 400(元)

二、销售激励的税收筹划方法

目前，多数企业对销售人员的市场开拓情况都以一定的方法给予奖励，其方法主要是将销售人员的销售业务量与报酬有机地结合起来，即按销售量乘以一个百分比，作为销售人员的提成奖金。这种做法从企业管理的角度当然是适用的有效方法，但从税收的角度来看，就有其不尽合理之处，可能导致个人所得税负担偏高。

如果我们能够将供销人员在实际销售过程中发生的费用作适当的分解，或者在企业享受低税率与个人所得税实际税率之间进行权衡，企业则可以在企业所得税和个人所得税中选择较低的税率来纳税，只要计算准确，操作得当，必然会对企业和个人都有利。

案例分析

销售员小王平时每月从企业领取3 500元，年终按销售业绩提取奖金12万元。企业按规定代扣代缴小王的个人所得税为：

(3 500＋120 000－3 500)×45%－13 505＝40 495(元)

但实际上，销售员小王实际得到的奖金并没有这么多，企业发放的奖金总额中有相当一部分是差旅费和业务招待费用，按奖金总额缴纳个人所得税不太合适。如果企业进行税收筹划方案设计，只需财务人员将会计核算方法改变一下，销售提成政策不变，但在具体处理有关差旅费和招待费用时作适当变通，即平时将差旅费和招待费用分离出来实报实销。这样，到年底不仅这些费用可以在所得税前列支降低了企业所得税，而且也适当降低了个人所得税。

若上述个人提取的“提成奖”中差旅费以及通讯费等占30%，招待费用占10%，并取得合法的凭证。那么，在账务处理时确认的销售员的差旅费为36 000元、业务招待费为12 000元。账务处理如下：

借：销售费用——差旅费　36 000

　　管理费用——业务招待费　12 000

　　贷：库存现金　48 000

企业所适用的企业所得税税率为25%，则：

全年差旅费和业务招待费减少应纳税所得额 = 36 000 + 12 000 = 48 000（元）

减少企业所得税 = 48 000 × 25% = 12 000（元）

如果奖金年终一次性发放，则代扣代缴的个人所得税如下：

72 000 ÷ 12 = 6 000（元），适用20%的个人所得税率，则：

个人所得税 = 72 000 × 20% − 555 = 13 845（元）

节税额 = 40 495 − 13 845 = 26 650（元）

思考与练习

复习思考题

1. 个人所得税的七级超额累进税率有何收入调节作用？
2. 从节税角度分析月工资与年终奖金应如何合理分割？
3. 股票期权有哪些税收筹划空间？

案例分析题

案例一　劳务报酬的税收筹划

某设计院工程师王某，利用业余时间为一其他工程研究院设计了一套节水设备，花费了他将近一年的时间，获得的报酬也非常可观，共有200万元，对于这笔收入，该工程师应该如何筹划使其税后收入最大化？

参考答案：

由于我国个人所得税实行分类征税制，视该工程师的收入类型适用于不同的征税规定。可根据工程师与设计研究院的关系程度不一，来做出筹划安排：

（1）如果设计院聘用王某为其员工则适用于七级超额累进税率的工薪所得税；

应纳税额 = [（2 000 000/12 − 3 500）× 45% − 13 505] × 12 = 719 040（元）

（2）如果设计院不聘用王某，则视为劳务报酬来征税，适用于三级超额累进税率；

若劳务报酬一次领取，应纳税额 = 2 000 000 ×（1 − 20%）× 40% − 7 000 = 633 000（元）

若分12次领取，则应纳税额 = [(2 000 000/12) × (1 − 20%) × 40% − 7 000] × 12 = 556 000（元）

（3）如果王某根据这套节水设备将来的市场应用前景以及设计院具体情况也可采取无形资产投资形式，采取每年企业所得税税后固定利润分配的形式获取相应的收入，则适用于比例为20%的股息、利息、红利所得的个人所得税以及营业税。读者可自行计算其税后收入状况。

案例二　多种纳税所得的税收筹划

纳税人郑某2012年8月给几家公司提供劳务，同时取得多项收入：给某设计院设计了一套工程图纸，获得设计费1万元；给某外资企业当15天兼职翻译，获得1.5万元的翻译报酬；给某民营企业提供技术帮助，获得该企业的2万元报酬。郑某如何纳税？又有何筹划方法使其少纳税？

参考答案：

纳税人郑某提供多项劳务并取得相应的劳务收入，应分别就其所得缴纳劳务报酬个人所得税。

工程图纸设计费个人所得税为10 000 × (1 − 20%) × 20% = 1 600（元）

给外资担当15天翻译报酬个人所得税为15 000 × (1 − 20%) × 20% = 2 400（元）

给民营企业提供技术服务个人所得税为20 000 × (1 − 20%) × 20% = 3 200（元）

8月份其劳务性质的个人所得税总额为7 200元。

由于郑某提供的这些劳务中有些是经常而固定地发生如给民营企业提供的技术服务，那么这些费用的支付，郑某可与民营企业协商签订返聘合同采取工资形式来支付，这样劳务收入就可平均到一年的十二月中平均发放，每月仅为1 700元左右，而低于免征额3 500元，这样便可节约这笔劳务收入的个人所得税。而其他不经常发生的劳务收入，尽管不能转化为低收入时的工薪所得而节约税收支出，但可与用工单位协商，采取多次支付方式来降低劳务报酬所需要缴纳的个人所得税。

案例三　境内外收入如何筹划

北京大学张博士，是中国的居民纳税人，他同时在英国一所大学任客座教授。2012年6月，张博士从国内大学取得工资性收入6 500元，同时又从英国大学获得一定的收入，折合人民币15 000元。要求：（1）试比较张博士能提供与不能提供英国大学工资证明文件的应纳税额。（2）为减轻税负，张博士应怎样筹划其收入？

参考答案：

如果张博士不能提供有效证明文件，则其来源于境内、境外的工资类所得应合并征税：

应纳税所得额 = 6 500 + 15 000 − 3 500 = 18 000（元）

应纳个人所得税额 = 18 000 × 25% − 1 005 = 3 495（元）

如果张博士能够提供有效证明文件，证明其在境内和境外任职或受雇及工资、薪金标准，那么其来源于国内和国外的收入可以分别减除费用并计算纳税，其应纳个人所得税为：

境内应纳税所得额 = 6 500 − 3 500 = 3 000（元）

境内所得应纳个人所得税额 = 3 000 × 10% − 105 = 195（元）

境外应纳税所得额 = 15 000 − 4 800 = 10 200（元）

境外所得应纳个人所得税额 = 10 200 × 25% − 1 005 = 1 545（元）

境内外合并纳税额 = 195 + 1 545 = 1 740（元）

提供证明文件可使张博士当月少缴税 = 3 495 − 1 740 = 1 755（元）

因此，张博士在境内、境外同时任职的条件下，应及时取得并妥善保管关于她在境内、境外同时任职或者受雇及其工资、薪金标准的有效证明文件，从而才可以享受税法分别减除费用并纳税的规定，以减轻个人所得税负担。

案例四　个人独资企业的税收筹划

李先生和妻子开设了一家美容院，属个人独资企业，开展美容业务的同时也销售美容产品。2012 年，他们的美容业务获利 3.8 万元，美容产品的销售利润为 3.3 万元。李先生夫妻可怎样进行筹划以减轻税负？

参考答案：

李先生夫妇美容公司 2012 年实现利润 7.1 万元，属个人独资企业，按个人所得税法“个体工商户生产经营所得”缴纳个人所得税，适用税率为 30%，速算扣除数为 9 750 元。若李先生夫妇分开经营，即再成立一家个人独资企业，两个企业分别经营美容业务和美容产品销售，2012 年获利分别是 3.8 万元和 3.3 万元，适用税率为 20%，速算扣除数为 3 750 元，适用税率降低，李先生夫妇税负也会大大减轻。

①未进行筹划时应缴纳个人所得税 = 71 000 × 30% − 9 750 = 11 550（元）

②筹划后应缴纳个人所得税 = 38 000 × 20% − 3 750 + 33 000 × 20% − 3 750 = 6 700（元），减轻税负 4 850 元。

第十二章

资本交易的税收筹划

各特殊利益集团和政治家们认为，利息支付所带来的税收扣除鼓励人们采取举债收购方式……为什么目标公司非要求助举债收购，而不能依靠自己举债或调整自身资本结构。原因在于，税收成本之外的非税成本使资本重组较之于其他税收替代手段更有效。

——诺贝尔经济学奖得主　迈伦·斯科尔斯（Myron S. Scholes）

第一节　企业并购的税收筹划

企业并购是实现资源流动和有效配置的重要方式，在企业并购过程中不可避免地涉及企业的税收负担及筹划节税问题。合并筹划是指企业利用并购及资产重组手段，改变其组织形式及股权关系，实现税负降低的筹划方法。

企业并购指通过一个企业与另一个企业的结合或获得对另一个企业净资产和经营活动的控制权，而将各单独的企业合成一个经济实体。企业并购的税收筹划是指在税法规定的范围内，并购双方从税收角度对并购方案进行科学、合理的事先筹划和安排，尽可能减轻企业税负，从而达到降低合并成本，实现企业整体价值最大化的效果。

案例分析

乙公司因经营不善，连年亏损，2011 年 12 月 31 日，资产总额 1 200 万元（其中，房屋、建筑物 1 000 万元），负债 1 205 万元，净资产 -5 万元。公司股东决定清算并终止经营。甲公司与乙公司经营范围相同，为了扩大公司规模，决定出资 1 205 万元购买乙公司全部资产，乙公司将资产出售收入全部用于偿还债务和缴纳欠税，然后将公司解散。乙公司在该交易中涉及不动产销售，需缴纳营业税及相关附加，纳税情况如下：

营业税 $=1\,000\times5\%=50$（万元）

城建税及教育费附加 $=50\times(7\%+3\%)=5$（万元）

转让企业产权是整体转让企业资产、债权、债务及劳动力的行为，其转让价格不仅仅是由资产价值决定的。所以，转让企业产权既不应缴纳营业税，也不应缴纳增值税。股权转让中涉及的无形资产、不动产投资入股，参与接受投资方利润分配，共同承担风险的行为，不征收营业税，对股权转让也不征收营业税。

对于上述交易，如果甲公司将乙公司吸收合并，乙企业的资产和负债全部转移至甲公司账下，则甲公司无需立即支付资金即可获得乙公司的经营性资产，而且乙公司也无需缴纳营业税及附加，可以实现节税 55 万元。

一、选择并购目标的税收筹划

1. 选择并购类型的税收筹划

并购类型的选择是并购决策中最为首要的问题，若选择同行业同类企业作为目标企业，则属于横向并购，可以消除竞争、扩大市场份额、形成规模效应。从税收角度考察，由于横向并购不改变经营主业和所处的行业，所以一般不会对纳税环节和税种有过多影响。从纳税主体属性上看，增值税小规模纳税人可能会因规模的扩大而转变为一般纳税人，中小企业可能会扩张为大企业。

若选择与供应商或客户的并购，则属于纵向并购，纵向并购实现上下游一体化，实现了协作化生产，甚至创造了范围经济。对并购企业来说，与供应商及客户的交易变成了企业内部调拨行为，其流转环节减少，相应的流转税负也会降低甚至消失。由于纵向并购拓宽了生产经营范围，所以很可能增加纳税环节及税种。例如，钢铁企业并购汽车企业，将增加消费税税种，由于税种增加，可以说相应纳税主体属性也有了变化，企业生产经营过程中也相应增加了消费税的纳税环节。

案例分析

某地区有两家大型酒厂 A 和 B，它们都是独立核算的法人企业。A 酒厂主要经营粮食类白酒，以当地生产的大米和玉米为原料进行酿造，按照消费税法规定，应该适用 20% 的税率。B 酒厂以 A 酒厂生产的粮食酒为原料，生产系列药酒，按照税法规定，应该适用 10% 的税率。A 酒厂每年要向 B 酒厂提供价值 2 亿元，计 5 000 万千克的粮食酒。经营过程中，B 酒厂由于缺乏资金和人才，无法经营下去，准备破产。此时企业 B 酒厂欠 A 酒厂共计 5 000 万元货款。经评估，B 酒厂的资产恰好也为 5 000 万元。A 酒厂领导人经过研究，决定对 B 酒厂进行收购，其决策的主要依据如下：

其一，这次收购支出费用较小。由于合并前，B 酒厂的资产和负债均为 5 000 万元，净资产为零。因此，按照税法规定，该购并行为属于以承担被兼并企业全部债务方式实现吸收合并，不视为被兼并企业按公允价值转让、处置全部资产，不计算资产转让所得，不缴纳企业所得税。此外，两家企业之间的行为属于产权交易行为，按税法规定，不缴纳营业税。

其二，合并可以递延部分税款。合并前，A 酒厂向 B 酒厂提供的粮食酒，每年应该缴纳的税款为：

消费税 $=20\ 000\times20\%+5\ 000\times2\times0.5=9\ 000$（万元）

增值税 $=20\ 000\times17\%=3\ 400$（万元）

而这笔税款一部分合并后可以递延到药酒销售环节缴纳（消费税从价计征部分和增值税），获得递延纳税好处；另一部分税款（从量计征的消费税税款）则免予缴纳了。

其三，B 酒厂生产的药酒市场前景很好，企业合并后可以将经营的主要方向转向药酒生产，而且转向后，企业应缴的消费税款将减少。由于粮食酒的消费税税率为 20%，而药酒的消费税税率为 10%，如果企业转产为药酒生产企业，则税负将会大大减轻。

假定药酒的销售额为 2.5 亿元，销售数量为 5 000 万千克。

合并前应纳消费税款为：

A 酒厂应纳消费税为：$20\ 000\times20\%+5\ 000\times2\times0.5=9\ 000$（万元）

B 酒厂应纳消费税为：$25\ 000\times10\%=2\ 500$（万元）

合计应纳税款为：$9\ 000+2\ 500=11\ 500$（万元）

合并后应纳消费税为：$25\ 000\times10\%=2\ 500$（万元）

合并后节约消费税为：$11\ 500-2\ 500=9\ 000$（万元）

2. 目标企业的财务状况与税收筹划

并购企业若有较高盈利水平，为改变其整体的税收负担，则可选择一家有大量净经营亏损的企业作为并购目标。通过合并后盈利与亏损的相互抵消，可以实现企业所得税的免除。如果合并纳税中出现亏损，并购企业还可以实现亏损的递延，推迟纳税。因此，目标公司尚未弥补的亏损和尚未享受完的税收优惠应当是决定是否并购的一个重要因素。

这里需要注意两点：首先，根据《关于企业重组业务企业所得税处理若干问题的通知》（财税［2009］59号）规定，适用于一般性重组的吸收合并，被合并企业的亏损不得在合并企业结转弥补；而适用于特殊性重组的吸收合并，合并企业才可以以限额弥补被合并企业的亏损。因此，购并时应符合特殊性重组的条件，即：（1）具有合理的商业目的，且不以减少、免除或者推迟缴纳税款为主要目的。（2）企业重组后的连续12个月内不改变重组资产原来的实质性经营活动。（3）企业重组中取得股权支付的原主要股东，在重组后连续12个月内，不得转让所取得的股权。（4）企业股东在该企业合并发生时取得的股权支付金额不低于其交易支付总额的85%，以及同一控制下且不需要支付对价的企业合并。其次，并购亏损企业一般采用吸收合并或控股兼并的方式，不采用新设合并方式。因为新设合并的结果是被并企业的亏损已经核销，无法抵减合并后的企业利润。但此类并购活动必须警惕亏损企业可能给并购后的整体带来不良影响，特别是利润下降给整体企业市场价值带来的消极影响，甚至会由于向目标企业过度投资，可能导致不但没有获得税收抵免递延效应，反而将优势企业也拖入亏损的境地。

3. 目标企业行业选择与税收筹划

我国对一些行业给予企业所得税优惠，例如，对小型微利企业减按20%的税率征收，对国家需要重点扶持的高新技术企业减按15%的税率征收，对农林牧渔业项目，国家重点扶持的公共基础设施项目，以及符合条件的环境保护、节能节水项目可予以免征、减征。并购方在选择并购对象时，可重点关注这些行业或项目，以获得税收优惠及其他政府补贴资金。

二、选择并购出资方式的税收筹划

在税收法律的立法原则中，对企业或其股东的投资行为所得征税，通常以纳税人当期的实际收益为税基；对于没有实际收到现金红利的投资收益，不予征税。这就给并购企业提供了免税并购的可能。

并购按出资方式可分为现金购买资产式并购、现金购买股票式并购、股票换取资产式并购、股票换取股票式并购。后两种并购以股票方式出资，对目标企业股东来说，在并购过程中，不需要立即确认其因交换而获得并购企业股票所形成的资本利得，即使在以后出售这些股票需要就资本利得缴纳企业所得税，也已起到了延迟纳税的效果。

股票换取资产式并购也称为“股权置换式并购”，这种模式在整个资本运作过程中，没有出现现金流，也没有实现资本收益，因而这一过程是免税的。企业通过股权置换式并购，可以在不纳税的情况下，实现资产的流动与转移，并达到追加投资和资产多样化的理财目的。

案例分析

A公司欲兼并B公司。已知A公司对外发行的流通股为3 000万股，股票面值为1.5元/股，市面价值为4元/股。A公司最近几年的每一期间的应纳税所得额比较稳定，估计合并后每年约为1 000万元。B公司合并前账面净资产为500万元，上年亏损额为50万元，以前年度无亏损，该企业经评估确认的净资产价值为800万元。已知合并后A公司的股票面值基本不会发生变化，增值后的资产平均折旧年限为5年。有以下两个方案可供选择，请分析哪种方案更合算。

方案一：A公司用175万股和100万元购买B公司。

方案二：A公司以160万股和160万元购买B公司。

方案一，因非股权支付额小于股权按票面计的15%，按税法规定B公司不用就转让所得缴纳企业所得税，企业B的50万元亏损可以在企业A盈利中弥补，同时企业A接受的企业B的资产可以按其账面净值为基础确定。这时，企业A弥补企业B亏损后的盈利为950（1 000－50）万元，每年的加计折旧为100（500/5）万元，税后利润为：950×（1－25%）+100×25%＝737.5（万元）。

方案二，由于非股权支付额大于股权按票面计的15%，则按税法规定B公司的转让收益要缴纳企业所得税，纳税额为：（800－500）×25%＝75（万元）。

A公司兼并B公司后，B公司不再存续，因此这笔税款实际由A公司缴纳，B公司的亏损额不能弥补。此时，A公司的利润为1 000万元，加计折旧额为160(800/5)万元，税后利润为：1 000×（1－25%）+160×25%＝790（万元）。扣除企业所得税后的净利润为623.8(722.8－99)万元。

案例分析

联想收购IBM的税收秘密

2004年12月8日，联想集团以总价12.5亿美元收购了IBM的全球PC业务，正式拉开了联想全球布局的序幕。可是，如果仔细研究，在这场中国并购市场上前所未有的大宗并购案中，总共为12.5亿美元的收购价格，联想集团为什么要采用“6.5亿美元现金+6亿美元联想股票”的支付方式？这种支付方式背后隐含着怎样的策略呢？

也许有人会说，如果全部现金收购，联想一时付出12.5亿美元的现金太多，而如果全部换股，按照6亿美元的联想股票相当于18.5%左右的股份来计算，全部换股后，IBM将持有联想集团38.5%的股份，联想控股所拥有的股份将减少为25%，这样一来，不是联想并购了IBM的PC业务，而是IBM吃掉了联想。

那么，大家可能会问，联想为什么不出“5.5亿美元现金+7亿美元的联想股票”或“4.5亿美元现金+8亿美元的联想股票”呢？

大家可能没有想到，这里面一个很重要的问题就是税收。事实上，在任何一场并购案中，并购企业在选择并购目标及其出资方式前都需要进行税收筹划。一般来说，并购企业若有较高盈利水平，为改变其整体的纳税状况，可选择一家具有大量净经营亏损的企业作为并购目标。通过盈利与亏损的相互抵消，实现企业所得税的减少。这是并购税收筹划的通行规则。比照这一规则，来看联想并购IBM PC时双方企业的盈利能力：

在2004年底并购前的四个月，也就是2004年8月11日，联想集团在中国香港宣布2004/2005财年第一季度（2004年4月1日至6月30日）业绩，整体营业额为58.78亿港元，较去年同期上升10%，纯利大幅度增加21.1%。同时，联想宣称：从1999年到2003年，其营业额从110亿港元增加231亿港元，利润从4.3亿港元增长到11亿港元，五年内实现了翻番。

2005年1月，IBM向美国证交会提交的文件显示，其上月（2004年12月）卖给联想集团的个人电脑业务持续亏损已达三年半之久，累计亏损额近10亿美元。

一个是年利润超过10亿港元，承担着巨额税负的新锐企业，一个是累计亏损额近10亿美元、亏损可能还在持续上涨但亏损递延及税收优惠仍有待继续的全球顶尖品牌，在这样一个时段，这样一种状况，两者走到一起，恐怕不单纯是一种业务上的整合，很大程度上带有税收筹划的色彩：如果合并纳税中出现亏损，并购企业还可以通过亏损的递延推迟纳税。因此，目标公司尚未弥补的亏损和尚未享受完的税收优惠应当是决定是否并购的一个重要因素。也就是说，如果两个净资产相同的目标公司，假定其他条件都相同，一个公司有允许在以后年度弥补的亏损，而另一个公司没有可以弥补的亏损，那么亏损企业应成为并购的首选目标公司。

IBM提交美国证交会的文件披露后，曾引起联想股民的不满，联想股价曾一度下滑，事实上，这样的并购对联想来说是非常划算的。如果说有什么担心，恐怕也只是警惕并购后可能带来业绩下降的消极影响及资金流不畅造成的'整体贫血'，并防止并购企业被拖入经营困境。不过，现在看来，联想有能力成为奥运TOP合作伙伴，及其后续的一系列举措，暗示了其现金流并不存在太大问题，反而是IBM的巨亏很大程度上减少了联想的税负，成为了并购案例中进行税收筹划的典范。

还要提醒大家注意的是，在股权收购中，如果是以现金购买股票，也会使被并购企业形成大量的资本利得，进而产生资本利得税或所得税的问题，有时被收购企业还会把这些税负转嫁给收购企业，这种时候，并购企业需要考虑"以股票换取资产"或"以股票换取股票"。

因为后两种以股票出资的方式对目标企业股东来说，在并购过程中，不需要立刻确认其因交换而获得并购企业股票所形成的资本利得，即使在以后出售这些股票需要就资本利得缴纳所得税，也已起到了延迟纳税的效果。

不过，正像前文联想并购案中所提到的，纯粹的"以股票换取资产"或"以股票换取股票"有可能形成目标企业反收购并购企业的情况，所以，企业在出资方式上往往是在满足多方需求的利益平衡状况下，计算出税负成本最低、对企业最有利的一种方式。

最终采纳的方式往往是复合的，就像联想的一部分是现金收购，一部分用股票收购。打个比方说，如果IBM不是美国企业，而是中国企业，IBM PC市值与联想集团相当，那么6亿美元的联想股票相当于18.5%的联想股份时，6.5亿美元的现金，恰好相当于联想市值的20%。按照《国家税务总局关于企业合并分立业务有关所得税问题的通知》（国税发［2000］119号）的规定：合并企业支付给被合并企业或其股东的收购价款中，除合并企业股权以外的现金、有价证券和其他资产（简称非股权支付额）不高于所支付股权票面价值（或支付股本的账面价值）20%的，可以不计算所得税①。美国税法中也存在类似的免税重组政策。

三、并购会计处理方法的税收筹划

并购会计处理方法有购买法和权益联合法两种。两种会计处理方法下，对重组资产确认、市价与账面价值的差额等有着不同的规定，影响到重组后企业的整体纳税状况。

在购买法下，购并企业支付目标企业的购买价格不等于目标企业的净资产账面价值。在购买日将构成净资产价值的各个资产项目，按评估的公允市价入账，公允市价超过净资产账面价值以上的差额在会计上作为商誉处理。商誉和固定资产由于增值而提高的折旧费用或摊销费用，减少税前利润，会产生节税效果，其数额为折旧或摊销费用的增加数中相应的所得税费用减少数。

权益联合法仅适用于发行普通股票换取被兼并公司的普通股。参与合并的各公司资产、负债都以原账面价值入账，并购公司支付的并购价格等于目标公司净资产的账面价值，不存在商誉的确定、摊销和资产升值折旧问题，所以没有对并购企业未来收益减少的影响。吸收合并与新设合并以及股票交换式购并采用的就是这种会计处理方法。

购买法与权益联合法相比，资产被确认的价值较高，并且由于增加折旧和摊销商誉

① 自2009年以来，财税［2009］59号文件替代国税发［2000］119号文件。但联想收购案发生在2005年，当时执行的是国税发［2000］119号文件，提醒读者注意。

引起净利润减少，形成节税效果。但是购买法增加企业的现金流出或负债增加，从而相对地降低了资产回报率，降低了资本利用效果，因此税收筹划要全面衡量得失。

四、选择并购融资方式的税收筹划

企业并购通常需要筹措大量的资金，其融资方式主要有债务融资和股权融资。债务融资利息允许在税前列支，而股权融资股息只能在税后列支。因此，企业并购采用债务融资方式会产生利息抵税效应，这主要体现在节税利益及提高权益资本收益率方面。其中节税利益反映为负债成本计入财务费用以抵减应纳税所得额，从而相应减少应纳所得税额。在息税前收益率不低于负债成本率的前提下，债务融资比率越高，额度越大，其节税效果也就越显著。当然，负债最重要的杠杆作用则在于提高权益资本的收益率水平及普通股的每股收益率方面，这可以从下面公式得以充分的反映：

权益资本收益率(税前) = 息税前投资收益率 + 负债/权益资本 ×(息税前投资收益率 - 负债成本率)

案例分析

若甲公司为实行并购需融资 400 万元，假设融资后息税前利润有 80 万元。现有三种融资方案可供选择：

方案一，完全以权益资本融资；方案二，债务资本与权益资本融资的比例为 10∶90；方案三，债务资本与权益资本融资的比例为 50∶50。假设债务资金成本率为 10%，企业所得税税率为 25%。在这种情况下应如何选择方案呢?

当息税前利润额为 80 万元时，税前投资回报率 = 80 ÷ 400 × 100% = 20% > 10%（债务资金成本率），税后投资回报率会随着企业债务融资比例的上升而上升。因此，应当选择方案三，即 50% 的债务资本融资和 50% 的权益资本融资，这种方案下的纳税额最小，即：

应纳企业所得税 = (80 - 400 × 50% × 10%) × 25% = 15（万元）

但并购企业同时也必须考虑因大量债务融资给企业资本结构带来的影响。如果并购企业原来的负债比率较低，通过债务融资适当提高负债比率是可行的；如果并购企业原来的负债比率比较高，继续采取债务融资可能导致加权平均资金成本上升、财务状况急剧恶化、破产风险增大等负面影响。此时，更好的融资方式也许是股权融资，或债务融资与股权融资并用，以保持良好的资本结构。

五、资产交易与股权交易的转化

企业并购是一种股权交易行为，它能够改变企业的组织形式及股权关系，与资产交易完全不同。资产交易一般只涉及单项资产或一组资产的转让行为，而股权交易涉及企业部分或全部股权，转让企业股权是整体转让企业资产、债权、债务及劳动力的行为，其转让价格不仅仅是由账面资产价值决定的，还包括商誉等许多账面没有记录的无形资产等。

资产交易与股权交易所适用的税收政策有着较大差异：一般资产交易都需要交纳流转税和所得税，如对存货等流动资产出让应作为货物交易行为缴纳增值税；对货物性质的固定资产转让应缴纳增值税。如果需要在企业之间转移资产，那么以股权转让形式规避税收不失为一种好的税收筹划模式。企业股权转让与企业销售不动产、销售货物及转让无形资产的行为完全不同，它既不属于营业税征收范围，也不属于增值税征收范围，因此，转让企业股权既不缴纳营业税，也不缴纳增值税。①股权转让中涉及的无形资产、不动产投资入股，参与接受投资方利润分配，共同承担风险的行为，不征收营业税，对股权转让行为也不征收营业税。②通过把资产交易转变为产权交易，就可以实现资产、负债的打包出售，而规避资产转让环节的流转税，达到了利用并购重组筹划节税的目的。

案例分析

甲公司主要经营电机的生产、销售，下属一子公司主营电机的修理和零配件销售业务。甲公司由于改制和业务发展的需要，搬到了开发区，改制方案已获省政府批准，改制后变为股份有限公司，其中工会持股40%，职工个人入股60%。由于原厂址闲置不用，甲公司拟将原厂房和土地出售给中华房地产开发公司，房屋和土地账面净值为1 000万元，房屋和土地经评估后价值为5 000万元（本案例主要考虑营业税和企业所得税的筹划）。

按正常操作，甲公司转让不动产需要交纳营业税：

5 000×5.5%＝275（万元）

转让不动产交纳企业所得税：

（5 000－1 000－275）×25%＝931.25（万元）

合计纳税额＝275＋931.25＝1 206.25（万元）

如果进行税收筹划方案设计：采取先投资再合并形式，可以节约大量税金。操作步骤如下：

首先，先投资。由甲公司将闲置的厂房和土地作为对其下属子公司的投资，根据《营业税暂行条例》规定，企业以不动产对外投资入股，参与接受投资方利润分配，共同承担风险的行为，不征营业税。此外，由该子公司向银行贷款，以甲公司担保的形式融资5 000万元（最后将债务转嫁给中华房地产开发公司），该子公司在接受投资和融资后资产与负债基本相等。

然后，再合并。由中华房地产开发公司以股权支付额作为对价，合并甲公司的子公司，则满足特殊性税务处理的条件不视为被合并企业按公允价值转让、处置全部资产，不计算资产的转让所得。合并企业接受被合并企业全部资产的成本，以被合并企业原账面净值为基础确定。

通过上述税收筹划方案，该子公司无需计算资产转让所得，中华房地产开发公司也可根据该子公司的账面价值（在接受投资后已经过评估）计提折旧或进行摊销，债权债务也归于消失。该税收筹划方案不用交纳营业税和企业所得税，只需在投资和变更时缴纳印花税等少量其他税费。

产权交易还可以改变业务模式，整合资源，调整产权结构，进而影响企业税负。

案例分析

振邦集团是一家生产型的企业集团，由于近期生产经营效益不错，集团预测今后几年的市场需求还有进一步扩大的趋势，于是准备扩展生产能力。离振邦集团不远的M公司生产的产品正好是其生产所需的原料之一，M公司由于经营管理不善正处于严重的资不抵债状态，已经无力经营。经评估确认资产总额为4 000万元，负债总额为6 000万元，但M公司的一条生产线性能良好，正是振邦集团生产原料所需的生产线，其原值为1 400万元（不动产800万元、生产线600万元），评估值为2 000万元（不动产作价1 200万元，生产线作价

---

① 国家税务总局公告［2011］51号文规定：纳税人在资产重组过程中，通过合并、分立、出售、置换等方式，将全部或者部分实物资产以及与其相关联的债权、债务和劳动力一并转让给其他单位和个人的行为，不属于营业税征收范围，其中涉及的不动产、土地使用权转让，不征收营业税。国家税务总局公告［2011］13号文规定：纳税人在资产重组过程中，通过合并、分立、出售、置换等方式，将全部或者部分实物资产以及与其相关联的债权、负债和劳动力一并转让给其他单位和个人，不属于增值税的征税范围，其中涉及的货物转让，不征收增值税。

② 财税［2002］191号文件规定，从2003年1月1日开始，以不动产、无形资产对外投资，投资时不征营业税，转让该项股权时，也不再征收营业税。

800万元）。振邦集团与M公司双方协商，形成了关于资产重组的三种可行方案：

方案一：资产买卖行为

振邦集团拿现金2 000万元直接购买不动产及生产线，应承担相关的税收负担为营业税和增值税，按照有关税收政策规定，M公司销售不动产应缴纳5.5%的营业税及附加，生产线转让按4%的税率减半征收增值税，资产转让所得缴纳25%的企业所得税。

税负总额 = 1 200 × 5.5% + 800 ÷（1 + 4%）× 4% ÷ 2 + [1 200 + 800 ÷（1 + 4%）− 800 − 600 − 1 200 × 5.5%] × 25% = 207.19（万元）。该方案对于振邦集团来说，虽然不需购买其他没有利用价值的资产，更不要承担巨额债务，但在较短的时间内要筹措到2 000万元的现金，负担较大。

方案二：产权交易行为：承债式整体并购

其相关的税收负担如下：按照税法规定，企业的产权交易行为不缴纳营业税和增值税。M公司资产总额为4 000万元，负债总额为6 000万元，已严重资不抵债。根据规定，在被兼并企业的资产小于负债或与负债基本相等的情况下，合并企业以承担被兼并企业全部债务的方式实现吸收合并，不视为被兼并企业按公允价值转让、处置全部资产，不缴纳企业所得税。该方案对于合并方振邦集团而言，则需要购买M公司的全部资产，这从经济核算的角度讲，是没有必要的，同时振邦集团还要承担大量的不必要的债务，这对以后的集团运作不利。

方案三：产权交易行为

M公司先将原料生产线重新包装成一个全资子公司，资产为生产线，负债为2 000万元，净资产为0，即先分设出一个独立的N公司，然后再实现振邦集团对N公司的并购，即将资产买卖行为转变为企业产权交易行为。同方案二，M公司产权交易行为不缴纳营业税和增值税。对于企业所得税，当从M公司分设出N公司时，被分设企业应视为按公允价值转让其被分离出去的部分或全部资产，计算被分设资产的财产转让所得，依法缴纳企业所得税：M公司分设N公司后，M公司应按公允价值2 000万元确认生产线的财产转让所得600万元，计税150万元。

N公司被振邦集团合并，根据企业合并有关税收政策，被合并企业应视为按公允价值转让、处置全部资产，计算资产转让所得，缴纳企业所得税。由于N公司转让所得为0，所以不缴纳企业所得税。

方案三的效果最好，一是避免了支付大量现金，解决了在短期内筹备大量现金的难题；二是N公司只承担M公司的一部分债务，资产与债务基本相等；三是振邦集团在资产重组活动中所获取的利益最大，既购买了自己需要的生产线，又未购买其他无用资产，增加了产权交易的可行性。

对于振邦集团来说，把资产转让行为转化成为产权交易行为，巧妙地降低了企业税负。值得提醒读者注意的是，该方案有以下两个关键点：（1）债权转让行为的可行性。要避免债权人或其他利益相关者怀疑企业分立行为含有逃废债务的目的而不予配合；（2）企业分立中会涉及税收负担，税收负担最终应有哪方承担，在操作时要考虑税负可以通过价格进行转嫁。

第二节　企业分立的税收筹划

一、企业分立的筹划规律

企业分立与企业并购一样，也是企业产权调整、资产重组的重要方式。企业分立可以实现财产和所得在两个或多个纳税主体之间进行分割，一方面可以发挥专业分工优势，促进企业生产经营能力的提高，另一方面可以有效开展税收筹划，减轻企业税负。

（一）分立筹划的规律及适用范围

企业分立是指一个企业依照法律或者合同规定分为两个或两个以上的企业的行为。企业分立包括被分立企业将其部分或全部业务分离转让给两个或两个以上现存或新设企业（以下简称分立企业），为其股东换取分立企业的股权或其他财产。企业分立有利于企业更好地适应环境和利用税收政策获得税收方面的利益。

分立筹划利用分拆手段，可以有效地改变企业组织形式，降低企业整体税负。分立筹划一般应用于以下方面：一是利用企业分立可以将一个企业分拆形成有关联关系的多个纳税主体；二是企业分立可以将兼营或混合销售中的低税率业务或零税率业务独立出来，单独计税降低税负；三是企业分立使适用累进税率的纳税主体分化成两个或多个适用低税率的纳税主体，降低税负；四是企业分立可以增加一道流通环节，有利于增值税抵扣及转让定价策略的运用。

（二）利用分立的税收优惠政策筹划

企业分立是一种产权关系的调整，这种调整不可避免地会影响到税收。在我国企业分立实务中，税法规定了免税分立与应税分立两种模式，对于纳税人来说，在实施企业分立时，应尽量利用免税分立进行筹划，合理降低税负。

企业分立，通常情况下当事各方应按下列规定处理：

（1）被分立企业对分立出去资产应按公允价值确认资产转让所得或损失。

（2）分立企业应按公允价值确认接受资产的计税基础。

（3）被分立企业继续存在时，其股东取得的对价应视同被分立企业分配进行处理。

（4）被分立企业不再继续存在时，被分立企业及其股东都应按清算进行所得税处理。

（5）企业分立相关企业的亏损不得相互结转弥补。

企业分立，被分立企业所有股东按原持股比例取得分立企业的股权，分立企业和被分立企业均不改变原来的实质经营活动，且被分立企业股东在该企业分立发生时取得的股权支付金额不低于其交易支付总额的85%，可以选择按以下规定处理：

（1）分立企业接受被分立企业资产和负债的计税基础，以被分立企业的原有计税基础确定。

（2）被分立企业已分立出去资产相应的所得税事项由分立企业承继。

（3）被分立企业未超过法定弥补期限的亏损额可按分立资产占全部资产的比例进行分配，由分立企业继续弥补。

（4）被分立企业的股东取得分立企业的股权（以下简称“新股”），如需部分或全部放弃原持有的被分立企业的股权（以下简称“旧股”），“新股”的计税基础应以放弃“旧股”的计税基础确定。如不需放弃“旧股”，则其取得“新股”的计税基础可从以下两种方法中选择确定：直接将“新股”的计税基础确定为零；或者以被分立企业分立出去的净资产占被分立企业全部净资产的比例先调减原持有的“旧股”的计税基础，再将调减的计税基础平均分配到“新股”上。①

① 参见《关于企业重组业务企业所得税若干问题的通知》（财税［2009］59号）的相关税收政策规定。

案例分析

奥维公司拟将一个非货币性资产价值945万元的分公司分离出去，分离方式可以是整体资产转让，可以是整体资产置换，也可以是分立，不论采取哪种分离方式，都涉及确认财产转让所得、计算缴纳所得税的问题。但只要把握好筹划空间，避免财产转让所得的实现，就可以避免缴纳所得税。

如果采取整体资产转让方式，将分公司全部资产转让给永信股份公司（系公开上市公司），根据税法规定，只要永信公司所支付的交换额，其中非股权支付额（如现金、有价证券等）不高于奥维公司所取得的永信股票面值的15%，就可以不确认财产转让所得。

假设永信股票的市场交易价为1比3，支付给奥维公司股权的股票面值设为X、现金设为Y，则：

$3X + Y = 945$

$Y = 15\% X$

解得：X = 300，Y = 45，这表明奥维公司应争取取得永信公司300万元以上股票、45万元以下的现金，就可避免缴纳企业所得税。

分立筹划利用分拆手段，可以有效改变企业组织形式，降低企业整体税负。分立筹划通过企业分立，可以将兼营或混合销售中的低税率业务或免税业务独立出来，合理节税；或者利用分立使适用累进税率的纳税主体分化成两个或多个适用低税率的纳税主体。

案例分析

某食品厂为增值税一般纳税人，适用17%的增值税税率。根据市场需求，该食品厂开发种植猕猴桃，并将猕猴桃加工成果脯、饮料等（以下简称“加工品”）对外销售。2009年猕猴桃开始产生经济效益。2010年5月该食品厂共销售猕猴桃加工品100万元（不含增值税价格），产生17万元的销项税额。但经核算，发现与该项业务有关的进项税额数量很少，只有化肥等项目产生了1万元的进项税额。这样，该食品厂需要就该项业务缴纳16万元的增值税。为了降低增值税负担，该企业在购进可抵扣项目时，十分注重取得规范的增值税专用发票，但收效不大。

针对这种情况，食品厂将猕猴桃的种植业务分立为一个独立的企业，并使其具有独立的法人资格，实行独立核算。税法规定：一般纳税人向农业生产者购买的免税农业产品，或者向小规模纳税人购买的农业产品，准予按照购买价格和13%的扣除率计算进项税额，从当期销项税额中扣除。直接从事植物的种植、收割和动物的饲养、捕捞的单位和个人销售的自产农业产品，免征增值税。当然，相应的进项税额也不能再抵扣。结果会使种植企业没有因为分立而多承担任何税收，而食品厂却在原有进项税额、销项税额不变的前提下，因为有了“向农业生产者购买的免税农业产品”，而可以增加大量的进项税额。

在上述方案中，食品厂分立后的税收负担及有关变化，体现在以下几个方面：

（1）分立后的食品厂销项税额不变，仍为17万元。

（2）分立后的食品厂增加了进项税额。假设按照市场正常的交易价格，该食品厂2010年5月用于生产猕猴桃加工品的原料价值60万元，则分立后的食品厂就可以按照60万元的买价和13%的扣除率计算进项税额，即7.8万元。

（3）种植企业享受增值税免税优惠，但同时，有关的进项增值税1万元也不能够再抵扣。

所以，分立后食品厂的这项业务需要缴纳的增值税计算如下：

应纳增值税 = 17 − 7.8 = 9.2（万元）

与筹划前相比，增值税负担降低了6.8万元。

二、分支机构设立的税收筹划

一些集团性企业，当发展到一定规模后，基于稳定供货渠道、开辟新的市场或方便客户的考虑，不可避免地需要在异地设立分支机构。对于新设立的分支机构性质的不同，决定着企业所得税的缴纳方式，进一步影响到企业的整体税负水平，因此，相关的税收筹划也是非常必要的。

企业分支机构所得税的缴纳有两种方式：一种是分支机构独立申报纳税；另一种是分支机构集中到总公司汇总纳税。采用何种方式纳税关键取决于分支机构的性质——是否为独立纳税人。同时，受分支机构的盈亏状况、所处地区的税率高低及资金控制等因素影响，不同纳税方式会使企业当期及未来各期的整体税负水平产生显著差异。因此，分支机构是否为独立法人是实现税收筹划节税的关键。

案例分析

奥立电梯公司主要生产销售电梯并负责安装及保养已售电梯。2012 年取得含税收入 3 510 万元，其中安装费约占总收入的30%，保养费占收入总额的10%，假设本年度进项税额为240 万元。按照税法规定，奥立电梯公司既生产销售电梯又负责安装及保养电梯的行为是典型的混合销售行为。

2012 年度奥立电梯公司应纳税额计算如下：

应纳增值税 = 销项税额 - 进项税额 = 3 510 ÷ (1 + 17%) × 17% - 240 = 270（万元）

如果奥立电梯公司分立出一个独立核算的安装公司，奥立电梯公司只负责生产销售电梯，而安装公司专门负责电梯的安装和保养，那么奥立电梯公司和安装公司分别就销售电梯收入、安装保养收入开具发票。奥立电梯公司分立安装公司后，涉税处理会发生变化。国税函［1998］390 号文规定，电梯属于增值税应税货物的范围，但安装运行之后，则与建筑物一道形成不动产。因此，对企业销售电梯（自产或购进）并负责安装及保养取得的收入，一并征收增值税；对不从事电梯生产销售，只从事电梯保养的专业公司对安装运行后的电梯进行的保养取得的收入征收营业税。

奥立电梯公司应纳增值税 = 销项税额 - 进项税额 = 3 510 × (1 - 40%) ÷ (1 + 17%) × 17% - 240 = 66（万元）

安装公司应纳税额 = 3 510 × 30% × 3% + 3 510 × 10% × 5% = 49.14（万元）

分立出安装公司后可以节省税收 = 270 - 66 - 49.14 = 154.86（万元）

在制定企业分立的税收策略时要注意以下问题：

（1）要进行成本收益衡量。设立安装公司所增加的分立成本或纳税筹划代理费用应小于节税收益。

（2）注意定价的合理性。由于涉及货物销售价格与劳务价格的剥离，不要只是出于税收目的而故意抬高劳务价格，因为生产销售企业与提供劳务企业存在关联方关系，如果定价不合理，税务机关有权调整货物及劳务定价。

（3）涉及销售自产货物（主要指金属结构件，铝合金门窗，玻璃幕墙，机构设备，电子通讯设备等）并同时提供建筑劳务的纳税人应根据公司的实际情况制定分立策略。

思考与练习

复习思考题

1. 企业并购活动应从哪些方面实施税收筹划？
2. 请分析资产交易与股权交易的税负差异？

3. 企业合并筹划适用于哪些情形？

4. 企业分立筹划适用于哪些情形？

5. 如何实现资产交易与股权交易的转化？

案例分析题

案例一 企业并购出资方式的选择

A公司欲对B公司实施并购。已知A公司共有发行在外的股票3 000万股，股票面值为1.5元/股，市场价值为4元/股，该A公司近年来的应纳税所得额比较稳定，估计合并后每年的应纳税所得额约为2 000万元。A公司合并前账面净资产为500万元，上年亏损50万元，以前年度无亏损，该经评估确认A公司净资产公允价值为800万元。已知合并后A公司的股票面值基本不会发生变化，合并后资产的平均折旧年限为10年。

如果A公司用100万股股票和400万元资金购买B公司，应该如何进行税务处理？

该项合并的非股权支付额占价款比例为：$400 \div (100 \times 4 + 400) \times 100\% = 50\%$

因非股权支付额大于股权按票面计的15%，则按税法规定，B公司适用一般性税务处理，需就转让所得缴纳企业所得税：企业所得税 $= (800 - 500) \times 25\% = 75$（万元）

企业并购不满足特殊性税务处理的条件，则被合并企业的上年亏损50万元不得在合并企业结转弥补。A公司并购B公司后，每年的折旧额为80（$800 \div 10$）万元，税后利润为：$2\,000 \times (1 - 25\%) + (80 \times 25\%) = 1\,520$（万元）

如果A公司用175万股股票和100万元资金购买B公司，则应该如何进行税务处理？

参考答案：

该项合并的非股权支付额占价款比例为：$100 \div (175 \times 4 + 100) \times 100\% = 12.5\%$

因非股权支付额小于股权按票面计的15%，则按税法规定，B公司适用特殊性税务处理，不需就转让所得缴纳企业所得税；B公司的50万元亏损可以在A公司的盈利中弥补，同时A公司接受的B公司的资产可以按其账面净值为基础确定。这时，A公司弥补B公司亏损后的盈利额为1 950（$2\,000 - 50$）万元，每年的折旧额为50（$500 \div 10$）万元，税后利润为：$1\,950 \times (1 - 25\%) + 50 \times 25\% = 1\,462.5 + 12.5 = 1\,475$（元）。

案例二 资产重组的税收筹划

A公司由潘湖公司与蜀渝公司两家公司投资设立，双方各占50%的股权。A公司的资产构成：货币资金2 000万元；厂房一栋，原价为3 000万元，已折旧1 000万元，净值2 000万元，评估价格为2 500万元（土地增值税中扣除项目），公允价值为3 000万元。存货一批原价为1 000万元，公允价为3 000万元。净资产5 000万元的构成：股本为3 000万元，未分配利润为2 000万元。契税税率为3%，A公司、潘湖公司与蜀渝公司的企业所得税税率均为33%。为讨论方便，忽略城建税与教育费附加等因素。

2012 年 3 月，A 公司拟进行改制，有如下两种方案可供选择：

一是 A 公司进行整体资产转让（转让所有的资产与负债和劳动力）给 B 公司。两家协商后，B 公司支付其股票为 6 000 万股（面值 6 000 万元），公允价值为 7 000 万元，同时付现金 1 000 万元，合计 8 000 万元。A 公司转让后成为一个投资公司。

二是 A 公司先分配未分配利润 1 000 万元，后由潘湖公司与蜀渝公司转让各自的股份与 B 公司，B 公司支付其股票为 6 000 万股（面值 6 000 万元），公允价值 7 000 万元。

要求：试比较不同方案的税收负担，并作出分析。

参考答案：

方案一：A 公司进行整体资产转让，此时转让的主体是 A 公司，客体是 A 公司的资产，故为转让资产的行为。

A 公司应缴纳营业税为 3 000 ×5% =150（万元）。A 公司应该属于销售行为，收入为股票和现金。

A 公司应缴纳增值税 3 000 ×17% =510（万元）。整体资产转让行为实际上是一种投资行为，交换股票也即非货币性交易行为，不属于企业产权转让行为，应该缴纳增值税。

A 公司转让房屋应纳的土地增值税为 350 ×30% =105（万元）。转让厂房时，增值率为(3 000 −2 500 −150) ÷2 500 =14%，适用土地增值税税率 30%。

A 公司应缴的企业所得税为 0。受让企业收购的资产不低于转让企业全部资产的 75%，且受让企业在该资产收购发生时的股权支付金额不低于其交易支付总额的 85%（财税［2009］59 号），所以转让企业可暂不计算确认资产转让所得或损失。

B 公司缴纳契税为 3 000 ×3% =90（万元）；

B 公司增值税进项抵扣金额为 510 万元。

A 与 B 公司的税负和（从 A 与 B 公司双方考虑，增值税无影响）为 150 +105 +90 =345（万元）。

需要说明的是：对 A 公司的整体资产转让，因投资金额与注册资本的比例已超出 50%，据 2006 年 1 月 1 日实施的《公司法》第十五条的规定："公司可以向其他企业投资；但是，除法律另有规定外，不得成为对所投资企业的债务承担连带责任的出资人"，符合公司法的相关规定。

方案二：潘湖公司与蜀渝公司转让股权，不涉及流转税问题。此时转让的主体是 A 公司的两大股东，客体是 A 公司，故为转让股权的行为。

潘湖公司与蜀渝公司应缴企业所得税和为：(8 000 −3 000 −1 000) ×25% =1 000（万元）。

B 公司无税负。

A 与 B 公司的税负和为 1 000 万元。

结论：整体资产转让比转让股权税负减少 1 000 −345 =655（万元）。

故在企业改组改制的转让股权或资产的决策中，应根据不同改组方案进行各种税收负担的测算，比较不同方案的总税负进行方案优劣的判断取舍，达到转让双方共赢的目的。

第十三章

利润分配的税收筹划

未来的资本利得像树上的鸟一样不一定能抓到，而眼前的股利则犹如手中的鸟一样飞不掉，即"一鸟在手胜过二鸟在林"。

——著名财务金融专家　戈　登　林特勒

第一节　企业税后利润的税收筹划

一、股利的处理方式

企业的利润总额按照税法规定缴纳企业所得税后，对税后利润还要在企业与股东之间进行分配。对公司股东所分配的股利，股东为法人企业的，还要合并计入其利润总额征收企业所得税（符合免税条件的股利除外），对合伙人及合伙企业分得的股利还要征收个人所得税。在这种情况下，企业如何使股东或合伙人尽量减少税收负担呢？其可行的方式就是延期分配股利或直接将股东（合伙人）应分得的股利转作投资，以获得延期纳税的好处。

所谓延期纳税，是指实行居民管辖权的国家对外国子公司取得的利润收入，在没有以股息等形式汇给母公司以前，对母公司不就国外子公司应分的股息征税。征税行为可以推迟到母公司取得股息之时。跨国公司还可以设法使外国子公司将其税后利润长期积累，在公司内部不予分配，或有意识地降低应分配股息的比例，从而可以相应地推迟或减少股东向母国缴纳的税收，达到税收筹划的目的。延期纳税使纳税人获得了一笔长期无息贷款，同时也降低了所得税的实际课征率。

这种方法目前也适用于我国的股份制企业，即通过控制股利分配来合理控制税负。在我国经济实践中主要有以下两种做法：

1. 保留盈余提升股票价值

股份公司采取不直接分配股利而使股票增值的方法来达到目的。例如，北京一家股份公司，2012 年营业状况良好，赚了不少利润，但它并没有把税后利润全部分给股东。经董事会研究决定，把税后利润中的大部分作为公司的追加投资，这样，公司的资产总额加大了，而并没有多发行股票，使公司原有股票升值。与发放股利这种常规作法相比，好处很多：一方面，股东的个人所得税（股利部分）就无需再交，另一方面，公司也取得了再投资部分的优惠待遇。

2. 设立持股公司

这种方法也是针对股东而言的，如果某一公司想对另一股份公司投资可采取此办法，即在低税区建立持股公司。一般低税区本身通常对股利和资本利得免税，或只征很低的税，母公司将股利留在持股公司，就是将在低税区获得的税收优惠利益暂时保存，获得延迟纳税的好处，但我国对企业从关联企业分得利润还要并入企业利润总额征收企业所得税，但其已纳税款可在确定实缴税款时予以抵免。在这种情况下，若企业与关联企业适用税率一致便不会增加企业税负，股利或盈余怎么分配似乎对企业没有多少影响；如果企业与关联企业适用税率不一致，尤其是关联企业适用低税率时，延期分配股利或盈余对企业的影响就不一样。它至少可为企业获得低税区税收优惠款项所带来的税收利益的时间价值。

若股东为个人，便不能享受税收抵免待遇，双重征税无法避免，在这种情况下，可将股利直接转增资本，以增加股东所持股票价值给股东带来不缴个人所得税或缓缴个人所得税的税收利益。

二、股利分配时机的选择

在直接投资中，投资者可以直接以实物进行投资，也可以以货币进行投资，假设某投资者是以货币形式进行投资并取得股权的，我们就称作股权投资。投资者从被投资企业获得的收益主要有股利（包括股息性所得）和股权转让所得。根据目前我国企业所得税法相关规定，企业股权投资取得的股利与资本利得的税收待遇是不同的。

股利属于股息性所得，是投资方从被投资单位获得的税后利润，属于已征过税的税后利润，原则上不再重复征收企业所得税。

股权转让所得是投资企业处置股权的净收益，即企业收回、转让或清算处置股权投资所获得的收入总额减除股权投资成本后的余额。这种净收益应全额并入企业的应纳税所得额缴纳企业所得税。

投资方可以充分利用上述政策差异进行税收筹划。如果被投资企业是母公司下属的全资子公司，则没有进行利润分配的必要。但是，需要注意的是，如果投资方打算将拥有的被投资企业的全部或部分股权对外转让，则会造成股息性所得转化为股权转让所得，使得本应享受免税的股息性所得，转化为应全额缴税的股权转让所得。因此，投资方应该要求先将被投资企业的税后利润分配完毕之后，再进行股权转让，这样能获得税收筹划的好处。

因此，一般的情况下被投资企业保留税后利润不分配，企业股权欲转让时，在转让之前必须将未分配利润进行分配。这样做，对投资方来说，可以达到不缴税的目的，有效地避免股息性所得转化为股权转让所得，从而消除重复纳税；对于被投资企业来说，由于不分配税后利润可以减少现金流出。

第二节 企业分配活动的税收筹划

利润分配，是指企业将一定时期内实现的利润总额按照有关规定进行合理分配的过程。企业税后利润按规定顺序进行分配。在企业利润分配过程中，与税负有关的问题主要是利润分配的顺序和保留利润的问题。

一、利用税前利润弥补以前年度亏损

对企业发生的年度亏损，税法允许用下一年度的税前利润弥补。下一年度利润不足弥补的，可以逐年延续弥补。但是，延续弥补期最长不得超过五年。所以，争取用税前利润弥补以前年度亏损，可以降低税负。

案例分析

A公司于2011年成立并开始生产经营，同时还投资B公司取得60%的控股权。A公司当年经济效益一般，盈亏基本持平。假如2011年由于市场原因，A公司效益进一步下滑，预计亏损100万元。但B公司效益很好，2012年可以分配给A公司税后利润50万元。A、B两公司企业所得税率均为25%。按照税法规定，A公司从B公司分回的50万元税后利润属于免税项目，不用缴纳企业所得税。由于A公司取得B公司控股权，可以决定什么时间分配税后利润。因此，就企业所得税的弥补亏损问题可以分析如下（不考虑应纳税所得额税务调整因素）：

如果2012年B公司按时分配50万元税后利润给A公司。那么，可以结转以后年度弥补的亏损，应该是冲抵免税项目所得后的余额。A公司2012年度可以结转弥补的亏损是50万元。如果2012年B公司保留税后利润暂不分配，那么A公司2012年度可以结转弥补的亏损还是100万元。不分配税后利润比分配税后利润可以多弥补50万元，假如A公司以后年度有生产经营利润弥补亏损，相对而言，可以节约税收12.5万元（50×25%）。

还要注意，B公司的税后利润应该在A公司用自身的生产经营应税所得弥补完亏损后或弥补期过后才能分回。否则，按照税法规定，应税项目有所得但不足弥补以前年度亏损的，免税项目的所得也应用于弥补以前年度亏损。也就是说，虽然以前年度可以弥补的亏损额没有减少，但是用以后年度分回的投资收益免税所得弥补后，实际上纳税人还是没有获得实际利润。

进一步分析，A公司2012年如果不分回50万元投资收益，可以税前弥补的亏损额为100万元。如果2012年A公司实现盈利30万元，同时分回50万元投资收益，则2012年应该弥补以前年度亏损80万元，A公司还是用免税投资收益弥补了亏损。但如果A公司2012年盈利在100万元以上时，此时分回50万元投资收益，则企业可以用本年度自身实现的应税所得100万元弥补全部亏损，50万元投资收益没有用于弥补亏损，A公司这时才真正获得实际利益。

二、未分配利润保留在法人企业不分配，减轻投资者个人的税收负担

税法规定，投资企业从被投资企业分回的税后利润，因已经缴纳过企业所得税，则不再缴纳企业所得税。如果投资企业不再将分回的税后利润分给个人股东，则不需缴纳个人所得税。这样可以减轻个人股东的税收负担。

三、股息所得与股权转让所得的税收筹划

在股权转让过程中，转让方应该注意不要把股息所得转化为股权转让所得，这样会加大转让方的税收负担。正确的做法是先进行利润分配，然后再进行股权转让。

案例分析

A 公司于 2009 年 2 月 20 日以银行存款 900 万元投资于 B 公司，占 B 公司股本总额的 70%，B 公司当年获得税后利润 500 万元。A 公司 2010 年度内部生产、经营所得为 100 万元。A 公司企业所得税率为 25%，B 公司的企业所得税率为 15%。

方案一：2011 年 3 月，B 公司董事会决定将税后利润的 30% 用于分配，A 公司分得利润 105 万元。2011 年 9 月，A 公司将其拥有的 B 公司 70% 的股权全部转让给 C 公司，转让价为 1 000 万元，转让过程中发生税费 0.5 万元。

方案二：B 公司保留盈余不分配。2011 年 9 月，A 公司将其拥有的 B 公司 70% 的股权全部转让给 C 公司，转让价为 1 105 万元。转让过程中发生税费 0.6 万元。

则 A 公司应纳企业所得税额计算如下：

方案一：A 公司生产、经营所得 100 万元，税率 25%，应纳企业所得税 = 100 × 25% = 25（万元）。

A 公司分得股息收益 105 万元，不需缴纳企业所得税。

股权转让所得 = 1 000 − 900 − 0.5 = 99.5（万元）

应纳所得税额 = 99.5 × 25% = 24.88（万元）

因此，A 公司 2011 年应纳企业所得税额为 49.88（25 + 24.88）万元。

方案二：同理，A 公司生产、经营所得应纳税额 25 万元。

由于 B 公司保留盈余不分配，从而导致股息所得和资本利得发生转化，即当被投资企业有税后盈余而发生股权转让时，被投资企业的股价就会发生增值，如果此时发生股权转让，这个增值实质上就是投资者在被投资企业的股息所得转化为资本利得。因为企业保留利润不分配，才会导致股权转让价格升高。这种因股权转让而获得的收益应全额并入企业的应纳税所得额，依法缴纳企业所得税。

A 公司资本转让所得 204.5（1 105 − 900 − 0.5）万元，应纳所得税额 51.13（204.5 × 25%）万元。

A 公司 2011 年合计应纳企业所得税为 76.13（25 + 51.13）万元。

方案一比方案二减轻税负为：76.13 − 49.88 = 26.25（万元），前者明显优于后者。其原因在于，A 公司在股权转让之前获取了股息所得，有效防止了股息所得转变为股权转让所得，避免了重复征税。

值得一提的是，被投资企业对投资方的分配支付额，如果超过被投资企业的累计未分配利润和累计盈余公积金而低于投资方的投资成本的，视为投资回收，应冲减投资成本；超过投资成本的部分，视为投资方企业的股权转让所得，应并入企业的应纳税所得，依法缴纳企业所得税。因此，在 A 公司进行转让之前 B 公司分配股息时，其分配额应以不超过“可供分配的被投资单位累计未分配利润和盈余公积金的部分”为限。

上述筹划方案适用于类似情形，比如外商投资企业的外籍个人股东转让其股权，就应当采取“先分配后转让”的筹划策略，因为外国投资者从外商投资企业取得的利润（股息）和外籍个人从中外合资经营企业分得的股息、红利，免征个人所得税，而外国企业和外籍个人转让其在中国境内外商投资企业的股权取得的超出其出资额部分的转让收益，应按 20% 的税率缴纳预提所得税或个人所得税。因此，采取“先分配后转让”可以有效避免重复征税，通过利润分配减少了投资方的股权转让所得，降低了投资方的税收负担。

思考与练习

复习思考题

1. 请简述企业利润分配的顺序。
2. 股利收入如何进行纳税？
3. 如何避免个人股利重复征税？
4. 如何做好股权转让的税收筹划？谈谈你的观点。

案例分析题

案例一　股利分配的税收筹划

某公司目前发行在外的普通股为5 000万股，每股市价15元。假设现有7 500万元的留存收益可供分配，公司拟采用下列方案中的一种：

方案一：发放现金股利7 500万元，每股股利1.5（7 500÷5 000）元。

方案二：发放股票股利，每10股发放1股，股票面值1元，共500万股，除权价约等于每股13.64[15÷(1+0.1)]元。

思考：请分析上述两个股利分配方案哪个更优？

参考答案：

根据个人所得税法及实施条例规定，利息、股息、红利所得适用税率20%，并由支付所得单位按照规定履行扣缴义务。另外，根据《财政部、国家税务总局关于股息、红利个人所得税有关政策的通知》（财税［2005］102号）及《财政部、国家税务总局关于股息红利有关个人所得税政策的补充通知》（财税［2005］107号）规定，上市公司自2005年6月13日起，对个人投资者从上市公司取得的股息、红利所得，暂减按50%计入个人应纳税所得额，依照现行税法规定计征个人所得税。但股利的形式有现金股利和股票股利，在计税时有所不同。现金股利按20%缴纳个人所得税，股票股利以派发红利的股票票面金额为收入额，按利息、股息、红利项目计征个人所得税。所以，

方案一：应纳个人所得税＝7 500×50%×20%＝750（万元）

方案二：应纳个人所得税＝500×50%×20%＝50（万元）

显然，对于股东来讲，更希望公司发放股票股利，因为相比发放现金股利，其承担的税负较轻。当然股票股利除了能够节税之外，对于派发股利的企业而言，还能够起到保留现金、增加投资机会的作用。

案例二　固定股利政策与稳定股利政策的比较

B公司为一非上市股份公司，股本为10 000万股。2012年年底未分配利润为3 000万元，年底股利支付方案有两个：一是采取固定股利支付率政策，每年的股利支付率为

50%；二是采取稳定股利政策，每股股利为 0.1 元。2013 年企业有一项目需要投资 2 000 万元，资金成本为 10%。

思考：如果从税负角度考虑，应该如何选择股利方案。

参考答案：

1. 固定股利支付率方案的税负及成本的计算。

(1) 股东层面：

支付股利金额 = 3 000 × 50% = 1 500（万元）

股东应付个人所得税 = 1 500 × 20% = 300（万元）

股东税后净收益 = 1 500 − 300 = 1 200（万元）

(2) 公司层面：

B 公司剩余未分配利润金额 = 3 000 − 1 500 = 1 500（万元）

新的项目需再筹资金额 = 2 000 − 1 500 = 500（万元）

筹资成本 = 500 × 10% = 50（万元）

由于债务融资利息支出可以抵税，因此筹资的实际成本为：

50 × (1 − 25%) = 37.5（万元）

因此在固定股利支付率方案下公司股利支付及筹资的实际成本为：

37.5 + 1 500 = 1 537.5（万元）

2. 稳定股利方案的税负及成本的计算。

(1) 股东层面：

股利支付金额 = 0.1 × 10 000 = 1 000（万元）

股东应付个人所得税 = 1 000 × 20% = 200（万元）

股东税后净收益 = 1 000 − 200 = 800（万元）

(2) 公司层面：

B 公司剩余未分配利润金额 = 3 000 − 1 000 = 2 000（万元）

新的项目需再筹资金额 = 2 000 − 2 000 = 0

筹资成本 = 0

(3) 第二方案与第一方案相比，节约税款支出：

1 537.5 − 1 000 = 537.5（万元）

由于节约的支出会提高 2012 年未分配利润金额，这笔金额若推迟到 2012 年支付，则股东增加的税后收益计算如下（假如贴现率为 5%）：

537.5 × (1 − 20%) ÷ (1 + 5%) − 500 × (1 − 20%) = 9.52（万元）

下　篇

第一部分

单项税收筹划方案

虽然各国税制的具体细节各不相同，但所有的所得税体系都面临同样的基本问题，如对国际所得课征多少税收，以及应在何时对所得课税等等。另外，所有国家的税收筹划者都必须确定税收战略与公司的财务和经营战略之间的相互影响性。

——诺贝尔经济学奖得主 迈伦·斯科尔斯（Myron S. Scholes）

案例 1 星海大酒店的税收筹划

1. 背景资料

星海大酒店是一家五星级酒店，客房租金收入是其主要营业收入，其客房有相当一部分是长期（1 年以上）出租给外部公司办公使用，或者是租给固定客户居住。目前，该酒店按照租金收入缴纳 5% 的营业税。

可是该酒店出租客房的收入中有一部分为公共设施使用费（如水、电、气费等）。酒店实际上是从顾客那里收取水、电、气等公共设施的成本费（注意是成本费，而无任何其他附加费用），然后再向提供公共设施的具体部门（如电力局、自来水公司等）缴纳。公共设施部门确认其营业收入（此时确认的营业收入中包括酒店向顾客收取的成本费），缴纳营业税，这实际上造成了重复缴纳营业税的现状，对于酒店来说，无疑增加了税收负担。

2. 税收筹划方案设计

星海大酒店将自己设定为代理人，提供公共设施的部门为委托人，这样酒店就变成了为顾客代缴公共设施使用费的机构，公共设施部门就变成了直接的营业税纳税人。这样的设计对于公共设施部门来说，其营业收入和营业税并没有改变，对于顾客来说，其总的租房支出也没有改变，只是收费对象由酒店改为了公共设施部门。然而对于酒店来说，其营业收入中已不包括向顾客收取的水、电费，从而减少了营业收入总额，相应的 5% 的营业税也就减少了。

根据民法规定，代理可以是有偿代理，也可以是无偿代理。因此，酒店可以在代理公共设施使用费的基础上收取一定的手续费，也可以不收取任何手续费。若酒店只收取较低的手续费，仅就其手续费缴纳5%的营业税，酒店的税负率必然会下降。

当然，需要注意的是，酒店在做上述安排时，必须有相应的法律手续，会计处理一定要规范。在该税收筹划方案设计中，一定要注意以下操作细节：

（1）酒店应与顾客签订委托代缴公共设施使用费的合同。为了便于操作，可设计格式合同。

（2）酒店会计要将此类业务明确划分出来，单独核算，收取款项时，其会计处理为：

借：银行存款

　　贷：其他应付款——公共设施部门

（3）酒店与具体公共设施部门结算时，由具体公共设施部门出具发票且发票抬头应为具体缴纳公共设施使用费的顾客，酒店将发票直接转交给顾客。

这一税收筹划方案不仅会减轻酒店的税负，而且还可以给酒店带来其他附带收益：①依据房产税有关规定，出租房屋应按照租金收入的12%计征税款，由于酒店租金收入的降低，因此，可以相应地减少其房产税；②若酒店的管理工作由酒店管理公司来承担，其支付给酒店管理公司的管理费往往是以其营业收入为基数计算的，通过降低其租金收入，实际上降低了相应的管理费支出。

案例2 “补偿款”性质转化的税收筹划

1. 背景资料

某煤厂二期产煤系统建设项目的法人由原A公司转换为B公司。基建项目法人变更后，A公司经与B公司协商，将二期产煤系统建设项目转让给了B公司。由于二期产煤系统已经进行了前期的建设，作为转让补偿，A公司收取B公司前期工程转让收入6 000万元。年终此项交易顺利完成。由于A公司原有输煤系统的建设规模已考虑了自身将来扩建二期产煤系统的需要，为有利双方生产系统的管理，在转让二期产煤系统的同时，A公司向B公司进行了输煤系统的转让。转让的输煤系统资产包括为二期产煤系统准备的输煤综合楼、碎煤机室、输煤栈桥等，以及二期产煤系统占用土地的使用权。此项转让的交易金额为7 000万元。由于输煤系统的转让将直接影响到A公司现有产煤系统的生产能力，为了弥补由此造成的损失，B公司给予A公司5 000万元的输煤系统转让补偿款，用于购置新产煤系统。

2. 税收筹划方案

A公司在此项资产转让业务中筹划土地增值税。由于A公司此次输煤系统的转让是将输煤系统所占用的土地、房屋以及上面的各类机械整体转让给B公司，按照《中华人民共和国土地增值税暂行条例》的规定，转让国有土地使用权、地上建筑物及其附着物所取得的收入应在扣减法定扣除项目金额后计算缴纳土地增值税。因此，A 公司转让输煤系统获得的 7 000 万元应确认为土地增值税的应税收入。

由于 A 公司在转让的同时相应获得了 5 000 万元的补偿款收入，根据《中华人民共和国土地增值税暂行条例实施细则》第五条的规定，土地增值税的转让收入是指转让房地产的全部价款及有关的经济利益。由于此笔 5 000 万元的补偿收入是由于 A 公司转让输煤系统而相应获得的，应算作是转让房地产（土地、房屋及上面的附着物）获取的相关经济利益，因而也应一并计入土地转让收入计缴土地增值税。据初步测算，A 公司此项输煤系统转让按照规定可以扣除的项目金额总计为 3 285 万元，A 公司此项转让收益增值额 8 715(7 000 + 5 000 − 3 285)万元将超过扣除项目金额的 250%，适用于 60% 的税率计征土地增值税。因此，A 公司应纳土地增值税为：8 715 × 60% − 3 285 × 35% = 4 079.25（万元），税收负担率为 34%（4 079.25 ÷ 12 000）。

可见，由于 A 公司获取的 5 000 万元补偿收入并入了土地转让收益，造成土地增值额膨胀，从而在超率累进税率的作用下，税负增加很多。

从税收筹划方案设计的角度思考，如果能改变这笔 5 000 万元补偿款的性质，使其不再与转让土地使用权相关，那么将可以降低整体增值率，适用较低的土地增值税率。鉴于以上 A 公司涉税义务的履行情况及会计信息披露的要求，税务专家对于这笔转让补偿收入设计了如下两种税收筹划方案：

方案一：A 公司与对方单独签订一笔金额 5 000 万元的煤厂附属设施使用赞助合同，以此达到相同的目的。这种筹划思路的可行性在于，由于对方新建煤厂离 A 公司的煤厂较近，而 A 公司煤厂长期以来已经在当地厂区周围形成了比较完善的、具有一定规模的职工生活区。对方在投产经营之后，完全可以通过签订这笔煤厂附属设施使用费合同来避免重复建设新的附属设施，而可以直接使用已有的这些设施。因此，对方也有签订这种合同的意愿。

在合同具体条款上，煤厂可以与对方约定设施的使用年限，并约定违约责任。在合同金额的确定上，可以以双方协商后的租赁费用加上原有的 5 000 万元的转让费用作为此项附属设施使用的总价款。这样，A 公司只需就这笔合同收入按服务业缴纳 5.5% 的营业税金及附加。在企业所得税税负不变的情况下，既可以保证合同双方原有的经济利益不受损害，又能够达到节税的目的。

方案二：A 公司与对方重新单独签订一笔金额 5 000 万元的煤厂初期投产生产管理咨询合同。由于对方刚开始投产经营煤厂，在生产运作、企业管理、生产人员培训等各个方面都可以向拥有成熟的生产管理运作经验的 A 公司咨询。由此 A 公司完全可以通过这种管理咨询合同的签订来达到将这笔 5 000 万元收入转变性质的目的。同样，如果煤厂确实已经或打算向对方提供这种咨询服务，那么也可以将协议后的费用与 5 000 万元加总后确定一个最终的合同金额，亦可以达到相同的筹划目的。

按上述税收筹划方案操作，A 公司应纳土地增值税为：

(7 000 − 3 285) × 50% − 3 285 × 15% = 1 364.75（万元）

A 公司应纳营业税金及附加为：

5 000 ×5.5% =275（万元）

总计税款为：1 364.75 +275 =1 639.75（万元），比筹划前节省 2 439.5 万元。

上述税收筹划方案操作的前提在于我国现行税收法律体系存在着制度性差异，纳税人通过适当转变自身涉税事项的税收属性，调整涉税事项的应税税种或税目，进而选择对自身最为有利的税收政策，达到降低税收负担的目的。

案例 3　变出售为投资的税收筹划

1. 背景情况

中江公司是一家具有房地产开发资格的投资公司，3 月份与一外国大型财团达成协议，以 26 亿元的价格在长江三角洲一旅游城市开发一个带有高尔夫球场的高级度假村。中江公司已与当地政府取得联系，并签署了征地开发项目的投资意向书。

整个业务的操作流程是：先由中江公司购买土地使用权并建成度假村，然后再以 26 亿元的商定价格销售给该外国大型财团。通过有关中介机构的分析评估，度假村的开发成本 18 亿元，其中包括取得土地使用权的地价款 6 亿元。此项房地产的销售，中江公司预计应缴纳营业税、城建税、教育费附加、土地增值税和资产转让所得的所得税共计 3 亿多元。下面探讨税收筹划操作方案。

2. 税收筹划方案

第一步：与购买该度假村的财团协商，请他们先预付一部分资金作为投资，而甲企业以土地使用权作价投资，双方共同成立一家有限责任公司——绿色度假村，绿色度假村拥有法人资格，独立核算。

第二步：度假村进行固定资产建设，有关费用在度假村的“在建工程”账户核算，资金缺口可由中江公司提供，绿色度假村作为“应付款项”处理。

第三步：待度假村的高尔夫球场及其他固定资产建成后，外国大型财团以股权收购的方式取得度假村的全部股权。通过股权交易，中江公司将拥有度假村的股权全部转让给外国财团，然后收回股权转让价款及对度假村的所有债权。

经过一番筹划，虽然股权转让收益需要缴纳企业所得税，但这部分所得税是房地产开发收益本来就需要缴纳的，但股权转让业务不缴纳营业税、城建税、教育费附加和土地增值税，从而少纳了不动产转让过程的巨额税款。仅营业税及附加税的节省额为：26 ×5.5% =1.43（亿元），节税效果显著。

案例4　销售大楼的税收筹划

1. 基本情况

A实业公司拟出售去年在市区开发的一幢大楼。这幢大楼开发成本及费用总计为1 500万元（含加计的扣除额），经评估，市场价格为2 700万元。2008年6月，B商贸公司有意购置这幢大楼开办酒店。那么，A公司以何种形式出售此幢大楼可以得到最大的收益？B商贸公司用哪种方式购买这幢大楼最合适？

2. 税收筹划方案

方案一：A公司以市场价格2 700万元销售这幢大楼，B商贸公司以2 700万元买入。假设不考虑印花税。

A公司的收益为：销售收入总额2 700万元；房地产开发成本及费用1 500万元。

销售不动产应纳的营业税 $=2\ 700\times5\%=135$（万元）

应缴纳城市维护建设税及教育费附加 $=135\times(7\%+3\%)=13.5$（万元）

转让不动产的增值额 $=2\ 700-1\ 500-135-13.5=1\ 051.5$（万元）

经计算增值率为63.79%，所以应缴纳土地增值税 $=1\ 051.5\times40\%-(1\ 500+135+13.5)\times5\%=338.18$（万元）

A公司的实际收益为：$2\ 700-1\ 500-135-13.5-338.18=713.32$（万元），其中应纳税额为486.68万元。

B商贸公司的实际支出为2 700万元。

方案二：A公司以这幢大楼作价2 700万元投资参与B商贸酒店经营，半年后，把酒店股权以2 475万元的价格转让给B商贸公司。

采取这种交易方式，A公司的应纳税款为多少呢？

财税［2002］191号文件规定：以无形资产、不动产投资入股，参与接受投资方利润分配，共同承担风险的行为，不征收营业税；对股权转让不征收营业税。因此，A公司不用缴纳销售不动产的营业税及附加。

转让股权应按0.05%的税率缴纳印花税，应纳税额为：$2\ 475\times0.05\%=1.24$（万元）

财税［1995］48号文件规定，对于以房地产进行投资、联营的，投资、联营的一方以土地（房地产）作价入股进行投资或作为联营条件，将房地产转让到所投资、联营的企业中，暂免征收土地增值税。因此，A公司的实际收益为973.76（$2\ 475-1\ 500-1.24$）万元，比方案一多260.04（$973.76-713.72$）万元。而B商贸公司买入此幢大楼的实际支出为2 475万元，比方案一少支出225（$2\ 700-2\ 475$）万元。

对比以上两种交易形式，显而易见，第二种交易形式对买卖双方都有利，A公司比方案一多收入260.04万元，B商贸公司比方案一少支出215万元。

案例5 购房送装修的税收筹划

1. 基本情况

房地产公司为了回笼资金，纷纷采用各种促销手段。“购房送装修”就是一种比较流行的房产促销方式。中华房地产开发公司销售商品住宅，其销售总面积为78 000平方米，该房屋的土地增值税的其他扣除项目金额为15 000万元，其他成本费用支出17 000万元，该地政府规定的普通住宅标准为价格不超过26 000元/平方米。其销售方案共有4种：

方案一：中华房地产公司为了促销，承诺按3 000元/平方米销售毛坯房，同时送精装修，装修费约合400元/平方米，装修费共为3 120万元。

方案二：中华房地产公司按2 600元/平方米出售，装修费用由其关联的物业公司单独收取，然后以同等价格对外承包。

方案三：中华房地产公司直接建成精装修房，然后按3 000元/平方米对外销售。

方案四：中华房地产公司按第二种方案销售，同时在开发成本中增加700万元投资多建一点基础设施或配套设施。

请帮中华房地产公司选择销售方案？

2. 税收筹划分析

方案一：

应纳营业税 = 78 000 × 0.3 × 5% = 1 170（万元）

同时，城建税和教育费附加按营业税的10%计算，应缴117万元。

增值额 = 23 400 − 15 000 − 1 170 − 117 − 3 120 = 3 993（万元）

应缴土地增值税 = 3 993 × 30% = 1 197.9（万元）

实现利润额 = 23 400 − 17 000 − 1 170 − 117 − 1 197.9 − 3 120 = 795.1（万元）

应纳企业所得税 = 795.1 × 25% = 198.8（万元）

合计纳税额 = 1 170 + 117 + 1 197.9 + 198.8 = 2 683.7（万元）

方案二：

应纳营业税 = 78 000 × 0.26 × 5% = 1 014（万元）

城建税和教育费附加为101.4万元。

增值额 = 20 280 − 15 000 − 1 014 − 101.4 = 4 164.6（万元）

应纳土地增值税 = 4 164.6 × 30% = 1 249.4（万元）

实现利润 = 20 280 − 17 000 − 1 014 − 101.4 − 1 249.4 = 915.2（万元）

应纳企业所得税 = 915.2 × 25% = 228.8（万元）

合计纳税额 =1 014 +101.4 +1 249.4 +228.8 =2 593.6（万元）

而物业公司根据营业税暂行条例第五条第三项的规定，建筑业的总承包人将工程转包给他人的，以工程的全部承包额减去付给转包人的价款后的余额为营业额，实现零营业额，不缴营业税。

方案三：

允许把 3 120 万元装修费计入房地产开发成本。根据《中华人民共和国土地增值税暂行条例实施细则》第七条第六项规定：对从事房地产开发的纳税人可按房地产开发成本计算的金额加计 20% 扣除。则土地增值税的增值额为：23 400 －15 000 －1 170 －117 －3 120 －3 120 ×20% =3 369（万元）

增值额比第一种方案减少 624 万元。

应纳土地增值税 =3 369 ×30% =1 010.7（万元）

实现利润 =23 400 －17 000 －1 170 －117 －1 010.7 －3 120 =982.3（万元）

应纳企业所得税 =982.3 ×25% =245.6（万元）

合计纳税额 =1 170 +117 +1 010.7 +245.6 =2 543.3（万元）

方案四：

通过投资就可以在计算土地增值税时享受加计 20% 的扣除优惠，则扣除项目金额为：15 000 +1 014 +101.4 +700 +700 ×20% =16 955.4（万元）

增值额 =20 280 －16 955.4 =3 324.6（万元）

增值额未超过扣除项目金额的 20%，享受免征土地增值税优惠。

实现利润 =20 280 －700 －17 000 －1 014 －101.4 =1 464.6（万元）

方案四比第二种方案增加利润 549.4 万元，缴纳企业所得税 366.2 元，合计纳税额为 1 481.6 万元。

综合以上四种方案，方案四是最佳方案，即通过增加投资、提高住宅质量，能刺激消费、增加销售，同时又能最大限度地利用税收优惠政策降低税收负担。

案例 6　转让在建项目的税收筹划

1. 背景资料

某房地产开发企业 A，欲转让该公司在建的写字楼项目，已累计发生在建工程成本为 3 500 万元，经与另一房地产公司 B 协商，A 企业以 6 000 万元转让在建项目。那么，A 企业应如何进行税收筹划方案设计？

2. 税收筹划方案

根据房地产企业纳税经常发生的情况，A、B 企业均可以规划为以下两种方案：

（1）出售方的选择

方案一：直接转让在建项目

直接转让该项目需要缴纳的各种税为：

①营业税：根据转让项目的金额征收营业税、城建和教育费附加等各种税费，A以6 000万元转让该项目，因此缴纳营业税及附加为6 000万元乘以5.5%的税率，即330万元营业税。

②土地增值税：A取得转让收入6 000万元，减去3 500万元已发生的在建工程成本，减去开发成本的20%（加计扣除额），再减去330万元承担的营业税金及附加，得出土地增值额。根据税法规定，土地增值额适用税率为30%，因为该土地增值额占这个项目金额的比例超过20%但不足50%的情况下，适用30%的税率，最终结果为土地增值税应缴纳441[(6 000 - 3 500 - 3 500 × 20% - 330) × 30%]万元。

③企业所得税：企业所得税的税率为25%，A转让该项目需要缴纳的企业所得税为：

企业所得税 = (6 000 - 3 500 - 330 - 441) × 25% = 432.25（万元）

合计纳税额 = 330 + 441 + 432.25 = 1 203.25（万元）

方案二：转让该公司的全部股权，使股权差价与项目差价大致相等

在转让股权情况下，只存在公司控制权的转让而不直接涉及在建工程的转让，因此没有涉及该项目的税收。

转让股权产生股权转让收益，根据税法规定，企业应缴纳企业所得税，若属于个人，则应当依法缴纳个人所得税。

上例中，假设A公司的股权属于法人投资，则投资企业应缴纳企业所得税为：(6 000 - 3 500) × 25% = 625（万元）

比较方案一和方案二，从A企业最终缴纳的税额可以看出，选择方案二才能够达到节税的最佳效果。

假设写字楼项目最终建成后，可以实现全部销售收入9 000万元，同时B企业接手该在建工程后，为完成写字楼项目又发生成本1 000万元。

（2）收购方的选择

方案一：直接收购在建项目

直接收购该项目需要缴纳的各项税收为：

①营业税：按税法规定，销售写字楼项目和工程的企业需要缴纳5%的营业税和0.5%的城建税和教育费附加。

B企业应缴纳营业税及附加 = 9 000 × 5.5% = 495（万元）

②土地增值税：B企业实际收入为9 000万元，发生的开发成本为6 000万元的收购价格与完成工程发生的1 000万元成本之和，计7 000万元。

按税法规定，房地产开发公司在计算缴纳土地增值税时，允许加计扣除开发成本7 000万元乘以20%，B企业最终缴纳的土地增值税为31.5[(9 000 - 7 000 - 7 000 × 20% - 495) × 30%]万元。

③企业所得税：(9 000 - 7 000 - 495 - 31.5) × 25% = 368.38（万元）

合计纳税额 = 495 + 31.5 + 368.38 = 894.88（万元）

方案二：B 企业按照 A 公司的意愿，收购 A 公司的股权

收购的前提是保证 A 公司的利益不变，即使股权差价与项目转让差价相等。

B 企业收购股权需要缴纳的各种税收为：

①营业税：与方案一相同。

②土地增值税：由于 B 企业以购买股权的形式进行交易，与土地开发和收购等成本没有直接关联，因此，B 企业发生的在建工程成本是 A 公司原来成本 3 500 万元与 B 企业后来发生的 1 000 万元之和，即 4 500 万元。在 B 企业发生的成本 4 500 万元加上国家允许扣除的 20%，再加上所承担的税金 495 万元的情况下，B 企业所适用的土地增值税税率超过 50%，最终适用 40% 的税率，最终 B 企业缴纳土地增值税为 947.25 万元。

③企业所得税：B 企业需要缴纳所得税金额为：(9 000 - 4 500 - 495 - 947.25) × 25% = 764.44（万元）

合计纳税额 = 495 + 947.25 + 764.44 = 2 206.69（万元）

比较方案一和方案二，对于 B 企业来讲，选择方案一更利于节税。

从最终缴纳的税额可以看出：对于 A 企业来讲，选择方案二更节税；对于 B 企业来讲，选择方案一更节税。

案例 7　待售开发产品转作经营性资产的税收筹划

大洋房地产公司开发完工一批高档写字楼，同期一部分写字楼实现销售，剩余部分写字楼大洋公司准备将其转作经营性资产对外出租。就此事大洋房地产公司的财务人员提出了两个方案：

一种观点是建议成立一家全资房屋租赁公司，由大洋公司将该部分欲出租的写字楼全部作为股权投资到新的房屋租赁公司中，由房屋租赁公司出租获取收益。

另一种观点是大洋公司应直接将该部分待出租的写字楼转作经营性资产，然后出租获取收益。

方案一：成立房屋租赁公司

1. 成立时的应纳税额

(1) 企业所得税

将开发产品用作对外投资应视同销售确认收入缴纳企业所得税（国税发［2009］31 号）。该批写字楼的销售价格为 100 000 万元，利润率为 20%，大洋公司的所得税率为 25%。

大洋公司投资时应缴纳的企业所得税 = 100 000 × 20% × 25% = 5 000（万元）

(2) 契税

房屋租赁公司承受了写字楼的产权，应缴纳契税。当地的契税税率为3%。

房屋租赁公司应纳契税 = 100 000 × 3% = 3 000（万元）

（3）土地增值税

根据财税［1995］48号文件的规定，投资、联营的房地产免征土地增值税。

（4）印花税

大洋公司与房屋租赁公司签订的房屋产权转移合同，双方应按0.5‰缴纳印花税。

大洋公司应纳印花税 = 100 000 × 0.05% = 50（万元）

房屋租赁公司应纳印花税 = 100 000 × 0.05% = 50（万元）

房屋租赁公司记载资金的账簿应纳印花税 = 100 000 × 0.05% = 50（万元）

合计应纳印花税 = 50 × 3 = 150（万元）

（5）营业税

以不动产投资入股免征营业税（国税发［1993］149号）。

2. 未来三年经营发生的应纳税额及实现的净利润额

未来三年预计实现租赁收入30 000万元，预计利润率为9%。

三年应纳的营业税及附加 = 30 000 × 5% × [1 + (7% + 3%)] = 1 650（万元）

三年应纳的企业所得税 = 30 000 × 9% × 25% = 675（万元）

3. 大洋公司与房屋租赁公司三年累计发生的应纳税额

三年累计发生的应纳税额 = 5 000 + 3 000 + 150 + 1 650 + 675 = 10 475（万元）

方案二：直接转作经营性资产进行租赁经营

1. 成立时的应纳税额

（1）企业所得税

将开发产品转作经营用途不视同销售，不缴纳企业所得税。

（2）契税

没有发生房屋权属的转移，不缴纳契税。

（3）土地增值税

没有发生销售也没有取得收入，不符合征收土地增值税的条件，不征收土地增值税。

（4）营业税

自建自用行为，免征营业税。

2. 未来三年经营发生的应纳税额及实现的净利润额

未来三年预计实现租赁收入30 000万元，预计利润率为10%（因没有单独成立公司，费用较小，所以利润率比成立租赁公司的利润率高1%）。

三年应纳的营业税及附加 = 30 000 × 5% × [1 + (7% + 3%)] = 1 650（万元）

三年应纳的企业所得税 = 30 000 × 10% × 25% = 750（万元）

3. 大洋公司与房屋租赁公司三年累计发生的应纳税额

三年累计发生的应纳税额 = 1 650 + 750 = 2 400（万元）

（因方案一与方案二的房产税一致不影响分析结果，所以这里不作计算。）

方案一比方案二相比，三年累计多纳税 8 075 万元（10 475 - 2 400 = 8 075），因此，大洋房地产公司应选择方案二。

案例 8　分立方式下土地增值税的税收筹划

某房地产公司取得土地一宗，净地面积为 120 亩，账面实际成本为 6 000 万元，由于尚有其他房地产项目在启动，而该地块的开发资金需求较多，因此该项目一直未启动，一方面希望对该地进行处置，另一方面正寻求合作伙伴。2008 年年末，随着国家对土地宏观控制更加严格，土地的处置必须通过“招拍挂”方式，而此时该地的市场价值为 12 000 万元，如果通过“招拍挂”方式处置该土地，势必会涉及缴纳大量的营业税、土地增值税、企业所得税、契税等。

通过筹划，决定将该公司进行分立（资产以该土地为主），重新成立另外一家具有独立法人资格的房地产公司，再通过出卖股权方式，将公司的股权出卖 40% 给另一投资商，一方面收回土地价款，另一方面与投资商（参股方）共同进行房地产开发，并约定由投资方再投入开发所需资金，双方共同经营，盈利按 5∶5 分成。

这样，该房地产公司既处置了土地收回了土地成本，又参与了房地产开发，获取开发利润。同时，更重要的是减轻了税负，相对于直接拍卖而言，节省了营业税、土地增值税和契税 2 460 万元：

节省营业税：12 000 × 5% = 600（万元）

节省契税：12 000 × 3% = 360（万元）

节省土地增值税：（12 000 - 6 000 - 600）× 40% - 6 600 × 10% = 1 500（万元）

《国家税务总局关于股权转让不征收营业税的通知》（财税［2002］191 号）规定，对股权转让不征收营业税。根据相关税收政策规定，企业分立可以免缴契税。在企业分立中，对派生方、新设方承受原企业土地、房屋权属的，不征契税。

但是，如果从节省土地增值税的角度看，由于土地价值是账面实际成本，与市场价值相比显得较低，因此会增加土地增值税支出。

案例 9　房产税的税收筹划：转租、转出和代销

《中华人民共和国房产税暂行条例》规定，房产税在城市、县城、建制镇和工矿区征收。房产税由产权所有人缴纳，产权属于全民所有的，由经营管理的单位缴纳。产权出典的，由承典人缴纳。产权所有人、承典人不在房产所在地的，或者产权未确定及租典纠纷未解决的，由房产代管人或者使用人缴纳。房产税的税率，依照房产原值计算缴

纳的，税率为1.2%，依照房产租金计算缴纳的，税率为12%。

模式一：改出租为转租

A公司的一处两层楼房位于城市闹市区，专门用于对外出租。因该房屋建于20世纪70年代，设施陈旧，每年只能收取租金60万元。2006年，该公司准备花500万元对房屋进行重新装修改造，预计装修改造后，每年可收取租金200万元。但是，该公司在测算中发现，装修改造前后对比，与租赁收入相关的税收负担也大大加重了。

装修改造前后税费负担对比如下（城市维护建设税税率为7%，教育费附加征收率为3%）：

装修改造前的税费负担情况：

应缴营业税：60×5%=3（万元）

应缴城市维护建设税、教育费附加：3×(7%+3%)=0.3（万元）

应缴房产税：60×12%=7.2（万元）

合计税费负担：3+0.3+7.2=10.5（万元）

装修改造后的税费负担情况：

应缴营业税：200×5%=10（万元）

应缴城市维护建设税、教育费附加：10×(7%+3%)=1（万元）

应缴房产税：200×12%=24（万元）

合计税费负担：10+1+24=35（万元）

装修后比装修前增加税费负担：35-10.5=24.5（万元）

筹划方案：A公司可以先将装修改造前的房产出租给关联方B（B可以是个人，如公司股东；也可以是企业，如公司股东投资的其他公司），并签订一个期限较长的房屋租赁合同（假设为30年），每年收取租金60万元。然后由B出资500万元进行装修改造，并对外转租，假设每年仍然收取租金200万元。按此方案实施后的税费负担测算如下：A公司应负担的税费仍为10.5万元。

B应负担营业税10万元，城市维护建设税1万元，B不是房产的产权所有人，不需要缴纳房产税，合计应纳税费11万元。

A公司和B的税费负担合计为：10.5+11=21.5（万元）

比筹划前可少负担税费：35-21.5=13.5（万元）

政策依据：《中华人民共和国房产税暂行条例》第二条规定，房产税由产权所有人缴纳，也就是说，不论是从价计征还是从租计征，其前提是对房产所有人征税。很显然，此例中产权所有人是A公司，B是房产转租人，而不是产权所有人，因此不存在房产税纳税义务。

但需要注意的是，本例A公司将房产出租给B应当按照正常交易价格收取租金，如果A公司为了降低税收负担，向B收取的租金明显偏低且无正当理由的，主管税务机关有权根据相关规定进行调整。

模式二：转出减值房产

C公司有一幢综合楼，土建部分的价值为800万元，2002年，该公司花费2 000万元将综合楼装修为高档娱乐城，但是因经营管理不善，2006年该公司决定停止娱乐城的经营活动，将娱乐城内的一些设施拆除，并改作其他用途（自用），该房产的实际价值也大幅度降低。该房产的计税原值为2 800万元，账面价值为2 000万元，公允价值下降为1 200万元。C公司每年应缴纳房产税（按政府规定房产税依照房产原值一次减除30%后的余值计算缴纳）为：

2 800×(1－30%)×1.2%＝23.52（万元）

筹划方案：C公司可将上述房产对外投资成立新公司或者投资于关联方，假设被投资方为D公司。投资者投入的固定资产，按投资各方确认的价值，作为入账价值。则D公司接受C公司房产投资的入账价值应为公允价值1 200万元。《关于房产税若干具体问题的解释和暂行规定》（财税地字［1986］8号）规定："房产原值是指纳税人按照会计制度规定，在账簿'固定资产'科目中记载的房屋原价。"因此，D公司每年应缴纳房产税为：1 200×(1－30%)×1.2%＝10.08（万元）。由此可见，经过筹划后C公司每年可少负担房产税23.52－10.08＝13.44（万元）。

在此筹划方案中需要注意的是，虽然税法规定以房产对外投资不需要负担营业税、土地增值税等相关税费，但是被投资方需要负担契税。因此，D公司接受房产投资应负担契税48万元（1 200×4%，假定当地规定契税税率为4%）。

企业以经营活动的部分非货币性资产对外投资，应在投资交易发生时，将其分解为按公允价值销售有关非货币性资产和投资两项经济业务进行所得税处理，并按规定计算确认资产转让所得或损失。因此，C公司应按税法规定确认资产转让损失800（2 000－1 200）万元。如果C公司是盈利企业，则可以起到推迟企业所得税纳税义务发生时间的作用。因此，纳税人应当进行周密的测算，并根据实际情况确定是否选择上述筹划方案。

模式三：房产出租改代销

某市的E公司将一处小型商场出租给F公司用于其销售自产产品，每年收取租金200万元，该房产的计税原值为1 000万元。E公司和F公司均为增值税一般纳税人。E公司取得的租赁收益应缴纳的相关税收情况如下（假设仅考虑营业税和房产税）：

E公司每年应当缴纳营业税：200×5%＝10（万元）

E公司每年应当缴纳房产税：200×12%＝24（万元）

筹划方案：E公司可考虑利用门面房为F公司代销产品，代销产品的品种、价格可由F公司确定，E公司只收取代销手续费。假设E公司每年收取的代销手续费仍为200万元，E公司应负担的相关税收为：

E公司每年应当缴纳营业税：200×5%＝10（万元）

E公司每年应当缴纳房产税：1 000×(1－30%)×1.2%＝8.4（万元）

可见，筹划后E公司可少负担房产税24－8.4＝15.6（万元）。

在此筹划安排中需要说明的是，《中华人民共和国增值税暂行条例实施细则》规定，将货物交付他人代销以及销售代销货物都应当视同销售缴纳增值税。当货物在一般纳税人之间销售时，增值税的总体税收负担一般不会因为增加纳税环节而增加。如果E

公司是小规模纳税人或者是非增值税纳税人，则应当重新测算上述筹划方案是否可行。

案例10 “烂尾楼”的税收筹划

1. 基本情况

北方某房产开发公司的子公司——甲公司，于CBD中心区的边缘地带投资5 000万元兴建了一座商业大厦。在外部工程已经完工，进入内部装修的时候，企业的资金供应方面出现问题。如果要将工程全部完工，还需要再追加投资额1 500万元，由于资金迟迟未能到位，工程被迫停工，而且一停就是近三年之久。由于甲公司的投资款中有2 800万元是工商银行的贷款，因为无力还款，工商银行要求甲公司用“烂尾楼”抵债，作价3 000万元。

两年后，甲公司接到控股公司的通知，认为建商业大厦已经没有投资价值，要求企业对建设过半的商业大厦及时进行处理。该项工程账面已经发生相关建筑安装工程成本共计3 000万元。为了知道此未完工闲置的建筑——“烂尾楼”的价值，甲公司请专业评估公司对该“烂尾楼”进行了评估，评估价值为2 800万元。丙公司为一家投资公司，由于看重该楼所处的地段，愿以3 500万元的价格购买该大厦。

乙公司为一家知名跨国企业，也相中了这个楼盘，愿意与甲公司合作，还清贷款，完成后续工程，共同将大厦建成一座大型娱乐城，甲公司以“烂尾楼”进行出资，甲乙公司占娱乐城的股权比例为55:45，大厦作价3 500万元。

甲公司如何进行税收筹划能实现税后收益最大化呢？

2. 税收筹划方案

为了用最佳的方式处理“烂尾楼”，甲公司请税务专家进行税收筹划，税务专家给出四个税收筹划方案（该企业实用税率为企业所得税25%，城建税7%，教育费附加3%；假设不考虑利息费用），以下对这四种方案进行分析：

方案一：将“烂尾楼”以3 500万元出售给丙公司。

将“烂尾楼”作价3 500万元出售给丙公司，甲公司应缴纳税收计算如下：

（1）营业税 $=3\ 500\times5\%=175$（万元）；

（2）城建税及教育费附加 $=175\times(3\%+7\%)=17.5$（万元）；

（3）由于甲公司所从事的房地产开发不是税法所规定的普通标准住宅建设，所以不享受“增值额未超过扣除项目金额20%的免征土地增值税”的规定，而应按“增值额未超过扣除项目金额50%的部分，税率为30%”的规定计算缴纳土地增值税。

根据土地增值税实施细则第七条规定：“对从事房地产开发的纳税人可按本条（一）、（二）项规定计算的金额之和，加计20%扣除。”则成本扣除总额计算如下：

3 000 ×（1 +20%）+175 +17.5 =3 792.5（万元）

由于没有增值，无需缴纳增值税；

（4）公司转让"烂尾楼"取得的转让收益，应按规定计算缴纳企业所得税金额为：(3 500 - 3 000 - 175 - 17.5) ×25% =76.88（万元）。

根据方案一，甲公司在处理"烂尾楼"过程中，合计需缴纳各项税金 269.38 万元，公司取得转让净收益为 230.62(3 500 - 3 000 - 269.38)万元。

方案二：将"烂尾楼"以 3 000 万元的作价抵偿工商银行的所欠甲公司以公允价格 3 000 万元抵偿工商银行债务，实际上就是将该"烂尾楼"以 3 000 万元的作价转让给工商银行，则甲公司应缴纳的各项税收如下：

（1）营业税为 150（3 000 ×5%）万元；

（2）城建税及教育费附加为 15[150 ×(3% +7%)]万元。

由于甲公司土地开发成本为 3 000 万元，而转让价格也为 3 000 万元，没有产生土地增值，不存在缴纳土地增值税问题。此外，如果企业转让不动产取得转让收益，应缴纳企业所得税，但本例的转让净收益为 - 165［3 000 - 3 000 - 150 - 15］万元，所以，也不存在缴纳企业所得税的问题。

根据方案二，甲公司处理"烂尾楼"需缴纳各项税金合计为 165 万元，实际亏损 165 万元。

方案三：将"烂尾楼"以 3 500 万元的价格折合成 55% 的股份入股，与乙公司共同投资兴建娱乐城。

《财政部、国家税务总局关于股权转让有关营业税问题的通知》（财税［2002］191 号）规定："以无形资产、不动产投资入股，与接受投资方利润分配，共同承担投资风险的行为，不缴纳营业税。"

《财政部、国家税务总局关于土地增值税一些具体问题规定的通知》（财税［1995］48 号）中也规定："对于以房地产进行投资、联营的，投资、联营的一方以土地（房地产）作价入股进行投资或作为联营条件，将房地产转让到所投资、联营的企业中时，暂免征收土地增值税。"所以甲公司以"烂尾楼"作价出资与乙公司合作组建娱乐城，不用缴纳产权变更环节的营业税、土地增值税以及城建税和教育费附加等。

企业以经营活动的部分非货币性资产对外投资，应在投资交易发生时，将其分解为按公允价值销售有关非货币性资产和投资两项经济业务进行所得税处理，并按规定计算确认资产转让所得或损失。因此，甲公司在此环节应计算缴纳企业所得税为：

(3 500 - 3 000) ×25% =125（万元）

根据方案三，甲公司处理"烂尾楼"需缴纳企业所得税 125 万元，甲公司取得转让净收益 375 万元。

方案四：以"烂尾楼"的资产注册一家公司丁，然后将丁公司以 3 500 万元的价格整体出售给丙公司。

按照《国家税务总局关于纳税人资产重组有关营业税问题的公告》（国家税务总局公告［2011］51 号）规定，转让企业产权的行为不征收营业税。所以，甲公司不需缴纳营业税。按照财税［1995］48号文件第一条的规定，也不需要缴纳土地增值税。

企业整体资产转让原则上应在交易发生时，将其分解为按公允价值销售全部资产和进行投资两项经济业务进行所得税处理，并按规定计算确认资产转让所得或损失。所以，根据方案四，甲公司需要规定计算缴纳企业所得税125[（3 500－3 000）×25%]万元，甲公司取得转让净收益375万元。

比较以上四种筹划方案，对“烂尾楼”的处理方式不同造成税负不同，进而导致净收益差异巨大。方案三和方案四税负最低且净收益最大，如果不考虑其他方面，应当选择方案三或方案四，即甲公司应该综合考虑各种因素在两者之间作出最终选择。

案例11 转让无形资产的税收筹划

1. 基本案情

华盛机械有限公司向海岸实业有限公司出售G型生产线一套，同时进行技术转让，合同总金额为1 800万元，其中设备款为1 200万元，专有技术费为500万元，专用技术辅导费为100万元。因此，按照现行的政策规定，华盛机械有限公司应纳营业税为：

（500＋100）×5%＝30（万元）

有一个自称精通税收筹划的人向华盛机械有限公司财务部长刘新刚建议：对于海岸实业有限公司而言，总共发生1 800万元的支出款项，他们对此没有异议；而对于本企业来说，分项订合同的意义也不大。因此建议销售部签订合同时，将专有技术费500万元和专用技术辅导费100万元合并到设备价款中去，其他服务同样提供给海岸实业有限公司。

他认为通过如此筹划，企业可以免缴营业税30万元，即能够实现节税30万元。

不缴纳30万元的营业税，就真的实现节约税收30万元了吗（为了说明问题方便，这里不再分析与此相关的城建税及教育费附加）？

其实，事实并非如此。

从表面上看，以上税收筹划方案，将专有技术费和专用技术辅导费合计600万元合并到设备价款中去时，是少缴了营业税。但是，作为华盛机械有限公司而言，销售G型生产线应该按17%的适用税率计算缴纳增值税。

如果将这笔业务的软硬件销售项目在合同上分别列示，在财务上分别核算，那么，华盛机械有限公司应缴纳增值税为：

1 200×17%＝204（万元）

加上销售专有技术费500万元，专用技术辅导费为100万元应缴纳营业税30万元，华盛机械有限公司合计应缴纳销售环节的税收为234（204＋30）万元。

而专有技术费和专用技术辅导费两项本来应该按照规定缴纳营业税的，在这里却缴了增值税，两项合计应缴增值税额为：

1 200×17%+(500+100)/(1+17%)×17%=291.18（万元）

通过以上操作，实际增加税收负担57.18(291.18-234)万元。

那么，作为转让无形资产的纳税人有没有方法进行税收筹划，从而降低甚至不缴营业税呢？回答是肯定的。

2. 分析点评

作为转让无形资产的纳税人在以下情况下，可以筹划降低或者不缴营业税：

其一，销售设备的企业是商业企业，并且是小规模缴纳人。因为小规模纳税人的增值税征收率为3%，所以，如果小规模纳税人在销售设备的同时，转让有关设备的专用技术或者其他技术服务费用，将其合并在设备价款收取时，可以比分开收取而缴纳5%的营业税要低2%的税收负担。但是这种情况比较少，操作起来也有一定的难度。

其二，销售软件的企业，在销售有关设备的同时销售相关的专有技术和其他无形资产。现行税法规定，软件企业自产自销的软件产品，其实际税负超过3%的部分即征即退。显然，这比转让无形资产缴纳的营业税负担要低。

纳税人的营业额即为纳税人提供应税劳务，转让无形资产、销售不动产向对方收取的全部价款和价外费用。确定营业额是利用应税项目定价的营业税节税筹划的关键。如果企业从节税出发，在一定的条件下，可将技术转让费隐含在设备价款中，多收设备价款，少收技术转让费，可节省营业税。筹划者应全面了解各税种的具体规定，对相关筹划项目进行综合筹划，以防止给委托人造成不必要的损失。

在具体税收筹划过程中还要注意一些细节问题，如营业税的计税依据与增值税的计税依据是不同的，营业税的计税依据是含税价格，而增值税的计税依据是不含税价格，具体计算时应注意区分。

案例12 房地产投资的税收筹划

兴邦房地产公司在城市繁华地带有一处空置房产，该房产有两种不同的投资方式：出租取得租金收入；以房地产入股联营分得利润。这两种投资方式所涉税种及税负各不相同，存在着较大的筹划空间。假设房产原值为800万元，实际使用面积为200平方米，出租则每年可取得租金收入180万元，用于联营，则预期每年的联营企业利润中兴邦公司所占份额为400万元。

下面进行一般性分析。假设房产原值为K，如果出租则每年可取得租金收入X_1，用于联营，则预期每年的联营企业利润中兴邦公司所占份额为X_2，出租和联营的税负分别为Y_1、Y_2。

（1）采取出租方式应承担的税负

营业税：房屋租赁属服务业，按租金收入的5%征税，则为$5\% X_1$；

房产税：房产税依照房产租金收入计算缴纳，税率为12%，则房产税税负为$12\% X_1$；

城建税：甲企业处于市区，城建税税率为7%，以其缴纳的营业税税额为计税依据，则城建税税负为$7\% \times 5\% X_1 = 0.35\% X_1$；

教育费附加：$3\% \times 5\% X_1 = 0.15\% X_1$；

印花税：在订立合同时必须要缴纳印花税，《印花税暂行条例》第三条规定："按租赁金额1‰贴花"，因此，印花税税负为$0.1\% X_1$；

所得税：营业税、城建税、教育费附加可在税前扣除，租金收入应纳所得税，因此，所得税税负为：$25\% \times (X_1 - 5\% X_1 - 0.35\% X_1 - 0.15\% X_1) = 23.6\% X_1$

总体税负 Y_1 = 营业税 + 房产税 + 城建税 + 印花税 + 所得税 + 教育费附加

$= 5\% X_1 + 12\% X_1 + 0.35\% X_1 + 0.1\% X_1 + 23.6\% X_1 + 0.15\% X_1 = 41.2\% X_1$。

（2）采取联营方式应承担的税负

房产税：房产税依照房产原值一次减除10%～30%的余值计税，税率为1.2%。减除30%，则房产税税负$= 1.2\% \times (1 - 30\%) K$；

假设土地使用税单位税额为0.7元/平方米，假设该房产使用面积为L平方米，土地使用税税负$= 0.7 \times L = 0.7L$；

所得税：联营利润所得应缴所得税，所得税税负$= X_2 \times 25\% = 25\% X_2$

总体税负 Y_2 = 房产税税负 + 土地使用税税负 + 所得税税负

$= 1.2\% \times (1 - 30\%) K + 0.7L + 25\% X_2$

$= 0.0084K + 0.7L + 25\% X_2$

（3）寻求税负均衡点

由于租金的收入相对固定，而且在出租之前往往可以商议确定，而联营的收入则因影响因素多，不可确定性要更大，所以可以用租金来预测联营收入。当两者税负相等时，有：

$41.2\% X_1 = 0.0084K + 0.7L + 25\% X_2$

$X_2 = (41.2X_1 - 0.84K - 70L) \div 25$

在利用房地产进行投资时可以利用以上的函数公式进行测算，基本结论如下：

若预期联营的收入 $X_2 > (41.2 \times$ 租金收入 $- 0.84 \times$ 房产原值 $- 70 \times$ 实际使用面积$) \div 25$，该项房产采取联营方式税负轻于采取租赁方式，从税收的角度考虑宜采用联营方式；反之，则应采取租赁方式。

对于兴邦房地产公司，$400 < (41.2 \times 180 - 0.84 \times 800 + 70 \times 200) \div 25$，采取租赁方式可以节税。当然，这里仅仅考虑了税负因素，在具体财务决策时，还要考虑投资风险、合同约束等因素。

案例13 终止经营的税收筹划

1. 基本案情

某创业投资股份有限公司，系中外合资企业，外方与中方的资本比例为55%：45%，其中，中方45%的股份为市国有资产经营管理公司拥有。2000年该公司在该市的城郊拆资18亿元建成一个大型综合性体育馆（其中土地使用权为12亿元），经营期限为40年，并于2003年1月投入运营，取得较好的投资回报。

可是，天有不测风云。由于该市系省会城市，最近10年以该市为中心的地区经济出现跳跃性发展，当地的交通成了阻碍发展的一个障碍。大力发展高速公路成了该市的首在任务，经过技术部门设计部门的安排，要在2013年建成纵横两条高速公路。说来也巧，由于当地地理条件等方面的原因，该体育馆正好处于这两条高速公路的交汇点上。经过再三研究，当地政府决定对体育馆进行拆迁。

面对政府的这一突如其来的决定，公司领导层感到束手无策。经过艰苦地谈判，政府决定对公司的投资损失进行补偿，经过国际权威机构的评估机构的评估，该体育馆的公允价值为23亿元（其中设备原价为1.5亿元，评估价值为1亿元），政府决定就以评估价格进行补偿。

但是，在补偿的具体环节主要有两个问题尚有争议：

其一，对于转让环节的税收问题，公司与政府产生了意见分歧。公司的财务部对有关税收作出如下计算：

本次转让包括土地使用权和不动产两部分，合计价值22亿元，其中的土地使用权价值为15亿元，该项转让所取得的价款，应当缴纳5%的营业税：

220 000×5%＝1.1（亿元）

应当缴纳城建税（适用税率为7%）及教育费附加（征收率为3%）合计为：

11 000×(7%＋3%)＝1 100（万元）

在转让过程中，该土地发生的增值率为：

(150 000－120 000)/120 000×100%＝25%

应当缴纳土地增值税额为：

(150 000－120 000)×30%＝9 000（万元）

公司认为，以上税收，特别是土地增值税，是一笔不小的数字，公司没有这个承受能力。要求政府承担。

其二，在补偿金支付方式上，外方股东却难以接受。由于政府财政资金紧张，一时拿不出23亿元人民币，政府仅同意一次性支付全部补偿金额的65%左右（15亿元），剩余的8亿元在今后三年内分三期等额支付。在此基础上双方签署了转让意向书，以便对一些具体细节问题进行进一步磋商。但是外方股东对8亿元能否如期收回表示疑虑。

双方都在寻找解决问题的办法，公司的投资者更是为难。这不是屋漏偏遭阴雨吗？如何才能免除这2亿多元人民币的税款，同时又规避8亿元的应收账款风险呢？就在公司进退两难之地，当地的税务咨询专家给该公司提供了一个最佳纳税方案：转变出让方式。

2. 分析点评

具体操作方式是：外方股东只需将体育馆55%的股权全部转让给市国有资产经营管理公司，以上问题便迎刃而解。《财政部、国家税务总局关于股权转让有关营业税问题的通知》（财税［2002］191号）第一款规定，以无形资产、不动产投资入股，与接受投资方利润分配，共同承担投资风险的行为，不征收营业税。因为股权转让不纳营业税，而且外方股东只占有该公司55%的股权，政府支付的15亿元人民币已足够支付外方股权转让款。面对这样的要求，政府是没有理由不在股权转让协议上签字的。2013年2月28日，双方在转让合同上正式签字，外方股东的利益得到完整的保护。

投资公司的体育馆是属于因国家建设需要依法征用、收回的房地产，根据《中华人民共和国土地增值税暂行条例》规定，免征土地增值税。《财政部、国家税务总局关于土地增值税一些具体问题规定的通知》（财税［1995］48号）第一条明确：对于以房地产进行投资、联营的，投资、联营的一方以土地（房地产）作价入股进行投资或作为联营条件，将房地产转让到所投资、联营的企业中时，暂免征收土地增值税。通过这个筹划，投资公司在清算过程中只需要缴纳投资资本增值而产生的企业所得税。

外方股东为什么最终能够如愿以偿地保护了自己的权益呢？从理论上讲，对资本运营征收流转税是不合理的，但企业必须以“合理经营”为目的。站在完善税收政策的角度，目前就有部分税收理论工作者提出对股权转让、企业合并、企业分立等资本运营或改组事项不征流转税，必须坚持“权益连续性”和“经营连续性”两项原则。现行有关税收政策在操作环节规定得比较含糊，操作性不强，将资产转让转变为资本转让是很容易办到的事情。以上案例均是以现行税制为基础进行筹划的，如果政策发生了变化，纳税人进行筹划的思路也应随之调整。

在具体操作过程中应注意有关手续的办理。税法规定，纳税人未按照条例缴纳土地增值税的，土地管理部门、房产管理部门不得办理有关的权属变更手续。因此，如果公司进行策划享受免征土地增值税的，则需要办理相应的免税手续。

案例14　不同房产项目的税收筹划

根据房屋的不同用途，一般可分为住宅房产和非住宅房产，前者一般包括高档商品住房、普通商品住房和经济适用住房。根据房地产市场的物业类型，可以将其分成商品住宅，经济适用住房，别墅、高档公寓，办公楼，商业营业用房五类。根据房产的处置方式分为出售、出租以及投资。出售又分为现售和预售；出租又分为融资租赁和经营性租赁。其中办公楼一般用于出租，商务用房多为出租，其他多为出售。

1. 精装公寓筹划建议

公寓销售属于税收政策规定中的"销售不动产"，根据我国现行税收政策，销售房产涉及的税费主要有营业税金及其附加，税负率为5.5%；土地增值税税负率为30%—60%；企业所得税税负率为25%；印花税税负率为0.5‰等。所以，精装公寓的整体税负率在50%左右。

（1）关于装修费的税收筹划

基本思路是分开签订售房合同。当住房初步完工但没有安装设备以及装潢、装饰时和购买者签订房地产转让合同，接着再和购买者签订设备安装及装潢、装饰合同，则纳税人只就第一份合同上注明的金额缴纳土地增值税，而第二份合同上注明的金额属于营业税征税范围，不用计征土地增值税，这样可以节约土地增值税。

（2）关于城市建设综合配套费问题

房地产企业在售房时按县级及县级以上人民政府要求代收的各项费用（如城市建设综合配套费、维修基金等费用），有两种收取方式：将代收费用视为房产销售收入，并入房价向购买方一并收取；或者在房价之外向购买方单独收取。对于代收费用，无论财务上如何核算，均应当全部作为销售不动产的营业额计征营业税。而就土地增值税来说，如果代收费用未计入房价中，而是在房价之外单独收取的，可以不作为转让房地产的收入，在计算增值额时也不允许扣除代收费用；如果代收费用是计入房价中向购买方一并收取的，要作为转让房地产所取得的收入计税，在计算扣除项目金额时，可予以扣除，但不允许作为加计20%扣除的基数。

（3）土地增值税问题

根据税收学原理，在累进税率制度下，纳税的原则是应尽量避免太高税率的出现，避免收入呈波峰与波谷的大幅变化，不均衡的状态实际会加重企业的税收负担，较均衡的收入能减轻税负。土地增值税政策给了纳税人选择不同开发项目是否单独核算的空间（最好与主管税务机关做事前沟通），为了降低土地增值税税负，可以将价格不同的房地产销售收入全并申报，以适用较低的土地增值税率。实践证明，平均费用分摊是抵消增值额、减轻税负的比较好的选择。

由于土地增值税按照增值额征税，增值额为销售收入减去扣除项目的金额，因此，纳税人可推迟开发成本如建筑安装工程费、公共配套设施费等工程成本结算（决算）的时间，延迟增值额的确定，递延缴纳增值税。同时尽量在申报期届满前一日申报纳税，以便使纳税期递延。即使产权转移手续已经办理完毕，但若其配套设施建设尚未完工，或仍存在与开发项目的未决诉讼，无法准确核算房地产开发项目的成本费用，从而也可延迟纳税。

若公司开发的项目既有免税项目，又有非免税项目，可利用共同项目的分摊来达到节税目的。尽量使非免税项目多分摊扣除项目，减少应税项目增值额。

2. 办公用房筹划建议

（1）建房方式筹划

税法规定，房地产开发公司承办国家机关、企事业单位的统建房，如委托建房单位能提供土地使用权证书和有关部门的建设项目批准书以及基建计划，且房地产开发公司（即受托方）不垫付资金，同时受托方与委托方实行全额结算（原票转交），受托方只向委托方收取手续费，即符合"其他代理服务"条件的，对房地产开发公司按照取得的手续费收入按"服务业"税目计征营业税。也就是说，代建房业务是由用房单位提供土地和资金委托房地产开发企业替其建房的行为。代建房业务的税收负担比销售不动产业务的税收负担要低许多。同时，财务制度规定，代建的房屋工程，应在房屋和工程竣工验收，办妥财产交接手续，并已将代建的房屋和工程的工程价款结算账单提交委托单位时，作为销售实现。

基于上述分析，建议若符合代建房条件应优先选择此方式，然后再以购买方式从对方手中购入后再"进入市场"。

案例分析：拟代建项目占地 12 亩，地价款约为 600 万元人民币（50 万元/亩），销售价格约为 5 000（5 000×1）万元，各种可扣除项目金额为 2 000 万元（含地价款）。根据税法规定，纳税人无偿提供不动产，视同销售不动产纳税。

方案一：自建

该公司要根据办公楼销售价格 5 000 万元按销售不动产的 5% 税率缴纳营业税，按 7% 和 3% 的税率和费率缴纳城市维护建设税和教育费附加。

应纳营业税 = 5 000 × 5% = 250（万元）

应纳城建税及教育费附加 = 250 × 10% = 25（万元）

土地增值额 = 5 000 − 2 000 = 3 000（万元）

增值率 = 3 000 ÷ 5 000 × 100% = 60%

适用 40% 的土地增值税率和 5% 的速算扣除系数。

应纳土地增值税 = 3 000 × 40% − 2 000 × 5% = 1 100（万元）

营业税及其附加和土地增值税共纳税额 = 275 + 1 100 = 1 375（万元）

方案二：代建

签订代建合同约定，代建手续费 1 000 万元。这样，公司只需根据手续费收入按代理业务 5% 的税率缴纳营业税及附加，不必缴纳土地增值税。

应纳营业税 = 1 000 × 5% = 50（万元）

应纳城建税及教育费附加 = 50 × 10% = 5（万元）

营业税及其附加和土地增值税共纳税额 = 50 + 5 = 55（万元）

相比较而言，代建可以少缴纳税款 1 320（1 375 − 55）万元，节税效果明显。

（2）售后回购筹划

单位和个人销售或转让其购置的不动产或受让的土地使用权，以全部收入减去不动产或土地使用权的购置或受让原价后的余额作为营业额。因此，公司缴纳营业税的计税依据就是进销差价，而非营业全额。

假设房地产的账面价值为 3 000 万元（假设土地增值税的扣除项目金额为 3 000 万元），转让价为 5 000 万元。公司应缴纳的各项税收如下（暂不考虑企业所得税）：

营业税金及附加 = (5 000 - 3 000) × 5.5% = 110（万元）

印花税(产权转移书据) = 5 000 × 0.5‰ = 2.5（万元）

增值率 = (5 000 - 3 000) ÷ 3 000 × 100% = 66.67%

土地增值税 = 2 000 × 40% - 3 000 × 5% = 650（万元）

共应缴纳税款为：110 + 2.5 + 650 = 762.5（万元）。

（3）直接投资

公司可以在有购买意向的买主中选择成长性较好、盈利空间大的企业，将房屋作为投资提供给对方使用。按照现行税收制度规定，如果将不动产投资入股，参与接受投资方利润分配，共同承担投资风险的行为，不征营业税，同时免掉了城建税和教育费附加。倘若接受投资方经济效益好，则房地产公司每年可以得到一笔稳定的利润分配额，不用缴纳双重营业税；同时购买方不用一次投入大量资金就可以使用现成的办公楼，实现双赢。

（4）投资转售

公司将办公楼作为投资和股东公司 A 公司合资成立 M 公司，A 公司以较少的资金入股，公司绝对控股。然后公司将自己在 M 公司的全部股权以 5 000 万元的价格转让给买方。交易过程各方纳税情况如下：

《关于股权转让有关营业税问题的通知》（财税［2002］191 号）规定，以无形资产、不动产投资入股，参与接受投资方利润分配，共同承担投资风险的行为，不征收营业税。对股权转让也不征收营业税。所以，公司、A 公司和 M 公司应缴纳的营业税及附加为 0。

实行公司制改造的企业在改制过程中成立的新企业（重新办理法人登记的），其新启用的资金账簿记载的资金或因企业建立资本纽带关系而增加的资金，凡原已贴花的部分可不再贴花，未贴花的部分和以后新增加的资金按规定贴花。企业因改制签订的产权转移书据免予贴花。

《财政部、国家税务总局关于土地增值税一些具体问题规定的通知》（财税［1995］48 号）规定，对于以房地产进行投资、联营的，投资、联营的一方以土地（房地产）作价入股进行投资或作为联营条件，将房地产转让到所投资、联营的企业中时，暂免征收土地增值税。对投资、联营企业将上述房地产再转让的，应征收土地增值税，由于再次转让并未发生增值，故 M 公司不需要缴纳土地增值税。所以，上述三公司应缴纳的土地增值税仍然为 0。

按照这种投资方式，缴税金额为 0。

比较可知，采用此方案，公司在整个房地产交易环节可节省税金 762.5 万元。

3. 商业用房的筹划建议

（1）出租方式与仓储方式的权衡

按现行的税法测算，房屋出租的综合税率高达24%左右。

《营业税暂行条例》第二条规定：租赁业、仓储业均应缴纳营业税，适用税率相同，均为5%。但租赁业与仓储业对于房产税的计税方法不同：房产自用的，其房产税依照房产余值1.2%计算缴纳，即：应纳税额＝房产原值×（1－30%）×1.2%；房产用于租赁的，其房产税依照租金收入的12%计算缴纳，即应纳税额＝租金收入金额×12%。由于房产税计税公式不同，必然导致应纳税额的差异。

根据上述政策，我们提出以下税收筹划建议：

方案一：采用仓储方式

如果项目具有天然仓储优势，可以考虑采用仓储租赁方式。我国对仓储安全十分重视，不仅要求备足防火沙、灭火器、消防池、消防栓及防洪防涝设备和物资，有条件的还要配备消防车。提供仓储服务须配备保管服务人员，有利于职工就业，产生社会效益。

假设公司的商业裙房用于仓储，与客户签订仓储保管合同，假设其房产原值为1 000万元，提供仓储服务的收入为500万元，纳税情况如下：

应纳营业税＝500×5%＝25（万元）

应纳房产税＝1 000×（1－30%）×1.2%＝8.4（万元）

应纳城建税、教育费附加＝25×（7%＋3%）＝2.5（万元）

应纳印花税（仓储保管合同）＝500×1‰＝0.5（万元）

合计应纳税额为36.4万元。

方案二：采用出租方式

假设公司的商业裙房用于出租，年租金收入仍为500万元。纳税情况如下：

应纳营业税＝500×5%＝25（万元）

应纳房产税＝500×12%＝60万元）

应纳城建税、教育费附加＝25×（7%＋3%）＝2.5（万元）

应纳印花税（财产租赁合同）＝500×1‰＝0.5（万元）

合计应纳税额为：25＋60＋2.5＋0.5＝88万元。

两项比较可知，仓储方式比租赁方式每年节税51.6（88－36.4）万元。

需要注意的是，提供仓储服务在一定程度上会增加费用支出，应坚持成本效益原则；收入性质的转化必须具有真实性、合法性，同时能够满足客户的利益要求。

若考虑企业所得税，方案结果仍呈正向变化。

进一步提醒：若采用出租方式，在签订房屋租赁合同时，应注意营业税、房产税和增值税的筹划。

（2）销售、出租与投资的权衡

甲房地产开发公司先以该房产对乙商业经营企业投资，并参与接受投资方的利润分配，共同承担投资风险。根据《关于股权转让有关营业税问题的通知》（财税［2002］191号）第一条、第二条规定：以无形资产、不动产投资入股，参与接受投资方利润分配，共同承担投资风险的行为，不征收营业税，并且对股权转让不征收营业税。

《关于土地增值税一些具体问题规定的通知》（财税［1995］48号）规定：对于以房地产进行投资、联营的投资联营的一方以土地（房地产）作价入股进行投资或作为联营条件，将房地产转让到所投资、联营的企业中时，暂免征收土地增值税。

但在实际中，企业往往不愿意为了节税而花费精力去承担经营风险，那么，怎么才能在不承担风险的条件下免税呢？这里提出两种操作方案。

方案一：甲乙双方直接交易

操作步骤如下：

第一步，甲、乙双方签订投资协议。投资后，甲公司应纳印花税。这时，甲公司必须调增对外投资、资产转让所得所产生的应纳税所得额。

第二步，一定期限后（时间较短），甲公司将在乙公司拥有的股份按比例转让给乙公司原股东。若第二步与第一步不在一个纳税年度，此时甲公司应调减应纳税所得额。这项筹划需要注意的是：甲公司对乙公司的投资一定要参与接受投资方利润分配，共同承担投资风险。如果甲公司投资后从乙公司获取固定利润，不承担投资风险，则在以不动产对外投资时就必须同销售不动产一样缴纳各种税款。

方案二：成立子公司丙

甲成立了一个全资子公司丙，并由丙拥有要销售的房地产。待建成后，将该房地产的全部股权转让给乙。甲仅就转让收益缴纳所得税，不缴纳营业税金及附加。

（3）分别核算的筹划

如果出租的房屋包括很多家具、家电以及其他代收费用，就应该考虑通过对这些费用分别核算进行税收筹划。

根据《增值税暂行条例》的规定，购进固定资产的进项税额允许抵扣，用于非应税项目的购进货物或者应税劳务的进项税额不能抵扣，因此，如果对这些费用不分别核算和收取的话，这些费用所包含的进项税额是不能抵扣的，这样，无形中就加重了企业的税收负担，也增加了出租房屋的成本。分别核算和收取费用则可以将其中所包含的增值税进项税额予以抵扣。如果房地产开发企业进行税收筹划，房屋租金包括房屋本身的使用费，将家具和家电的出租改为出售，将电话费和水电费改为代收。这样不仅自己可以节税，而且承租者也可以抵扣。

（4）融资租赁和经营性租赁的选择

融资租赁和经营性租赁的不同之处在于房产税的税负上，前者按照房产原值作为计税依据，后者按照租金作为计税依据，从而税率也是不同的。房地产开发企业应该尽量剔除房产原值中不属于配套设施范围的物品，比如中央空调等。

另外，税法规定：由当地的税务机关根据实际情况确定融资租赁的房产税纳税人是出租方还是承租方。也就是说，房地产公司也可能不用缴纳融资租赁的房产税。

在实际操作中，房地产企业应根据实际情况选择两者中税负较低者。

（5）开发产品先出租再出售的纳税选择

《国家税务总局关于印发〈房地产开发经营业务企业所得税处理办法〉的通知》（国税发［2009］31号）第十条规定：企业新建的开发产品在尚未完工或办理房地产初始登记、区的产权之前，与承租人签订租赁预约协议的，自开发产品交付承租人使用之日起，出租方取得的预租价款按租金确认收入的实现。

（6）出租涉及印花税的税收筹划

虽然在订立合同时，就要按规定贴花，但财产租赁合同签订时无法确定计税金额，如只是规定了月（天）租金标准却无租赁期限。对这类合同的征税问题，税法规定在签订时无法确定计税金额的合同，可在签订时先按定额5元贴花，以后结算时再按实际金额计税，补贴印花。这一规定，为纳税人递延缴纳印花税提供了筹划空间。

4. 停车场的税收筹划

（1）停车场采用出租方式

由于租赁收入涉及营业税金及附加、房产税、印花税等，税负较重，而物业管理费只缴纳营业税金及附加，相比较而言，物业管理费税负较轻。因此，建议把租金收入合理划分成租赁收入和物业管理费收入，就能合法降低税负。在操作程序上，应取得物业管理资质，认定停车场权属归属，经主管税务机关批准后即可操作。

（2）以不动产投资物业管理公司

公司以停车场投资，经营管理停车场，分配相当于租金的投资收益，这样节约了营业税金及附加。

案例阅读与思考

1. 房地产企业如何筹划房屋租赁业务？

兴华房地产公司将开发的写字楼10万平方米用于对外出租，公司按照每月每平方米100元的价格出租，该价格包含水电费、物业管理费（每月约280万元）。

兴华房地产公司每月租金收入1 000万元，应该缴纳税金情况如下：

营业税金及附加 $=1\ 000\times5.5\%=55$（万元）

房产税 $=1\ 000\times12\%=120$（万元）

如果兴华房地产公司是盈利企业，可以测算其租赁税负率，税负率＝（营业税金及附加＋房产税＋企业所得税）/租赁收入 $=[55+120+(1\ 000-55)\times25\%]\div1\ 000\times100\%=41.13\%$。

根据以上资料，请思考以下问题：

（1）兴华房地产公司认为税负太重，拟采用税基筹划技术降低税负，你能帮助筹划一下吗？

（2）如果改变租赁经营模式，采用房产对外投资的形式，是否具有税收筹划空间呢？请进行具体分析。

你的答案：______

2. 商品流通企业如何筹划商业折扣？

在市场经济中，商业折扣是一种普遍的现象。企业销售货物或应税劳务时，对购货数量较大的代理商或购买方给予价格让利优惠，其作用在于：一是能充分调动代理商的积极性，鼓励多销，提高市场占有率；二是使经济杠杆的作用发挥得淋漓尽致。

每到年初，许多生产企业要测算给代理商的商业折扣率，往往为确定一个合适的比例大伤脑筋。因为年初并不知道每家代理商当年究竟能销售多少，也就不能确定每家代理商应享受的折扣标准。《国家税务总局关于企业销售折扣在计征所得税时如何处理问题的批复》（国税函［1997］472 号）规定：纳税人销售货物给购货方的销售折扣，如果销售额和折扣额在同一张发票上注明的，可按折扣后的销售额计算征收所得税；如果将折扣额另开发票，则不得从销售额中减除折扣额。

这自然形成了一对矛盾：不给商业折扣或给的比例不合适，会影响产品销售；给商业折扣，如果不能在同一张发票上体现，增值税、消费税、企业所得税及相应的附加税费会加重企业税负。

根据以上资料，请思考以下问题：

（1）如何操作商业折扣才能符合税法要求呢？

（2）商业折扣与佣金及手续费联系紧密，你能否帮助企业解决佣金及手续费筹划问题？

你的答案：______

3. 建筑材料公司如何筹划混合销售？

阜华建筑材料公司，在主营建筑材料批发和零售的同时，还对外承接安装工程作业。每年估计实现建筑材料销售额 400 万元，购进项目金额为 360 万元，增值税税率和进项税率均为 17%，取得安装施工收入 360 万元，营业税税率 3%。

根据以上资料，请思考以下问题：

（1）阜华建筑材料公司发生的混合销售行为应该缴纳什么税？

（2）阜华建筑材料公司有没有税收筹划空间，如何具体筹划？

你的答案：______

4. 房地产企业如何筹划购房定金利息？

宏源房地产开发公司开发高档住宅，夏季推出别墅楼盘期房 300 套，每套别墅售价

240万元。为了促销，宏源房地产开发公司采用预收定金返还利息的方法促销别墅楼盘，即购房户先支付别墅价款的20%作为购房定金，待一年后建成入住时再交足剩余款项。从收取定金日至别墅建成入住日的这段期间，公司按10%的年利率对购房户缴纳的定金返还利息，在公司"财务费用"账户列支，于日后在购房户80%的剩余款项中抵扣。假定同期商业银行年利率为6%。

根据以上资料，请思考以下问题：

(1) 税务机关认为，宏源房地产开发公司每年应对返还给购房户的利息代扣代缴个人所得税，而返还给购房户的利息由于超过同期商业银行利率的标准，应该补缴企业所得税。你同意税务机关的意见吗？如果不同意，请说出理由；如果同意税务机关的意见，请计算应补缴的税款金额。

(2) 请你为宏源房地产开发公司拟订一个税收筹划方案。

你的答案：________________

____

____

5. 技术开发服务公司如何转化租赁形式？

四方技术开发服务公司因发生严重亏损，处于停产状态。吉祥股份公司投入资金，盘活闲置四方技术开发服务公司的房产和设备，同时安置四方技术开发服务公司职工200人。这些闲置房产和设备账面原值为1 200万元，已提折旧900万元，账面净值为300万元，公允价值为1 000万元。吉祥股份公司每年有足够盈利进行利润分配，四方技术开发服务公司尚有未弥补亏损1 200万元。双方的合作形式为：四方技术开发服务公司将房产租赁给吉祥股份公司有偿使用，每年收取租赁费50万元，其中房产租赁费40万元，设备租赁费10万元。

根据以上资料，请思考以下问题：

(1) 按上述合作方案操作，四方技术开发服务公司应该负担的房产税、营业税、城建税及教育费附加分别为多少？

(2) 如果四方技术开发服务公司运用转化技术，将租赁行为转变为非货币资产（房产、设备）对外投资行为，吉祥股份公司支付的50万元租赁费转化为税后利润分配。那么，税务处理会发生怎样的变化？

你的答案：________________

____

____

6. 如何筹划销售返利？

甲企业以110万元的不含税价将一批产品销售给乙企业，乙企业再以100万元的不含税售价将该批商品销售给消费者，然后，甲企业向乙企业支付返利资金11.7万元。这是流通领域常见的销售返利行为。

根据以上资料，请思考以下问题：

(1) 甲、乙企业涉及的返利行为，应如何进行税务处理？

(2) 如果采取现金折扣方式，能否降低双方的税负？

你的答案：

7. 怎样巧用包装物节税？

河北某轮胎厂生产经营汽车轮胎，随着轮胎市场的竞争日趋激烈，该厂在提高自身产品质量，开拓新市场的同时，力求尽可能降低成本，以增加产品的竞争力。1月，企业销售2 500个汽车轮胎，每个售价2 000元，其中包括包装物200元，该月销售额为2 000 ×2 500 =5 000 000（元），汽车轮胎的消费税税率为3%，因此该月应纳消费税税额为5 000 000 ×3% =150 000（元）。该厂领导者经过分析，认为税收成本过高，因此要求财务人员采取措施，减少企业的应纳税额。

你认为应该如何进行税收筹划？

你的答案：

8. 怎样巧用转让定价节省关税？

英国汽车公司是一家全球性的跨国大公司，该公司生产的汽车在世界汽车销售市场上占有很大的份额。该公司决定进军中国市场，在中国境内有所作为。同月，公司召开董事会，商议此事并初步拟定两套方案：

方案一：在中国设立一家销售企业作为克赛汽车公司的子公司，通过国际间转让定价，压低汽车进口的价格，从而节省关税，这样使得中国境内子公司利润增大，以便于扩大规模，占领中国汽车市场。

方案二：在中国境内设立一家总装配公司作为子公司，通过国际间转让定价，压低汽车零部件的进口价格，从而节省关税。这样也可以使中国境内子公司利润增大，以便更好地占领中国市场。

经董事会充分讨论，决定采用第二种方案。请你分析如此决策的理由。

你的答案：

9. 土地增值税通过调价可以节税吗？

某房地产开发公司建造一套普通标准住宅时，当时取得土地使用权所支付的金额为5万元，房地产开发成本为10万元，按规定允许扣除的房地产开发费用为1.5万元。该公司新上任的销售经理叶某反映，最近她以26万元的价格卖出去一套商品房，比此前以25万元出售的那套多卖了1万元，为此她非但没有受到应有的奖励，反而被公司领导批评了，因为公司多交了税反而少赚了近6 000元。叶某很不理解，遂向税务师咨询。如果你是税务师，请陈述你的观点和理由。

你的答案：

10. 年终奖金如何发放能节税？

北京中关村一家科技公司在年初做薪酬规划，部门经理年收入总额为 30 万元。如果把部门经理的年收入总额分为月薪和年终奖金两部分，请问：月薪和年终奖金应该如何规划才能使部门经理负担的个人所得税金额最小？

你的答案：

11. 如何利用工程合同节税？

某工程施工企业为一建设单位承建锅炉房，合同价款是 1 000 万元，其中锅炉的价格为 600 万元，该企业的世纪工程净收入额为 400 万元，但要按 1 000 万元缴纳营业税。请问，如何才能降低该企业的营业税负担？

你的答案：

12. 狡兔三窟的“节税高招”

赵明总是说自己现在非常没有归属感，因为他在北京、上海、广州、杭州、武汉都有公司，整天要飞来飞去，由于奉行单身主义，也没有在某地安家，于是成了“飘”一族。赵明算是一个不大不小的老板了吧。他原来是出版社的一名责任编辑，出了几本畅销书赚了点钱后，就自己出来开公司了。他做的主要是文化产业，和音响出版有关，凭着关系多、路子广，很快就打出了自己的一片天。一般来说，老板们的收入都是公司的股息分红，不过赵明现在的主要收入来源却还是公司开给他的工资，说白了其实是他自己开给自己的。当然他的工资水平是很高的，每月有 40 000 元。不过他笑眯眯地说，他每月的税金却很低，秘密就在他那众多公司里。

赵明现在手里有 8 家公司，这些公司彼此间都是独立的，也没有股权关系，而且分布在 6 个不同的城市里，只是主要控股人都是他自己，而且他在每家公司都担任职务，比如总经理、总策划等，相应也有收入。如果赵明的工资只在一家公司领取，他每月的税金就相当可观了，假设他只在上海公司领薪 40 000 元，则每月的税金为：$(40\,000-3\,500)\times30\%-2\,755=8\,150$（元）。但现在的情况是，他在 8 家公司里分别拿 5000 元，税金也是各公司代扣代缴，这样一来，每月同样收入 40 000 元，但他的税金为：$(5\,000-3\,500)\times3\%\times8=360$（元），比在一家公司领工资缴税少了很多。赵明想出这样的“节税高招”，他觉得挺佩服自己的。

请你分析：（1）赵明的“节税高招”是否存在税收风险，为什么？

（2）赵明如果在 8 家公司领取工资，请计算他应该缴纳的个人所得税是多少？

你的答案：

案例提示与参考答案：

1.（1）兴华房地产公司可将水电费、物业管理费从房价中剥离出来，由设立或合作的物业公司收取并开票，从而降低应税收入额。

（2）有。可将房产投资入股，参与接受投资方利润分配，共同承担投资风险，从而免缴营业税。

2.（1）将销售额与折扣额在同一张发票上分别注明，按折扣后的净额计税；将商业折扣递延至下一纳税期间，作为下一期间的折扣额抵减下一期间的销售收入。

（2）手续费及佣金支出在扣除限额范围内充分列支，超限额部门转化为合理的市场费用。

3.（1）货物部分缴纳增值税，建筑业劳务部分缴纳营业税。

（2）应当分别核算应税劳务的营业额和货物的销售额，以免由主管税务机关核定。

4.（1）同意。假设所有别墅均由这种办法售出，则应补缴企业所得税额 = 应调减利息扣除额 = 300 × 240 × 20% ×（10% − 6%）= 576（万元）

（2）可设定返还利息的利率不高于银行同期利率，同时将售价适当降低。

5.（1）四方公司房产税 = 40 × 12% = 4.8（万元）

营业税 = 50 × 5% = 2.5（万元）

城建税及教育费附加 = 2.5 ×（7% + 3%）= 0.25（万元）

（2）房产税由吉祥公司交，营业税不交。

6.（1）应冲减乙企业当期增值税进项税金。

当期应冲减进项税金 = 当期取得的返还资金 ÷（1 + 所购货物适用增值税税率）× 所购货物适用增值税税率 = 11.7 ÷（1 + 17%）× 17% = 1.7（万元）

（2）若采用现金折扣方式，可将折扣额计入销售费用，从而加大税前扣除额。

7. 包装物与汽车轮胎单独出售，且两者分别核算。

应纳消费税 =（2 000 − 200）× 2 500 × 5% = 225 000（元）

8. 方案二可以节约更多的税金，从而实现更多的利润。

方案一压低汽车的售价，因价格相对较高所以关税还是很多，且还有进口环节消费税。而方案二通过零部件的进口，价格明显低于整车，可以降低关税，且零部件销售没有消费税。

9. 公司领导之所以批评销售经理，原因是她提高房屋销售价格，不仅没有增加销售利润，反而多缴了税。

两种价格下纳税额比较如下：

（1）当每套 25 万元出售时，营业税 = 25 × 5% = 1.25（万元）

印花税 = 25 × 0.5‰ = 0.0125（万元）

城建税与教育费附加 = 营业税 ×（7% + 3%）= 0.125（万元）

允许扣除的项目合计 = 5 + 10 + 1.5 +（5 + 10）× 20% +（1.25 + 0.0125 + 0.125）= 20.8875（万元）

增值额 = 25 - 20.8875 = 4.1125（万元）

增值率 = 4.1125 ÷ 20.8875 = 19.68%

增值率小于20%，免征土地增值税。

公司净利润 = 4.1125（万元）

（2）当每套26万元出售时，营业税 = 26 × 5% = 1.3（万元）

印花税 = 26 × 0.5‰ = 0.013（万元）

城建税与教育费附加 = 营业税 ×（7% + 3%）= 0.13（万元）

允许扣除的项目合计 = 5 + 10 + 1.5 +（5 + 10）× 20% +（1.3 + 0.013 + 0.13）= 20.943（万元）

增值额 = 26 - 20.943 = 5.057（万元）

增值率 = 5.057 ÷ 20.943 = 24.146%

增值率大于20%，土地增值税率为30%。

土地增值税 = 5.057 × 30% = 1.517（万元）

公司净利润：5.057 - 1.517 = 3.54（万元）

10. 月薪2.05万元，年终奖金5.4万元。

11. 建设单位、锅炉厂和工程施工企业签订三方合同，由建设单位购买锅炉厂锅炉，施工企业承建。则施工企业可以按照400万元的工程款交纳营业税。

12. （1）税法规定，一个人从多家公司获取的报酬，不能够分开计税，所以赵明的“节税高招”存在税务风险。（2）正确的税务处理：把其中一家公司的收入作为工资薪金所得计税，其余作为劳务报酬计税。

赵明应纳税额 =（5 000 - 3 500）× 3% + 5 000 ×（1 - 20%）× 20% × 7 = 5 645（元）

第二部分

综合税收筹划案例

世界上绝大多数纳税人缴纳的税收不会超过他们自己认为必须缴纳的金额，他们花费大量资源来安排经济活动，以使税收带来的刺痛尽可能降到最低。这些活动安排得是如此精确，以致使税收政策具有巨大的潜力成为实现各种社会目标的工具。

——诺贝尔经济学奖得主 迈伦·斯科尔斯（Myron S. Scholes）

案例1　南方图腾机械公司税收筹划方案

1. 公司业务概况及财务状况分析

（1）公司业务概况

南方图腾机械有限责任公司（以下简称图腾公司）地处中国政府鼓励发展的中西部地区，是经铁道部及南方机械厂委托在全国范围内对南方机械厂生产的大型养路机械设备及其产品配件进行科研开发、国产化替代和商业经营运作等科工贸一体的企业。

南方图腾机械公司是由南方机械厂、电力机械研究所和南方机械厂部分职工共同出资组建的有限责任公司，南方机械厂国有股占5%，电力机械研究所出资5%，其余90%由职工出资，并组成职工持股会。公司的经营范围包括机械制造、批发、零售、代购代销，机械进料加工和“三来一补”业务，并具有商品进出口权。南方机械厂厂办发文明确委托授权图腾公司配置大型养路机械关键配件，国家对铁道设备管理的有关规定中强调，配件储备金额应不低于设备固定资产原值的5%，大型养路机械由于技术含量高，其配件储备金额占固定资产原值比例应适当提高，目前掌握在7%左右。应该说，图腾公司的销售前景看好。

南方图腾机械公司目前主要生产销售的产品是稳定车、小型机车、道床配碴整形车等几种大型养路机械的关键零部件，另外还有自行开发设计的铁路机械及零部件加工，具有较高的科技含量，充分发挥了各种大型养路机械对铁路线路提速、运输扩能及道床养护的作用，保证了大型养路机械的正常安全使用。

（2）财务状况分析

南方图腾机械公司自2002年成立以来，财务状况呈现稳步增长的良好势头。截至2008年中期，资产总量达8 000万元，净资产达56 000万元。2007年实现销售收入7 800万元，销售利润率约为10%，实现利润总额780万元，计缴企业所得税240万元；2008年预计可实现销售收入900万元，预计应缴纳企业所得税300万元；2009～2013年每年实现销售收入1亿元。

2. 公司纳税问题分析

南方图腾机械公司属于普通的有限责任公司，适用于25%的企业所得税，适用于17%的增值税。税务顾问深入调查了图腾公司实际业务状况和财税情况，尤其对纳税情况和账务处理进行了细致全面的分析，发现存在以下问题：

（1）销售收入与劳务收入的混淆

南方图腾机械公司大型养路机械配件的销售价格中包含所有寿命期内的后期修理服务费，造成产品销售收入与服务劳务收入混杂在一起，按税法规定被界定为混合销售，在实现配件销售时多确认主营业务收入，这部分劳务服务收入平均占总销售价款的20%～30%，因此，在填开增值税专用发票时多计增值税销项税额，这样虽然方便了客户的交易及结算，但对公司来讲却多负担了增值税款。

（2）收入的性质界定及账务处理

公司销售收入份额中，约有60%来自于小型机车的生产销售，30%来自于与南方机械厂大型机车配套的配件销售，而配件的销售只是作为流通环节商贸性质的收入入账，不能够作为自产产品销售收入，这在一定程度上限制了西部开发税收优惠政策的实施。

（3）产品成本核算的缺陷

公司外购、装配的配件，需要经过进一步加工、增设一些关键部件，提高其原有性能。在这一环节中需要公司自行研发，有较高技术性工艺过程的参与。且加工装配后的配件能够对我国铁路提速、铁路行车安全提供保障。按照企业会计制度和会计准则的规定，购进的配件应作为原材料，而不应作为流通环节的购进存货。在加工、研制过程中应采用成本归集和核算方法计算出最终产品的制造成本，将其纳入工贸企业成本核算体系。

（4）关于销售费用提成问题

公司的修理服务劳务由高技能技工完成，对于销售及修理服务劳务采用销售提成制，而销售提成部分并未通过销售费用反映，在税法上也不允许税前列支，这在一定程度上影响了税前扣除项目金额。

（5）关于技术工人及合同工人劳务费问题

由于公司在不断扩大业务范围和服务领域，聘用了许多技术工人和合同工人，而这部分人员的报酬绝大部分采用了劳务费形式，这不利于增加税前扣除项目，减少企业所得税额，故这部分劳务费支出应进一步合理处理，通过规范的财务核算予以解决。

（6）关于南方机械厂股权问题

南方机械厂持有南方图腾机械公司5%的股权，并且双方之间又有极为密切的业务裙带关系，这很容易被认定为关联企业，双方之间的业务往来及交易行为不可避免地被认定为关联交易。这在一定程度上会限制交易价格和税款征纳。

3. 税收筹划方案设计

针对发现的上述财税问题，税务顾问认为应从以下角度合理筹划，减少纳税失误，合理降低公司税负。

（1）维修劳务收入的剥离

南方图腾机械公司产品和配件销售价格中应尽量将维修劳务收入剥离，优化调整产品销售收入，一方面实现账目清晰，另一方面推迟维修劳务收入的确认时间，合理降低税负，这也是符合税收政策和会计核算要求的做法。

（2）适用西部开发税收优惠政策

对于地处中西部地区的图腾公司，争取创造条件享受西部开发税收优惠政策，也是开展税收筹划活动的基本思路之一。根据国办发［2001］73号文件、财税［2001］202号文件及国税发［2002］47号文件，对设在西部地区、以国家规定的鼓励类产业项目为主营业务，且当年主营业务收入超过企业总收入70%的企业，减按15%的税率缴纳企业所得税。针对该税收优惠政策，南方图腾机械公司应该创造条件争取享受该优惠政策。

第一，主营业务收入的合理划分与调整

南方图腾机械公司的收入总额中，有60%来自于小型机车的生产销售，作为主营业务收入；有30%来自于与南方机械厂大型机车配套的配件销售，作为流通性质的其他业务收入。若把配件的销售收入由原来作为流通环节商贸性质的收入调整为按工贸性质的收入入账，则来自于国家鼓励类产品的主营业务的收入会提高到90%，远远超出优惠政策对主营业务收入70%的限制，可以享受西部开发减税优惠政策。

对南方图腾机械公司主营业务收入作上述重新划分与调整的理由如下：一是公司的营业执照中明确标明公司经营范围包括铁路机械制造、批发、零售等业务，可以按工贸企业会计制度核算主营业务收入；二是公司销售的大型机车的配件具有较高的科技含量，且一部分产品和配件已经返销出口奥地利；三是由于环境的变化和科技的拓展，南方机械厂授权南方图腾机械公司“配置”配件的情形已经改变，图腾公司不再是外购配置，而是自行研发，因此可以变更委托授权书，变更“配置”字样为“研发生产及配套销售”字样，这也是符合实际情况的；四是南方图腾机械公司产品符合《当前国家重点鼓励发展的产业、产品和技术目录》中第九项“铁路项目”中“既有线路提速及扩能”、“铁路行车安全技术保障系统开发”的规定。

第二，组织调整，机构分设

鉴于目前南方图腾机械公司生产销售的大型机车配件是否属于高科技含量产品，以及将配件的销售收入由原来作为商贸性质的收入调整为按工贸性质的收入入账的做法，是否能够得到税务机关的认可，还需要一个鉴定、沟通过程。税务顾问建议可以适当调整业务范围，进行组织分立，具体可以将配件的加工与装配业务，自行研制开发的小型机车的生产销售业务，以及配件、小型机车的维修业务区分出来，分设为3个独立的法人企业。机构分设可以使小型机车的生产销售企业业务单纯化，主营业务收入满足西部开发的税收优惠政策的要求，这样就可以享受西部开发减税优惠。至于配件的加工生产销售业务，得到技术鉴定后，也可以享受同样的税收优惠政策。维修业务的独立可以使公司的混合销售收入得到分解、净化，合理降低企业的税负。

对于机构分设会给公司带来分立成本，如果分立成本大于节税收益，则机构分设不合算。对图腾公司未来3年的销售收入、利润总额及分设后的节税收益进行测算，未来3年每年预计至少能实现销售收入1亿元，退一步讲，若只考虑小型机车业务的所得税减税利益，小型机车的销售收入占公司总收入的60%，所得税税率由25%降为15%，则仅小型机车而言，未来3年的节税额 =10 000×60%×(25% -15%)×3 =1 800（万元）。

（3）申请高新技术企业

由于南方图腾机械公司一直与电力机械研究所合作，得到研究所技术方面的大力支持，公司生产销售的自行研发产品比重不断提高，产品的技术含量不断增加，且与当前的铁路线路提速、运输扩能及道基养护有着极为直接的密切联系，图腾公司研制开发生产的产品已经出口远销到欧洲等地区世界市场。近期又与美国一家公司达成合作协议，开发生产高速封闭列车及无缝焊接技术，这将对列车行车安全、列车性能的提高提供坚实的技术支持。这种先进性、安全性的技术完全可以通过技术部门的鉴定，被认定为高新技术，从而使图腾公司成为高新技术企业。按税法规定，对国务院批准的高新技术产业开发区内的高新技术企业，减按15%的税率征收企业所得税；对在高新技术开发区内新办的高新技术企业，自投产年度起免征2年所得税。这也是南方图腾机械公司税收筹划的一条捷径，图腾公司目前已经申请成功，正式成为开发区内高新技术企业。

（4）销售提成与劳务费支出

关于销售提成问题，可以按照销售费用、工资奖金、职工福利等多种明细账目细化，理清账务，合理规范，加大税前扣除力度。至于技术工及合同工的劳务费用，可以合理筹划工资薪金支出，加大扣除力度。

（5）南方机械厂的少数股权问题

南方机械厂只持有图腾公司5%的股权，这在南方图腾机械公司组建时是可以理解的，一定程度上能够扶持南方图腾机械公司的初期发展，加强双方的业务联系和利益关系。但随着南方图腾机械公司的发展壮大，我们建议南方机械厂所持有的5%的少数股权应该退出。一方面可以理顺双方的股权关系和纠扯不清的业务关系，另一方面可以促进双方的进一步合作，规避不合理的关联交易，促进企业健康发展。

案例2 人和商贸连锁公司税收筹划方案

1. 公司概况及发展趋势

人和连锁商贸公司（下称人和商贸公司）是位于我国东南沿海地区的一家有多家

连锁商店及便民超市组成的商贸公司。

人和商贸公司适应了我国东南沿海地区经济发展快、生活节奏快的特点，强化了质量服务意识，遵循统一管理、统一采购、统一配送、统一核算、统一标识的经营模式，快速建设销售网络，商业网点遍布东南沿海一带。由于近年来经营效益喜人，正向全国各地实施快速扩张战略。人和公司拥有120家连锁店，其中直营店68家，加盟店40家，大型综合性商场3家，便民超市2家，饮料加工厂3家，黄金珠宝店2家，配送中心2家。人和公司各连锁商店及超市商品达12 000种。公司点多、面广、线长。商品流速快、流动量大，有长期稳定供应商700余家。人和公司在行销方面进行了彻底的技术改造，已经形成了因特网、电话网、物流网、人力营销网等“四网并行”的电子商务，实现了消费者零距离购物、商家零距离采购和配送及后续服务，给中国零售业服务带来了一场革命。

2. 公司的财税体系及棘手问题

(1) 财税体系

①股权结构与财务状况。人和公司的股权结构的股权结构情况是国有股占65%，其余35%由公司领导和职员共同拥有。公司注册资本1.2亿元，总资产3亿元。年营业额5亿元，商品销售毛利率范围为10%～25%，平均为15%，销售净利率为10%左右。

②核算体系。财务部人员分为两类，一类是总部会计人员，另一类是负责销售网点的区域会计人员，负责销售网点的收款、发货及盘点、监督工作。区域会计人员由总部考核，实行会计委派制。

不论直营店、加盟店均由总部统一配送商品，其中40%的商品由配送中心直配，60%的商品由厂商委配。有10%～20%的厂商不能提供增值税专用发票。各门店及销售网点收到商品后，统一填制商品验收单，由区域会计人员到店收单，汇总后交总部信息部统一核算。月末，信息部将各销售网点商品验收单汇总后交财务部登记“库存商品明细账”、“商品进销差价明细账”、“应付账款明细账”等。月末清点盘查后，区域会计与总部核对库存商品相符、与销售网点核对商品实物相符。

各销售网点每日终了将销售款交存公司总部指定账户，由总部统一与厂商结算及支付日常开支，严格执行资金集中管理制度。

③纳税模式。人和公司中的直营店、配送中心、食品加工厂等统一纳税，而加盟店则实行统一配送，独立纳税，综合性商场不完全统一配送，独立纳税。涉及的税种有增值税、所得税、个人所得税、印花税、城建税。此外由于经销金银首饰需在零售环节缴纳消费税，涉及与商贸相关的运输、仓储、租赁、服务等辅助业务需要缴纳营业税。

(2) 棘手的财税问题

面对瞬息万变的市场环境，人和公司必须在巨大的市场竞争压力下寻求生存和发展的空间，目前，公司对许多棘手财税问题迷茫困顿，亟待突破。

涉及的主要财税问题有：

①一些厂商不能提供增值税专用发票或不提供增增值税专用发票，可降低

5%～10%的商品扣点，而这部分商品若实现销售需缴纳17%的增值税，这部分商品就面临无利可图或亏损的局面。如何解决该问题？

②商品购进后只有在付款后才可抵扣进项税额，而商品销售往往有一定的周期，账款支付也往往分次支付，如何处理？

③代购代销业务如何筹划？

④销售网点在节假日期间的让利销售活动，如何进行税收筹划？

3. 税收筹划方案设计

针对人和公司的财税体系及涉税问题，税收筹划人员提出了系统的筹划方案。其实，企业税收筹划是一盘棋，不能简单地进行单个税种或某个环节的筹划，应该运用系统思维，设计系统化的最优税收筹划方案。下面是最优税收筹划方案的主要筹划环节及筹划要点。

（1）商品购进环节

①进货渠道。首先考虑进货渠道，从一般纳税人和小规模纳税人处进货，适用的税率和税款抵扣制度均不相同，直接影响着增值税的税负，对于一般纳税人商业企业，宜选择从一般纳税人处购进货物，可以实现按购进价款的17%或13%抵扣进项税额；从小规模纳税人处购进货物，通过其到税务机关代开增值税专用发票最多可以抵扣6%或4%的税款。若小规模纳税人开具普通发票则不能抵扣。

对于一些不能提供或不提供增值税专用发票的厂商，公司又不能因为发票问题而全部割舍市场热销的商品，但公司作为一般纳税人在采购时为了抵消自己因拿不到17%基本税率的专用发票而造成的损失，应该要求供货厂商适当降价，以降低"无票"抵扣损失。这里需要测算价格折让临界点。

考虑不能获取17%专用发票对应纳增值税、城建税、教育费附加及所得税的综合影响，可以计算出供货厂商的价格折让临界点为15.7%。因此，在采购中找到了价格折让率为15.7%，公司就可以放心大胆地跟不能提供增值税发票的厂商交涉，合理降低进价弥补"无票"抵扣损失，增加企业效益。

②进项税额抵扣。商业企业购进货物的进项税额只有在价款全部支付后才能申报抵扣，而人和公司一般都采用40～60天的信用付款期或分期付款方式，而不论商品是否全部实现销售。在这种情况下，会使进项税额的抵扣时间滞后。怎样处理这一税务事项更划算呢？

考虑思路如下：对于重点供应商，一般都设专门的反映账款往来情况的应付账款明细账，建议将从重点供应商处采购的分期付款的多种商品混合核算其应付账款，使每次付款均能够实现进项税额的抵扣。每次付款在形式上表现为付清某一项采购进货的价款，而不是将支付额分摊到多项商品采购上。同时尽量采用商业汇票支付货款，而不采用现金或银行存款支付，这样有两点好处：一是可以推迟付款的时间，减少现金流出量；二是可以视同支付货款，获得进项税额抵扣，实现递延纳税。

③退货问题。人和公司也经常涉及退货问题，由于供货商的原因造成商品过期或毁

损时可以无条件要求退货。退货业务在人和公司有两种操作：一是开红字发票冲消，二是在下期进货时扣除。从增值税抵扣角度考虑，采用后者易于商业运作，也更加有利，可以避免前期进项税额转出。所以，对于关系密切的供货厂商，可以采用退货滚动扣除制。

（2）商品销售环节

①代销行为。代销行为在商业实践中有两种方式：第一种方式是受托商店根据代销的商品数量向委托厂商收取手续费，在流通环节虽然计征增值税，但由于进销价格相同而应交增值税为零，收取的手续费按营业税征收范围中的“代理业务”缴纳5%的营业税，但双方必须都是一般纳税人；第二种方式是视同买断，按规定计缴增值税。下面分析两种方式下的税金支出情况：

设商品进价为 p_0，销售价为 p_1，手续费率为k（手续费/销售价格），适用17%的增值税和5%的营业税。在代销行为模式下，寻找两种代销方式的税负均衡点：

$$p_1 \times k \times 5\% = (P_1 - P_0) \times 17\%$$

$$P_0/p_1 = (17 - 5k)/17$$

即：当 $P_0/p_1 > (17-5k)/17$ 时，采用视同买断方式合适；当 $P_0/p_1 < (17-5k)/17$ 时，采用收取手续费方式合适。

但应注意的是，代销业务必须签订合同或协议，并同时满足以下三个条件：受托方不得为委托方垫付资金；销货方将发票直接开给委托方，并由受托方将该项发票转交给委托方；受托方按实际支付的货物价款及增值税额与委托方结算价款，并另外收取手续费。

②平销行为与返利。人和公司商贸活动中，有时会因生产厂商市场竞争以及经营的需要而发生平销行为。平销行为即生产企业以商业企业经销价将货物销售给商业企业，然后生产企业以返还利润、赠送实物或以实物投资等方式弥补商业企业的损失。由于增值税的“链条效应”，平销行为虽然不会造成税收收入的减少，但会造成不同地区、不同企业间的税负失衡，因此，税法规定凡因购买货物而从销售方取得的各种形式的返还资金，均应以所购货物的增值税税率计算冲抵进项税额。

人和公司为避免由于返利造成的税收负担，在与生产企业发生平销行为时，让生产企业采取“现金折扣”的信用方式销售，在规定的折扣期内人和公司主动提前付款，从而享受与返利等额的现金折扣。这样，生产企业应纳税额不变，而人和公司无需按返利资金转出进项税额，减轻了增值税税负。

③销售让利、奖励及购物卡（券）问题。销售让利与奖励有多种形式，诸如折扣销售，加量不加价，赠送礼品（购物券），有奖销售等等。不同的让利、奖励方式，不同的税收待遇，纳税人应该根据经营特点合理选择：

采用折扣销售，可以达到促销的目的，如鼓励客户一次多消费的数量折扣以及给予信誉客户的价格让利折扣等。采取折扣销售可按扣除折扣额后的金额计税，但必须是销售额与折扣额在同一张发票上体现；由于商品品种、质量、性能等方面的原因，给予客户的销售折让也可以按扣除折让后的销售额计税，而现金折扣在计税时不得从销售额中扣除；

赠送礼品或有奖销售时，除对售出的商品按规定征税外，对赠送的礼品或奖品应按同期同类商品的售价计征增值税；

加量不加价让利行为是指购物达到一定数量，可以再选购一定的商品而总价格不变，这也是一种让利促销方式，虽然销售收入未改变，但销售成本增加了。与其他方式相比，加快了存货周转速度，在维持增值税不变的基础上，由于缩小利润空间而相应降低了企业所得税。

由以上分析可知，一般最好采用折扣销售方式，但易给人造成商品质量低劣或过时的感觉，加量不加价方式在近期也多采用。还可采用组合赠送销售方式，将商品捆绑起来实行优惠价格，相当于赠送，但税负较重。

为了促销和折扣优惠，人和公司采用会员购物卡制。会员购物卡有两种结算方式：一种是企业先垫付资金，按面值从银行购卡后再出售给消费者，收取的款项冲减往来账，消费者消费后销货款由银行划转；另一种是企业自制购物卡或购物券出售给消费者，收取的款项存入银行账户。上述两种售卡方式纳税时间不同，第一种方式在货物销售环节，第二种方式在售卡环节。因此，采用会员购物卡（券）时宜尽量采用第一种方式，可以推迟纳税时间。而第二种方式不仅先垫付税款，而且也是国家不鼓励甚至查禁的行为。

④混合销售与兼营行为。商业企业以从事销售货物为主的混合销售行为，若不分别核算或不能准确核算应税商品、劳务和非应税劳务的，一并征收增值税。考虑到人和公司有自己的配送中心，负责销售及配送货服务，但由于配送中心不是独立的法人组织，其运输业务收入与货物销售额混杂在一起，与销售额一并缴纳增值税。

若将配送中心独立为法人企业，其经营范围为对外承揽运输业务，则人和公司的混合销售业务中的送货服务可以适用3%的营业税。具体操作是，将原来的价款分解为商品货款及运输费两部分，在交易时与客户同时签订两份合同，就可以将运输业务中适用17%的增值税率降为3%的营业税率，合理降低了税负。营业税改征增值税以后，交通运输业的营业收入缴纳6%的增值税，因此，价款分解依然可以获得节税利益。

（3）企业所得税的缴纳环节

连锁企业的“分别纳税”问题使人和公司陷入一种困局。连锁企业主要涉及增值税、所得税等税种，根据属地征收原则，每一连锁经营分店的增值税、所得税都要在所在地缴纳，这直接给跨区域经营的连锁企业带来了每一连锁分店分别纳税的现实问题。其中影响最大的是企业所得税，因为如果盈利，则要按盈利额依法缴纳企业所得税，反之则不缴，不统一纳税各分支机构的盈亏就不能相抵。因此，分别纳税最大的不利是税负比统一纳税方式下的税负要高。譬如，人和公司旗下的甲、乙两个分店，甲店盈利100万元，乙店亏损150万元，那么这家连锁企业实际是亏损了50万元，在甲乙两店统一纳税的情况下，该企业要缴的企业所得税是零；而在分别纳税的方式下，依25%的所得税税率计算，甲店则需要缴纳25万元的企业所得税，企业的总体税负自然就高了很多。此外，分别纳税还影响了资金的有效运作，增加了很多人力、管理等方面的成本。

为解决连锁企业纳税方式问题，国家陆续发布了统一纳税相关政策。1997 年，财政部、国家税务总局联合下发了《关于连锁经营企业增值税纳税地点问题的通知》（财税［1997］97 号）。通知规定，跨地区经营的直营连锁企业，即连锁店的门店均由总部全资或控股开设，在总部领导下统一经营的连锁企业，凡采取微机联网，实行统一采购配送商品，统一核算，统一规范化管理和经营，经报批后，可由总部向所在地税务机关统一申报缴纳增值税。自愿连锁企业（连锁店的门店均为独立法人，各自的资产所有权不变的连锁企业和特许连锁企业），仍由各独立核算门店分别向所在地主管税务机关申报缴纳增值税。这是一项对连锁企业的税收优惠政策，连锁企业可以将企业的增值税进销项税额调控到最佳程度，平衡各分店的增值税税负。

为进一步推动连锁企业的发展，根据国务院《关于促进连锁经营发展若干意见的通知》（国办发［2002］49 号）文件精神，2003 年 2 月，财政部、国家税务总局又联合下发《关于连锁经营企业有关税收问题的通知》（财税［2003］1 号），除重申财税字［1997］97 号文规定的政策外，对连锁企业的所得税缴纳问题也作了明确：对内资连锁企业省内跨区域设立的直营门店，凡在总部领导下统一经营，与总部微机联网并由总部实行统一采购配送、统一核算、统一规范化管理，且不设银行结算账户、不编制财务报表和账簿的，由总部向其所在地主管税务机关统一缴纳企业所得税。对从事跨区域连锁经营的外商投资企业，由总机构向其所在地主管税务机关统一缴纳企业所得税。

人和公司采用统一纳税方式，除了可以调控增值税进销项，后延增值税的缴纳时间（统一纳税后，原先总部统一采购后向门店配送环节不再计算缴纳增值税，而后移为门店销售后总部计算增值税）外，明显的好处是总部与各门店间的盈亏能够相抵，避免了有的分店因效益好需要缴纳大量所得税，而有的分店因亏损难以为继现象的发生；如果总部适用所得税税率较低，还可以带来统一适用低税率的好处。

案例 3　云锦服装公司税收筹划方案

云锦服装公司是位于经济技术开发区的一家从事专业设计、生产和销售“云锦”牌服装的股份制企业，“云锦”品牌国内驰名，在中国东部和南部分别拥有专业制造“云锦”牌服装的大型生产基地。云锦服装公司以适应中国市场的独特营销方式构建了超过 1 000 个的市场销售网络，在全国各大中城市均设有销售网点（或专卖店），通过这些销售网点将服装直接销售给消费者或供应给批发商、零售商。

在云锦服装公司快速发展的同时，也逐渐暴露出企业经营管理中的一些问题。据统计，服装行业的税收占销售收入的比例为 20% ~25%，而云锦服装公司却达到了 30%，存在着明显的税负偏高问题。为此，云锦服装公司在税务专家的帮助下，开展了卓有成效的税收筹划活动。

1. 纳税主体筹划

（1）一般纳税人与小规模纳税人税负均衡点

①不含税销售额下的税负均衡点。

假定一般纳税人销售商品的增值率为 R，销售货物不含税价款为 S，购进货物不含税价款为 P，一般纳税人的适用税率为 T_1，小规模纳税人的征收率为 T_2，则：

增值率 =（不含税销售收入 - 购进项目不含税价款）÷ 不含税销售收入

即：$R = \frac{S-P}{S}$

一般纳税人应纳增值税额为：

销项税额 - 进项税额 $= S \times T_1 - P \times T_1 = (S-P)T_1 = S \times R \times T_1$

小规模纳税人应纳增值税额 $= S \times T_2$

当两类纳税人应纳增值税额相等时：$S \times R \times T_1 = S \times T_2$

$$R = \frac{T_2}{T_1}$$

结论：第一，当实际增值率等于 R 时，两类纳税人税负相同；第二，当实际增值率小于 R 时，小规模纳税人税负重于一般纳税人；第三，当实际增值率大于 R 时，小规模纳税人税负轻于一般纳税人。

②含税销售额下的税负均衡点。

假定一般纳税人销售商品的增值率为 R，销售货物含税价款为 S，购进项目含税价款为 P，一般纳税人的适用税率为 T_1，小规模纳税人的征收率为 T_2，则：

增值率 =（含税销售收入 - 购进项目含税价款）÷ 含税销售收入①

即：$R = \frac{S-P}{S}$

一般纳税人应纳增值税额 = 销项税额 - 进项税额

$$= \frac{S}{1+T_1} \times T_1 - \frac{P}{1+T_1} \times T_1$$

$$= \frac{S-P}{1+T_1} \times T_1 = \frac{R \times S}{1+T_1} \times T_1$$

小规模纳税人应纳增值税额 $= \frac{S}{1+T_2} \times T_2$

当 $\frac{R \times S}{1+T_1} \times T_1 = \frac{S}{1+T_2} \times T_2$ 时

$$R = \frac{(1+T_1)T_2}{(1+T_2)T_1}$$

根据上述公式，经过计算，两类纳税人的税负平衡点的增值率如表综 2 - 1 所示。

---

① 假定一般纳税人的销售货物与购进项目适用的增值税税率相同，均为 T_1。

表综 2－1 一般纳税人与小规模纳税人税负平衡点的增值率

一般纳税人税率	小规模纳税人征收率	不含税平衡点增值率	含税平衡点增值率
17%	3%	17.65%	20.05%
13%	3%	23.08%	25.32%

（2）云锦服装公司在纳税主体方面的筹划模式

云锦服装公司有许多销售网点直接面向市场，那么，选择什么样的纳税主体最有利呢？最初各市场销售网点有的是小规模纳税人，有的是一般纳税人，其增值税按照17%的税率计算缴纳。

如果各市场销售网点作为小规模纳税人，其增值税征收率为3%。根据表1可知，当服装毛利率等于17.65%时，一般纳税人与小规模纳税人税负相同；当毛利率 > 17.65%时，一般纳税人税负大于小规模纳税人税负；当毛利率 < 17.65%时，一般纳税人税负小于小规模纳税人税负。

云锦服装公司的产品毛利率较高，约为48%，而销售网点的增值率为21%。根据这一情况，云锦服装公司按照节税的内在要求改造其组织结构和业务流程，云锦服装公司定位为服装生产商，然后把原隶属于公司的内部销售部门分立出来单独成立一家服装总销售公司——云锦总销售公司，再把销售网点全部改造为小规模纳税人。改造前后流程图对比如图综2－1和图综2－2：

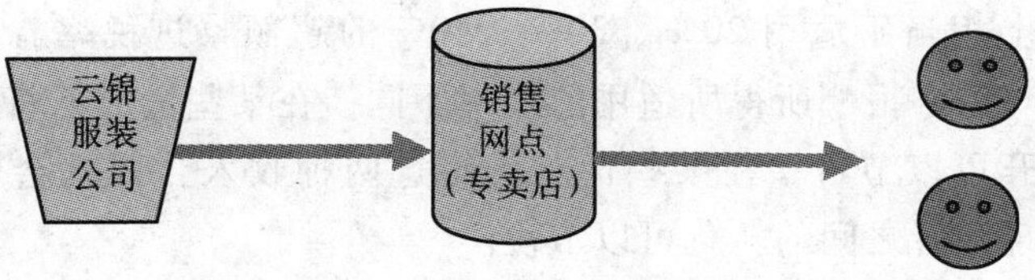

图综2－1 组织结构及业务改造前的流程图

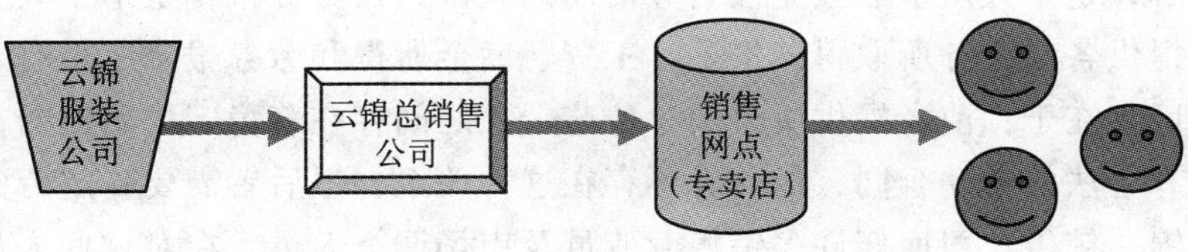

图综2－2 组织结构及业务改造后的流程图

组织结构及业务改造后的流程中，把销售网点全部改造为小规模纳税人，并把其销售利润率（增值率）提高到45%，相应降低云锦服装公司的增值率至10%，控制云锦销售总公司的增值率在14%以内。即整体税收筹划效果是云锦服装公司以较低的价格将服装销售给云锦总销售公司，然后由云锦总销售公司再将这些产品销售给最终的销售网点，实现高额附加值由云锦服装公司和云锦销售总公司转移到终端的各销售网点实现。这样，利用一般纳税与小规模纳税人的税负均衡点规律，在税法许可的范围内，合理地降低了产品流通中的增值税负担。

同时，在商业实践中，对毛利率不同的服装产品组合起来成套销售，可以使成套服装产品的整体毛利率水平趋于均衡，合理降低税收负担。

2. 税前扣除项目筹划

云锦服装公司的广告费、市场营销费投入较多，在涉税处理上较多的费用很难实现税前扣除。《企业所得税法》及实施条例规定：企业每一纳税年度的广告费和业务宣传费支出不超过销售（营业）收入15%的部分，可据实扣除，超过部分可无限期向以后纳税年度结转。因此，云锦服装公司的广告费和业务宣传费需掌握在销售（营业）收入15%的限额内；如果广告费和业务宣传费还需要投入，最好由云锦总销售公司和销售网点分配负担。这种转换费用主体的筹划模式称为“费用移位法”。

上述云锦服装公司纳税主体的税收筹划中，将原隶属于公司的内部销售部门分立为独立的云锦总销售公司。云锦服装公司将服装产品销售给云锦总销售公司，再由云锦总销售公司对外批发、零售，这样就通过转让定价增加了一道营业收入，而整个业务流程上的利润和增值税负担并未发生改变。但云锦总销售公司成立后，由于增加了一道销售收入，所以广告费、业务宣传费及业务招待费都无形中放大了扣除额。

3. 工资薪金筹划

根据《个人所得税法》，工资、薪金所得适用的是3%～45%的七级超额累进税率；劳务报酬所得适用的是20%的比例税率，而且对于一次收入畸高的，可以加成征收，因此，劳务报酬实际上相当于适用20%、30%、40%的超额累进税率。可见，相同数额的工资、薪金所得与劳务报酬所得所适用的税率不同，在某些情况下将工资、薪金所得与劳务报酬所得分开可以节税；在某些情况下将这两种收入合并就会节约个人所得税；在某些情况下实现两者之间的转化可以节税。

工资、薪金所得，是指个人在机关、企事业单位及其他组织中任职或者被雇佣而取得的各项报酬，是个人从事非独立性劳务活动的收入；而劳务报酬是指个人独立地从事各种技艺、提供各项劳务所取得的报酬。工资、薪金所得和劳务报酬所得有着明确的界定。两者的区别在于：前者提供所得的单位与个人之间存在着稳定的雇佣与被雇佣的关系，即签定有合法的劳动合同；而后者不存在这种关系，但后者需要签定劳务合同。

由于云锦总销售公司雇佣许多销售营业员及市场调查人员，在对这些人员发放的报酬较少时，工资、薪金所得适用的税率比劳务报酬所得适用的税率低，因此在可能的情况下将劳务报酬所得转化为工资、薪金所得，即签定合法的劳动合同，并尽量均衡各纳税期间的工资薪金，可以合理降低代扣代缴的个人所得税。

这里我们给出工资薪金与劳务报酬的均衡点的测算办法：

假定每月报酬额为A元时，作为工资或作为劳务报酬期纳税额相等，即达到税负均衡点。则有下式成立：

$A \times (1-20\%) \times 20\% = (A-3\,500) \times 25\% - 1\,005$

解得：$A = 20\,889$（元）

即当每月报酬额为20 889元时，作为工资或作为劳务报酬，两者税负相等；当每月报酬额小于20 889元时，采用劳务报酬形式税负较轻；当每月报酬额大于20 889元时，采用工资报酬形式税负较轻。

4. 品牌经营筹划

由于云锦服装公司的品牌国人皆知，具有一定的品牌价值。因此，云锦服装公司在全国广泛开设专卖店或进行授权经营。由于品牌这类无形资产具有非实体性、效益不确定性的特点，因此其价值也具有不固定性。云锦服装公司利用品牌的内在价值和计价特征，通过转让定价手段进行品牌经营筹划节税。具体税收筹划方法如下：

（1）投资入股筹划

云锦服装公司通过无形资产（特许经营权）入股方式享有联营方的股权，然后通过购销交易或投资分配关系间接体现特许经营权收益，这样可以免除转让无形资产的营业税及企业所得税。

（2）收取特许权使用费

云锦服装公司通过向下属独立的销售网点或销售代理公司收取一定的特许权使用费。尤其是其下属销售网点或销售代理公司毛利率较高时，收取特许权使用费可以降低其利润水平。当然，云锦服装公司及云锦总销售公司对下属销售网点提供担保、物流等方面的服务，可以适当收取一定的费用。

5. 资金融通

（1）押金融资策略

由于云锦服装公司销售增长较快，处于规模扩张期，需要大量的资金支持。云锦服装公司为此制定统一的销售政策，采用销售押金方式，即对服装代理商或批发商的批发价在出厂价的基础上附加15%~20%的押金，计入负债，不作为收入核算。等批发商下次进货付款时滚动扣除，这样就能够合理占用批发商的资金。

（2）借贷融资节税

云锦服装公司积极向银行或其关联方借款，提高利息费用，从而达到合法降低企业所得税的目的。值得注意的是，《关于企业关联方利息支出税前扣除标准有关税收政策问题的通知》（财税［2008］121号）对关联方借贷作出如下规定：在计算应纳税所得额时，企业实际支付给关联方的利息支出，不超过以下规定比例和税法及其实施条例有关规定计算的部分，准予扣除，超过的部分不得在发生当期和以后年度扣除。企业实际支付给关联方的利息支出，符合本通知第二条规定外，其接受关联方债权性投资与其权益性投资比例为：

①金融企业，为5∶1；

②其他企业，为2∶1。

企业自关联方取得的不符合规定的利息收入应按照有关规定缴纳企业所得税。

6. 利用分支机构筹划

云锦服装公司不断对外扩张，在异地设立一些分支销售机构。云锦服装公司对不同情况，分别采取了不同的税收筹划策略。

(1) 在外地设立销售子公司

云锦服装公司在外地设立的分支销售机构，凡是属于子公司的，则它们之间的业务往来都属于正常的购销行为，不仅要单独结算价款，而且其关联价格要定价合理，否则税务机关有权予以调整。

站在税收筹划的角度，对于异地的销售子公司，云锦服装公司尽量采取赊销、分期收款销售或委托代销方式，以达到递延纳税的目的。对于销售方式的选用，务必签订完善的购销合同，清晰界定销售方式。因为不同销售方式下增值税的纳税义务时间不同，具体政策如下：

①采取直接收款方式销售的，不论货物是否发出，均为在收到销售额或者取得索取销售额凭据的当天。

②采取托收承付和委托银行收款方式销售货物，为发出货物并办妥托收手续的当天。

③采取赊销和分期收款方式销售货物，为书面合同约定的收款日期的当天，无书面合同的，为货物发出的当天。

④采取预收货款方式销售货物，为货物发出的当天，但生产销售生产工期超过12个月的大型机械设备、船舶、飞机等货物，为收到预收款或者书面合同约定的收款日期的当天。

⑤委托其他纳税人代销货物，为收到代销单位的代销清单或者收到全部或者部分货款的当天。未收到代销清单及货款的，为发出代销货物满180天的当天。

对于企业所得税来说，其纳税义务时间与增值税有所区别。依据企业所得税相关政策，不同销售方式下收入确认时间是不同的，具体政策如下：

①销售商品采用托收承付方式的，在办妥托收手续时确认收入。

②销售商品采取预收款方式的，在发出商品时确认收入。

③销售商品需要安装和检验的，在购买方接受商品以及安装和检验完毕时确认收入。如果安装程序比较简单，可在发出商品时确认收入。

④销售商品采用支付手续费方式委托代销的，在收到代销清单时确认收入。

⑤采用售后回购方式销售商品的，销售的商品按售价确认收入，回购的商品作为购进商品处理。有证据表明不符合销售收入确认条件的，如以销售商品方式进行融资，收到的款项应确认为负债，回购价格大于原售价的，差额应在回购期间确认为利息费用。

⑥销售商品以旧换新的，销售商品应当按照销售商品收入确认条件确认收入，回收的商品作为购进商品处理。

⑦企业为促进商品销售而在商品价格上给予的价格扣除属于商业折扣，商品销售涉及商业折扣的，应当按照扣除商业折扣后的金额确定销售商品收入金额。

债权人为鼓励债务人在规定的期限内付款而向债务人提供的债务扣除属于现金折扣，销售商品涉及现金折扣的，应当按扣除现金折扣前的金额确定销售商品收入金额，现金折扣在实际发生时作为财务费用扣除。

企业因售出商品的质量不合格等原因而在售价上给的减让属于销售折让；企业因售出商品质量、品种不符合要求等原因而发生的退货属于销售退回。企业已经确认销售收入的售出商品发生销售折让和销售退回，应当在发生当期冲减当期销售商品收入。

（2）在外地设立销售分公司

云锦服装公司在外地设立的分支销售机构，属于分公司性质的，若该销售分公司实行独立核算，则这种情况下增值税等流转税操作应比照子公司情况处理，即按照正常购销业务处理。若销售分公司不实行独立核算，则应区别以下原则处理：

①如果分公司对外销售时，负责向购货方开具发票或向购货方收取货款，则在货物移送时向所在地税务机关缴纳增值税；否则，则应由总机构统一缴纳增值税（详见国税发［1998］137号文件）。

②纳税人以总机构的名义在各地开立账户，通过资金结算网络在各地向购货方收取销货款，由总机构直接向购货方开具发票的行为，其取得的应税收入应当在总机构所在地缴纳增值税（详见国税函［2002］802号文件）。

对于销售分公司的企业所得税必须按照《企业所得税法》及实施条例的精神，统一汇总纳税。《企业所得税法》第五十条规定：“居民企业在中国境内设立不具有法人资格的营业机构的，应当汇总计算并缴纳企业所得税”。

依据《国家税务总局关于印发〈跨地区经营汇总纳税企业所得税征收管理暂行办法〉的通知》（国税发［2008］28号）规定：企业实行“统一计算、分级管理、就地预缴、汇总清算、财政调库”的企业所得税征收管理办法。即企业总机构统一计算包括企业所属各个不具有法人资格的营业机构、场所在内的全部应纳税所得额、应纳税额。但总机构、分支机构所在地的主管税务机关都有对当地机构进行企业所得税管理的责任，总机构和分支机构应分别接受机构所在地主管税务机关的管理。在每个纳税期间，总机构、分支机构应分月或分季分别向所在地主管税务机关申报预缴企业所得税。等年度终了后，总机构负责进行企业所得税的年度汇算清缴，统一计算企业的年度应纳所得税额，抵减总机构、分支机构当年已就地分期预缴的企业所得税款后，多退少补税款。这样，就为分支机构合理节税提供了政策依据和保障。一般来说，当企业设立分支机构时，由于设立初期分支机构面临高昂的成本支出，所以亏损的概率较高，通常采用分公司的形式较为合适，可以享受和总部收益盈亏互抵的好处。经过两三年的经营期间，分公司开始转亏为盈时，再把分公司变更注册为子公司，这样可以降低分支机构对总机构的法律影响。

因此，云锦服装公司从增值税筹划角度考虑，尽量避免在总公司、分支公司之间货物转移时被认定为视同销售缴纳增值税；在企业所得税筹划角度考虑，应尽量实现所得税的汇总缴纳。

案例4 惠民连锁股份公司税收筹划方案

1. 货物配送模式的筹划

（1）货物配送视同代销处理

惠民股份存在大量的货物配送以及货物移送。货物配送，一般指在集团连锁企业对下属的法人公司配送货物，在税务上按销售处理，计算销项税额。对于货物移送，一般是对同一法人内部的跨区县的分店配送货物，在目前增值税分地域管理的体制下，也需要在税务上"视同销售"处理，计算销项税金。

对于现行惠民股份的移库及转让价格问题，我们在《惠民连锁股份纳税风险检测分析报告》中已经给出处理建议，其基本思想是把惠民股份对各分店的移库，以委托代销形式予以合理解决，即把货物配送全部确认为代销方式处理，而非把移送货物视同销售，这是合理的，能够得到税法的支持，具体参见《惠民连锁股份纳税风险检测分析报告》相关内容。但惠民股份公司总部要进一步完善其销售政策、销售合同和相关手续。

（2）改进配送价格模式

对于配送价格问题，即惠民股份移送给各分店的商品按照其进价确认收入。这一处理不合理，违背了转让定价原则，很难找到配送价格如此确定的合理解释。我们提出以下处理方法：

[原补救方案] 完善合同进行合理性解释或说明

为了说明配送价格问题，惠民股份与其子公司、分公司各签订一份合同——代销商品合同。合同中约定：具体结算价格按照供应商实际供货价格，若供应商有折扣或返利的，则也按供应商折扣后的价格结算。

在合同中，一定要约定委托代销的一揽子协议条款，包括其子公司、分公司帮助惠民服务客户、开展促销活动等。并强调惠民采取统一采购模式，一定区域范围内执行统一物流配送。

但是，上述方案仅为补救方案，我们认为：合理解决配送价格需要采取平价配送模式，具体方案如下：

[配送价格方案] 惠民股份公司采取统一采购、统一配送模式。具体根据费用分摊和收入分配的处理不同，分为三种具体操作模式：

其一：平价配送、配送费分摊、采购返利分配

货物配送按商品进价不加任何毛利配送结算，发生的配送费用由各子公司、分店、连锁店分担。集中采购所获得的供应商的返利，以及可能向其他各类供应商收取的进场费、广告促销费等，全部或部分予以均衡分配。

其二：平价配送、不分摊配送费、采购返利部分分配

货物配送按商品进价不加任何毛利配送结算，而发生的配送费用不再由各子公司、分店、连锁店分担，而是全部由采购中心承担，同时收取的供应商的返利也只是分配一部分给子公司、分店、连锁店。

在这种平价配送模式下，采购中心所在的惠民股份公司总部所支付的配送费用都已经得到完全弥补，这是符合企业之间独立交易规则的。采购中心并不存在因为“统一采购”而转移利润。其实，这一配送模式对于采购中心来说，通过获取“返利”、进场费收入而截流或多或少的利润，能够实现一定程度的“灵活操纵”。如果存在不同地域所得税率差（譬如采购中心所在地所得税率低于外部总公司、分店、连锁店所在地的所得税率），则还能够获得更多的税收利益。

其三：加价配送、不分摊配送费、采购返利不分配

采用这种配送价格模式，可以实现利润转移至采购中心所在企业，这既符合税务所谓的转移定价原则，又能更多地转移利润，可以考虑采用。但也要完善销售政策和相关合同。

（3）会计入账与税务处理的时间

为防止采购中心开出的配送增值税发票，下属法人企业或分店当月无法申报抵扣而推迟至下月，造成连锁集团产生垫税现象，可以采用以下方法处理：

将配送业务的会计处理期间调整为：上月21日至本月20日发生的配送业务，在30日前完成会计与税务处理。确保双方在本月内同时完成会计处理和实现税务抵扣。

2. 特殊促销方式的筹划

（1）买一赠一（捆绑销售）

买一赠一（捆绑销售）属于一种特殊的促销方式，一般赠品不计销项税。税法认可商家的买一赠一（捆绑销售）不属于赠送行为，不对其视同捐赠征税。财政部、国家税务总局于2008年10月30日颁布的《国家税务总局关于确认企业所得税收入若干问题的通知》（国税函［2008］875号）第三款规定：企业以买一赠一等方式组合销售本企业商品的，不属于捐赠，应将总的销售金额按各项商品的公允价值的比例来分摊确认各项的销售收入。

买一赠一这种促销方式包括买A送A，买A送B两类。在会计处理时，“赠送”的B应当按照A、B商品的公允价值的比例来分摊A、B商品的销售收入。

（2）满M元送折扣券N

这种促销方式下，先按M开具发票，顾客再次购物K，可用折扣券代替现金使用。开票时，则按实际收银额（K－N）开票，并确认“销售折扣与折让”N。

（3）满M元送礼品

这种促销方式下，折扣是以实物形式兑现。合理的税收筹划处理如下：赠品赋予商品编码，售价设定为零。对购物满M元的顾客给予一件赠品并过POS机。则月末系统会自动将赠品的成本结转入相应的“主营业务成本”。提醒注意的是：通过电脑系统赠送，避免出现“无偿赠送”的书面证据。

（4）积分返利

对顾客发放记名或不记名的会员卡或积分卡，每消费 n 元积 1 分，每积累 m 分可换取 s 元商品。这种促销是一种长期的手段，也属于折扣销售。连锁零售企业不能在会员制章程中表述为：积分给予返利或赠品。而应该按照以下两种模式操作以规避税务风险：

其一，积分给予购物打折。

其二，积分给予购物折扣，并凭积分领取折扣券，以折扣券冲抵现金。月末按折扣总额确认为“销售折扣与折让”。

［总结］深圳惠民应该采取多种促销手段扩大销售，上述多种促销方式必须配合使用，在不同节假日及销售季节采取灵活多变的促销模式。

（5）以旧换新

为避免增值税税负的增加，以旧换新最好采用“先退货后销售”业务处理。

如果以旧换新商品属于代销商品，零售企业仅仅是代理人角色，把供应商作为活动主体，可以避免增值税负担。

3. 自用商品的筹划

一般情况下，惠民股份公司绝大部分商品都对外销售，只在个别情况下会出现自用行为。自用主要有以下三类：

（1）办公和营业自用商品

筹划处理：无须计提销项税，也无需转出进项税。纳税人办公和卖场营业使用的办公用品、工具器皿、物料用品等，作为商品调拨处理，直接调减卖场系统库存。会计处理为：将库存商品按不含税成本贷方转入管理费用、营业费用等科目借方。

若办公领用价值高昂的电器设备（如空调、投影等）属于固定资产的库存商品，则应按购进成本作进项税转出，切忌按售价视同销售计提销项税。会计处理为：

借：管理费用（销售费用）

　　贷：应交税费——应交增值税（进项税转出）

（2）服务经营项目使用的外购商品

筹划处理：按购进价作进项税转出，切忌图简便将所有的“自用领购”按零售价处理，其结果是造成多缴纳进销差价部分的增值税。

（3）福利、工程领用的外购商品

筹划处理：按商品调拨处理，同时按成本价计算进项税转出。

4. 非卖场商品进项税抵扣的筹划

增值税进项税抵扣主要是卖场商品的进项税抵扣，但非卖场商品进项税的抵扣也非常重要，其中最大的项目是水电费。

（1）能够抵扣进项税的费用支出

①水费、电费、燃气费、暖气费、外购燃油（外购动力、能源）[①]；

②工服、购物袋等物料费、工具器具费（外购低值易耗品和物料用品）；

③购物车、购物篮等工具[②]、器具和修理配件（包括采购低耗品、维护保养设备所耗用的零配件）；

④委托加工费和维修费（包括设备等固定资产的维修、软件系统的维护）；

⑤货运费用（包括商品采购运费和配送运费）。

（2）一定不能抵扣的外购商品或支出

①房产和设备采购（包括购置和开发信息系统）、装修工程支出；

②除加工修理和货运外的其他服务采购（例如设计咨询费、广告宣传费、招待费、差旅费等）支出；

③用于非增值税项目之外购品（例如兼营快餐、咖啡所耗之食品原料采购）支出。

（3）货架、售货柜台

货架、售货柜台等作为零售企业的“主要经营设备”，使用年限超过 1 年，多数情况下按固定资产核算，在现行生产型增值税制度下，就不能抵扣。

如果货架、售货柜台等满足以下条件，可考虑进项税抵扣：①货架、售货柜台等发票所列示的“单价”不超过 2000 元[③]；②在会计上没有通过固定资产科目核算。

但不管何种情形，零散购入的配件一律准予抵扣进项税。

（4）办公耗用外购货物应当抵扣税

企业办公所耗用的办公用品（包括总机构和分店管理业务消耗的办公用品）、电力、热力等，取得的增值税发票进项应予抵扣。

（5）计算机硬件的检查维修、软件系统的维护与故障排除

这些也属于增值税的课税范围，应取得增值税发票申报抵扣。设备的维修与保养也与此类似，但房产及其附属中央空调系统的维修支出不能抵扣进项税。

（6）其他相关筹划

水费、电费开支必须解决增值税发票问题。

物料用品、办公及营业用低值易耗品的消耗也应作为控制重点，应有效控制其进项税，降低增值税负率。

其他中间品的消耗，如车辆用燃油、各种软硬件设备的维修费用等，也应进行控制取得进项税抵扣票据。

---

① 零售企业的交通工具所用汽油，无论用于送货还是办公，都是用于增值税的应税项目“商品零售”经营管理所必需的中间消耗，性质上属于外购动力与能源，应予抵扣。

② 购物用手推车、购物篮等实物都按固定资产的管理程序管理，会计核算和税务上按低值易耗品处理，进项税应予申报抵扣。

③《企业会计准则》及《企业所得税法》都不再规定固定资产的最低价值额，因此，这里的能抵扣进项税额的存货价值不仅仅局限于 2000 元。

5. 进项税转出的筹划

进项税转出是零售连锁企业的一项重要的增值税支出。惠民股份也应对进项税转出进行仔细检查，避免错误的或不必要的转出徒增税负。

（1）存货盘亏的进项税转出

分析存货盘亏的原因，不能凡出现存货盘亏一律转出进项税。如果由于进销存系统或员工操作不当造成存货盘亏，要进行检查，很可能由于仓库管理盘点不准、会计数据差错等原因造成，这属于“虚亏”，应查明原因后进行纠正，而不是做进项税转出。

（2）正常损失不必作进项税转出

商品正常缩耗、保质期过期处理、易碎品坏损等，属于正常损耗，不必作进项税转出。

（3）非正常损耗

管理不善造成商品盗窃丢失、大批变质报废、自然与人为灾害等，均属于非正常损失，须作进项税转出。

《中华人民共和国增值税暂行条例》及其实施细则第二十一条规定：非正常损失是指“生产、经营过程中正常损耗外的损失，包括：①自然灾害损失；②因管理不善造成货物被盗窃、发生霉烂变质等损失；③其他非正常损失”。

（4）返利的进项税转出

返利的本质是一种价格折让。《国家税务总局关于平销行为征收增值税问题的通知》（国税发［1997］167号）规定：自1997年1月1日起，凡增值税一般纳税人，无论是否有平销行为，因购买货物而从销售方取得的各种形式的返还资金，均应依所购货物的增值税税率计算应冲减的进项税金，并从其取得返还资金当期的进项税金中予以冲减。应冲减的进项税金计算公式如下：

当期应冲减进项税金＝当期取得的返还资金×所购货物适用的增值税税率

《国家税务总局关于沃尔玛商业咨询（深圳）有限公司向供应商收取费用征税问题的批复》（国税函［2000］550号）规定：沃尔玛商业咨询（深圳）有限公司应一些生产厂家或供应商要求在商场内为其提供场地、服装和灯箱等进行商品的展示、广告宣传等各种促销活动以及制作条码等服务，并收取相应的场地和服务费用（促销费、展示费和条码费）。该公司取得的上述收入，不属于《国家税务总局关于平销行为征收增值税问题的通知》（国税发［1997］167号）第二条所称“因购买货物而从销售方收取的各种形式的返还资金”，应按“服务业”税目征收营业税。

《国家税务总局关于商业企业向货物供应方收取的部分费用征收流转税问题的通知》（国税发［2004］136号）规定：商业企业向供货方收取的部分收入，按照以下原则征收增值税或营业税：①对商业企业向供货方收取的与商品销售量、销售额无必然联系，且商业企业向供货方提供一定劳务的收入，例如进场费、广告促销费、上架费、展示费、管理费等，不属于平销返利，不冲减当期增值税进项税金，应按营业税的适用税目税率征收营业税。②对商业企业向供货方收取的与商品销售量、销售额挂钩（如以一定比例、金额、数量计算）的各种返还收入，均应按照平销返利行为的有关规定冲减当期增值税进项税金，不征收营业税。

当期应冲减进项税金 = 当期取得的返还资金/（1 + 所购货物适用增值税税率）× 所购货物适用增值税税率

国税发［2004］136 号文件以收费计算是否与销售量和销售额挂钩为判断依据，确定返利征收营业税还是增值税。

综合上述关于返利的税收政策，我们认为，对于惠民股份公司返利问题的处理，要注意以下操作要点：规范采购合同和会计核算，采购合同的收费条款应按如下原则调整：①折扣类收入（如折扣、折让）应予服务性收费（如进场费、物流配送）严格分开；②服务性收费的内容要明确，并尽可能采用定额收费办法。

6.《企业所得税法》下的税收筹划

（1）利用过渡性低税率政策筹划企业所得税

惠民股份公司属于经济技术开发区企业，2007 年以前执行的企业所得税税率为 15%，自 2008 年起开始执行 18% 的税率。2007 年 12 月 29 日国务院《关于实施企业所得税过渡优惠政策的通知》（国发［2007］39 号）规定：自 2008 年 1 月 1 日起，原享受低税率优惠政策的企业，在新税法施行后 5 年内逐步过渡到法定税率，即 2008 年按 18% 税率执行，2009 年按 20% 税率执行，2010 年按 22% 税率执行，2011 年按 24% 税率执行，2012 年按 25% 税率执行；原执行 24% 税率的企业，2008 年起按 25% 税率执行。

对于惠民股份公司外区的子公司、连锁店等所在的地区，其企业所得税税率一般都执行 25%。所以，在这种情况下，最好采用转让定价策略，把一部分利润留在税率较低的惠民股份公司总部。

（2）汇总纳税筹划企业所得税

《财政部、国家税务总局关于连锁经营企业有关税收问题的通知》（财税［2003］1 号）规定：

①在省、自治区、直辖市、计划单列市内跨区域经营的统一核算的连锁企业，需要实行由总机构向其所在地主管税务机关统一申报缴纳增值税的，按照《财政部、国家税务总局关于连锁经营企业增值税纳税地点问题的通知》（财税字［1997］97 号）的有关规定办理[①]。

---

① 《财政部、国家税务总局关于连锁经营企业增值税纳税地点问题的通知》（财税［1997］97 号）对连锁经营企业同意申报增值税的政策如下：对跨地区经营的直营连锁企业，即连锁店的门店均由总部全资或控股开设，在总部领导下统一经营的连锁企业，凡按照国内贸易部《连锁店经营管理规范意见》［内贸政体法字［1997］第 24 号］的要求，采取微机联网，实行统一采购配送商品，统一核算，统一规范化管理和经营，并符合以下条件的，可对总店和分店实行由总店向其所在地主管税务机关统一申报缴纳增值税：（1）在直辖市范围内连锁经营的企业，报经直辖市国家税务局会同市财政局审批同意；（2）在计划单列市范围内连锁经营的企业，报经计划单列市国家税务局会同市财政局审批同意；（3）在省（自治区）范围内连锁经营的企业，报经省（自治区）国家税务局会同省财政厅审批同意；（4）在同一县（市）范围内连锁经营的企业，报经县（市）国家税务局会同县（市）财政局审批同意。

②对内资连锁企业省内跨区域设立的直营门店，凡在总部领导下统一经营、与总部微机联网、并由总部实行统一采购配送、统一核算、统一规范化管理，并且不设银行结算账户、不编制财务报表和账簿的，由总部向其所在地主管税务机关统一缴纳企业所得税。

对从事跨区域连锁经营的外商投资企业，由总机构向其所在地主管税务机关统一缴纳企业所得税。

《企业所得税法》规定，企业所得税的纳税人是具有独立法人资格的法人组织或机构，因此，分公司性质的连锁店不再独立缴纳企业所得税，可以和总部汇总纳税。具体的汇总纳税政策请参照《关于印发〈跨地区经营汇总纳税企业所得税征收管理暂行办法〉的通知》（国税发［2008］28号）。

7. 关店的税收筹划

（1）迁移变更代替“旧店注销新店注册”

连锁零售企业关闭分店，如果并没有决心退出该城市，而仍有可能开设新店，则应当保留营业执照等全部证照，并不马上办理注销手续，保留分店空壳。待新店选址后，再将旧空壳分店的证照办理地址迁移变更和名称变更，则可避免新店注册等手续，节约时间和成本。

当然，如果一定要退出某区（县）的零售业，则关店注销不可避免，即必须尽快办理税务登记注销手续。

（2）注销时增值税的筹划

关店时注销税务登记需要经过税务局的检查程序。在关店税务清算时要注意有关增值税问题：

①大额留抵损失。首先确定分店注销前是否存在大额期末留抵进项税？若存在的话，分店税务注销后这些进项税就成为不能收回的损失。基本对策是可以考虑退货，但应该提前就作准备，而不能拖到马上要关店时才处理。

②库存的处理。当关店时有较大金额的库存商品，税务局必然要求企业在收回该库存时按照销售计提销项税，这样就会出现分店需支付大笔增值税款，而接受库存的总机构或者其他分店则须接受大额增值税进项发票。这时特别注意的是先不要到税务机关取消一般纳税人资格，否则当税务要求补提大额销项税额时却已经无法向总机构或其他分店开具增值税发票，而造成巨大税收损失。

（3）注销时企业所得税的筹划

零售分店如果独立核算，可能被认定为所得税纳税人，关店注销时要经过所得税清算程序。如果分店清算后亏损，则关店形成的全部损失，应当比照投资损失，允许在总机构的纳税申报表中申报扣除；如果分店清算后有盈利，则需要独立缴纳企业所得税。当然，在有盈利的情况下，尽量做好拟注销分店的利润转移。

（4）关店的若干税收对策

①制定详细的关店计划。分店提前将关店计划通知财务部门，财务部门制定严谨周

密的关店财务安排。

②财务部应该提前考虑库存的处理。退货或者开票转售都可以解决库存问题。一定要避免在关店时还存在大量的库存等待处理。

③先处理完增值税遗留问题才能注销一般纳税人资格。

④尽量使要关闭的分店形成巨额亏损，亏损由总机构利润进行弥补。一般形成分店亏损有很多办法：比如打折销售、增加店面广告费、人工费以及其他开支等。

其实，对于分店，也可以考虑不关，而是作为一个中转仓库对待。这样一方面可以不进行关店清算，避免许多意想不到的税收麻烦；另一方面，还可以继续利用拟关闭的分店增加费用、成本开支，拉平其他同地区分店的利润水平。当然，这时需要测算一下分店的定期损益大小，如果每月亏损过多，则一定考虑关店。

8. 理想增值税税负率与企业所得税筹划

税负率是影响企业纳税的重要因素。我们通过实际税负率与目标税负率的差分析企业纳税情况，并给出改进措施。

（1）增值税税负率测算与比较

理想增值税税负率 = 应纳增值税额/不含税零售净收入
= (增值额/不含税零售净收入) × 税率
= (进销差价率 − 水电物料费率) × 税率
= 进销差价率 × 商品加权平均税率 − 水电物料费率 × 水电物料平均税率[①]

实际增值税税负率 = (销项税额 − 进项税额 + 进项转出)/不含税零售净收入

增值税税负率差 = 实际增值税税负率 − 理想增值税税负率

理想增值税税负率与实际增值税税负率之间的差额主要有以下原因造成：

①水电物料的进项抵扣；

②跨区移送货物，开票与抵扣有时间差；

③销售与采购部均衡；

④不当的进项税转出；

⑤其他会计及纳税申报错误。

（2）企业所得税负担的降低

降低企业所得税的筹划方法是足额扣除，尽量降低应纳税所得额。主要筹划策略是增加扣除项目金额。

扣除项目分为：成本、费用、税金和损失。我们认为最重要的可控项目是费用项目，2008 年执行的《企业所得税法》及其实施条例放宽了费用的扣除标准。

①工资薪金。《企业所得税法》及其实施条例规定，合理的工资薪金允许据实税前扣除。

① 进销差价率 = (零售净收入 − 零售净成本)/零售净收入，水电物料费率 = 经营管理活动中消耗的全部可抵扣类费用/零售净收入

《企业所得税法实施条例》所称的合理工资薪金，是指企业按照股东大会、董事会、薪酬委员会或相关管理机构制订的工资薪金制度规定实际发放给员工的工资薪金。合理工资薪金一般还符合经营常规、能随着市场的变化而变化。对国有控股等垄断企业的管理者和雇员利用垄断地位，或者私人控股企业的股东和在企业任职的直系亲属利用工资与股息分配存在税负差别支出不合理工资避税，税务机关有权对不符合行业合理水平及明显不合理的工资扣除进行调整。

《关于企业工资薪金及职工福利费扣除问题的通知》（国税函［2009］3号）还进一步规定：税务机关在对工资薪金进行合理性确认时，可按以下原则掌握：

第一，企业制订了较为规范的员工工资薪金制度；

第二，企业所制订的工资薪金制度符合行业及地区水平；

第三，企业在一定时期所发放的工资薪金是相对固定的，工资薪金的调整是有序进行的；

第四，企业对实际发放的工资薪金，已依法履行了代扣代缴个人所得税义务；

第五，有关工资薪金的安排，不以减少或逃避税款为目的。

②广告宣传费。不再区分广告费与业务宣传费，两者合并称为“广告宣传费”，其最高限额不超过销售（营业）收入的15%。

③业务招待费。按照实际发生额的60%扣除，但最高不超过销售（营业）收入的5‰。

④公益性捐赠。企业所发生的公益性捐赠，最高限额为利润总额的12%。

⑤“五险一金”、补充养老保险、补充医疗保险。法定部分允许税前扣除。

⑥职工福利费、工会经费、职工教育经费。职工福利费、工会经费和职工教育经费扣除限额的分别是工资总额的14%、2%、2.5%。这里计算扣除限额的工资薪金总额是指企业实际发放的工资薪金总和，不包括企业的职工福利费、职工教育经费、工会经费以及养老保险费、医疗保险费、失业保险费、工伤保险费、生育保险费等社会保险费和住房公积金。属于国有性质的企业，其工资薪金，不得超过政府有关部门给予的限定数额；超过部分，不得计入企业工资薪金总额，也不得在计算企业应纳税所得额时扣除。

⑦劳动保护支出。凡是合理的劳动保护支出，都允许税前扣除。劳动保护支出具体指确因特殊工作环境需要为雇员配备或提供工作服、手套、安全保护用品、防暑降温用品等支出。

⑧经营租赁费。全部经营租赁费都允许在税前均匀扣除。

9. 设立物流配送公司的筹划

（1）惠民股份公司的机构现状

惠民股份公司下辖7家子公司，分别为北京惠民商贸有限公司、湖南惠民商贸有限公司、山东惠民商贸有限公司、浙江惠民商贸有限公司、辽宁惠民商贸有限公司、青岛惠民商贸有限公司、成都惠民商贸公司，各子公司都分别拥有分店5~8家，华东地区还设有一个仓库。惠民股份公司还拥有海南、温州和西安 3 家分公司。对于上述公司的商品采购、物流配送等方面，还存在各种各样的问题。如目前采购中心的商品配送价格、费用分摊、配送模式欠顺畅，顾客服务中心的维修收入还存在界定不清问题，同时还涉及到外区维修、安装收入的缴税问题等。我们建议惠民股份公司进行机构调整，成立新的公司完善其各项业务操作，相应降低其整体税收负担。

（2）设立物流配送公司的筹划

物流配送既包括货物从供应商仓库到零售企业的配送中心的周转仓库，再从配送中心周转仓库分配运至各子公司、连锁店的物流方式（简称“配送”），也包括货物从供应商直达各分店的物流方式（简称“直送”）。随着零售企业配送中心物流功能的扩展，还可以为其他企业或客户开展第三方物流。

物流配送服务，从流转的角度，可以分解为货物仓储、分拣、运输、装卸、搬移等服务。按现行税收政策，均属于营业税课税范围：其中货物运输和装卸搬运适用“交通运输业”税目，法定税率为 3%；仓储服务属于服务业，适用于 5% 的营业税税率。所以，物流配送业务需要分开核算不同税率的业务，从而可以享受分别按不同税率纳税的节税好处。

如果将零售企业的配送业务独立核算，其中的运输、装卸、搬运收入可以按照 3% 的低税率纳税，同时还可以获得运费 7% 的增值税抵扣。对于零售企业来说，可以通过一定的税收安排来减轻供应链的税负。关于物流配送企业的税收政策，请参照《国家税务总局关于试点物流企业有关税收政策问题的通知》（国税发［2005］208 号）和《国家税务总局关于物流企业缴纳企业所得税问题的通知》（国税函［2006］270 号）

综合上述税收政策，我们建议惠民股份公司合理规划，成立一家物流配送公司，专司物流配送业务。这可能对惠民股份公司的业务拓展和长期战略发展大有裨益①。

案例 5　北方木业公司税收筹划方案

1. 北方木业基本情况分析

（1）背景资料与财务分析

北方木业有限公司（以下简称“北方木业”）是居于东北地区的一家木质家俱制造商兼出口商，属于中外合资企业，注册资金 18 万美元，中方股东为佳利木业有限公司（以下简称“佳利木业”），占 72.20% 的股份；外方股东为英国自然人，占 27.80% 的股份。自 1999 年成立以来，业绩呈现出逐年增长的良好势头。

① 当然，单独成立物流公司在“营改增”之后更为有利，日常工作中所耗用的工具器皿，包装材料、水电、汽油等支出所取得的增值税进项税额允许抵扣。

北方木业的主要财务数据统计分析如下表综 2－2 所示。

表综 2－2　　北方木业主要财税数据统计分析表　　单位：元

项　　目	2009 年（9 月末）	2008 年	2007 年	分析评价
货币资金	10 833 629.35	16 215 299.80	9 263 810.73	显示资金额较多
应收账款	13 312 890.48	8 690 815.55	13 591 485.47	比较稳定的收账
其他应收款	38 544 598.13	32 800 809.41	30 713 093.97	金额累计过多
存　　货	33 781 680.73	24 046 531.17	30 801 338.64	行业特点存货稳定
资产总额	114 300 579.92	97 270 202.24	99 386 587.13	资产总量增幅不大
应付账款	13 091 142.38	9 067 599.60	15 881 765.57	比较稳定的应付款
负债总额	15 602 847.28	11 420 109.63	24 235 038.02	没有长期负债
实收资本	1 515 420.00	1 515 420.00	1 515 420.00	资本金额偏低
未分配利润	946 797 55.97	81 832 115.94	71 133 572.44	逐年增长，自然变化
营业收入	116 003 076.19	135 643 847.98	183 676 908.96	总收入受经济形势影响，出口收入结构偏重，则销售依赖性太强，业务风险大
其中：				
出口销售收入	110 870 588.28	129 498 343.24	17 457 345.85	
国内销售收入	4 525 719.52	6 145 504.74	9 219 563.11	
营业成本	90 868 370.92	111 527 015.83	153 752 019.24	成本占收入比率约为 78.33%
其中：				
出口销售成本	86 958 755.47	106 735 087.27	146 973 484.77	
国内销售成本	3 438 533.76	4 791 928.56	6 778 534.47	
所得税费用	4 308 550.63	3 569 146.69	2 543 574.07	所得税逐年增长
净利润	12 925 651.90	10 707 440.04	16 297 715.31	稳定的利润额

（2）税金缴纳现状及问题分析

①纳税情况

根据北方木业纳税信息统计，2009 年缴纳税金 735.8172 万元，其中企业所得税 660 万元，代扣代缴税金（房产租金代扣 21%）45.65 万元，土地使用税 18.4312 万元，印花税 6.6 万元，个人所得税 3.96 万元。应收出口退税额 1 404 万元，免抵税额 468 万元，免抵退税额共计 1 872 万元。

②涉税问题分析

出口退税不存在问题，北方木业因出口退税而获得较好的税收利益。在所缴纳的税种结构中，企业所得税是重点税源，占 89.7%，因此考虑以后纳税年度适当降低企业所得税负担。

代扣代缴税金中，房产租金代扣 21% 的税金，构成一项金额较大的税款支出，可考虑此项房产租金的业务改造。代扣代缴个人所得税金额很小，可能存在工资薪金额度太低或没有实现节税筹划安排，建议进一步考虑薪酬设计与工资奖金调整。

2. 税收筹划方案暨操作要点

（1）未分配利润的处理与消化

根据北方木业的“历年盈亏情况表”，截至 2009 年 9 月，宁峰木业累计实现未分配利润 9 467. 975597 万元（2009 年 1 ~ 9 月实现 1 292. 565190 万元），按照中外方股东的股份比例，中方应分配 5 900. 185367 万元，外方应分配 2 275. 225040 万元。针对这种“滚雪球”式的盈余额不断累计，必须寻求财务解决方案。

根据目前的财税政策及北方木业的实际情况，提出以下解决方案：

①2009 年度实现大幅度利润分配

优化方案：对北方木业股东进行 8 000 万元的年终利润分配。按照股权结构，中方（佳利木业）享有 5 824 万元税后利润，外方（英国自然人）享有 2 176 万元。中方作为法人股份所获得的税后利润分配额享受免税待遇，依据《企业所得税法》第二十六条：“企业的下列收入为免税收入：（二）符合条件的居民企业之间的股息、红利等权益性投资收益。”

政策依据：对于外方（英国自然人）所获得的 2 176 万元，根据《财政部、国家税务总局关于个人所得税若干政策问题的通知》（[94] 财税字第 020 号）规定：“下列所得，暂免征收个人所得税：（八）外籍个人从外商投资企业取得的股息，红利所得。”因此，外方获得的利润分配额享受暂免征个人所得税优惠。此项规定由于受新《企业所得税法》的影响，会很快失去效力，建议 2009 年末尽快对北方木业累积的“未分配利润”予以彻底、足额分配。

②佳利木业的投资筹划

佳利木业分到未分配利润后，不可继续分配给自然人股东，因税法要求个人股东利润分配额须缴纳 20% 的个人所得税。

佳利木业筹划运作的基本要求是采取以下三种资金回流方式（可选择）：

第一，以投资形式再次回流资金至北方木业

运作方法：佳利木业对其控股公司——北方木业追加投资，北方木业的资本金增加。这种运作不仅可以增加北方木业的资本金，降低其注册资金偏低的风险①，而且还可以调整北方木业的资本结构。

政策依据：《企业会计准则》明确规定，投资方的长期股权投资成本以所投资的资金额为基础确定。被投资方的实收资本也相应增加。如果外方（英国自然人）也按原股权比例追加投资，则可以保持固定的股权结构。

第二，尝试对外投资转移资金

运作方法：由于分红资金流至佳利木业，佳利木业对外投资，可以设立一家公司，或者和别的非关联公司合资，待日后通过股权投资损失形式善后处理。

① 截至 2009 年 9 月，北方木业的实收资本仅为 1 515 420. 00 元，实在是预期收益和利润不相匹配，增加经营风险及被监管风险。

政策依据：《企业所得税法》规定：

《财政部、国家税务总局关于企业资产损失税前扣除政策的通知》（财税［2009］57号）第六条规定：

企业的股权投资符合下列条件之一的，减除可收回金额后确认的无法收回的股权投资，可以作为股权投资损失在计算应纳税所得额时扣除：

A. 被投资方依法宣告破产、关闭、解散、被撤销，或者被依法注销、吊销营业执照的；

B. 被投资方财务状况严重恶化，累计发生巨额亏损，已连续停止经营3年以上，且无重新恢复经营改组计划的；

C. 对被投资方不具有控制权，投资期限届满或者投资期限已超过10年，且被投资单位因连续3年经营亏损导致资不抵债的；

D. 被投资方财务状况严重恶化，累计发生巨额亏损，已完成清算或清算期超过3年以上的；

E. 国务院财政、税务主管部门规定的其他条件。

第三，佳利木业以借贷形式将资金回流至北方木业。

③土地摊销与房屋产权的调整

第一，补记土地摊销额

由于历史原因，土地价值在宁峰木业账簿没有计入，也就无法列支土地摊销费用，相当于使用土地有收益而无对应的成本费用，徒增了净收益。据初步测算，土地价值约为500万元，可以采取10年摊销的方法处理。

筹划方案：土地价值在原来公司变更过程中，由于没有给予充分关注和处理，致使账务出现会计差错。根据《会计政策、会计准则变更和差错更正》准则，对原来的账务进行调整。具体调整分录为：

借：以前年度损益调整

　　贷：无形资产——土地使用权

借：利润分配——未分配利润

　　贷：以前年度损益调整

自2001年以来累积应摊销的土地使用权金额，一次性调整降低未分配利润。

提醒注意，土地使用权的摊销额可以调整未分配利润，一次性彻底调账。但在税金缴纳问题上，由于属于“企业纳税年度内应计未计费用、应提未提折旧”项目，根据《财政部、国家税务总局关于企业所得税几个具体问题的通知》（财税［1996］79号）、《国家税务总局关于企业所得税若干业务问题的通知》（国税发［1997］191号）的规定，企业纳税年度内应计未计费用、应提未提折旧等，不得结转至以后年度补扣。应计未计扣除项目是指年度终了，纳税人在规定的申报其申报后，发现的应计未计、应提未提的税前扣除项目。因此，土地使用权的摊销额不能计入当期的应纳税所得额，不得作为扣除项目抵减企业所得税。

第二，房屋产权变更

由于厂房产权属于个人财产，北方木业租赁使用该厂房，除须按期支付租赁费用外，还需于纳税时代扣代缴21%的房产租赁税金，每年达45万余元之多。

筹划方案：北方木业与个人协商，将厂房一次性购入，按照初步测算，房产评估价值可达2 000万元。购入后每年可以提折旧。按厂房使用10年初步测算：2 000万元折旧额抵税500万元，10年的代扣税金为450万元。故而，相当于节税950万元。考虑购入时缴纳营业税和个人所得税，营业税为110万元（税率为5.5%），个人所得税充其量为400万元。整体测算还是购入合适。在实务操作前需进一步具体测算相关税费情况。

厂房问题还可以考虑的筹划方案：让自然人投资以厂房投资北方木业，同样可节省房产租赁的代扣代缴税金。

（2）所得税节税及防止未来累积“未分配利润”方案

①废品损失认定

筹划方案：第一，降低出材率，增加损失认定；

第二，提高废品率；

第三，确认下脚料的报废损失。

政策依据：财税［2009］57号文件规定：“对企业盘亏的固定资产或存货，以该固定资产的账面净值或存货的成本减除责任人赔偿后的余额，作为固定资产或存货盘亏损失在计算应纳税所得额时扣除。

对企业毁损、报废的固定资产或存货，以该固定资产的账面净值或存货的成本减除残值、保险赔款和责任人赔偿后的余额，作为固定资产或存货毁损、报废损失在计算应纳税所得额时扣除。

对企业被盗的固定资产或存货，以该固定资产的账面净值或存货的成本减除保险赔款和责任人赔偿后的余额，作为固定资产或存货被盗损失在计算应纳税所得额时扣除。

②加大劳动保护支出的列支

筹划方案：根据工作环境和劳动者的需要，适当增加劳动保护用品的支出。

政策依据：《企业所得税法实施条例》第四十八条规定：“企业发生的合理的劳动保护支出，准予扣除。”

劳动保护支出具体是指确因特殊工作环境需要为雇员配备或提供工作服、手套、安全保护用品、防暑降温用品等支出。

③质量认证及咨询费用

筹划方案：增加企业的质量认证，接受咨询服务，取得合法的凭证票据，列支相关费用。

④材料发出计价方法的选择

《企业所得税法》允许采用先进先出法、移动加权平均法、月末一次加权平均法等。对于宁峰木业来说，在未来物价波动且出现通货膨胀的形势下，采用月末一次加权平均法较为合适，能够反映物价的变动趋势，而且可以加大成本项目。

⑤广告宣传费的扣除

允许按照营业额的15%扣除。建议北方木业扩大市场宣传，推动产品销售和提升企业品牌。

⑥香港设立公司

在中国香港地区成立一家公司，作为非居民企业，负责资金借贷和技术提供的源泉。

第一，跨境借贷

利用设立在香港的公司融资，即将资金贷给北方木业。所支付出境的利息需代扣代缴10%的预提所得税。按照中国内地与香港地区的税收协定（具体参见国税函［2006］884号文件），利息征税额不超过利息金额的7%。而香港公司来源于中国大陆的利息所得，按照中国内地与香港地区的税收协定，无需再补缴所得税。

第二，技术为代表的特许权使用费

按照中国内地与香港地区的税收协定（具体参见国税函［2006］884号文件），特许权使用费所征税款也不超过特许权使用费总额的7%。

（3）工资薪金及薪酬设计优化方案

①为职工提供福利性支出

采用非货币福利办法，提高职工福利待遇，如免费为职工提供宿舍（公寓）；免费提供交通便利；提供教育福利、外出学习考察机会等。上述支出由企业替个人支付，且实现税前扣除，以加大企业所得税的扣除力度，同时减少个人所得税。

②工资与年终奖金的权衡与薪酬设计方案

奖金也属于工资薪金的范畴，考虑到月度奖金、季度奖金和年终奖金的不同计税方法（年终一次性奖金计税办法参见国税发［2005］9号文件），采用最佳的工资、年终奖金组合方式，节约个人所得税负担，加大工资薪仅的税前扣除力度。即通过合理分配年终奖金，尽可能降低其适用税率。尤其是在求得（年终奖金/12）的商数高出较低一档税率的临界值不多的时候，减少年终奖金发放金额，使其商数调减至该临界值，降低适用税率。

案例6　北京恒隆置业公司税收筹划方案

1. 恒隆置业开发项目概况及财税分析

（1）“金锣湾”地产项目概况

①恒隆置业及“金锣湾”项目

北京恒隆置业房地产开发有限公司（以下简称“恒隆置业”）是一家房地产投资开发企业，自2004年注册成立以来，2005年上半年进行土地一级开发，至2009年中期开发完成“金锣湾商业中心”项目，该项目属于京西地区标志性、旗舰式商业地产项目，在项目规划、功能、业态及经营上都力求新意，成为京西地区国际性、现代化商业地产的典范，也成为核心商业圈的经典之作。

恒隆置业开发的项目名称为“金锣湾商业中心”，是旗舰式的商业地产项目。该项目总占地面积为49 422m²，建设用地面积为42 819m²，规划总建筑面积为87 172m²，其中地上建筑面积为64 227m²，地下建筑面积为22 945m²，共分为A、B、C、D、E、F、G、H、J及地下室10个分区，停车位多达495处。

②地产业务的延伸：全资子公司及其经营

第一，北京隆盛百货有限公司

由恒隆置业注册创办的全资子公司——北京隆盛百货有限公司（以下简称“隆盛百货”）是一家大型购物广场，总经营面积为24 152m²，内设高中档百货、综合性娱乐场所、高档特色酒店、酒吧等，同时引进世界零售业巨头沃尔玛超市、苏宁电器等品牌店，能够满足各类不同消费群体的需要。

第二，北京隆盛物业管理有限公司

恒隆置业创办的另一家全资子公司——北京隆盛物业管理有限公司（简称“隆盛物业”）是一家从事物业管理的配套服务公司。

（2）“金锣湾”项目经营用途及商业结构

“金锣湾”项目总投资53 176万元，总建筑面积为87 172m²，具体经营用途及商业结构如表综2－3所示：

表综2－3　“金锣湾”项目经营用途及商业结构一览表

用途及商业结构		建筑面积（m²）	备　注
回迁部分		7 224.07	B座一、二、三层，H座一层
回购部分		9 725.24	A座二层、三层（县商贸局）
出售部分		3 228.55	A座一层、C座一层
自持物业部分	沃尔玛店	13 051	年租金：4 228 524元
	苏宁电器	5 500	年租金：2 910 875元
	地下车库	3 476.54	
	办公用房	1 382.18	
	其他物业	42 385.11	
	合计	63 736.06	
供电局		1 199.32	
合　计		87 172	

2.“金锣湾”财税问题分析与筹划方案

（1）政府拨付款项的筹划方案

［疑难问题］项目涉及政府财政拨款8 580万元（系预算内资金，性质为基础设施、新能源、供热补贴、市政配套基础设施、冬季施工补贴、停车场建设等），已在账簿中记入“资本公积”科目。

财政局以财经建指［2006］70号、财经建指［2007］27号、财经建指［2008］54号、财经建指［2009］49号等文件，拨付财政建设资金8 580万元，该拨付的财政资金系预算内资金，并需恒隆置业专款专用，截至2009年底全部拨付完毕。《财政局单位明细指标通知单》凭证的基本格式及所载明的项目明细如表综2－4：

表综2－4　　财政局单位明细指标通知单

财　政　局

单位明细指标通知单

单位名称：北京恒隆置业投资有限公司

现追加你单位200×年预算指标，请专款专用，并增列相关科目。

资金性质：预算内

序号	预算科目代	预算科目名称	经费类型名称	指标金额	备　注
		城市维护费 城市建设支出 其他支出	项目支出		金锣湾恒隆置业商业中心能源供热补贴、冬季施工补贴、市政基础设施建设、市政配套基础设施建设、停车场建设、工程款、土地一级开发费用补助
合计（大写）					

［分析与筹划］从财政拨付资金性质来看，属于财政局预算内资金，专款专用，资金用途及使用范围为：土地的一级开发补助，市政基础设施建设、市政配套基础设施建设、工程款、项目建设能源供热补贴，冬季施工补贴等，其目的是为了促进城市建设，因此，属于财政拨款性质，按照《企业所得税法》及《企业所得税法实施条例》的规定，财政拨款属于不征税收入的范畴。《财政部、国家税务总局关于专项用途财政性资金企业所得税处理问题的通知》（财税［2011］70号）对企业取得的专项用途财政性资金有关企业所得税处理规定如下："企业从县级以上各级人民政府财政部门及其他部门取得的应计入收入总额的财政性资金，凡同时符合以下条件的，可以作为不征税收入，在计算应纳税所得额时从收入总额中减除：①企业能够提供资金拨付文件，且文件中规定该资金的专项用途；②财政部门或其他拨付资金的政府部门对该资金有专门的资金管理办法或具体管理要求；③企业对该资金以及以该资金发生的支出单独进行核算。"

根据上述财税政策，"金锣湾"项目所获得的财政拨付资金属于财政拨款，具体为"专项用途的财政资金"，完全符合不征税收入政策的要求，但恒隆置业目前缺少资金拨付文件，需要到财政部门获取原始文件或复印件，以作为预算内资金拨付证明。

（2）回迁房财税疑难及解决方案

土地征用费和拆迁补偿费构成房地产项目开发成本的重要组成部分，《房地产开发经营业务企业所得税处理办法》（国税发［2009］31号）第二十七条规定，土地征用及拆迁补偿费支出是指为取得土地开发使用权（或开发权）而发生的各项费用，主要包括土地买价或出让金、大市政配套费、契税、耕地占用税、土地使用费、土地闲置费、土地变更用途和超面积补交的地价及相关税费、拆迁补偿支出、安置及动迁支出、回迁房建造支出、农作物补偿费、危房补偿费等。其中，直接以货币形式支付的成本支出，会计和税务处理基本一致，而以非货币性形式支付的拆迁补偿支出、安置及动迁支出、回迁房建造支出，由于其行为的特殊性，会计和税务处理存在差异，会直接影响到开发产品的计税成本，分析如下：

①视同销售确认收入正常计税

若房地产企业以自己的开发产品换取被拆迁人的土地使用权，在企业所得税处理上一般情况作为非货币性交易处理，即“以物易物”处理。根据国税发［2009］31 号文件第七条的规定，企业将开发产品用于捐赠、赞助、职工福利、奖励、对外投资、分配给股东或投资人、抵偿债务、换取其他企事业单位和个人的非货币性资产等行为，应视同销售，于开发产品所有权或使用权转移，或于实际取得利益权利时确认收入（或利润）的实现。确认收入（或利润）的方法和顺序为：

（1）按本企业近期或本年度最近月份同类开发产品市场销售价格确定。

（2）由主管税务机关参照当地同类开发产品市场公允价值确定。

（3）按开发产品的成本利润率确定。开发产品的成本利润率不得低于 15%，具体比例由主管税务机关确定。

值得注意的是，回迁房必须视同销售处理，需要计征营业税、城建税及附加。

②计税成本的确认原则

国税发［2009］31 号文件第三十一条规定，企业以非货币交易方式取得土地使用权的，按下列规定处理：换取的开发产品如为该项土地开发、建造的，接受投资的企业在接受土地使用权时暂不确认其成本，待首次分出开发产品时，再按应分出开发产品（包括首次分出的和以后应分出的）的市场公允价值和土地使用权转移过程中应支付的相关税费计算确认该项土地使用权的成本。如涉及补价，土地使用权的取得成本还应加上应支付的补价款或减除应收到的补价款。

因此，回迁房的成本应该按照回迁房的实际建安成本金额分配计入“开发成本——土地征用及拆迁补偿费”，具体账务处理为：

借：开发成本——土地征用及拆迁补偿费

　　贷：开发成本——建筑安装工程费

细致分析，其实回迁房并没有实现净所得，因为视同销售收入与确认的计税成本一致，因此也就没有增加所得不需要缴纳企业所得税。

（3）借款利息扣除问题及筹划方案

恒隆置业的借款总计 29 166 万元，工程余款为 4 000 万元，如表综 2－5 所示。

房地产企业因开发产品的特殊性，需要周期性地大量借款。而发生的借款利息支出不可避免地影响到企业所得税和土地增值税的税收负担。对于借款利息支出的处理，必须严格遵从利息费用的税务规定。恒隆置业如何才能合理合法地处理好借款利息问题，我们认为应关注以下几个重点问题：

表综 2－5　项目长期借款及负债一览表　单位：万元

项　目	贷款方/资金提供方	金　额	备　注
个人借款	股　东	7666	
金融机构借款	北京银行	9 500	（1）2008—2009 年已还贷款 5 500 万元； （2）2012 年 8 月到期
	中信达国有资产经营管理中心	12 000	（1）2014 年 8 月到期，借款期间逐期还本付息。 （2）2010 年 4 月 2 日再次把 2010 年第一季度贷款利息转为一年期贷款
	鼎益国有资产经营管理中心	1 500	2010 年 2 月借入，1 年期。
工程余款	/	4 000	项目内容：空调、消防、建雄建筑安装工程、城建五市政、钢结构、结构改造、电梯、配电设备等

①竣工前后的利息费用处理的差异

《国家税务总局关于房地产开发经营业务企业所得税处理办法》（国税发［2009］31 号）第二十一条规定，企业为建造开发产品借入资金而发生的符合税收规定的借款费用，可按企业会计准则的规定进行归集和分配，其中属于财务费用性质的借款费用，可直接在税前扣除。《〈企业会计准则第 17 号——借款费用〉应用指南》规定，符合借款费用资本化条件的存货，主要包括企业（房地产企业）开发的用于对外出售的房地产开发产品、企业制造的用于对外出售的大型机械设备等。这类存货通常需要经过相当长时间的建造或者生产过程，才能达到预定可销售状态。即从事房地产开发业务的企业为开发房地产而借入资金所发生的借款费用，在房地产完工前，应计入有关房地产的开发成本。在房地产完工后，应计入财务费用。中信达国有资产经营管理中心与恒隆置业于 2009 年 8 月 6 日及 2010 年 4 月 2 日签订的《借款协议》，凡是在竣工后继续支付利息的，该利息不允许再资本化计入项目成本，而要计入财务费用当期扣除。

②完工前的利息支出不可在土地增值税前重复扣除

《土地增值税暂行条例实施细则》第七条规定，财务费用中的利息支出，凡能够按转让房地产项目计算分摊，并提供金融机构证明的，允许据实扣除，但最高不能超过按商业银行同类同期贷款利率计算的金额。而按照国税发［2009］31 号文件和《企业会计准则第 17 号——借款费用》规定，从事房地产开发业务的企业为开发房地产而借入资金所发生的借款费用，在房地产完工前，应计入有关房地产的开发成本。在房地产完工后，应计入财务费用。纳税人在计算土地增值税扣除项目时特别要注意，在房地产完工前已计入有关房地产开发成本的利息支出部分已经在“开发土地和新建房及配套设施的成本”中，因此，这里所说的能够按转让房地产项目计算分摊，并提供金融机构证明的财务费用中的利息支出，是指在房地产完工后计入财务费用的部分，不包括在房地产完工前已计入有关房地产开发成本的利息支出部分。

③土地增值税前不能扣除非金融机构的借款利息

《土地增值税暂行条例实施细则》第七条规定，财务费用中的利息支出，凡能够按转让房地产项目计算分摊，并提供金融机构证明的，允许据实扣除，但最高不能超过按商业银行同类同期贷款利率计算的金额。对于此款规定，还应特别注意财务费用中只有提供了金融机构证明的利息支出才允许在土地增值税前扣除。换言之，房地产开发企业从非金融机构取得的借款利息，如果不能提供金融机构证明的，即使能够按转让房地产项目计算分摊并按规定计入财务费用，也不能在土地增值税前扣除。但是，按照《企业所得税法实施条例》第三十八条（二）规定，非金融企业向非金融企业借款的利息支出，不超过按照金融企业同期同类贷款利率计算的数额的部分，企业所得税前允许扣除。

另外，《关于土地增值税一些具体问题规定的通知》（财税字［1995］第048号）第八条（二）规定，对于超过贷款期限的利息部分和加罚的利息不允许扣除。而《企业所得税法实施条例》第三十八条（一）规定：非金融企业向金融企业借款的利息支出、金融企业的各项存款利息支出和同业拆借利息支出、企业经批准发行债券的利息支出，准予扣除。换言之，从事房地产开发业务的纳税人向金融企业借款的利息支出，即使是超过贷款期限的利息部分和加罚的利息，也准予企业所得税前全额据实扣除。

（4）开发成本的结转与分摊筹划

①开发成本与期间费用的划分

对于一些开发支出，在处理时能进成本的尽量不进期间费用。这样可以加大开发成本，减少企业所得税和土地增值税。比如，一些期间费用（如管理费用）等，能计入间接开发费用的就要计进去。

②各种类型房产的成本分摊筹划技巧

恒隆置业自持房产与回购房产、回迁房产在成本分摊时，考虑到自持房产需要每年按照房产余值缴纳房产税，因此，可尽量降低从开发产品结转来的相应成本，降低该资产的入账价值。自持房产部分在竣工时应结转为固定资产，其相应的账务处理为：

借：固定资产——不动产

　　贷：开发产品/开发成本

《国家税务总局关于企业处置资产所得税处理问题的通知》（国税函［2008］828号）规定：企业发生下列情形的处置资产，除将资产转移至境外以外，由于资产所有权属在形式和实质上均不发生改变，可作为内部处置资产，不视同销售确认收入，不需要交纳企业所得税，相关资产的计税基础延续计算。

第一，将资产用于生产、制造、加工另一产品；

第二，改变资产形状、结构或性能；

第三，改变资产用途（如，自建商品房转为自用或经营）；

第四，将资产在总机构及其分支机构之间转移；

第五，上述两种或两种以上情形的混合；

第六，其他不改变资产所有权属的用途。

《国家税务总局关于印发〈房地产开发经营业务企业所得税处理办法〉的通知》第

七条规定：自2008年1月1日后，企业将开发产品用于捐赠、赞助、职工福利、奖励、对外投资、分配给股东或投资人、抵偿债务、换取其他企事业单位和个人的非货币性资产等行为，应视同销售，于开发产品所有权或使用权转移，或于实际取得利益权利时确认收入（或利润）的实现。取消了国税发［2006］31号文件关于"将开发产品转作固定资产"视同销售的规定。因此，根据上述政策规定，自持房产部分在竣工时有开发产品或开发成本结转为固定资产时不视同销售，不缴纳企业所得税。

筹划思路如下：

第一，加大出售房产的成本分摊额，不仅可以降低自持房产的成本，还可以减少出售房产的企业所得税和土地增值税。

第二，出租房产的成本分摊也可以适当高一些，因为出租房产一般采取从租计税。

第三，中心环形穹顶：作为长期待摊费用处理，不构成房产价值。这样可以避免增加自持物业的入账成本，从而降低未来的房产税负担。

第四，停车场（地下车库）：根据产权的归属来确定成本的处理。国税发［2009］31号文件规定，企业单独建造的停车场所，应作为成本对象单独核算。利用地下基础设施形成的停车场，作为公共配套设施进行处理。恒隆置业的地下车库属于公共配套设施，因此可以将其成本全额扣除。

（5）隆盛为恒隆置业提供资金的税收筹划

隆盛给恒隆置业及"金锣湾"项目提供资金，适当收取利息，借以增加"金锣湾"项目的成本扣除。

（6）合同涉税疑难问题及解决方案

①利用广告位降低税负

恒隆置业与苏宁的《房屋租赁合同》第一部分第四条所载"本合同租赁物还包括附属的可免费使用的店招位、广告位（广告位为相对应的租赁区域的外立面及顶部的区域，双方确认的效果图为准），门前的共用的停车场、停车位"，此条款我们认为存在一定的误区，如果单独签订广告位租赁合同，则可以降低租赁的房产税，节约税金。

②代收款项的分解

上述合同的第一部分第八条所载"除租赁费外，甲方（恒隆置业）不另收取物业管理费、中央空调能源使用费及运行费、供暖费等其他任何费用"，我们认为存在一定的误区，这些费用属于代收代付性质的款项，不应该包含在租赁费用中，应该由隆盛物业管理公司独立收取。

（7）恒隆置业的物业提供给隆盛使用的处理

这一处理存在误区，因为双方属于不同的法人单位，产权划分不清，交易模式含糊，极易被视为"房产销售"或"房产租赁"来处理。我们认为，最好的处理模式是把双方的关系定位为"房产投资"，这样可以名正言顺地有隆盛来经营该资产，而不必负担税收。

（8）经营性自持房产的税收筹划

①售后返租模式的筹划

在售后返租模式下，存在两个出租关系：

第一个出租关系：购房者将房屋出租给恒隆置业，购房者按租金收入的5%缴纳营业税和12%缴纳房产税。

第二个出租关系：恒隆置业再将房屋出租给商户，恒隆置业也要按租金收入的5%缴纳营业税和12%缴纳房产税。

筹划方法：恒隆置业作为中介代理人，直接让购房者和商户签订租赁合同。

筹划后纳税情况如下：购房者的税款状况不变，而恒隆置业不再需要缴纳房产税，只需对代理所获取的租金差价收入缴纳5%的营业税。

②变房产出租为承包经营

房产税的计算分为从价计征和从租计征两种方法。从租计征税负较重，从价计征税负较轻。具体规定如下：

从价计征：按照房产原值一次减除10%至30%后的余值，乘以税率1.2%计算缴纳房产税。

从租计征：按照房产租金收入计算缴纳房产税，税率为12%。

筹划方法：恒隆置业以自己的名义领取营业执照和税务登记证，将房屋承租人招聘为经营者，将房屋的出租行为改变为自营行为再承包出去，并收取承包收入。则原有的房产就可以按从价计征方法征收房产税，避免导致较高的房产税负担，同时也合理规避了流转环节的营业税、城建税及附加。

③合理分解租金

恒隆置业与沃尔玛签订的《房屋租赁协议》中，关于租金的条款部分列明协议项上的租金包括租金、物业服务费、空调系统及其他设施系统使用费、设施年检费等。由于租金收入涉及营业税及其附加税费、房产税等，税负较重，而物业管理费只需缴纳营业税及其附加税费，相比较而言，物业管理费的税负较轻。

筹划方法：恒隆置业可以把租金收入合理分解一部分为物业管理费收入，并尽量加大物业管理费（低税负）的比例，降低租金收入（高税负）的比例，这样就可以有效降低租赁行为的税负。即改由恒隆置业收取租金，隆盛物业管理公司收取物业管理费。

3. 企业所得税及土地增值税清算筹划方案

（一）清算前的准备工作

①补缴营业税及附加

已经缴纳的营业税、城建税及附加，允许实现税前扣除和土地增值税清算扣除。因此，恒隆置业尽快实现结转收入，并按确认的收入总额缴纳营业税、城建税及附加，为项目清算作准备。

②妥善处理未取得发票的相关费用

项目开发所发生的费用中，有800万元没有发票。主要涉及工资、补贴（车补、餐补）、公关费用、股东借钱（只有白条）、股东分红（未缴纳个人所得税）。这些无票的费用，需要适当借助业务招待费、市场费用、广告费用、咨询费用、工程价款等补齐。

会计处理：通过“以前年度损益调整”或者“开发成本”等账户进行处理，调整计入房地产开发成本、开发费用或者期间费用。

③工程款及其发票处理

在土地增值税清算之前，必须取得合法的工程款发票以及其他费用发票。土地增值税清算对发票的要求更严格。

（2）土地增值税

①清算条件

国税发［2006］187号文件规定：土地增值税以国家有关部门审批的房地产开发项目为单位进行清算，对于分期开发的项目，以分期项目为单位清算。

《北京市地方税务局关于印发〈房地产开发企业土地增值税清算管理办法〉的通知》（京地税地［2007］134号）规定，下列房地产项目必须进行清算：

第一，全部竣工并销售完毕的房地产开发项目；

第二，整体转让未竣工的房地产开发项目；

第三，直接转让土地使用权的项目；

第四，纳税人申请注销税务登记的房地产开发项目。

京地税地［2007］134号文件第六条进一步规定，符合下列情况之一的，主管地方税务机关可要求纳税人进行土地增值税清算：

第一，纳税人开发的房地产开发项目已通过竣工验收，在整个预（销）售的房地产开发建筑面积达到可销售总建筑面积的比例85%（含）以上的；

第二，取得销售（预售）许可证满三年仍未销售完毕的；

第三，经主管地方税务机关进行纳税评估发现问题后，认为需要办理土地增值税清算的房地产开发项目。

国税发［2006］187号文件规定：如果将开发的部分房地产转为企业自用或用于出租等商业用途时，产权未发生转移，则不征收土地增值税。在税款清算时不列收入，不扣除相应的成本和费用。上述规定明确了企业自用开发产品在征收土地增值税时不作为视同销售处理，在土地增值税的税款清算时不列收入，也不扣除相应的成本和费用，即不需要填报《土地增值税纳税申报表》。

为了合理确定土地增值税的清算范围，可以编制土地增值税清算项目一览表（如表综2-6所示）：

表综2-6　房地产公司清算项目基本情况一览表

开发项目（分期开发项目单列示）	项目性质	完工时间	销售情况	是否清算	增值率情况	备注

②清算时的账务检查与调整

第一，账务检查

在土地增值税清算时，对于已经核算记录的成本、费用项目，应进行细致检查。在土地增值税清算中，确定清算项目的扣除额时，发生的各项成本应按实际发生额确认扣除，对无法提供合法有效凭证的，不予扣除，对于各项预提费用也不得包括在扣除项目金额中。

开发过程中发生的土地征用费、耕地占用税、拆迁地上地下建筑物、附着物的拆迁费用、拆迁户的安置及补偿费等支出可以据实扣除。

对于开发土地和新建房及配套设施的成本中的前期工程费、建筑安装工程费、基础设施费、开发间接费用等，按实际发生额据实扣除。若无法按清算要求提供开发成本核算资料的、虚报开发成本的、成本费用发生额明显偏离工程造价标准的且无正当理由的，税务机关核定其工程造价成本，主要参照《分类房产单位面积建安造价表》。

对于成片开发分期清算项目的公共配套设施费用，在先期清算时应按实际发生的费用进行分摊。对于后期清算时实际支付的公共配套设施费用分摊比例大于前期的金额时，允许在整体项目全部清算时，按照整体项目重新进行调整分摊。

第二，账务调整

对于已经核算记录的成本、费用项目，检查中发现记录有误或不妥的，可以适当调整，如间接费用的分摊，成本项目的重新划分，错账的更正等。这是清算过程中的一项基本工作，有助于正确计算扣除项目，合理进行土地增值税的筹划。

③土地增值税收入总额的确认

“金锣湾”项目按期最终状态划分有四种类型：出售、回购、回迁、供电局和自持。

其中，出售部分的收入以“诚意金”形式预收，诚意金累计余额（截至2010年5月31日）为16 222 648.75元（含2010年收到的诚意金8 962 695.75元，2010年3月退还诚意金10 000元），应于当期确认收入16 222 648.75元。

回购部分为政府委托县商贸局回购先后支付款项64 300 000元，当期应确认销售收入64 300 000元。

依据《国家税务总局关于印发〈房地产开发经营业务企业所得税处理办法〉的通知》第七条规定，回迁部分和供电局部分应做视同销售处理。依据已售和回购部分收入和建筑面积之间的关系计算出同类房地产的单位面积售价为6 216.1459元/m^2，回迁部分面积为9 581.19m^2（含不分摊建筑面积2 357.12m^2），供电局建筑面积为1 199.32m^2。通过估算应确认回迁视同销售收入59 558 074.94元，供电局视同销售收入为7 455 148.10元。

④房地产开发费用

房地产开发费用指与房地产开发项目相关的销售费用、管理费用和财务费用。作为土地增值税扣除项目的房地产开发费用，不按纳税人房地产开发项目实际发生的费用进行扣除，而应按照《土地增值税暂行条例实施细则》的标准进行扣除。

《土地增值税暂行条例实施细则》规定，财务费用中的利息支出，凡能够按转让房地产项目计算分摊并提供金融机构证明的，允许据实扣除，但最高不超过按照商业银行同期同类贷款利率计算的金额。其他房地产开发费用按照《实施细则》第七条（一）、（二）项规定（即取得土地使用权所支付的金额和房地产开发成本，下同）计算金额之和的5%以内计算扣除。凡不能按转让房地产项目计算分摊的利息支出或不能提供金融机构证明的，房地产开发费用按《实施细则》第七条（一）、（二）项规定（即取得土地使用权所支付的金额和房地产开发成本，下同）计算金额之和的10%以内计算扣除。

第一，“金锣湾”项目建设过程中，建设期实际发生利息支出25 970 825.06元，其中，支付给金融机构的利息支出为25 820 825.06元，非金融机构借款的利息支出150 000.00元。该项目建设期间发生的利息支出已经资本化计入开发成本，未计入财务费用，因此该部分利息支出不需作调整。

第二，“金锣湾”项目实际发生的与房地产开发相关的期间费用为24 930 925.99元。财务费用中未包含可按转让房地产项目分摊的利息支出；所发生的期间费用均与“金锣湾”项目相关，且费用总额未超过《实施细则》第七条（一）、（二）项规定计算金额之和的10%（《实施细则》第七条（一）、（二）项规定计算金额之和的10%为35 656 913.35元），因而，可扣除的房地产开发费用金额应按照实际发生额予以扣除，可计入金额为24 930 925.99元。

第三，“金锣湾”项目的开发费用总计可扣除24 930 925.99元。均为除利息支出以外的房地产项目开发期的三项期间费用。期间费用数据来源于企业各年度所得税清算报告。

［分析与筹划］项目发生的开发费用未达到《实施细则》第七条（一）、（二）项规定计算金额之和10%的扣除限额35 656 913.35元。尚存在10 725 987.36元的开发费用空间，企业可考虑充分运用。

⑤关于自持比例的说明

恒隆置业的项目总面积为87 470.36平方米，其具体面积及比例如表综2－7所示：

表综2－7　　项目类别划分面积及比例

项　目	面　积（m^2）	比　例
已售	3 228.55	3.69%
回购	9 725.24	11.12%
回迁	9 581.19	10.95%
自持房产	63 736.06	72.87%
供电局	1 199.32	1.37%

由表综2－7可知，恒隆置业的项目自持比例较大，占到了整个项目总面积的72.87%。

自持部分在清算中应以其开发成本结转为固定资产，产权未发生转移，其成本不作为计算土地增值税的扣除项目。

企业将大量自建房地产自持，转作固定资产。企业在后期的经营过程中将承担较重的房产税和物业相关税费。企业自有的房产每年需要缴纳房产税，增加企业的税收负担；依据国家目前对房产保有阶段的政策及态度，自持房产的未来持有成本会不断增加。

针对这种情况，企业可以考虑房产产权调整或产权关系的变更，寻求企业综合税负的最小化。

（4）企业所得税

①人防设施的税务处理

关于“金锣湾”的人防设施问题，借鉴《湖北省地方税务局关于房地产开发企业土地增值税清算工作若干政策问题的通知》的相关规定：对于房地产公司在开发产品中按政府规定建造的地下人防设施，其成本、费用可以扣除。对加以利用的地下人防设施，在扣除成本、费用的同时，对其取得的收入也应纳入核算增值额。《辽宁省大连市地方税务局关于进一步加强土地增值税清算工作的通知》也有相关规定：土地增值税扣除项目中的公共配套设施，是指根据政府或政府相关部门的要求，房地产开发项目中必须建造且无偿转让给相关单位或业主使用的、非营利性的公共事业设施。非营利性的公共事业设施主要是指：物业管理用房、人防设施、变电站、热力站、水厂、居委会、派出所、托儿所、幼儿园、学校、医院、邮电通讯、公共厕所、无偿供全体业主使用的车位、车库、会所等房产。

纳税人开发的，无偿供物业管理等部门使用的经营用房产、设施，如全体业主实际享有占有、使用、收益或处分该房产、设施权利的，允许计入公共配套设施；如房地产开发企业或物业管理部门实际享有占有、使用、收益或处分该房产、设施权利的，不允许计入公共配套设施，且在对整个项目进行土地增值税清算时，亦不得列入清算范围，其分摊的土地成本、各项开发成本、费用、税金等，不得在清算时扣除。

参照上述政策，在“金锣湾”项目的清算过程中，也将人防设施作为公共配套设施处理，即未将其单独分离出来，其对应的开发成本已在税前全部扣除。进一步分析，“金锣湾”项目的人防设施包含供电局使用和地下车库两部分，其中供电局使用部分的产权已转让，对这部分应视同销售计入销售收入，同时该部分的开发成本允许税前扣除。地下车库为非营利性质，可以作为公共配套设施，其开发成本可以税前扣除。

②回迁房开发成本的说明

《国家税务总局关于印发〈房地产开发经营业务企业所得税处理办法〉通知》（国税发［2009］31号）第三十一条第一项规定：企业、单位以换取开发产品为目的，将土地使用权投资企业的，其换取的开发产品如为该项土地开发、建造的，接受投资的企业在接受土地使用权时暂不确认其成本，待首次分出开发产品时，再按应分出开发产品（包括首次分出的和以后应分出的）的市场公允价值和土地使用权转移过程中应支付的相关税费计算确认该项土地使用权的成本。

因为本项目中回迁房是作为拆迁补偿转让给回迁户所有的，且不涉及差价，所以本项目转让回迁房的行为可定义为以非货币性资产交换取得土地使用权，可以适用上述规定，即可以根据上述规定确认回迁房的开发成本。因此本项目回迁房的开发成本应为该回迁房的市场公允价值，即回迁房开发成本为该回迁房确认的视同销售收入（52 936 266.37元）。继续分析可知，回迁房部分涉及的收入与成本相同，不产生增值额，不需计算企业所得税。

③停车场的税务政策及处理模式

国税发［2009］31号第十七条规定：企业在开发区内建造的会所、物业管理场所、电站、热力站、水厂、文体场馆、幼儿园等配套设施，按以下规定进行处理：

（1）属于非营利性且产权属于全体业主的、或无偿赠与地方政府、公用事业单位的。可将其视为公共配套设施，其建造费用按公共配套设施的有关规定进行处理。

（2）属于营利性的，或产权归企业所有的，或未明确产权归属的，或无偿赠与地方政府、公用事业单位以外其他单位的，应当单独核算其成本。除企业自用应按建造固定资产进行处理外，其他一律按建造开发产品进行处理。

国税发［2009］31号文件第三十三条规定：企业单独建造的停车场所，应作为成本对象单独核算。利用地下基础设施形成的停车场所，作为公共配套设施进行处理。

在本项目中，我们认为将地下停车场作为公共配套设施进行处理是最为恰当的。因为目前地下停车场的产权归属和用途未明确，如果以后的产权归属和用途满足国税发［2009］31号第十七条第一项的规定，则无需再进行税务调整；如果以后的产权归属和用途满足国税发［2009］31号第十七条第二项的规定，则面临纳税调整问题，即需要补缴相关税款。若能满足将来的营利性收入能弥补所需补缴的税款，对企业来说将其作为营利性停车场也是一个正确的选择。

④广告费、业务宣传费及业务招待费等期间费用的确认与纳税调整

我们在2006年至2009年企业汇算清缴数据的基础上进行企业所得税匡算，根据汇算清缴报告，2010年以前年度的期间费用已经确认并进行了纳税调整，并将其在历年亏损弥补中体现。

需要注意的是，在以前年度汇算清缴时，由于企业在前几年没有确认收入，所以这些年份广告费、业务宣传费及业务招待费的抵扣限额为零，则企业发生的广告费、业务宣传费及业务招待费全部不允许抵扣，对企业十分不利，若能对其进行调整，列支可以扣除的广告费、业务宣传费及业务招待费，对企业将十分有利。

下面对企业广告费、业务宣传费及业务招待费的确认及纳税调整进行分析。国税发［2009］31号文第六条规定：企业通过签订《房地产销售合同》或《房地产预售合同》所取得的收入，应确认为销售收入的实现。按照《企业所得税法实施条例》规定，企业发生的与生产经营活动有关的业务招待费支出，按照发生额的60%扣除，但最高不得超过当年销售（营业）收入的5‰。企业每一纳税年度发生的符合条件的广告费和业务宣传费，除国务院财政、税务主管部门另有规定外，不超过当年销售（营业）收入15%的部分，准予扣除；超过部分，准予在以后纳税年度结转扣除。按照国税发［2009］31号文件有关规定，房地产企业只有取得的开发产品收入才可以确认为销售收入。

根据上述政策分析：恒隆置业发生的广告费和业务招待费支出在扣除限额之内，无需再进行纳税调整。

税法规定，业务招待费未超过扣除限额的可以结转至以后年度扣除，所以采用总的销售收入来计算可扣除限额。

5. 莫忘土地增值税额的扣除

“金锣湾”项目所计算缴纳的“土地增值税”允许在企业所得税清算时税前扣除。因此，必须先行清算土地增值税，而后清算企业所得税。

4. 隆盛及物业公司的财税筹划方案

①隆盛的经营模式与现存问题分析

隆盛百货有限公司（简称“隆盛”）成立于2009年6月，自2009年7月起建账。隆盛主要存在以下三种经营模式：

第一，联营模式

隆盛依靠商业核心地位引入大型商家，采取联营形式进行合作，目前达100余家。基本运营模式及财务特征如下：

A. 由商家进货，不承担垫款和支付货款责任。消费者购买商品，由隆盛开具发票，一般为普通发票，特殊情况下只为个别大客户出具增值税专用发票；如果消费者不要发票，则视同销售处理，进行价税分解，计算应缴纳的增值税。

B. 根据每月销售情况，按照事前协商确定的扣点（分成）[①] 计算需要返还商家的金额，一般此月由商家按此金额开具增值税专用发票，进行成本入账和冲抵增值税处理。

C. 隆盛替商家垫支一些水电费等费用，在结算时扣回。

D. 商家的售货员等雇员由隆盛招聘，进行培训和统一着装管理，但工资薪金由商家负担并支付。

E. 节假日期间搞促销活动，具体如何承担成本费用，最后通过调整扣点处理。

第二，租赁模式

隆盛以出租摊位的租赁模式引入一部分商家，大约有20～30家左右，基本运营模式及财务特征如下：

A. 替商家代收营业额，统一收款，但由商家为客户开具发票，销售税款由商家承担。

B. 隆盛与商家结算周期为一个月，进行结算时，确定一个以销售额为基础的扣点（分成），但以租金形式反映，并采取保底租金制，即如果扣点低于保底租金，则按保底租金计算。因此，这种模式的本质是以营业额为基础的一种浮动租金制。

第三，固定租金制

还有一部分引进的商家，采取固定租金制，如干洗店、娱乐岛等，为数不多。基本

① 不同商家的扣点（分成）存有差异，主要取决于和商家的谈判。

运营模式及财务特征如下：

A. 隆盛不为商家代收营业额，商家独立经营。

B. 只向商家收取固定租金，按照租金收入缴纳营业税及附加。

（2）隆盛的财务与税收筹划操作要点

①隆盛与恒隆置业之间的资金拆借

隆盛为恒隆置业提供资金拆借，收取利息，这样可以加大恒隆置业的利息支付。

②隆盛的抽点分成模式

隆盛的收益按照与引入商家的净收益，采取收益分成制。这样可以不承担经营风险。而成本与进货由商家负责。

③联营代垫费用问题

代垫费用需要为商家开具普通发票，造成隆盛多支出营业税金及附加。

④无库存问题

隆盛与联营商家之间采取扣点分成制，只注重分成收益的获得，不考虑对库存的管理，联营商家的库存有商家自行管理，隆盛不与负责，因此，隆盛账面并无库存金额，所有的结算反映为商家开具发票的购进成本，并被隆盛的管理者称为“以销定购模式”。税务曾对此问题提出质疑，财务部给予回复，但存在风险，建议采用备查簿记录进销存信息。

⑤出租的筹划方案：变出租为承包经营

如果企业以自己的名义领取营业执照和税务登记证，将房屋承租人招聘为经营人，将房屋出租行为变为自营再承包出去，获取承包收入，那么原有的自持房产就可以按从价计征方法征收房产税，规避较高的房产租金和较高的房产税，也合理避免了流转环节营业税及其附加，从而减轻了企业的税收负担。

（3）物业公司的税收筹划操作要点

物业公司收取物业费，主要负责日常卫生与管理工作，以及负责维修和购买零星配件业务。

基于目前恒隆置业的基本情况，可以利用物业公司进行出租屋业的租金筹划，操作原理为：合理分解租金。

具体操作方法如下：由于租赁收入涉及营业税及其附加、房产税、企业所得税等，税负较重，而物业管理费只缴纳营业税及其附加，相比较而言，物业管理费税负较轻。因此，隆盛可以把租金收入合理划分成租赁收入和物业管理费收入，尽量加大低税负收入（物业管理费）的比例，降低高税负收入（租赁收入）的比例。这样就可以有效降低企业房产租赁的实际税负。具体操作步骤如下：

A. 利用现有的物业管理公司，提供承租方更多的物业管理服务。

B. 该物业管理公司要取得尽可能高的物业管理资质，因为资质越高，允许收取的物业管理费的价格越高。

C. 由隆盛收取租金，由物业公司收取物业管理费。

案例阅读与思考

1. 许多高档住宅开发商，一般要对高档住宅进行装修。为了促销，在与客户签订的购房合同中写明房款后还注明赠送客户装修费。比如一套高档住宅1平方米1万元，一共是100平方米共100万元，开发商在与客户签订的合同中规定有10万元是赠送给客户的，那么这10万元要进入业务宣传费，往往导致业务宣传费超过销售收入的0.5%，而不能当期税前列支。

根据以上资料，请思考以下问题：

（1）你认为应该怎么处理这部分装修费？

（2）如果通过修改购房合同条款的方式进行筹划，你认为合同应作何种改动？

（3）请分析本案例具体采用了哪些税收筹划技术？

你的答案：____

2. 方圆机械制造公司是增值税一般纳税人，销售收入为6 000万元，运费收入按含税销售收入的5%计算，即6 000×（1+17%）×5% =351（万元），其产销的产品适用的增值税税率为17%，汽车零配件、汽油等进项税额为10万元。

根据以上资料，请思考以下问题：

（1）方圆机械制造公司销售货物时有哪几种运输方式？

（2）方圆机械制造公司应如何筹划货物运输业务？

你的答案：____

3. A公司主要经营粮食类白酒，以当地生产的大米和玉米为原料进行酿造，按照税法规定，其白酒产品适用20%的消费税税率。B公司以A公司生产的粮食酒为原料，生产系列药酒，按照税法规定，药酒适用10%的消费税税率。A公司每年要向B公司提供价值4亿元，计1亿千克的粮食酒。经营过程中，B公司由于缺乏资金和人才，无法经营下去，准备破产。此时B公司共欠A公司1亿元货款。经评估，B公司的资产恰好也为1亿元。A公司决定对企业B进行收购。假设并购后白酒的销售额为5亿元，销售数量为1亿千克。

请问，企业提出此项决策的主要依据是什么？此项决策能够为企业带来哪些税收筹划好处，请计算说明。

你的答案：____

____

____

____

4. 律师小王在甲、乙两个律师事务所任职，甲事务所每月向他支付工资 4 000 元，乙事务所每月支付工资 5 000 元。根据税法规定，在两处以上取得工资薪金所得的，应当合并申报纳税，因此，小王每月应申报缴纳个人所得税 545 元[(4 000 + 5 000 − 3 500) × 20% − 555]。

根据以上资料，请思考以下问题：

(1) 案例中小王的个人所得税计算是否正确？为什么？

(2) 小王应如何筹划降低其个人所得税负担？

你的答案：____

____

____

____

5. A 企业是一家百货零售企业，拥有一万平方米营业楼一栋，价值 8 000 万元，楼内计算机及一些其他设备原值 1 500 万元，净值 1 200 万元。营业一年后，因经营亏损，无力继续经营，准备出租。B 企业是一家连锁零售企业，正在寻找场地扩张营业面积，准备租赁 A 企业营业楼进行经营。双方拟定合同期五年，价格为年租金 1 000 万元，整体租赁营业楼包括其中的设备。

方案一：营业楼整体出租，年租金 1 000 万元。

营业税 = 1 000 × 5% = 50（万元）

房产税 = 1 000 × 12% = 120（万元）

城建税及教育费附加 = 50 × 10% = 5（万元）

税金合计为 175 万元。

方案二：营业楼与设备分开租赁。A 企业年收入 1 000 万元不变，假设营业楼折旧年限 20 年，无净残值，计算机等设备折旧年限 5 年，无净残值。这样，营业楼的年出租成本 400 万元，计算机等设备的年出租成本为 300 万元。因此，

营业楼年租金收入 = 1 000 × 400 ÷ (400 + 300) = 571（万元）

计算机等设备年租金收入 = 1 000 × 300 ÷ (300 + 400) = 429（万元）

方案三：租售结合。双方签订两份合同，一是房屋租赁合同，房屋每年租金 720 万元，租期 5 年；二是设备分期付款出售合同，总价款 1 400 万元，分 5 年付款，年付 280 万元。根据财税［2002］29 号文件，销售旧设备，售价未超过原值的，免征增值税，所以设备出售可以免征增值税。

营业税 = 720 × 5% = 36（万元）

房产税 = 720 × 12% = 86.4（万元）

城建税及教育费附加 = 36 × 10% = 3.6（万元）

税金合计 126 万元。

要求：请分析评价上述三个税收筹划方案。

你的答案：____

____

____

____

综合案例阅读与思考

案例一：企业收购的筹划案例[①]

伟达动力公司是中庆公司投资设立的一家以生产发动机为主的现代化股份制企业，中庆公司占其总股本的 16.19%，是伟达动力公司的第一大股东。从 2002 年开始，伟达动力公司下属铁达力工厂（伟达动力公司的分支机构，非独立法人）受中庆公司委托生产风景轻客、铁达力（MPV）等汽车产品。经过 6 年多的经营，伟达动力公司为中庆公司的产品生产作出了很大的贡献。

但是，随着中庆公司的发展和国内外市场环境的变化，中庆公司与伟达动力公司之间这种委托生产关系的弊端越来越明显：一方面是管理成本不断上升，管理效率降低，产品质量难以保证，正常的生产经营和融资等活动受到制约，长期存在的关联交易的审议和披露，也牵扯了大量精力；另一方面，伟达动力公司作为中庆公司的一个重要的发动机生产企业，其产品的创新、研发、升级的需求日益扩大，中庆公司对上游零部件生产的掌控已经成为战略需求。因此，中庆公司收购伟达动力公司下属的铁达力工厂，对其今后的发展有着至关重要的意义。

目前，铁达力工厂资产合计为 42 502 万元，负债合计为 41 786 万元，差额为 716 万元。具体为：

1. 固定资产：账面价值 13 265 万元，评估价值 19 778 万元。其中，房屋建筑物账面价值 6 848 万元，评估价值 12 272 万元，初始购买价格为 10 790 万元；机器设备账面价值 6 417 万元，评估价值 7 506 万元。

2. 无形资产：土地账面价值 4 886 万元，评估价值 13 712 万元。

3. 其他资产和负债的账面值与评估值基本一致。

经过讨论，最后提出了四和收购方案。

方案一：

中庆公司拟以承接负债的方式购买铁达力工厂的资产，铁达力工厂资产和负债的差

① 资料来源：作者熊臻，原载《中国税务报》，2008 年 3 月 17 日。

额716万元，由中庆公司用现金补足。

1. 中庆公司

（1）应缴纳契税：（12 272 +13 712）×3% =780（万元）。

（2）企业所得税：中庆公司取得资产可以按照评估价值进行折旧摊销。

2. 伟达动力公司应负担的税收：

（1）增值税：机器设备应缴纳增值税 7 506 ÷（1 +4%）×4% ×50% =144（万元），转让存货产生的增值税销项税，购买方应当作为进项税抵扣，可忽略。

（2）营业税：（12 272 +13 712 -10 790）×5% =760（万元）。

（3）土地增值税大约应缴纳 2 480 万元（计算过程略）。

（4）企业所得税：（19 778 +13 712 -13 265 -4 886 -144 -760 -2 480）×25% =11 955 ×25% =2 989（万元）。

伟达动力公司合计应负担税款：144 +760 +2 480 +2 989 =6 373（万元）。

3. 方案一合计税收负担为：6 373 +780 =7 153（万元）。

方案二：

伟达动力公司先将铁达力工厂除土地、建筑物外的其他资产（机器设备、存货等），以及相等金额的负债转让给中庆公司，然后伟达动力公司用铁达力工厂的剩余资产（土地、建筑物和剩余负债）投资成立铁达力公司（伟达动力公司的全资子公司），最后，中庆公司以716万元的价格收购铁达力公司的全部股权。

1. 中庆公司和铁达力公司

（1）契税：《契税暂行条例细则》规定，以土地、房屋权属作价投资、入股，视同土地使用权转让，房屋买卖或者房屋赠与征税。因此，铁达力公司承受土地、建筑物，应当缴纳契税780万元。

（2）企业所得税：中庆公司购买铁达力公司的全部股权，其长期股权投资的计税成本为716万元。铁达力公司取得资产可以按照评估价值进行折旧、摊销。

2. 伟达动力公司应负担的税收：

（1）增值税：与方案一相同。

（2）营业税和土地增值税《财政部、国家税务总局关于股权转让有关营业税问题的通知》（财税［2002］191号）规定，以无形资产、不动产投资入股，参与接受投资方利润分配，共同承担投资风险的行为，不征收营业税。对股权转让不征收营业税。

《财政部、国家税务总局关于土地增值税一些具体问题规定的通知》（财税字［1995］48号）规定，对于以房地产进行投资、联营的，投资、联营的一方以土地（房地产）作价入股进行投资或作为联营条件，将房地产转让到所投资、联营的企业中时，暂免征收土地增值税（注：接受投资、联营的企业从事房地产开发的，或者房地产开发企业以其建造的商品房进行投资和联营的除外）。

对于伟达动力公司以土地、建筑物投资成立铁达力公司，如何征收营业税和土地增值税存在两种不同的意见：第一种意见认为，伟达动力公司以土地、建筑物和部分债权投资成立铁达力公司，纯粹属于投资行为，因此不需要缴纳营业税和土地增值税。第二种意见认为，伟达动力公司以评估价值为25 984万元（12 272 + 13 712）的不动产对外投资，形成注册资本的部分只有716万元，其余25 268万元（25 984 - 716）实际用于抵偿债务，因此，对抵偿债务的部分应当征收销售不动产营业税和土地增值税。我们认为，伟达动力公司的上述资产和负债最终归属于其全资子公司，本质上没有发生“有偿”对外销售不动产行为，因此不征收营业税和土地增值税较为合理。

（3）企业所得税根据《企业所得税法》及其实施条例的规定，伟达动力公司以土地、建筑物对外投资，应当视同转让财产。伟达动力公司应负担的企业所得税为：(19 778 + 13 712 - 13 265 - 4 886 - 144) × 25% = 15 195 × 25% = 3 799（万元）。

伟达动力公司转让铁达力公司股权无增值，不需要负担企业所得税。

伟达动力公司合计应负担税款：144 + 3 799 = 3 943（万元）。

3. 方案二合计税收负担为：3 943 + 780 = 4 723（万元）。

方案三：

伟达动力公司先将铁达力工厂的全部资产和负债“分立”出来，成立铁达力公司（投资主体与伟达动力公司完全相同），然后中庆公司以716万元的价格收购铁达力公司的全部股权。

1. 铁达力公司：

（1）契税。《财政部、国家税务总局关于企业改制重组若干契税政策的通知》（财税［2003］184号，执行到2008年底）规定，企业依照法律规定、合同约定分设为两个或两个以上投资主体相同的企业，对派生方、新设方承受原企业土地、房屋权属，不征收契税。

《国家税务总局关于企业改制重组契税政策有关问题解释的通知》（国税函［2006］844号）规定：“财税［2003］184号文件规定的‘企业分立’，仅指新设企业、派生企业与被分立企业投资主体完全相同的行为。”根据上述规定，对铁达力公司承受分立资产不征收契税。

（2）企业所得税《企业所得税法》对企业资产重组的税务处理仍沿用免税重组和应税重组的分类，同时对免税重组增加“经营延续”和“权益延续”的限制。

因为伟达动力公司的股东最终转让了其持有的铁达力公司的全部股权（权益未延续），所以上述分立行为很可能属于应税分立。在应税分立的前提下，铁达力公司取得分立资产可以按照评估价值进行折旧、摊销。

2. 中庆公司企业所得税：中庆公司购买铁达力公司的全部股权，其长期股权投资的计税成本为716万元。

3. 伟达动力公司应负担的税收：

（1）增值税、营业税和土地增值税

根据现行政策规定，企业分立一般不涉及增值税、营业税和土地增值税。

（2）企业所得税伟达动力公司在应税分立环节应负担的企业所得税为3 835万元。

(19 778 + 13 712 - 13 265 - 4 886) × 25% = 15 339 × 25% = 3 835（万元）。

此外，伟达动力公司的股东在应税分立环节，可能需要负担少量企业所得税或者个人所得税。

4. 方案三合计税收负担为 3 835 万元。

方案四：

伟达动力公司先将铁达力工厂的全部资产和负债“分立”出来，成立铁达力公司（投资主体与伟达动力公司完全相同），然后中庆公司吸收合并铁达力公司。

1. 企业所得税因为中庆公司是伟达动力公司的最大股东，两公司存在关联关系，所以上述分立、合并行为完全有可能操作为免税分立和免税合并。如果免税分立和免税合并成立，那么伟达动力公司可比方案三少负担企业所得税 3 835 万元，但是中庆公司取得相关资产也只能按评估前的账面价值进行折旧摊销，即方案三与方案四的企业所得税负担差异属于时间性差异。

2. 增值税、营业税、土地增值税、契税负担与方案三相同。

3. 方案四的总体税收负担接近于 0。

方案比较与风险分析

1. 方案一的优点是操作较为简单，但税收负担最重。

2. 方案二有可能避开了营业税和土地增值税负担，从税负的角度看，方案二优于方案一。

3. 方案二与方案三操作均较为繁琐，但方案三税负明显低于方案二，因此，方案三优于方案二。方案二与方案三的共同不足是，中庆公司与铁达力公司之间仍然存在关联交易的困扰。

4. 方案四的操作比方案二和方案三更为繁琐，但是如果能够起到递延缴纳企业所得税的效果，那么方案四最优。

从风险角度分析：

1. 方案二仍然存在缴纳营业税和土地增值税的风险，在具体操作前，应当先咨询主管税务机关。

2. 方案四中的免税改组能否成立，需要等待财政部和国家税务总局的进一步明确规定。此外，方案四也存在被主管税务机关认定为“不具有合理商业目的”的风险，实施前需要与主管税务机关充分沟通。

3. 企业的对外投资、增资、减资、合并、分立等行为，有可能会受到其他法律规定的约束。

问题与思考：

根据税收筹划方案的实体性和程序性限制，纳税人应当统筹考虑方案的可行性，请选择最优方案。

1. 从税法角度分析四个方案的合法性，比较四个方案实施的经济性与可行性（注意分析每个方案的税务风险）。

2. 请运用你掌握的税收筹划原理与方法，结合交易的可行性，设计合理、经济且简易的交易方案。

你的答案：______________________________

案例二：售后回租的筹划案例

某公司是经省政府批准设立的中德合资企业，经省建设厅审定为二级房地产开发资质，主要从事房地产开发等业务。2012 年 4 月，公司在市中心黄金地段开发的城市购物广场项目完工，对其中的临街商铺拟采用售后返租方式销售。商铺单位面积为 50 平方米，每平方米售价 2 万元，开发商与 60 个购房者同时签订了房地产买卖合同和租赁合同。合同约定，商铺售价 100 万元，需一次付清。开发商将所售出的商铺统一对外租赁，用于商业经营。购房者自买房后 12 年内每年可以得到商铺款 8% 的租金。开发商每年收取商户的租金 600 万元，需要支付给购房者的租金 480 万元。对售后回租方式销售商铺如何进行税务处理，有没有税收筹划空间？

1. 售后回租的税务处理

售后回租业务，涉及开发商、购房者和商户。这里侧重从开发商的角度，说明售后回租业务的税务处理。在售后回租业务中，开发商同时以三种身份（售房人、承租人和出租人）出现。国家税务总局《关于从事房地产开发的外商投资企业售后回租业务所得税处理问题的批复》（国税函［2007］603 号）规定，从事房地产开发经营的外商投资企业以销售方式转让其生产、开发的房屋、建筑物等不动产，又通过租赁方式从买受人回租该资产，企业无论采取何种租赁方式，均应将售后回租业务分解为销售和租赁两项业务分别进行税务处理。企业销售或转让有关不动产所有权的收入与该被转让的不动产所有权相关的成本、费用的差额，应作为业务发生当期的损益，计入当期应纳税所得额。企业通过售后回租业务让渡了以下一项或几项资产权益或风险的，无论是否办理该不动产的法律权属变更（如产权登记或过户），均应认定企业已转让了全部或部分不动产所有权：获取资产增值收益的权益；承担发生的各种损害（包括物理损害和贬值）而形成的损失；占有资产的权益；在以后资产存续期内使用资产的权益；处置资产的权益。

按照上述规定，该房地产开发公司应将售后回租业务分解为销售和租赁两项业务分别进行税务处理。作为销售业务，应根据《营业税税目税率表》所列“销售不动产”税目，将销售建筑物及其土地附着物时从购买方取得的全部价款和价外费用（含货币、货物或其他经济利益）作为计税依据，按照 5% 的税率计算缴纳营业税。对代当地政府及有关部门收取的一些资金或费用（如代市政府收取的市政费，代邮政部门收取的邮政通信配套费等），不论其财务上如何核算，均应当全部作为销售不动产的营业额计征营业税。另外，在销售不动产时，如果将价款与折扣额在同一张发票上注明的，以折扣后的价款为营业额；如果将折扣额另开发票的，不论其财务上如何处理，均不得从营业额中减除。这样做的目的在于堵塞利用价外收费或开具发票分解计税依据的漏洞。作为租赁业务，开发商一般先向经商户收取租金，然后再按合同约定支付给购房者租金。对开发商收取的租金，应根据《营业税税目税率表》所列“服务业”税目，将从承租方所取得租金的全额收入作为计税依据，按照5%的税率计算缴纳营业税。需要注意的是，开发商按合同约定支付给购房者的租金不得抵减售房的计税收入。

2. 售后回租的税收筹划

在上述租赁业务中，购房者是商铺产权所有人，出租房屋时，需要缴纳营业税、城市维护建设税、房产税、城镇土地使用税、个人所得税、印花税和教育费附加。开发商作为转租方，不是房屋产权所有人，在向商户转租房屋时，不需要缴纳房产税。售后回租合同如何签订，对开发商来说，存在着一定的筹划空间。

方案一：由开发商在与购房者签订售房合同的同时，与购房者签订房屋租赁合同。

开发商作为转租人，与商户签订房屋租赁合同，需要缴纳相关税费。开发商每年收到商户的租金600万元，应缴纳税费计算如下：

营业税 = 6 000 000 × 5% = 300 000（元）；城建税 = 300 000 × 7% = 21 000（元）；教育费附加 = 300 000 × 3% = 9 000（元）；税费合计330 000元（其他税费计算略）。

方案二：开发商成立物业管理公司，开发商在现房销售时，只与购房者签订房地产买卖合同，由物业管理公司与购房者另外签订委托代理租房合同。

财政部、国家税务总局《关于营业税若干政策问题的通知》（财税［2003］16号）规定，从事物业管理的单位，以与物业管理有关的全部收入，减去代业主支付的水、电、燃气以及代承租者支付的水、电、燃气、房屋租金的价款后的余额为营业额，缴纳营业税。所以，物业公司就可以将代收代付租金的差额120万元作为计税依据，按照“服务业”税目5%的税率缴纳营业税金及附加；也可以按照“代理业”营业税计税依据的相关规定，将代收经商户的租金600万元，分解为代收租金480万元和代理手续费120万元，物业公司代收的租金480万元不用纳税，仅就代理手续费120万元缴纳相关税费。物业公司缴纳的税费计算如下：营业税 = 1 200 000 × 5% = 60 000（元）；城建税 = 60 000 × 7% = 4 200（元）；教育费附加 = 60 000 × 3% = 1 800（元）；税费合计66 000元。

对比两种方案可知，由物业管理公司与购房者签订委托代理租房合同比以开发商的名义与购房者签订房屋租赁合同节省税费264 000（330 000 − 66 000）元。

问题与思考：

根据上述案例，请分析以下问题：

（1）从税法角度对本案例作出评价。

（2）本案例应用了哪些税收筹划技术？你能设计更好的税收筹划方案吗？

你的答案：________________

附　录

附录1　会计规则与税收筹划

一、会计规则与税收制度的关系模式

会计规则与税收制度都是一种契约安排，都属于企业契约范畴的一个子契约。研究会计规则与税收制度之间的关系，有助于从契约角度把握税务机关和企业征纳双方两股力量对税收筹划的影响，以及税收筹划对于会计规则与税收制度的遵从程度。

（一）会计规则与税收制度的彼此影响

1. 会计规则的涵义

会计信息的生产、提供均需遵循一定的规则来进行，这就是会计规则。[①] 会计规则作为一种正式化或非正式化的会计惯例，其本质便是形成会计信息的一种规则性的契约安排，即关于会计确认、计量、报告的一系列思想、方法、技术和手段的总称。广义的会计规则应该是会计法规、制度及会计准则的统称。

在单边契约治理阶段，会计规则处于自然秩序状态；在多边契约治理阶段，企业所需资本单个投资者难以满足，股东、债权人参与了企业契约耦合体，会计规则制定权从由经营者独享转向由多个企业契约参与者分享，经营者、投资者与政府成为分享主体；在共同契约治理阶段，企业所有契约参与者都有权分享会计规则制定权，但所有缔约人都参与会计规则制定权将增加会计规则制定的交易成本，此时便需要有能够代表所有企业契约参与者利益的第三方独立行使会计规则制定权，政府的相对中立地位便决定了其成为最佳选择。

从世界范围考察，会计规则存在着一定的差异，有的国家以会计制度体现其会计规则，如中国；有的国家以会计准则体现其会计规则，如美国、英国等国家；有的国家以“会计总方案”体现其会计规则，如法国。但会计规则的主流形式是会计准则，国际会计准则、美国财务会计准则等都是典范，中国自20世纪90年代初期开始制定会计准则，至2006年春天成功完成会计准则体系的整体构架。

2. 会计规则与税收制度强弱势比较

---

① 谢德仁：“会计信息的真实性与会计规则制定权合约安排”，《经济研究》，2000年第5期。

会计规则与税收制度之间的关系是极为微妙的，两者既紧密联系又相互独立。相比而言，会计规则立足于微观层次而又影响到宏观领域，而税收制度立足于宏观层次而作用于微观领域。会计规则与税收制度彼此之间既存在差异性又相互影响：从目标角度分析，会计规则遵循"受托责任观"，以实现客观、公允、透明的信息披露为己任；而税收制度的目标则是保障财政收入，调节经济，兼顾税负公平，有着与会计迥异的目标取向，从而导致会计规则与税收制度会对同一经济行为或事项作出不同的规范要求。

基于这种现状，会计规则与税收制度不断博弈，逐渐出现了"会计从税"模式，即会计随着税收的要求而松动、摇摆、游走。在会计规则与税收制度相对分离的情况下，税收制度的权威性和强制性超出了会计规则，税收处于强势地位，会计处于弱势地位。当会计规则与税收制度之间存在矛盾或冲突时，纳税人在会计核算的基础上势必进行纳税调整，更为遵从税法的约束，这是不争的事实。

3. 会计规则与税收制度的相互影响

会计与税收产生的历史背景不同，但会计与税收有着天然的联系。会计源于刻木记事，在漫长的人类生存与发展过程中，会计起着量度资源的作用；而税收源于社会分工，起着资源的切割与分配作用。

会计规则与税收制度之间有着不解之缘。不论是在税务征管方面，还是在纳税人方面，税收制度与会计规则都是息息相关的。现代税收制度离不开会计规则，离开税收制度的会计规则也是不可想象的。

（1）会计规则对税收制度的影响。税收制度在漫长的发展过程中，借鉴了越来越多的会计思想和会计技术而日趋成熟，可以说，现代税收制度是借助于会计规则才得以建立和发展起来的。会计规则对税收制度的这种影响可以归纳为两个方面：

其一，由于会计要解决的主要问题是正确计量期间收入、费用和利润，计算缴纳税金也是会计的重要任务，会计要为纳税人计税、缴税和筹划，因此，企业的纳税活动理所当然地要模拟会计处理程序和方法进行；

其二，在计算会计利润上，通过促进税收规定和会计的一致性，将两者的矛盾减少到最低限度。这些影响与税收制度本身一样，既具有刺激性，也具有惰性，它是激发各国不断协调税收与会计关系的内在动力①。

市场经济的发展和产权制度的变迁促使会计规则不断完善，会计规则对税收制度的影响更是显而易见。如折旧方法、存货计价方法、租赁业务、商誉等的会计确认、计量程序和方法被税法所借用或认可的地方随处可见。所以，税收制度对会计规则的依存关系已经被人们所普遍接受，税收制度正是在不断借鉴和采纳新的会计方法的过程中而逐步走向成熟的。时至今日，会计核算仍是税收征纳的基础，查账征收仍是主要的税收征管模式，会计规则对税收制度的影响之深，由此可见一斑。

（2）税收制度对会计规则的主要影响。税收不仅受到会计的深远影响，而且也强烈地反作用于会计。税收对会计的影响主要表现在以下两个方面：

① 迈克尔·查特菲尔德（文硕等译）：《会计思想史》，中国商业出版社 1989 年版。

其一，世界范围内税收制度的差异性引起会计规则的改进并导致世界各国会计准则的多样化。同时，由于税收制度的不断完善，也大大规范了会计操作实务，从而导致了对公认会计程序与概念的修正和发展；

其二，世界范围内税收制度的差异性及现实纳税义务的要求（如税额计算、纳税申报和税收筹划等）均需要借助会计技术和程序完成，更凸显了会计规则的必要性和重要性，也在引导着会计规则朝向协调税法的方向发展。

（二）分离·趋同·协作：会计规则与税收制度关系考察

从多维视角考察会计规则与税收制度，两者之间呈现出交错杂生的关系，这里可以概括为分离、趋同和协作的三层面关系。

1. 会计规则与税收制度的适度分离

（1）会计规则与税收制度分离的现实分析。税收的基本目的是实现国家的财政收入，政府借助税收立法以法律的形式规范纳税人的纳税行为和税务部门的征税行为，获取所需要的社会资源，参与社会再分配。因此，税法制度比会计规则更具刚性，在处理方法和程序上很少给纳税人自由选择的空间；同时，税收制度的责任和要求也远远高于会计规则。

进入21世纪以来，我国出台了一系列会计规则，2001年颁布《企业会计制度》，随后颁布《金融企业会计制度》、《小企业会计制度》，2006年又全面颁布并推行《企业会计准则》，2012年又颁布《小企业会计准则》。在会计领域逐步形成了系统、完整和具有法律效力的统一会计制度体系，决定了我国会计制度遵循会计与税收相分离的国际模式：如果会计制度与税法不一致或不相协调，应按会计制度及相关准则的要求进行核算；在履行纳税义务时，必须按税法的要求，进行相应的纳税调整，但不应调整原有会计账簿记录和会计报表的相关项目。

（2）会计规则与税收制度的本质性分离及价值判断。基于会计与税收在目标取向、基本前提及原则性要求等方面存在广泛差异，为有利于规范和执行会计规则和税收制度，会计与税收的适度分离是必然的也是必需的。在我国，要使会计制度得以很好的贯彻，并与国际会计惯例协调，必须遵循会计和税收相分离的原则①。进一步分析，会计规则与税收制度的本质性分离主要体现在目标实现机制及相关价值判断方面，即会计与税收在如何实现各自的目标及其在目标实现过程中的不同价值判断。

在“受托责任观”下，会计能够满足企业投资主体——股东和债权人的信息需要，充分反映资本维护及风险防范的效益和效果，因此真实原则、公允原则在会计规则中是极为突出的。但在税收制度中，真实原则、公允原则要基于一定的价值判断，受到制约。虽然税收要满足宏观调控和征收税款的要求，也要求纳税人基于真实的交易与事项申报纳税，但是税法对一些交易或事项有特殊要求或附加一定的限制条件，如企业发生的捐赠支出，会计上要全部反映，且不作商业性捐赠和公益救济性捐赠的区分，账务处理模式都是相同的，而申报纳税时要区分是否是公益救济性质，因为税法对此有约束，

① 刘玉廷：“《企业会计制度》的中国特色及与国际惯例的协调”，《会计研究》，2001年第3期。

非公益救济性捐赠有扣除上的限制。对于在会计规则中倍受推崇的公允原则，则几乎被从税收中驱逐出去，只有企业关联定价的税务调整与公允原则比较接近。

在"决策有用观"下，信息披露要求会计重视配比原则，期间一致、因果配比是其本质要求，这当然离不开权责发生制的确认基础。税法对纳税申报也有期间一致的配比要求，由于不同时期企业享受的税收政策可能不同，税法特别强调收入、费用的确认时间不得提前或延后。但是，为保证财政收入的均衡性和防止避税，税法也可能背离权责发生制或配比原则。例如在利息收入或利息支出方面，以及对广告支出的扣除时间规定等。同时，对于个人纳税能力的考虑，个人所得税一般多选择收付实现制。①

会计规则与税收制度的本质性分离蕴含着对谨慎性原则的不同价值判断。会计上的谨慎性是指在存在不确定情况下进行会计判断时，必须保持必要的谨慎，既不高估资产和收益，也不低估负债和费用，对可能发生的损失和费用，应当合理地加以估计。因此，在会计规则中运用谨慎性原则必然会产生一定程度的模糊性，但只要运用得当，并不会妨碍会计信息的可靠性。税收上也谈谨慎性，在科技创新方面的特殊税收政策中，也借鉴谨慎性原则所蕴含的会计思想和方法②。但由于税法的刚性所致，不像会计那样给予谨慎性原则广阔的用武空间，不容许纳税人谨慎地选择各种会计政策，也不容许纳税人掺杂任何主观的谨慎性估计。因此，税收上强调损失、费用的扣除遵循真实发生原则，坚持在有关损失、费用实际发生时再申报扣除，损失、费用的金额必须能够准确确定，不允许事前估计，一般也不认可各种性质的预提费用。这体现着税收的价值判断与会计的差异。会计上依据谨慎性原则提取的各项资产减值或跌价准备，税法原则上都不承认，税法强调的是在有关资产真正发生永久或实质性损害时能得到及时处理。这样规定主要是方便税务管理，防止硬性规定减值比例的不公平以及由企业自行确定减值提取比例的不可控性③。

（3）会计规则与税收制度分离的评价。会计规则与税收制度的分离，是与我国以宏观经济为基点的经济模式和管理体制相适应的，有利于充分发挥会计与税收在国民经济管理中的作用：第一，会计规则与税收制度的分离能够保证会计信息质量，尤其是真实、公允原则的要求，兼顾各会计信息使用者的需求，而不至于形成明显税法导向的会计信息；第二，会计规则与税收制度的分离，可以充分发挥税收调节经济的功能，保障税基免受侵蚀，创造税负公平的和谐经济环境；第三，会计规则与税收制度的分离，也是降低制度成本④的必然要求。税收与会计作为国民经济运行中与利益分配、资源配置

---

① 董书奎等：《税收制度与企业会计制度差异分析及协调》，中国财政经济出版社 2003 年版。

② 《财政部 国家税务总局关于企业技术创新有关企业所得税优惠政策的通知》（财税［2006］88 号）规定：企业用于研究开发的仪器和设备，单位价值在 30 万元以下的，可一次或分次计入成本费用，在企业所得税税前扣除，其中达到固定资产标准的应单独管理，不再提取折旧。企业用于研究开发的仪器和设备，单位价值在 30 万元以上的，允许其采取双倍余额递减法或年数总和法实行加速折旧。这一关于研究用仪器、设备的折旧政策，体现出谨慎性原则的要求。

③ 董书奎等：《税收制度与企业会计制度差异分析及协调》，中国财政经济出版社 2003 年版。

④ 制度成本，是新制度经济学研究的核心问题之一，科斯（Coase）认为制度成本描述了"用以协调运用经济资源制度安排的成本"（《契约经济学》，科斯等著，经济科学出版社 1999 年版）。

的制度安排密切关联的两个关键环节，应该遵循成本效益原则，既不无谓加大会计工作的核算成本，也要尽可能降低征纳双方的遵从成本。在此基础上，税收与会计才有可能借鉴各自的国际惯例，向着自我完善的方向发展。

会计规则与税收制度的分离也带来诸多负面影响：

第一，会计规则与税收制度的分离导致大量财税差异的产生，纳税调整更为繁琐，会计计量与报告的复杂性也随之增加，必然造成财务工作的难度和会计成本的上升。

第二，会计规则与税收制度的分离使得纳税人更为重视税收政策及相关业务的税务处理，因为刚性的税法更具法律强制性约束，出于纳税调整及税收利益的考虑，许多会计政策选择的空间会被纳税人所忽视或不屑采用，会计规则的遵从程度会大打折扣，这或多或少在影响着会计信息的质量；

第三，会计规则与税收制度的分离也增加了企业规避税收监管的可能性[①]。比如对于会计规则允许计入成本费用的项目，而税收制度却没有明确规定是否可以确认为成本费用或计入成本费用的限额，纳税人在会计核算时，往往全额确认为成本费用，这样就会造成税收流失。纳税人出于自身利益考虑，会千方百计地利用会计规则与税收制度之间的差异规避税收、偷逃税款，税企纠纷与争议也会因此增加，税务监管成本也会随之上升。

2. 会计规则与税收制度的走势趋同

（1）会计规则与税收制度趋同演进的一个证据。会计是税收的载体，税收是会计反映的重要内容。会计规则与税收制度之间既相互独立又有着密切联系。随着世界经济一体化和国际财税改革的深入推进，会计规则与税收制度的走势呈现出一定程度的趋同性，即两者之间的差异逐步缩小，两者在许多业务或事项上的处理原则已经趋同或正在走向趋同，这是税收、会计之间关系演进的必然规律。

从会计核算的基础原则——权责发生制来分析，虽然会计在理论与实践中一直奉行该原则，但税法关于权责发生制及收付实现制的选择的确经历了长期的演进过程。在加拿大、英国、美国的税法和司法裁决中，曾采用收付实现制作为计算应税收入和费用的主要方法，加拿大是在1948年以后才开始承认以权责发生制为主要依据来计算所得的。美国1954年以前，基本上以收付实现制为计税方法，但允许纳税企业也可以选择权责发生制。后来认识到收付实现制固有的弊端，即纳税企业可以滥用收付实现制人为操纵经济业务的入账时间，导致收入推迟或费用提前，使税款推迟缴纳的情况盛行乃至于蔓延。为了堵塞税收漏洞，美国对收付实现制的适用范围进行了限制，1986年的《收入法》规定，下列三种纳税人不得使用收付实现制：①除了农业和合格的个人劳务公司以外，如果一个公司年总收入超过500万美元；②除了经营农业的合伙企业外，一个公司作为合伙人年总收入超过500万美元；③避税港[②]。

从历史演进的角度来看，权责发生制和收付实现制在会计和税法中的运用场合、范

① 李心源、戴德明：“税收与会计关系模式的选择与税收监管”，《税务研究》，2004年第11期。

② 沈玉平：“税收法规与会计制度的趋同性”，《税务研究》，2004年第1期。

围都在不断发生变化，虽然税法的发展变化总是滞后于会计，但税法正向会计靠拢、趋同。在税法和税务会计实务中，世界上大多数国家采用的是修正的权责发生制①，税收正在逐步接纳权责发生制，实际上这一变化将会积极影响会计规则与税收制度在其他方面的趋同。

（2）会计规则与税收制度趋同的基本途径。为了正确地体现税法与会计的目标，降低征纳双方遵从税法的成本、降低财务核算成本，就要对会计规则与税收制度进行适时的协调。差异的协调应尽可能减少对实现税收与会计目标影响小的差异，在法律制度的制定上应尽可能趋同。随着我国社会主义市场经济体制的逐步建立与完善，会计规则与税收制度的趋同应该探索基本途径，真正降低会计核算成本、税收征管成本，创造和谐发展的经济环境。笔者认为，会计规则与税收制度的趋同主要有以下途径：

第一，缩小政策的差异。寻求会计规则与税收制度的趋同，尤其是基本业务的税收政策与会计准则的趋同。比如会计与税收对销售商品、提供劳务等基本业务确认收入的口径与时间应尽可能保持一致，对于视同销售、非货币性交易等特殊业务可保留会计与税收处理的差异。再如，对于所得税会计处理方法，可以按企业性质或规模等分类，分别规定不同的会计处理方法，以实现税收与会计处理方法的趋同。

第二，缩小会计政策的选择空间，保持与税法相关精神的一致。尤其是那些税务处理显示出比会计处理更为合理的成分，可以按照税法口径选择会计政策。比如坏账准备的会计提取比例与税前列支限额，最好保持一致，不应该允许企业任意提取甚至全额提取坏账准备。再如，现实经济生活中不确定性因素日益突出，会计估计的不确定性和计算应纳税所得额所需的确定性之间存在较大的矛盾，需要作出明确的税收规定加以协调。

第三，减少无谓的差异。许多因政策制定者的主观因素导致的不合理差异，只会增大纳税人的会计成本与纳税成本，对于这类差异，尽量要求政策统一、相对合理。比如，税收对待政府惩戒性支出②的处理与会计处理背道而驰，会计不论何种罚款性质的支出，一律允许计入当期损益，而税收却不允许税前扣除而必须作纳税调整。这种规定其实是无所谓的，原因有三：其一，这类政府惩戒性支出对于纳税人来讲，也是不希望发生的，也多半出于无知和无意，和合同违约罚金支出没有本质性差别；其二，税法却允许其他形式的罚金支出税前列支，其实相当于政府以承担一部分所得税的形式纵容企业的这种不道德或违法行为，而对政府惩戒性支出的处理态度截然不同，这表现出对企业行为约束导向的矛盾性；其三，企业发生的有关政府惩戒性支出不会很多，其实所造成的影响不会很大。

3. 会计规则与税收制度的深层协作③

（1）实质重于形式——协作的基点考察。纵观会计与税收的发展历史，税法因借

① 盖地：《税务会计研究》，中国金融出版社 2005 年版。

② 这里所指的政府惩戒性支出，不包括贿赂性支出。

③ 《辞海》对“协作”一词的解释是“许多劳动者在同一劳动过程或者彼此相联系的不同劳动过程中，依计划协同的进行劳动的劳动形态”。会计规则与税收制度既然存在相联系的环节和过程，也应该相互配合，协同工作。

鉴会计技术与方法而越来越趋向成熟，税收管理也建立在会计信息的基础之上，离不开会计的根基；另一方面，会计也需要适应税收管理的要求而不断发展完善。由于税法的不断完善也推动和规范了会计处理，被税法所认可并选定的会计方法能够得以迅速而广泛的采用，也提高和改善了会计实务的连贯性。因此，会计与税收相互影响，共同发展，两者不仅不能彼此相互取代，而且各自有着独立的发展空间，在未来的税会关系模式中，两者应该发展成一种互为支撑、良性互动的协作关系。

要解决会计规则与税收制度之间如何协作的问题，首先必须解决两者协作的基点问题。通过多个角度的考察，笔者认为，会计规则与税收制度的协作的基点是实质重于形式原则，理由如下：

第一，从会计与税收的现实发展分析，会计强调的实质重于形式原则是指选择会计政策和方法时，经济交易或事项的实质内容重于其法律形式，因为有些经济业务的外在法律形式并不能真实反映其实质内容，运用实质重于形式原则对于反映交易或事项的经济实质很有助益；从税收角度观察，各国税收立法和司法实践中也强调实质重于形式原则，特别是许多国家的一般反避税条款和有关企业改组等特殊税收规则都很好地体现了实质至上原则①。

第二，把握形式与内容的辩证关系，也是正确认识事物的哲学思维模式。无论会计还是税收，对一些经济交易或事项的把握，只有利用实质重于形式原则，才可能揭示其本质，不为表面现象所迷惑。比如在利益驱动和相对浮躁的市场经济环境下，许多上市公司为了达到既“创造业绩”提升股价而又逃避虚增利润带来的高额税负的目的，往往利用税收与会计之间的纷繁复杂的差异人为地转移收益、调节利润，玩弄“数字游戏”，愚弄政府、投资者等利益相关者，这已成为秘而不宣的会计潜规则。如何解决这个问题，我们认为通过实质重于形式原则实现税会协作，从两个角度配合检查，就能轻松破解“数字游戏”。

当然，我国目前税法在体现实质重于形式原则方面还有很大差距，税法更多地考虑一项交易或事项的法律形式。许多过于依赖形式化条件的税法条款实际上背离了立法精神，成为纳税人滥用税法条款避税的漏洞②。因此，有必要强化税法的实质重于形式的立法导向，但税务管理需要明晰而具体的规定，这必须对体现立法精神的涉税事项的经济实质界定清楚，减少税收征纳的随意性，以防止税法的滥用。

（2）协作的良性互动。会计规则与税收制度的协作，可谓任重而道远，是一个在共同发展中相互博弈的过程。

会计规则与税收制度的差异性及趋同性的特征，注定了两者的协作要坚持“求同存异、沟通配合”的方针。因此，建立良性协作互动模式应从以下方面入手：

第一，建立税会沟通—依赖信息系统。所谓“税会沟通—依赖信息系统”是指以整合税务信息与会计信息而形成的一个相互依存、密切配合的能实现资源共享的信息系

① 董书奎等：《税收制度与企业会计制度差异分析及协调》，中国财政经济出版社2003年版。

② 董书奎等：《税收制度与企业会计制度差异分析及协调》，中国财政经济出版社2003年版。

统。这一信息系统需要税收制度与会计规则的协作，即一方面通过税务当局与财政部门协同制定符合会计规则导向和税收制度要求的信息披露体系，强制性要求纳税人定期予以披露；另一方面，在税务当局和财政部门之间实现纳税人的涉税信息与会计信息的交互式传递与沟通，真正发挥信息共享机制的作用，降低各方的信息成本。

利用这一信息系统，一方面可以为税收征管提供会计基础数据，因为税款征纳以会计核算为基础，税收的会计信息依赖性必然要求会计与税收的协作。目前税务系统推行的纳税评估①，其本质就是通过评价会计数据（主要根据财务报表和纳税申报表所提供的会计信息）内在逻辑的合理性来甄别纳税人是否存在蓄意避税甚至偷逃税款行为的税务评价方法。在纳税评估中，税务当局往往设计一些涉税财务指标，比如税收负担率、税负变动率等来监控纳税人的税款缴纳情况。这是税务当局利用会计信息促进税收征管的措施之一，但在实践中受征税成本与会计信息质量的制约，不可能实现对所有纳税人都进行纳税评估，而只能选取比例甚微的一小部分。但如果会计给予配合和协作，要求纳税人报送的财务报表必须附带适当的涉税财务分析，那么这种看似微不足道的税会协作就会带来税收征管成本的降低。因此，我们有理由相信，如果在会计上增加涉税信息披露的强制性规定，那么必然会提高税收稽查及税收征管的效率，这是毋庸置疑的。另一方面，税法对会计信息质量有着天然的制约、保护和监督的功能。相对于会计规则而言，税收政策的权威性和强制性使其对会计信息质量的监督具有法律“刚性”。企业少报盈利，就会被界定为偷逃税，承担相应的法律责任；而企业虚增利润，就得多纳税，并承担不如实申报纳税带来的风险和责任②。因此，税法在某种程度上维护了会计信息的质量要求，毕竟会计与税收还是有着藕断丝连的关系。但目前税务信息③的非公开性也使税法提升会计信息质量的效果大打折扣，税会协作面临着一定的信息危机。在税会协作中应尽快解决税务信息透明度问题，实现会计信息、税务信息的沟通配合，充分利用税务信息优势。

第二，开展反避税——一个有所作为的税会协作领域。避税是一个颇受关注、颇有争议的敏感话题，它涉及法律、税务、会计、道德等领域，对其评判众说纷纭，莫衷一是。避税是指“纳税人为了在合法的范围内最大限度地减少应纳税所得额而做出的交易或安排”④，这种解释持中立态度。而《国际税收词汇》对“避税”一词的解释含有明显的贬义，认为避税是纳税人“通过精心安排，利用税法的漏洞、特例或其他不足之处来钻空取巧，以达避税目的”（国家税务局税收科研所译：《国际税收词汇》，中国财政经济出版社，1992）。这里所说的“税法的漏洞”是指由于各种原因所形成的税法本身

---

① 纳税评估是税务征管的基本方法之一，指税务机关依据有关法律法规对纳税人报送的纳税申报资料（含会计报表和纳税申报表等）进行完整性、一致性和合法性分析，并结合日常掌握的税收征管资料，运用一定的方法对纳税人的纳税情况进行综合评定。

② 李心源、戴德明：“税收与会计关系模式的选择与税收监管”，《税务研究》，2004 年第 11 期。

③ 这里所指的税务信息的来源渠道，既包括纳税方，也包括征税方，但无论从哪一方获取税务信息，都不是没有难度的，都存在一定的信息障碍。

④ 布莱尔·阿诺德（Brian J. Arnold）等：《国际税收基础（第二版）》，中国税务出版社 2005 年版。

的遗漏或不完善之处，税法漏洞产生的原因，主要是立法者认识不足，或者社会经济发展而产生情势变迁等，使税法对某些领域未予调整或不能有效地规范。

避税从本质上看既不合法，也不违法，而是处于合法与违法之间的状态，我们称之为"非违法"。[①] 纳税人的避税行为如果不有效遏制，就像生态平衡遭到破坏一样，公平竞争的市场环境会被破坏，这将对经济发展产生负面影响。但经济实践中的避税现象的出现有其客观必然性，而且也并非一无是处，在相当程度上，避税危及税法、损害国家利益的同时，又能促使税法质量的提高，并且有利于改善税收征管中的执法弹性，促进税制的不断完善和发展，从而彻底堵塞税法漏洞。的确，在税务当局开展反避税实践工作中，税务征税人员不断反馈纳税人避税的情况，在揭秘纳税人避税的"招法"的同时，也发掘出了许多隐含在税法具体条款中的平时难以察觉的税法漏洞。

可以说，避税与反避税是征纳双方永久的、高智力的博弈行为，反避税的关键在于能否在发现避税的路径后使之越变越窄，当然这离不开会计规则与税收制度的协作。在经济实践中，会计规则与税收制度在反避税领域的协作主要有以下几种方式：

其一，反避税活动需要深入研究会计规则与税收制度之间的差异，防止纳税人利用模糊的税法条款或税制漏洞，以会计政策选择为手段大肆避税。

其二，会计规则与税收制度的协作在制度层面上应当通过会计准则与税法的协作来实现，即通过研究避税的运作方式和操作技术，深入分析税收法规的漏洞和缺陷，进而重点审查隐藏避税之蛛丝马迹的会计信息，向税务当局提供反避税的关键信息或让会计信息成为甄别避税行为的佐证。

其三，深入开展税务会计研究，进一步推动会计与税法在微观操作层面上的协作。税务会计是介于税收学与会计学之间的一门新兴边缘学科，是融税收政策与会计处理为一体的专业性会计，税务会计不仅是改变纳税人税负状况的重要手段，也是税务当局寻找避税行为的重要线索，税务会计在反避税中能够大显身手。

（三）一个典型例证：新会计准则与税法的关系

2007 年在我国上市公司开始施行的《企业会计准则》，有许多新的规定和要求，其与税法之间的差异和协调也呈现出新的特征。从《企业会计准则》与税法之间的关系，能够窥见中国未来一段时间内会计规则与税收制度之间的关系。

1.《企业会计准则》与税法的差异分析

（1）资产减值的差异。《企业会计准则》要求资产提取减值准备，计入相应的成本费用，且资产减值准备一旦提取，不允许转回。而税法规定，除了坏账准备外，其他资产减值不允许税前列支。

（2）公允价值计量的差异。《企业会计准则》引入公允价值计量模式。譬如投资性房地产、生物资产等资产计价，存在多种计量模式，尤其是公允价值计量模式，会对相关资产的后期确认的成本、费用等损益结果有直接影响。

但关于公允价值计量与税收之间的关系，现在还并不十分明朗。譬如，投资性房地

① 张中秀：《税务律师》，企业管理出版社 2004 年版。

产在后续计量时采用公允价值计量模式，当资产负债表日公允价值发生波动时，价值差额部分按照会计准则规定应计入“公允价值变动损益”，并确认为当期损益。但税法还不明确是否允许税前列支、是否会在当期对所得税产生影响。

（3）损益计量方面的差异。比较《企业会计准则》与税法在损益计量方面的差异，我们可以分为三种情况：

其一，会计制度及原准则与税法的差异继续存在。对于存货计量、固定资产折旧、无形资产摊销、无形资产计量等方面还存在会计与税法之间的差异。比如研究费用在会计核算时一般计入当期损益，而税法要求在受益期间内摊销或者计入无形资产价值。再比如固定资产折旧由于会计准则与税法规定方面的差异，直接影响当期折旧金额，进而影响当期损益及企业税负。

其二，会计制度及原准则与税法的差异不再存在。新债务重组准则规定，债权人的债务重组损失作为债务重组损失计入营业外支出，而债务人的债务重组收益不再计入资本公积，而是作为债务重组收益直接计入营业外收入。原来的差异在新准则下消失了。新会计准则还原了损益的本来面目，使得会计与税法之间的差异减少。

其三，《企业会计准则》创造出来的新差异。还有一类差异属于企业会计准则创造出来的新差异，比如，收入准则要求具有融资性质的收入要按照公允价值入账，而税法对此还是适用于名义价格确认收入并计算缴纳税金，这一差异属于新生差异。又如，投资性房地产如果采用公允价值计量模式，则不再对投资性房地产计提折旧或摊销。这一规定也会导致会计与税法方面的差异。再如，对于无形资产准则中土地使用权的核算也出现类似情况。《企业会计准则》还要求：自行开发建造厂房等建筑物，相关的土地使用权与建筑物应当分别进行会计处理（包括折旧、摊销或者出售转让出租等）。企业取得的土地使用权通常应确认为无形资产，但改变土地使用权用途，用于赚取租金或资本增值的，应当将其转为投资性房地产。

2. 关于《企业会计准则》与税法关系的深层思考

（1）《企业会计准则》与税法差异需要进一步协调。由于税法的相对滞后，因《企业会计准则》的相关规定而产生的差异需要税法予以协调，尤其是一些影响不重大的、无所谓的差异，应当尽量协调或者统一。在这一方面，税务机关也有着重大的责任，税务机关应积极配合并出台相应的税收政策用以协调企业会计准则。

（2）《企业会计准则》对税收的影响也需要进一步研究。会计是税收的基础，企业会计准则的变化也必然对税收有所反映和影响。研究《企业会计准则》对税收的影响也是极为必要的。尤其是站在纳税人角度，更应该探索企业会计准则下的纳税技巧与税收筹划问题。下面从几个角度探讨《企业会计准则》下的纳税技巧。

第一，会计政策选择的税收倾向。《企业会计准则》规定了比原来更多的会计政策，企业在纳税时，应该考虑《企业会计准则》中的会计政策对于纳税的影响。其中的操作空间在于企业应选择有益于纳税和节税的会计政策及政策组合。

第二，会计计量属性影响税收。《企业会计准则》提出五种计量模式，即：历史成本、重置成本、可变现净值、现值、公允价值等多种计量属性，实现了计量基础的多元化。计量属性从两方面影响税收：其一，计量属性影响流转税。公允价值的计量金额直接作为计缴流转税的税基。其二，计量属性影响所得税。所得税的计缴是以所得额为计税基础的，在非货币性资产抵债和非货币性资产交换业务中，换出非货币性资产的账面价值与公允价值之间的差额部分应该确认为资产处置损益，影响并反映在所得税方面。

第三，引入新的所得税会计处理方法。所得税的会计处理方法彻底改变，由原来的应付税款法和纳税影响会计法二者选择其一，改变为国际通行的资产负债表债务法，这种所得税处理方法的改变，无疑会对企业纳税及内部管理活动产生深远的影响。

第四，《企业会计准则》新业务的税收影响。《企业会计准则》体系增加了《企业年金基金》、《股份支付》、《职工薪酬》、《生物资产》、《投资性房地产》、《政府补助》、《金融工具确认和计量》、《金融资产转移》、《套期保值》、《原保险合同》、《再保险合同》等新的具体业务准则，这些企业会计准则规范了新业务的会计处理，同时，新业务中也存在许多税收影响，我们不能忽视这些新业务带来的会计和税收影响，以及新业务的税收筹划。

二、会计规则与税收筹划的协调

（一）会计规则与税收筹划的一致性

1. 会计规则的程序理性

会计规则与税收筹划具有一致性的联结点是真实性原则，而税收筹划也是基于真实性的一种理财手段，真实性原则是其共同的要求。

美国财务会计准则委员会（FASB）在1980年发布的第2号“财务会计概念公告”——《会计信息质量特征》中，出现一个“如实反映”（Representional Faithfulness）的质量特征，从属于可靠性，并认为真实性“就是一项数值或说明符合它已在反映的现象”，如实反映存在反映真实性的程度。国际会计准则委员会（IASC）在1989年发布的《编制财务报表的框架》中，将“如实反映”作为“可靠性”质量特征的首要内容，并阐述以下观点：信息要可靠，就必须真实反映其所拟反映或理当反映的交易或事项。FASB和IASC都认为会计只能做到相对真实。

中国会计对于真实性原则的描述是：企业应当以实际发生的交易或者事项为依据进行会计确认、计量和报告，如实反映符合确认和计量要求的各项会计要素及其他相关信息，保证会计信息真实可靠、内容完整。[①] 真实性原则要求会计核算以实际发生的交易或事项为依据。会计大师利特尔顿曾指出：“探求真实和反映真实是会计职能的重要部分。”

实际上，会计的真实性并不体现在会计信息自身是多么真实，而在于会计信息若遵循公认的会计规则进行加工处理，就可认定其真实性。著名经济学家西蒙提出了“人是有限理性的”这一光辉思想，他还区分了程序理性（procedual rationality）与结果理性（rationality of outcome），程序理性强调的是行为机制（程序）的理性，而不是注重结果本身，结果总是一定行为程序的结果，只要保证了行为程序的理性，结果就是可以接受

---

① 《企业会计准则——基本准则》第十二条。

的。而结果理性强调结果的复合目标性，而不在意产生这一结果的行为程序。[①] 西蒙还进一步指出：在不确定的环境下，人们无法准确预测未来，从而也就无法按照实质理性的方式采取行动，只能依靠采用某一理性的程序来减少不确定性的程度，因此，应以程序理性替代实质理性（结果理性）来进行经济学研究。

程序理性体现在会计规则上，即只要按照会计规则来处理经济业务，其所得到的结果就是"真实"的，对于会计信息而言，遵循公认会计规则而生成的会计信息就具有真实性。

税收筹划要求的真实性则与会计规则的程序理性导向下的"真实性"原则有些出入，存在一定程度的差异性，但其本质要求还是相同的。税收领域特别要求企业申报纳税的收入、费用等计税依据的真实可靠性，而只有在不能取得真实信息的情况下才可以予以合理估计或测算，如关联定价的调整、组成计税价格的核定等，这在一定程度上也影响着企业税收筹划的行为和结果。

2. 会计规则的灵活性

会计规则作为一种正式化或非正式化的会计惯例，主要被用于会计确认、计量与报告方面，对具体经济业务处理提供最直接的指导。会计规则具备一定的灵活性，因为会计规则一方面是由公司法、证券法、商法、税法等法律所认可的"有秩序的会计原则"，是一种体现科学精神的技术性规范；另一方面会计规则又是社会各种力量博弈均衡的产物，体现着多方的利益和均衡关系，是一种公认的"契约"。所以，会计规则具有一定的灵活性，许多国家或地区的会计都存在一定的会计政策选择空间。Ross Skinner 在评价会计规则的弹性和灵活性时说："就像一个小孩的气球，在遵循公认会计原则下，一个公司可以使自己的盈余或资产变大或变小，假定它的会计师能用力吹或吸它的话。"[②]

企业作为一个契约的联合体，存在着多种契约关系。契约有很多特性，包括契约的不完全性和刚性。所谓契约的不完全性，是指当达成一项契约或协议时，通常不能完全预料到所有的偶然事件。同时，契约又是刚性的，如市场交易契约、管理层的报酬契约、银行的债务契约，一经签订就不得随意变动。

这些契约有许多条款是以会计数据为基础的，会计规则的灵活性会引起企业管理层利用会计规则处理契约的兴趣。他们通常会利用契约关系的构建选择有利的会计政策进行会计处理。下面举例说明会计规则的灵活性及其与契约的关系：一家生产销售纯净水的企业，在销售时一并收取客户的水桶押金。根据我国现行税法规定，收取包装物押金逾期超过一年未退还的，依照所包装的货物的税率全额征收增值税[③]。在这个案例中，企业与客户之间构成一种出借包装物——水桶的契约关系，如果客户借出的水桶超过一年没有归还，企业就应该就其收取的水桶押金全额缴纳增值税。由于契约的不完备性和

① 谢德仁："会计信息的真实性与会计规则制定权合约安排"，《经济研究》，2000 年第 5 期。

② 黄文峰：《上市公司会计政策选择行为研究》，经济科学出版社 2004 年版。

③ 该税法规定既合乎法律要求，也是合情合理的。这一规定主要是为了防范企业在包装物实现销售（押金冲抵）后逃避纳税义务，可能会出现信息不对称下的隐藏行为现象。

刚性，在企业出借包装物时，并没有想到会超过一年的期限。在这种情况下，企业有没有办法筹划呢？根据税收政策和会计规则，可以进行如下税收筹划方案的操作：

企业将一年之内所收到的水桶押金在年终退还给客户并通知客户领取，第二年再向客户重新收取押金，最终达到押金期限总是不超过一年，从而免除包装物押金缴纳增值税的义务，而押金的交易模式可以在事前以契约形式约定。在该例中，业务并没有大的改变，只是企业与客户之间押金的交易模式因契约的订立而发生微小变化而已。根据税收筹划的操作要求，相应的会计处理如下：

(1) 销售纯净水收取水桶押金

借：银行存款

　　贷：其他应付款——包装物押金

(2) 年终退还水桶押金

借：其他应付款——包装物押金

　　贷：银行存款

(3) 税务会计：税收筹划与会计规则的共生体

美国著名税务会计专家史蒂文·F. 吉特曼博士认为，税务会计本质上是处理两类问题的：一是某项目是否确认为收入或费用；二是该项目何时被确认为收入或费用。

(1) 财务会计与税务会计的关系。财务会计与税务会计的目标不同。财务会计主要向投资者和债权人提供有关资产、负债和所有者权益等方面的信息，处理的是企业与投资者及债权人之间的关系。而税务会计主要是向税务机关提供有关纳税方面的信息，处理的是国家与企业之间的关系，税务会计与税收筹划的关系比财务会计与税收筹划的关系更直接，也更密切。

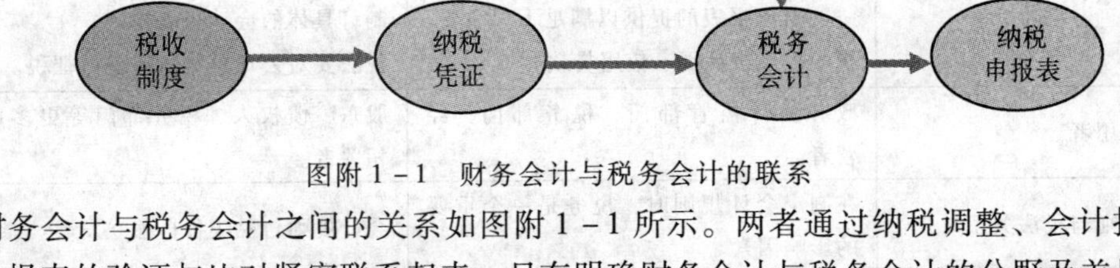

图附 1－1　财务会计与税务会计的联系

财务会计与税务会计之间的关系如图附 1－1 所示。两者通过纳税调整、会计报表与纳税申报表的验证与比对紧密联系起来。只有明确财务会计与税务会计的分野及差异，才能准确揭示税收筹划的会计处理，真正把税收筹划与会计处理结合起来。分析财务会计与税务会计的差异，是完成税收筹划操作、体现税收筹划活动的财务成果的基础。

(2) 税务会计与税收筹划的关系。税务会计是会计学的重要组成部分，税收筹划属于财务管理的范畴，两者之间的关系服从于财务与会计之间的关系，具体体现为以下三个方面：

第一，税务会计通过对涉税业务的确认、计量和报告，为决策者提供有用的税务信息。税务会计核算的会计要素是应税收入、准予扣除项目、税率、应纳税所得额、应纳税额，并且通过税收筹划进行控制达到税后收益最大化。同样，税务会计所生产的税务信息也为税收筹划提供决策依据，税收筹划所需要的大部分信息均来自于税务会计。

第二，税务会计的目标是向税务会计信息使用者[①]提供有助于税务决策的会计信息。美国会计教授查尔斯·T. 亨格瑞一针见血地指出：税务会计有两个目的：遵守税法和尽量合理避税。[②] 因此，税务会计除了纳税核算、进行税务会计处理的职能之外，还有合理选择纳税方案有效进行税收筹划的职能。税务会计的总目标是如何选择税负较轻的纳税方案；在企业经营的各个环节，如何事先进行税负的测算，以便作出税负最轻的决策；事后如何进行税负分析等。[③]

第三，会计政策即会计方法与程序的选择本身具有某种筹划功能。如折旧政策的选择、存货计价方法的选择、资产的摊销办法等，都会不同程度地影响税负支出。难怪汉弗莱·H. 纳什在《未来会计》一书中认为：公司的目标是在税务会计的限度内实现税负最小化及税收利润的最大化。在永无休止的税务争战中，税务会计只能算是一组“争战法则”。[④]

（3）税收筹划是会计规则与税收制度的巧妙结合。由于各国的经济制度背景不同，会计规则按照其与税收制度的关系划分，可以分为以税法为导向的会计规则和以投资者为导向的会计规则两大类：法国、意大利、德国等欧洲大陆法系国家属于前者，会计规则与税法相互独立；英国、美国等海洋法系国家属于后者，会计规则与税法之间相互依赖。两种类型会计规则的比较如表附 1－1 所示。

表附 1－1　两种类型的会计规则的比较

项　目	欧洲大陆法系国家	英美为代表的海洋法系国家
资本市场	较小的资本市场，企业资金主要由银行和政府提供。	较大的资本市场，企业资金主要由社会公众提供。
法规体系	成文法体系： 法典中提供非常详细的会计规则；同一的财务报表的提供以满足下列需要：税收、经济计划、信用贷款	习惯法体系： 公司法要求定期提供财务报表，但没有制订具体的会计报表规则。 税法要对公司每年所得进行征税。
信息使用者	政府会计监管部门、税务部门、经营者。	股东、债权人、税务部门等更多的利益相关者。
会计规则与税法关系	在制定会计规则时，税务是一个重要的影响因素。	会计规则与税法各自独立发展。

① 税务会计信息的使用者主要是税务部门、投资者、管理层等。
② 查尔斯·T. 亨格瑞等：《会计学》，中国人民大学出版社 1997 年版。
③ 盖地：《税务会计与纳税筹划》，东北财经大学出版社 2006 年版。
④ 盖地：《税务会计研究》，中国金融出版社 2005 年版。

不论哪种类型的会计规则，都与税收制度有着非常密切的联系。税款的缴纳与计算，既要遵循税收制度的规定，又离不开会计的确认、计量和报告，在这里，会计规则与税收制度完全结合起来，可以说，税务会计融汇了税收和会计的双重要求，而税收筹划以降低税务风险、节约税负为导向的理财活动，应是会计与税收的巧妙结合。税收筹划兼顾会计规则与税收制度的差异，利用税收制度承认或认可的会计规则、会计技术进行合理筹划，这即是税收筹划的精妙所在。实际上，税收筹划是对会计规则与税收制度差异进行调节的应对之策，可以推断，如果会计规则与税收制度完全协调统一，则基于会计规则的税收筹划技术将会消失。

会计的确认和计量从根源上影响着税收筹划的效果，因为会计的基础性作用涉及到税基的确定、应纳税额的核定、税款计算的正确性及解缴时间的合规性。从所得税实践来看，所得税是严格按照税法计算的，而会计税前收益与应税收益之间由于会计准则与所得税法的不同而存在差异，是在企业申报所得税时通过纳税调整来确定的，因此会计中有关所得税税基的确认就成为所得税的计算基础。会计就是这样决定税收负担并进而影响税收筹划的效果的。从国际视野观察，跨国公司普遍采用转让定价这一会计技术进行税收筹划，这无疑证明了会计规则对税收筹划的贡献。

税收筹划强调税收政策、筹划方法与会计处理的结合，这是真正实现筹划目标的操作技巧。从这一角度分析，税收筹划可以用下列公式表述：

税收筹划 = 税收政策 + 筹划方法 + 会计处理

因此，税收筹划的关键是寻找税收政策、筹划方法与会计处理的结合点，具体来说有两个关键结合点：

一是税收政策与筹划方法的结合点。纳税人在准确掌握与自身经营业务相关的税收政策的基础上，需要利用一些恰当的税收筹划方法对现行税收政策进行分析，从而找到与经营行为相适应的税收筹划的突破口。

二是筹划方法与会计处理的结合点。税收筹划的主要目的是减轻企业税收成本，降低税收负担。要达到此目的，只有税收政策和筹划方法还不够。因为纳税人的经营业务和过程最终要在财务结果中体现出来，才能真正实现筹划节税。所以，纳税人需要利用好会计处理方法，把税收筹划的内容恰当地体现在会计处理上，才能最终实现降低税收负担的目的。

（二）会计规则与税收筹划的联系

会计与税收有着天然的联系。税收筹划离不开会计规则和税收制度，税收筹划随着会计规则的变化及税收制度的变迁而不断发展变化。

1. 会计规则与税收筹划之间的关系

在欧洲的德国、法国、瑞典等国家，公司的财务报告是纳税的重要（甚至是唯一的）依据。而实际上，自 1874 年的撒克逊所得税法颁布以来，德国就有了商业报表与纳税申报应当一致的至高无上的原则。德国税法不仅要求企业会计期间收入、费用的计算方法、分配方法、账簿记录必须同税收目标保持一致，会计报表上的收益也要同应税收益保持一致。所以，德国纳税人为了能够从纳税抵免中获取最大利益，在编制报表时总是主动选择服从税法要求的会计原则和方法。这在德国被称为“决定原则”（determination principle），即会计记录和报表应服从税务目的——税收决定原则[①]。德国这一做法，有其难以规避的弊端，即税法对会计处理造成巨大的制约作用，大大降低了财务报告的决策有用性。

同样，法国在不存在强大的证券市场的情况下，纳税一直是编制和公布财务报表的主要原因之一。在一般情况下，法国税法凌驾于会计规则之上。一方面税务当局是商法所明确规定的法定会计信息使用者；另一方面税法高度独立，税务当局不仅确定用于纳税申报的财务报表的内容和格式，而且规定了许多实际财务会计和报告实务。[②] 税制对理解法国财务报告的重要性体现在：会计报告账面利润的计量规章与应税收益的计量规章差别不大；费用只有已经入账才能作为纳税申报中的扣减项目。[③] 因此，法国会计被称为税务导向的会计。

但与此相反的是，以英美为代表的一些国家却不是这样。英美等国的会计与税法相对分离，会计规则与税收筹划没有实现结合，迄今为止也没有显示任何融合的迹象，相反，会计与税法的差距不断拉大，也加剧着会计与税收筹划的不协调性。对于会计规则与税收筹划协调的问题，笔者认为只能在会计与税法都认可的协调一致的政策或规定方面进行协调，可能其范围很狭窄。

一个有趣的例子来自于中国会计实践，在中国南方地区出现一些特殊做法，一些大型企业集团在会计报告中选择与税法相一致的会计政策，以减少纳税调整。这种做法是“会计从税”模式的体现，其实是税收筹划与会计处理的一种协调和融合。但笔者认为，这种税收筹划与会计处理的融合，严格来讲是不符合会计报告与信息披露要求的，会计报表的编制应按照会计准则、会计制度的要求进行，而不是按照税法的要求进行；这种做法也不符合会计与税法各自独立发展的趋势要求，会计与税法及税收筹划不能也不该走向融合，即只能寻找一些共同点实现一定程度的协调和融合。

2. 会计规则的税收管制及对税收筹划的影响

税收管制是一种典型的政府管制，税收管制一定意义上会影响税收筹划的效果。美国在 1930 年以前，有色金属和石油产品行业在纳税时采用永续盘存制计价，但 1930 年最高法院禁止使用这种方法。1934 年，美国石油协会提出以后进先出法作为替代方法，这一提议被美国注册会计师协会认可，但却遭到财政部的反对。结果国会批准采用后进先出法，但作为对财政部的一个妥协，国会规定后进先出法只有在纳税人的财务报表中也使用的情况下才获准采用。很显然，存货计价方法的选择对于税收筹划会产生很大的影响，税收管制不可避免地影响着税收筹划的效果。

波音顿等在 1992 年发表的《会计信息披露与公司可选择最低税收》曾对 649 家制造企业和运输企业的主观应计部分进行了测算和证明，结果表明，会计报告的盈利信息

① 郭小东：“税收国际协调对会计准则国际协调的制约作用”，《涉外税务》，2005 年 1 期。
② 郭小东：“税收国际协调对会计准则国际协调的制约作用”，《涉外税务》，2005 年 1 期。
③ 魏明海、龚凯颂：《会计理论》，东北财经大学出版社 2005 年版。

由主观应计部分得到了度量，统计结果（降低受益的应计部分）与减轻税收压力、政治审核和潜在的税收管制假设相一致。[①] 这一研究结论表明，税收管制、会计规则及税收筹划之间存在微妙的联系，利用会计规则完全可以减轻税收压力，开展税收筹划活动。

（三）会计规则约束下的税收筹划空间

1. 会计规则是税收筹划的基本工具

会计规则在形式上表现为会计过程的一种技术规范，但其本质上是一项社会经济和政治利益的博弈规则和制度安排，不同的会计政策选择生成不同的会计信息，会对企业及其利益相关者产生不同的利益分配结果和资源配置效率。因此，会计政策选择不仅具有广泛的经济后果，而且还是各相关利益群体为转移财富而进行的博弈行为。

会计政策作为会计规则的一种表现形式，通常被界定为“企业在会计确认、计量和报告中所采用的原则、基础和会计处理方法”[②]。不同的会计政策必然会形成不同的财务结果，也必然会导致不同的税收负担。税收制度承认或认可某些会计政策选择，企业当然可以利用这些会计政策进行税收筹划。因此，笔者认为，会计政策是会计的生命，因为有了会计政策选择的空间，才使财税领域变幻无穷，丰富多彩。在存在多种可供选择的会计政策时，择定有利于税后收益最大化的会计政策组合模式，也是税收筹划的基本规律。

2. 会计政策选择的筹划技术

（1）分摊（摊销）技术。对于一项费用，如果涉及到多个分摊对象，分摊依据的不同会造成分摊结果的不同；对于一项拟摊销的费用，如果摊销期限和摊销方法不同，摊销结果也会不同。分摊（摊销）的处理会影响企业损益和资产计价，进而影响企业税负。

分摊（摊销）技术涉及的主要会计事项有：无形资产摊销、待摊费用摊销、固定资产折旧、存货计价方法以及间接费用的分摊等。例如，按现行制度规定企业可以选用直线法和加速折旧法来计算折旧额，在固定资产的有效使用年限内，两种方法提取的折旧总额是一致的，似乎对利润和税金不会产生影响。实际上并非如此，运用不同的方法计算出每期折旧额在量上并不一致，从而影响各期的成本费用进而影响企业应纳税额。又由于受资金时间价值及通货膨胀等因素的影响，实际税收负担（纳税现值总额）也因此而不相同，所以选择合适的折旧方法可以达到递延纳税的目的。

（2）估计技术。由于企业经营中存在诸多不确定因素，一些项目不能精确地计量，而只能加以估计。因此，在会计核算中，对尚在延续中、其结果尚未确定的交易或事项需要予以估计入账。这种会计估计的不确定性会影响计入特定期间的收益或费用的大小，进而影响企业税负。

估计技术涉及的主要会计事项有：坏账估计、存货减值估计、固定资产折旧年限估

① 林钟高、章铁生：《会计信息价值论》，东北财经大学出版社 2001 年版。

② 《企业会计准则第 28 号——会计政策、会计估计变更和差错更正》第三条。

计、固定资产净残值估计、无形资产受益期估计、或有损失估计等。

（3）实现技术。实现原则是财税核算的基本原则，只有已经实现的损益才能予以确认、计量，纳入会计管理，并作为计税的依据。损益实现的期间和进度，对于企业税负有着极为关键的影响。因此，对于实现技术的应用，重在分析实现条件，控制损益实现的时间和进度。

实现技术涉及的主要会计事项有：资产发生的贬值、损失及时确认；合理的费用充分列支；税前扣除项目足额扣除；成本项目的确定；成本计算方法的选择；收入的确认时间的控制；收益分配的时间及额度的掌握与控制。

3. 利用会计与税法差异的筹划技术

会计与税法存在着诸多差异，利用会计与税法的差异也是企业经常采纳的一种筹划方法。笔者认为，利用会计与税法的差异进行税收筹划，主要有以下操作思路：

（1）寻找会计与税法差异中有利于节税的差异项目。税收的作用不仅在于取得财政收入，还具有调节经济的功能。因此税法对于一些收入项目免税，如国债的利息收入不予征税，从享受税收减免优惠的联营方分回的利润不再补税，个人在资本市场上获得的股票交易的资本利得不予征税，等等。同样，在会计所允许列支的成本、费用项目中，存在着一些不允许税前扣除的项目；而一些税前允许扣除的项目可能是非成本、费用项目。因此，这些会计与税法差异项目的存在，就使得企业应该关注会计与税法的具体差异，尽量缩小应税所得，并加大税前扣除力度，利用纳税调整手段降低税收负担。

（2）利用暂时性差异与永久性差异的处理差别。永久性差异是指在某一会计期间，由于会计准则、会计制度和税法在计算收益、费用或损失时的口径不同、标准不同，所产生的税前会计利润与应税所得之间的差异。这种差异只影响当期的应税收益，不会影响到其他会计期间，所以，永久性差异不需要进行账务处理。

暂时性差异是指资产或负债的账面价值与其计税基础之间的差额。暂时性差异按照其对未来期间应税金额的影响，分为应纳税暂时性差异和可抵扣暂时性差异。前者是指在确定未来收回资产或清偿负债期间的应纳税所得额时，将导致产生应税金额的暂时性差异。后者是指在确定未来收回资产或清偿负债期间的应纳税所得额时，将导致产生可抵扣金额的暂时性差异。

对于永久性差异和暂时性差异，在税收筹划中应予以区别对待，具体操作技巧如下：

其一，尽量控制永久性差异，这种差异体现着税法与会计的税前扣除差异，通常应控制不利的永久性差异的数额，增大有利的永久性差异。比如，技术开发费加计扣除政策，税法允许在发生当期按照实际发生额的150%扣除。这一永久性差异就是有利的，企业通过加大科技投入就能够实现税前超额扣除，降低所得税负担。

其二，掌握永久性差异与暂时性差异的转化技巧。对于一些超过税法扣除标准的扣除项目，一般会产生不利的永久性差异，如业务宣传费有扣除限额，如果一旦超出则不得扣除，而广告费却是允许递延到以后期间扣除的暂时性差异项目，所以，实现业务招待费向广告费的转化，就可以实现足额扣除。

三、会计信息披露与税收筹划

(一) 会计信息披露与税收筹划之间的冲突

会计与纳税在许多情况下是一致的，因为会计核算是纳税的基础，会计规则在一定程度上讲也是形成税收信息的基础。从税收筹划的角度分析，为了减少税负支出，企业倾向于向税务当局报告低收益信息，但也往往希望向股东报送高收益信息，因为高收益可能导致其他方面的好处。基于这种纳税和报告的不同需求，就造成了税收筹划与会计信息披露之间的冲突。

1. 税收筹划影响会计信息披露

(1) 多种契约力量综合影响会计信息披露。会计是企业与其利益相关者之间缔结的一份契约，由股权契约、报酬契约、债权契约、监管契约等子契约组成，会计在企业契约中起着资产计价、收益计量的基础性作用，同时也在提供履约信息、维护缔约主体市场地位、提供各缔约主体谈判的基础信息等方面发挥巨大作用。在错综复杂的企业契约关系中，会计信息披露在一定程度上是多种契约力量综合作用的结果，或曰是多方利益均衡的结果。会计信息披露在一定意义上又显示出对各种契约关系的制衡作用。所以，许多节税策略所要求的交易会降低报告给其他利益方的利润，税收筹划的信息披露要求可能与利益相关者的信息披露要求相矛盾。如果一味强调税收筹划，可能会导致信息披露成本的上升。

例如，在控制净收益的会计方法中，减少了当期净收益确认的会计方法和信息披露，显然是有利于节税的，但可能造成所显示的低盈利水平对企业融资不利，其最大的可能情况是会增大融资成本。因此，企业在信息披露时，不能够只考虑如何满足税收筹划，还要考虑如何保障融资成本的低廉，或者说，应该在税收筹划节税收益与融资成本上升之间寻找平衡。

再如，一些上市公司在不违反法律的条件下，采取推迟费用入账时间以降低当期费用，其结果导致公司本期利润增加，但该信息披露以后会使公司的股价因此而上扬，这对公司来说是有利的。显然，但推迟费用的另一结果是虚增本期利润导致增加了本期的所得税支出，从税收筹划角度来看是不划算的，这就暴露了税收筹划与信息披露之间的不可调和的矛盾。因此，税收筹划追求税后利润的做法，可能是一个急功近利的短期行为，经常与信息披露出现冲突，在一定程度上也存在着与企业长期战略的矛盾。

(2) 形成税收筹划与信息披露矛盾的契约关系。由于多种契约力量综合影响信息披露，所以税收筹划与信息披露的冲突也在一些契约关系方面有所体现，这些契约关系主要有以下四项：

第一，通常基于会计盈利的管理层的报酬契约；

第二，往往以会计数据或财务比率为基础而签订的债务契约；

第三，采用会计数据为定价基础的债券和权益证券的投资契约；

第四，基于会计数据的各监督管理部门的监管契约。

这些契约关系存在的根本原因在于企业内外部的各种委托—代理关系。委托人和代理人作为理性“经济人”，必然都是自身效用最大化的追求者。委托人与代理人之间的目标函数有着较大的矛盾冲突。以所有者（股东）与管理层之间的委托代理关系为例，所有者（股东）的目标函数比较简单，即所有者（股东）追求股东权益最大化，而管理层的目标函数就比较复杂，他们既追求经济利益，如更高的工资，又追求非经济利益，如更多的闲暇、更好的办公环境、更高的职位、更小的风险等。并且由于管理层不是企业的所有者，他们和所有者之间必然存在着利益冲突，管理层也必然存有机会主义倾向。一定意义上讲，由于委托—代理关系的存在，才形成会计信息披露与税收筹划之间的冲突。

筹划收益代表着所有者的利益，当管理层利益与税收筹划有冲突时，管理层并没有动力推进税收筹划活动。相反，如果管理层的报酬与会计报告利润紧密相连，管理层还极有可能由于内在利益的冲突而放弃节税计划，这就会带来隐藏行为问题，因为所有者相对管理层来说处于信息劣势，从而无法发现没有采取税收筹划节税计划的管理层，更谈不上惩罚和纠正管理层的隐藏行为了。

2. 税收筹划与会计信息披露的典型冲突

（1）存货计价方法。企业在一定期间的成本必然受到存货计价方法的影响。存货计价方法有先进先出法、加权平均法、移动加权平均法、个别计价法等多种方法，在不同市场环境和税收条件下，存货计价方法对于税收的影响也是不同的。表附 1－2 分析了存货计价方法的选择对会计信息及税收负担的影响。当采用后进先出法时，当物价上升，所得税率不变时，后进先出法是使税负最小化的一种存货计价方法。

表附 1－2　　存货计价方法的选择

项　目	比例税率			累进税率
价格变动方向	物价上升	物价下跌	物价波动	物价波动
存货计价方法	后进先出法	先进先出法	加权平均法或移动加权平均法	加权平均法或移动加权平均法
对会计信息及税收支付的影响	多计发出存货成本，少计期末存货成本，减少当期所得税支出	提高本期发出存货成本，减少当期收益，减轻所得税负担	避免各期利润忽高忽低及企业各期应纳所得税上下波动，利于企业资金安排与管理	使计入成本的存货价格比较均衡，进而使各期利润比较均衡，避免使用较高的税率而加重税负

后进先出法在一定条件下可以节约税收，许多纳税人热衷于纳税计算采用后进先出法，但后进先出法同时又降低了企业的会计利润，这不利于信息披露目标的实现，所以存在着财务报告成本的增加。但还是有证据表明企业在选择后进先出法时，节税是最主要的因素，而出于债务融资及盈余管理的考虑则不甚重要。

进一步分析，后进先出法还可以发挥其相反的增加税收的作用。在存货价格上升期，如果企业当期的商品销售数量超过进货数量，那么后进先出法向企业提供了一个增加报告收入和应税收入的机会，因为此时企业利用后进先出法核算的销货成本包括了旧存货的较低的成本，此时配比确认的会计收入和应税收入都会增加，相应地所得税的支出也必然会增加。

需要提醒注意的是，这种方法由于对会计利润和税收都会造成极大的影响，因此，在《企业会计准则》和《企业所得税法》都已经完全摒弃了后进先出法，这将对防止企业操纵利润和避税大有裨益。

（2）潜亏资产的处置。当企业存在潜亏资产时，对于该类资产的处置可能会带来筹划的税收利益。但这种潜亏资产处理的结果也可能会减少披露给投资者等信息使用者的会计利润。这一潜亏资产处置交易就造成税收筹划与会计信息披露之间的矛盾。

所谓的潜亏资产，是指那些会计账面价值高于其市场公允价值的企业存量资产。从税收筹划角度分析，出售该资产可以确认资产潜亏所造成的损失，这种损失实质上是"资产处置损失"，之所以通过资产处置确认出来，原因就在于这时可能是最佳的出售时间，因为该纳税期间纳税人有着高昂的应税收入。但在税前扣除该项损失时，也同样必须在财务报告中确认出来，这就造成了会计信息披露方面的顾虑，企业可能需要在该会计期间披露较高水平的收益以达到其他目的。所以，出于信息披露的考虑，企业可能最终放弃处置潜亏资产获取税收利益的好处。

在会计实务中，潜亏资产的处置除了直接辨认潜亏资产出售之外，还可能出现其他两种形式的操作模式，下面对这两种模式分析如下：

其一，债务重组形式的潜亏资产处置。作为债务人，企业存在重组的到期债务，还存有潜亏资产，那么企业可以采用以货抵债的重组方式实现还债和潜亏资产的转让。按照《企业会计准则第 12 号——债务重组》规定，以非现金资产清偿债务，债务人应将重组债务的账面价值与转出资产公允价值和相关税费之和的差额，作为重组收益，确认为当期损益。转让的非现金资产公允价值与其账面价值之间的差额，计入当期损益。那么，用潜亏资产还债时，会出现资产转让损失。至于该转让损失的具体处理，债务重组准则应用指南中明确规定：非现金资产为存货的，应当作为销售处理，按照收入准则的规定，以其公允价值确认收入，同时结转相应的成本。非现金资产为固定资产、无形资产的，其公允价值和账面价值的差额，计入营业外支出。非现金资产为长期股权投资的，其公允价值和账面价值的差额，计入投资损益。

其二，非货币性交换形式的潜亏资产处置。采用潜亏资产对外交换形式，潜亏资产在交换过程中也会出现公允价值与账面价值的差额，这一差额也会因为确认为损失得到税前扣除而降低当期所得税，所以，非货币性交换形式也可以作为税收筹划的有效方法之一。对于非货币性资产交换所形成的公允价值与其账面价值之间的差额，非货币性资产交换准则应用指南采取了与债务重组准则应用指南一致的处理，这里不再赘述。

（二）盈余管理、会计信息与所得税支付

1. 盈余管理对会计信息的影响

（1）盈余管理的概念。美国会计学者斯科特（William. K. Scott）在其所著的《财务会计理论》一书中认为，盈余管理是指在 GAAP 允许的范围内，通过对会计政策的选择使经营者自身利益或企业市场价值达到最大化的行为，盈余管理是会计政策的选择具有经济后果的一种具体表现。只要企业管理当局有选择不同会计政策的自由，他们必定会选择使其收益最大化或使企业价值最大化的会计政策，这就是所谓的盈余管理。

美国会计学家凯瑟琳·希珀（Kathehne. Schipper）认为，盈余管理实际上是企业管理人员通过有目的地控制对外财务报告过程，以获取某些私人利益的“披露管理”。因此，盈余管理是为了获得某种私人利益（而并非仅仅为了中立地处理经营活动），对外部财务报告进行有目的的干预。

希利（Heady）对盈余管理作出如下解释：当管理者在编制财务报告和构建经济交易时，运用判断改变财务报告，从而误导一些利益相关者对公司根本经济收益的理解，或者影响根据报告中会计数据形成的契约结果，盈余管理就产生了。

（2）盈余管理的动机分析。契约理论认为，企业是一系列契约的联结，如投资者为激励经营者而与之签订的奖金计划，企业为承诺债权人利益而与之签订的债务契约等。契约的双方是企业的管理层和投资者、债权人以及政府监管部门等，前者提供会计信息，而后者是会计信息的使用者。相对于外部信息使用者而言，企业管理层拥有更多的内部信息。当面对契约的束缚时，企业管理层产生了通过选择会计政策、进行交易安排和内部政策控制等调节盈余的机会主义行为，其结果是导致包括董事会在内的外部信息使用者无法准确把握会计盈余的质量。

西方实证会计理论的创始人瓦茨和齐默尔曼为盈余管理动机提出了三个假设：奖金计划假设、债务契约假设和政治成本假设。奖金计划假设认为，如果其他条件不变，与企业签订了奖金计划的管理层更倾向于通过会计政策的选择将未来的盈余调节到当期。债务契约假设认为，如果其他条件不变，企业偏高债务条款的程度越大，管理层通过选择会计政策将未来盈余调节到当期的可能性越大。政治成本假设认为，如果其他条件不变，企业面临的政治成本越大，管理层越可能通过选择会计政策将当期的盈余调节到未来。

此外，税收也是盈余管理的一个最明显的动因。希望减少税负的企业通常在物价上涨时采用后进先出法。但现实状况并非总是如此，还有一些企业宁愿选择先进先出法获得较高收益却放弃税负节约的好处。从契约的角度分析，原因在于有多种企业内外部契约关系在影响着盈余管理行为。然而，由于税务部门是采用税务会计的规定来计算应纳税款，因此在一定程度上缩小了企业可操纵的空间。

（3）盈余管理可能引起会计信息失真。盈余管理在资本市场普遍存在，可以恰如其分地称之为“市场参与者的游戏”。企业盈余管理是为了达到财务调节的目的，但过度的盈余管理会形成会计信息操纵，从而导致虚假会计信息披露。

为了适应多变的经济环境，会计准则在制定时留有余地，由会计人员根据实际情况进行会计政策选择，因此制定的会计准则具有一定的弹性，使得这些弹性能够适应企业创新发展的需要。但当这些弹性被过度扭曲或滥用时，失当的盈余管理行为便随之出现。许多企业为了达到盈利预期的目标，在提供会计信息时，操纵行为取代了忠实披露，以操纵为特征的盈余管理行为带来会计信息失真现象。因此，观察和分析盈余管理对会计信息披露的影响，界定盈余管理的性质，判断盈余管理行为是否适当，是会计管理中的一个重要问题。

2. 盈余管理对企业税负的影响

（1）盈余管理与税收成本之间的关系。在资本市场中，公司管理层出于融资、契约和政治管制等目的，往往有意识地进行盈余管理。然而，管理层的盈余管理行为并非毫无成本，可能要面临未来可能的法律风险之外，一项直接的成本便是所得税成本。一般情况下，公司调增利润，会在当期多支付所得税；调低利润，便节约了当期所得税。所以，当管理层通过盈余管理增加利润时，往往需要为此多支付所得税。因此，管理层的盈余管理行为，面临着财务报告成本①与税收成本②之间的权衡。

杜邦和平卡斯（Dopuch and Pincus）对公司管理层选择存货计价方法的动因进行了考察，研究发现税务因素是公司选择存货计价方法的一个重要因素③。他们研究还发现，对于采用后进先出法的企业，当价格上涨时，其节税效果是客观的。但并非价格上涨时所有的企业都采用后进先出法，而是一些企业继续保持先进先出法，为什么呢？这些企业由于存货数量少，存货变动大，存货周转率高，实际税率低，虽然采用先进先出法却并没有承担巨额的税负。Dhaliwai，Frankel 和 Trezevand 针对采用存货后进先出法的公司管理层的期末清货或购货行为进行了研究，在采用存货后进先出法的公司中，公司管理层往往可以通过在期末清理存货来增加报告收益，并支付增加的所得税成本，也可以通过在期末增加购货来降低报告收益和应税收益。在那些低税率、高负债和盈余很可能发生负面变化的公司中，更经常出现存货的期末清理，规模也更大。④

像税负因素影响存货计价方法的选择一样，还有许多研究也都表明，所得税成本确实影响公司的盈余管理行为，具体而言：公司所得税负越高，盈余管理收益越低，则公司越没有积极性进行盈余管理，即所得税费用构成公司盈余管理行为的重要影响因素。

Erickson，Hanlon 和 Maydew 将会计舞弊与其相应的税务成本相联系，他们以美国证监会在 1996 ~ 2002 年间认定财务欺诈和虚增利润的 22 家公司为分析样本，考察了这些公司为其会计舞弊行为所支付的税务成本⑤。该研究通过对于调整前和调整后的所得税差异，计算出盈余管理的税务成本。研究结果表明，公司每虚增一美元利润，平均要为此支付 12 美分的税务成本，这表明上市公司愿意为盈余管理行为支付一定的税收成本，这也进一步说明了税收筹划与盈余管理有时也会出现矛盾和冲突，协调税收筹划与盈余管理之间的关系也是必要的。

（2）纳税调整项目对所得税及盈余管理的影响。根据上述分析，盈余管理对所得

---

① 财务报告成本是指公司由于报告较低的收益或利润时，产生的真实的或可能的成本，包括融资成本上升、债务契约终止、政府管制加强等成本。

② 税收成本是指由于管理当局操纵盈余、增加利润而导致的所得税负增加。

③ Dopuch，N.，Pincus，M. 1988. Evidence on the choice of inventory accounting methods：LIFO versus FIFO. Journal of Accounting Research.

④ Dhaliwai，D.，Frankel，M.，Trezevand，R.，1994，The taxable and book income motivations for a LIFO layer liquidation.，Journal of Accounting Research.

⑤ Erickson，M.，Hanlon，M.，and Maydew，2004，How much will frims pay for earnings that do not exist：Evidence of taxes paid on allegedly fraudulent earning，The Accounting Review（2）.

税会产生影响，那么又是哪些项目在影响盈余管理和所得税呢？下面我们根据所得税纳税申报表，分析比较纳税调整项目对所得税及盈余管理的影响，如表附1-3所示。

表附1-3　纳税调整项目对所得税及盈余管理的影响比较

行次	项　目	差异或交易类型	对所得税及盈余管理的影响
1	工资薪金支出	永久性差异	可调节盈余，不影响所得税
2	工会经费	永久性差异	可调节盈余，不影响所得税
3	职工福利费	永久性差异	可调节盈余，不影响所得税
4	职工教育经费	永久性差异	可调节盈余，不影响所得税
5	利息支出	永久性差异	可调节盈余，不影响所得税
6	业务招待费	永久性差异	可调节盈余，不影响所得税
7	广告费、业务宣传费	暂时性差异	可调节盈余，不影响所得税
8	折旧、摊销支出	暂时性差异	可调节盈余，不影响所得税
9	提取减值准备	暂时性差异	可调节盈余，不影响所得税
10	坏账准备金	暂时性差异	可调节盈余，不影响所得税
11	社会保障性缴款	永久性差异	可调节盈余，不影响所得税
12	罚款支出	永久性差异	可调节盈余，不影响所得税
13	与收入无关的支出（如贿赂等）	永久性差异	可调节盈余，不影响所得税
14	股权投资转让净损益	暂时性差异	可调节盈余，影响所得税
15	财产损失	永久性差异	可调节盈余，影响所得税
16	上交总机构管理费	永久性差异	可调节盈余，影响所得税
17	关联交易	真实性交易	可调节盈余，影响所得税
18	投资收益	真实性交易	可调节盈余，影响所得税
19	超期亏损	永久性差异	可调节盈余，影响所得税
20	加计扣除的研究开发费用	永久性差异	不可调节盈余，影响所得税

（3）盈余管理与所得税负之间的关系。现有的文献研究表明，上市公司、高负债率公司、财务困境公司、盈余略高于零的公司的会计收益与应税收益的差异较大。Hanlon的研究认为，会计收益和应税收益的差异越大，则盈余的持续性越低①。

中国会计学者近年来也开始关注盈余管理与所得税之间的关系。戴德明、姚淑瑜、毛新宇和叶康涛的两篇论文②均研究了我国上市公司会计收益与应税收益差异和盈余管理之间的关系，研究发现：上市公司盈余管理的幅度越大，会计收益与应税收益之间的差异也越大。

---

① Hanlon, M., 2005, The persistence and pricing of earnings, accruals, and cash flows when firms have large book-tax differences. The Accounting Review 80 (1).

② 戴德明、姚淑瑜、毛新宇："会计——税收差异、盈余管理与公司避税行为研究"，中国人民大学会计会议论文集，2005年。叶康涛："盈余管理与所得税支付"，《中国会计评论》，第4卷，第2期，2006年12月。

上述研究将会计收益与应税收益间的差异作为盈余管理的指标进行考察，有一定的创意，但这些研究存在着一个潜在的前提，即盈余管理行为不影响公司当期的应税收益，换言之，公司主要通过操纵非应税项目进行盈余管理，然而这一假设并不是必然成立的。

郭荟针对中国该研究现状，对国内上市公司常见的盈余管理行为进行研究，考察了上市公司在利用投资收益、资产减值、关联交易和资产重组等行为进行盈余管理时，这些盈余管理行为对企业所得税税负的影响。研究得出以下结论：不同的盈余管理行为的所得税成本是不同的。中国上市公司利用投资收益和关联交易进行盈余管理时，需要承担一定的所得税成本，而利用资产减值和资产重组进行盈余管理，则不需承担所得税成本①。

实际上，盈余管理行为并不必然导致所得税费用的增加，其原因在于会计规则要比税收制度更加灵活，管理层在操纵利润的同时，并不一定导致所得税负担发生变化。例如折旧方面，税法规定公司在变更资产折旧政策时，必须经过税务部门的批准方可据以计算应税所得，而会计准则规定只要得到董事会的批准就可以变更资产折旧政策，这种变更必然影响会计盈余，但对于所得税负担却没有任何影响。实际上，由于盈余管理的迫切需求以及税收成本的约束，上市公司往往会寻找既能够实现盈余管理操纵利润的目的，又能够不多负担税收的盈余管理手段。例如，国内一家上市公司，曾利用会计折旧与税法折旧的差异来操纵利润，进行盈余管理。该上市公司有一价值高昂的不动产，在核算会计利润时，其会计折旧年限为40年，年折旧率为2.5%；在计算税金时，其税法折旧年限按照20年，其年折旧率为5%。会计折旧与税法折旧差出一倍。很显然，这种差异的处理结果是会计利润被操纵抬高了，而计税基础却没有被抬高，而是按照最高的折旧扣除额②。对于该种处理，是否符合法律的要求呢？按照会计核算要求，如果会计规定与税法不一致或不相协调，应按会计制度及相关准则的要求进行核算，也就是折旧可以按照40年计提，因为会计准则规定企业有权根据实际情况合理判断确定资产的折旧年限。而税法要求企业在履行纳税义务时，必须进行纳税调整，也就是确定税法折旧年限要遵循税法规定。所以，从合法性角度分析，会计折旧与税法折旧存在差异是允许的，也是企业经营中的一种正常现象。但笔者从会计与税法相互协调的角度分析，认为这里可能有故意操纵的嫌疑，原因有二：其一，会计折旧年限与税法折旧年限相差悬殊，这一差异远远偏离正常范围；其二，会计与税法在折旧年限方面均超过一定年限(本例中为税法最低折旧年限为20年)，那么为何不取税法折旧年限作为会计折旧年限呢？若折旧年限取值一致，能够减少企业无所谓的会计与税法之间的差异，做到一定程度的会计与税法差异的协调。当然，很显然，上面所举案例属于纳税人通过人为操纵非应税项目进行盈余管理的典型案例。

① 郭荟："盈余管理的税务成本：基于中国上市公司的实证研究"，中国会计学会2006年年会论文集，2006年。

② 税法规定，房屋建筑物等不动产的折旧年限不得低于20年。

通过分析不同的盈余管理行为，可以得出以下结论：企业通过盈余管理操纵会计利润时，倾向于选择非应税项目。因为非应税项目只影响会计账面价值，而不影响税收负担。企业盈余管理幅度越大，其通过操纵非应税项目损益规避盈余管理的所得税成本的动机就越大。进一步分析，企业倾向于选择非应税项目操纵会计利润，被税务稽查部门发现的概率也小，因为非应税项目不影响税收利益，这种盈余管理行为可能不被税务稽查部门重视，或者即使税务稽查部门发现也疏于问津，因为税务稽查部门监管审查此类事件有点"狗拿耗子多管闲事"之嫌。

在西方，自从安然事件等爆发以来，一些社会人士也提出加强财务会计与所得税会计的一致性，以防止公司通过非应税项目损益形式规避盈余管理的所得税成本，从而抑制盈余管理行为。但笔者认为，财务会计与所得税会计的差异越来越复杂，确实难以协调；另外，即使财务会计与所得税会计可以协调，也可能会发生大量的协调成本，也可能只是一种得不偿失的饮鸩止渴之策。

附录2　公司治理、契约安排与税收筹划

公司制企业是现代经济中最主要的企业存在形式，其重要的特征在于所有权和控制权的分离，具体体现为所有者和管理者之间的委托代理关系，并由此引发了不同主体之间的目标冲突，产生了两种权力、两种利益之间的竞争。基于委托代理关系的契约安排和公司治理，不仅是公司运行的基石，而且也制约并决定着公司运行的效率。税收筹划作为一种理财行为，属于公司的经营管理范畴，不可避免地受到公司治理和契约安排的制约和影响。

一、公司治理：税收筹划的根本动力

公司治理就是通过一套包括正式及非正式的制度来协调公司与所有利害相关者之间的利益关系，以保证公司决策的科学化，并最终维护公司各方面的利益。[①]一般地讲，公司治理可以分为两个部分（如图附2－1所示）：一个是公司治理结构，另一个是公司治理机制，这两者共同决定了治理效率的高低。[②] 公司治理结构是治理公司的基础，公司治理机制通过治理机构发挥作用，公司治理效率来自于合理的治理结构与治理机制的完美结合。

① 李维安：《公司治理》，南开大学出版社2001年版，第32页。

② 何家成：《公司治理结构、机制与效率》，经济科学出版社2004年版，第7页。

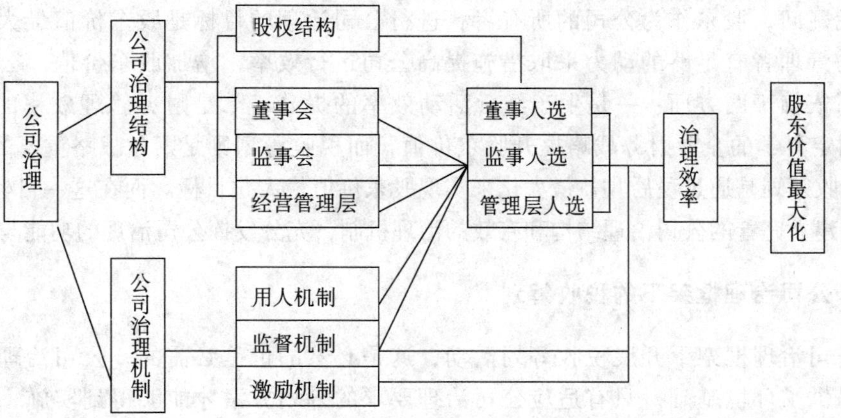

图附2-1　公司治理示意图

（一）公司治理是一种契约关系

公司具有明显的契约性质，被认为是一组相互关联的契约的联合体，这些契约约束着公司的交易，使得交易成本低于由市场组织这些交易时发生的交易成本。公司治理是以公司法和公司章程为依据，以简约的形式规范公司各利益相关者的关系，约束他们之间的交易，来实现公司交易成本的比较优势。公司治理结构则是依据这些契约进行的组织安排，具体表现为明确界定股东大会、董事会、监事会和经理层的职责和功能的一种企业组织制度结构。这种制度安排也决定了公司的目标、行为，以及公司的利益相关者如何实施管理、控制风险和分配收益等有关公司生存和发展的一系列重大问题。

（二）公司治理的核心是科学决策

从法律意义上讲，股东是公司的所有者，对公司拥有剩余索取权。作为代理人的经营者拥有公司的运营权，直接控制着公司的经营活动和公司剩余。由于法人财产权和终极所有权的不一致性，从而导致经营者和所有者利益的背离。因此，建立以权力配置为基础的公司治理结构用以制衡各方的权力范围与经济行为是十分必要的。但公司治理并不是为了制衡，因为制衡本身并不是保证各方利益最大化的有效途径。公司的有效运行依赖于科学决策，科学决策是维护公司利益相关者利益的根本。因此，科学的决策不仅是公司的核心，更是公司治理的核心。公司治理结构远不能解决公司治理的所有问题，建立在决策科学观念上的公司治理不仅需要完备有效的公司治理结构，更需要治理机制的有效运作。公司的有效运作和科学决策不仅需要充分发挥股东会、董事会和监事会的内部监控机制的作用，还需要发挥证券市场、产品市场和经理市场的外部监控机制的作用。①

（三）公司治理推动了税收筹划

公司治理有两个基本功能：一是保证公司管理行为符合国家法律法规、政府政策、企业的规章制度，保证公司资产完整；二是要促使管理者在守法经营的前提下努力工

① 李维安：《公司治理教程》，上海人民出版社2002年版。

作。毫无疑问，股东作为公司的所有者，进行公司治理的目标是股东价值最大化。有效治理下的管理者有足够的动力采取措施提高公司运行效率，增加股东价值。公司运行效率的提高依赖于两方面：一是生产经营活动效率的提高，二是财务管理效率的提高。因此需要制定科学的企业财务战略提升股东价值，而税收筹划则是财务战略重要的组成部分之一。税收筹划是通过税后收益最大化来实现股东价值最大化目标。而在这一目标实现过程中，必须建立完善的公司治理结构和有效的治理机制，充分发挥公司治理的功能与效用。

二、公司治理框架下的税收筹划

在公司治理框架下开展税收筹划活动，这是必然的也是必需的。公司治理结构为税收筹划提供了环境基础，只有适应公司治理要求的筹划方案才能够得到实施，才能够发挥其巨大的潜能。

（一）税收筹划的组织保障

组织结构是表现组织各部分排列顺序、空间位置、聚集状态，联系方式及各要素之间相互关系的一种模式，它为协调组织中不同成员的活动提供了一个框架体系，有了组织结构，企业中的人流、物流、信息流、资金流才能顺畅流动。组织是为战略服务的，是为战略任务的完成起保证作用的，这种地位决定了组织结构必须随着战略的调整而调整，不断适应战略任务的要求。同时，组织结构对战略的制定和实施也起着制约作用。组织结构与战略之间的平衡发展，能够使企业的组织资源优势充分发挥，有效地支持企业的持续发展。

开展税收筹划活动，需要一定的组织机构作为保障。在企业内部，需要成立税务部或筹划部等类似组织机构，专业性的组织分工可以为筹划工作提供组织和人力资源方面的保障。税务部（或筹划部）一般应该独立设置，与财务部平行，对于规模较小的企业也可以直接隶属于财务部。在税务部（或筹划部）的设计过程中，要考虑筹划方案拟定、方案实施和涉税业务处理的明确分工与相互配合。

税务部（或筹划部）的工作体现在以下方面：（1）涉税法规的搜集与整理，为筹划方案的拟定和实施提供信息支持；（2）企业整体税负分析及财税风险防范；（3）涉税业务处理与税务绩效评价；（4）税务战略规划与内部税务计划；（5）纳税申报与税款缴纳；（6）纳税评估报告书；（7）筹划方案的拟定；（8）筹划方案的实施与评价。

（二）税收筹划的内部治理机制

在公司治理尤其是内部治理框架中，要设计税收筹划的决策机制、控制机制与供给机制，因为税收筹划活动是有风险的。有效的内部治理机制可以防范风险，保证税收筹划方案的合法性，并保证筹划方案及时有效地实施。在公司治理框架中可以设立公司税收筹划内部治理系统（如图附 2 - 2 所示）。

除此以外，为了保障税收筹划内部治理系统能够有效运行，还应明确涉税环节各部门的岗位职能与责权关系。一个企业应设立税务部（或筹划部）主管（不同于办税人员）作为税收筹划内部治理的执行者，在税务部（或筹划部）中还应聘用若干筹划人员，并明确其岗位职责与权利。

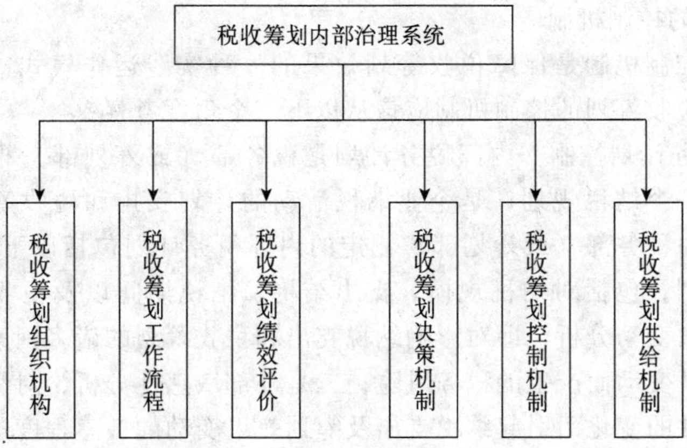

图附 2－2　税收筹划内部治理系统

1. 税收筹划的决策机制与制衡关系

对于税收筹划的运作，可以明确授权并形成制衡关系，确保税收筹划决策和筹划方案的科学性，力避企业涉税风险和税务危机的出现。

税收筹划决策机制关注的是筹划决策权在公司内部利害相关者之间的分配格局。由于公司治理的权力结构由股东大会、董事会、监事会和经理层组成，并依次形成了相应的决策分工形式和决策权分配格局，因而筹划决策机制实质上体现了一种层级制决策。

层级制决策的产生在公司治理中应被看作是权力的分立和制衡的结果，公司治理结构在股东大会、董事会、监事会和经理层之间形成不同的权力边界，并使得每一权力主体被赋予不同的筹划决策权。税收筹划层级制决策有三个主要特征：（1）存在一个最高决策者；（2）权力边界清晰，每一决策层都清楚其权力范围；（3）下级决策服从上级决策。

按照公司治理机制，税收筹划运作的决策机制与制衡关系如图附 2－3 所示。

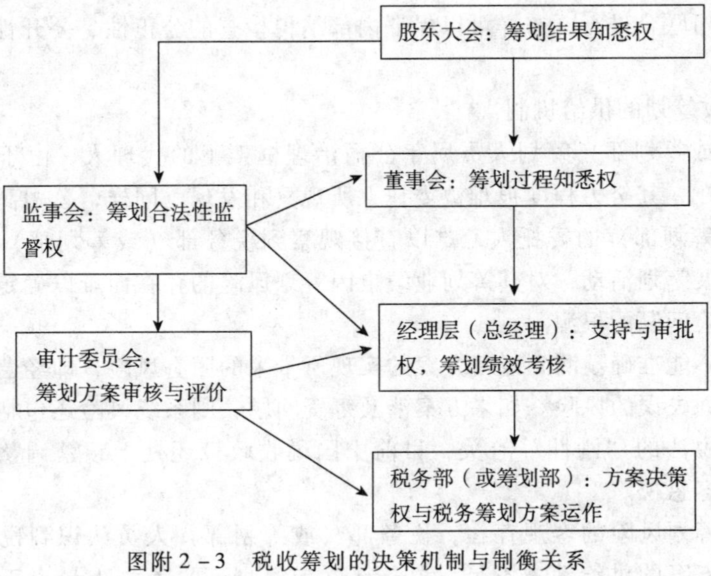

图附 2－3　税收筹划的决策机制与制衡关系

2. 税收筹划的控制机制

税收筹划的控制机制是保障税收筹划效果的一种实践运作模式，属于内部控制范畴。我们认为，税收筹划的控制机制应该从以下三个角度考察：

（1）内部税务计划控制。内部税务计划是税务部（或筹划部）根据企业纳税的特征和要求制定的一个纳税规划，是企业纳税活动的计划安排和税收筹划操作的工作指南。一般来讲，由税务部（或筹划部）制定的内部税务计划包括以下三部分基本内容：一是年度纳税计划，包括对纳税规模、支出结构、纳税期间以及税收筹划进行合理安排；二是内部因素变动分析，即对影响纳税支出和税收筹划的诸多因素的变动状况进行分析，以防止因其变动而产生的税务风险；三是外部敏感性分析，对影响纳税支出和税收筹划的外部条件的变化而引起纳税支出及筹划效果变动的敏感程度进行分析，以防止因外部条件的变化而产生的税务风险。

（2）内部纳税会计控制。内部纳税会计控制是整个企业内部控制中的一部分，建立和完善内部纳税会计控制体制，定期核对账簿，可以提高涉税会计核算资料的可靠性；同时，内部纳税会计控制有利于引导税收筹划目标的实现，即通过协调会计处理与税务处理的差异，最大限度地规避税务风险，降低企业税负。内部纳税会计控制的目的是使纳税会计提供的资料真实、可靠，纳税活动遵纪守法。为实现这一目的，设计内部纳税会计控制制度时，应考虑到如何协调税务部与会计部及各业务部门，以及内部审计机构之间的关系。

（3）内部纳税管理控制。从税务角度看，内部纳税管理控制是指与纳税会计提供资料的可靠性没有直接影响的内部控制，如内部纳税检查、纳税程序控制、纳税申报控制等，这里重点探讨内部纳税检查。所谓内部纳税检查是指企业内部的独立人员对企业税款核算、税款缴纳情况所进行的检查。通过内部纳税检查，可以防止财税欺诈与舞弊行为，降低涉税风险。为了强化企业内部纳税检查，我们建议由税务部（或筹划部）与内部审计部门联合进行，这样可以保证内部纳税检查的公正性、公开性，同时又可以减少工作量。

（三）税收筹划的供给机制

税务部（或筹划部）筹划人员属于公司治理框架下的代理人，由于现实中信息不对称现象的存在，其努力程度很难被委托人所观察和发现。同样，公司高层管理人员作为税务部（或筹划部）的委托人，难以直接观察到税务部（或筹划部）筹划人员是否尽心尽力地开展筹划活动，对其筹划业绩也因筹划风险的存在而难以确定评价标准，这是产生道德风险问题的根源。

由于企业不能准确预测到经营方案的实现所带来的固有风险，即经营过程未实现预期结果而使筹划失误的风险。如果方案涉及筹资问题，则系统风险还包括财务风险。政策变动风险与税法的“刚性”有关，目前中国税收政策还处于频繁调整时期，这种政策变动风险不容忽视。

由于税收筹划风险的客观存在，税务部（或筹划部）人员认识到税收筹划存在种种风险。筹划方案的供给动力不足。税务部（或筹划部）筹划人员出于自身的利益和安全性考虑，会尽量规避税收筹划风险，而规避筹划风险的最好办法就是不去设计筹划方案。因此，一般情况下在企业内部几乎很难产生理想的筹划方案，即使税务部（或筹划部）筹划人员筹划水平很高，他们也不愿冒风险去筹划。只有在税务部（或筹划部）筹划人员因提供税收筹划方案所获得的收益大于他们为此而承担的风险时，他们才乐意提供税收筹划方案，如图附 2－4 所示，在图中 E_0点①以上（含 E_0点）部分，税务部（或筹划部）筹划人员提供筹划方案所获得的收益大于（等于）其承担的风险成本，此时他们才有动力提供税收筹划方案。进一步分析可知，如果税务部（或筹划部）除完成日常税务工作外，还签约承担设计筹划方案，在这种契约安排下，他们所提供的筹划方案会位于均衡点（如图中 E_0点所示），即此时风险恰好等于收益。

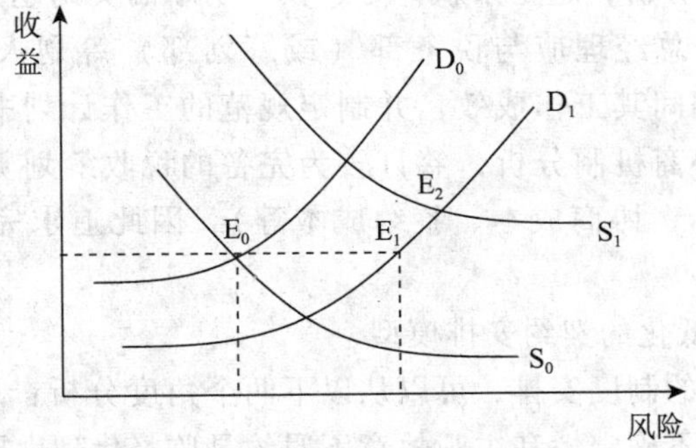

图附 2－4　税收筹划供求曲线

根据企业情况如果需要做更多的税收筹划时，则需求曲线会外移至 D_1，则必须在制度约束下提高他们的收益，即供给曲线向上平移，如图中 E_1点所示，在该点税务部（或筹划部）筹划人员获得的收益不变，但承担的风险增大，则筹划方案的供给动力不足，需要以提高筹划人员收益等激励方式使供给曲线上移，直至达到新的均衡状态②。

三、税收筹划的最优契约安排模型

现代契约理论认为，企业是一系列契约的总和。詹森和麦克林将“代理关系定义为一种契约关系，在这种契约下，一个人或更多的人（即委托人）聘用另一个人（即代理人）代表他们来履行某些服务，包括把若干决策权托付给代理人”③。企业税务部（或筹划部）筹划人员所行使的税收筹划决策权以及筹划方案的拟定也是一种代理关系，只不过此时的委托人是企业管理当局④。

---

① E_0点为供给曲线 S_0与需求曲线 D_0的交点。

② 新的均衡状态即为 E_2点，系供给曲线 S_1与需求曲线 D_1的交点。

③ 詹森、麦克林：“管理行为、代理成本与所有权结构”，《所有权、控制与激励——代理经济学文选》，上海三联书店、上海人民出版社 1998 年版。

④ 更确切来讲，最终委托人是股东，管理当局只是受托担任具体委托人。

（一）税收筹划契约的优化

在现代经济契约中，有没有最优契约？我们认为，最优契约是不现实的，它只存在于理想状态下。即使最优契约不存在，但可以实现契约的优化。一个不完全契约将随着时间的推移而不断修正并需要重新协商。[①]如果一个企业能产生最大化剩余或最大化效率，那么这样的契约无疑是一种最优化的选择。因此，一个相对优化的契约应该满足以下条件：（1）委托人与代理人共担风险；（2）契约的报酬结构因履约结果的不同而有所不同；（3）代理人与委托人的契约签订行为具备重复博弈模式，即当供给和需求不平衡时，保留委托代理双方都拥有重新签订或修改契约条款的权利，直至契约所约定的价格在不断博弈的过程中重新订立并最终实现供需均衡。

从契约的约束机制分析，越是条款详尽、权责明晰的契约越具有约束力，所以，在制定税收筹划契约时，总经理应与税务部（或筹划部）筹划人员签订协议书或保证书，由后者承诺协议期间其工作成效，并制定规范的工作计划书，以此实施有效的合同约束。但从契约的协商机制分析，签订较为完备的税收筹划契约需要付出更多的交易费用（包括信息成本、协商成本、签约成本等），因此追求完备的契约安排并非最佳选择。

（二）履约成本最低化的契约安排模型

对诱导性筹划契约的制度安排，可以从以下两个角度分析：（1）履约的监督问题。如何区分由于履约中的不确定性和主观故意不履约是监督代理人履约状况的关键。在履约过程中，对代理人努力程度的观察和度量是很困难的，其度量费用是很高的。这些度量费用构成了履约监督成本的一部分，所以履约的监督成本是极为昂贵的。（2）履约的激励问题。由于个人的有限理性，外在环境的复杂性、不确定性，信息的不对称和不完全性，契约当事人无法证实或观察一切，就造成契约条款是不完全的。基于契约天然具有不完全性的特征，就需要设计不同的激励机制以对付契约条款的不完全性，并处理由不确定性引发的有关不履约的风险。

考察履约的监督与激励行为，可以发现，履约的监督行为与激励行为是可以相互替代的，即要达到如期如约履约的话，当监督行为比较有效时，完全可以减少激励行为甚至取消激励行为；反过来，当激励行为比较有效时，也完全可以减少监督行为甚至完全没有监督行为，这是非常有趣的现象。当然，所对应的履约的监督成本与激励成本也是可以相互替代的，有着此起彼伏的微妙关系。所以，对于诱导性契约的制度安排，关键是在履约的监督成本与激励成本之间进行权衡的问题。履约监督成本与履约激励成本的关系如图附 2－5 所示，图中支出效用曲线 S 上的每一个点对于履约的效用都是无差别的。对于支出效用曲线，在一系列履约成本预算线中，总有一条会与之相切，则该切点为履约成本[②]最低点。

① 参见哈特：《企业、合同和财务结构》，上海三联书店，上海人民出版社 1998 年版。

② 在这里，履约成本只考虑履约监督成本与履约激励成本，即履约成本 = 履约监督成本 + 履约激励成本

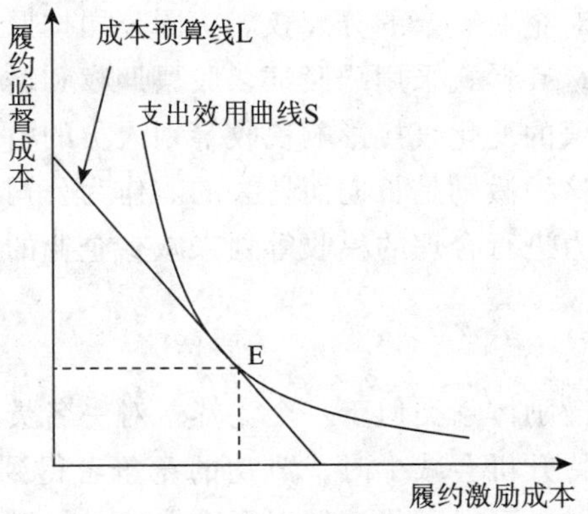

图附2－5 履约成本无差异曲线

四、诱导筹划行为的契约安排与治理模式

（一）契约不完备性与道德风险

科托威茨（Y. Kotwitza）认为，道德风险是指从事经济活动的人最大限度地增进自身效用时做出不利于他人的行为。道德风险源于委托人和代理人所掌握的信息不对称，一方面，代理人的某些行为是隐蔽的，很难被委托人所察觉和提防，在委托代理契约中难以反映和应对。另一方面，委托掌握的某些信息只根据自己占有的为限，由于委托人与代理人之间的信息不对称，有关他们之间的风险分担，会引致道德风险问题。

道德风险形成的另一个原因是委托人与代理人的合同订立和实施障碍。一方面由于签定详细而完备的合同所需费用高昂，而且合同订立者无法掌握充分信息，代理合同实际上难以穷尽未来事项。另一方面合同实施费用和其他限制也使得道德风险不能避免。①在公司治理中，为了正确处理所有者和经营者之间的委托代理关系，以降低代理成本和道德风险，具有关键意义的是建立一套对代理人的激励机制，使代理人追求自身利益最大化的同时，实现委托人利益最大化，避免隐蔽、偷懒和机会主义等损害委托人利益的行为。

（二）多元化激励：一种有效的税收筹划治理模式

基于委托代理框架下税收筹划契约之道德风险问题的存在，税收筹划需要纳入公司治理的框架内寻找有效的治理模式。公司发展的动力源于公司各利益主体在公司统一目标下实现自身利益的动机和动力，因此税收筹划也必须通过有效的治理机制把筹划人员的利益同股东利益适当地结合起来。持续而有效的激励手段是筹划人员进行税收筹划的内在动力。对于高智力性劳动强度和难度集于一身的税收筹划活动，可以采用长期产权激励、竞赛机制、利益分享计划、荣誉激励机制等多种激励手段相结合的多元化激励模式。

1. 长期产权激励

产权激励机制表现为向税收筹划人员转让部分产权，使税收筹划人员拥有企业股份

① 李维安：《公司治理教程》，上海人民出版社2002年版。

而成为企业所有者，拥有对企业剩余的分配权。美国公司按照长期业绩付给经理人员的激励性报酬所占比重很大，其形式采用购股证、股票期权和增股等。税收筹划人员成为企业的所有者后，企业价值的变化直接影响税收筹划人员的财富，这无疑是对税收筹划人员强有力的激励，而且这种激励是长期而持久的。作为公司股东的税收筹划人员，为了自身的利益有足够的动力进行合理的税收筹划来减少企业的税费支出，用以增加企业的价值。

2. 竞赛机制

以职务晋升为基础的激励体系类似于一个竞赛。对一名员工的早期而言有很多值得期待的更高职位，但是当晋升机会减少时，成功的竞争者得到的报酬增加了。① 在税收筹划人员中实行竞赛机制，也可对税收筹划人员维持持久的激励。首先，当税收筹划人员的能力相同时，竞争机制完全可以在全体人员中根据他们的能力来维持对他们的激励。如果他们的能力是有差异的，则竞赛机制有助于发现人才，对有才干的税收筹划人员进行激励，可以使企业获得最优税收筹划方案。

3. 利益分享计划

实现公司内部激励机制的根本途径在于使经营者获取与其经营企业所付出的努力和承担的风险相对应的利益，同时又要经营者承担相应的风险与约束。对于税收筹划人员来讲，就是要使税收筹划人员获得比他人更多的利益。一个具体的办法就是让从事该项筹划工作的人员享受企业通过税收筹划获取的部分额外收益，该部分收益应该至少和其从事税收筹划所付出的努力以及承担的风险相当，以此来激发税收筹划人员从事税收筹划的积极性。

4. 荣誉激励机制

在公司治理中，除了物质激励外，还有精神激励。对于公司税收筹划人员而言，良好的职业声誉一方面可以获得社会的赞誉，产生成就感和心理满足；另一方面，现期货币收入和声誉之间有着替代关系，良好的声誉意味着未来的货币收入。税收筹划人员出于对声誉或财富的追求，有做好税收筹划的主观要求。因此，对优秀的税收筹划人员给予必要的精神奖励，也是有效的激励模式之一。

五、基本结论

基于委托代理关系的契约安排和公司治理相互配合，影响和制约着税收筹划在企业微观层面的运作，也决定着税收筹划运作的效率。可以说，在权力制衡、成本约束、行为博弈角度，契约安排、公司治理对税收筹划的影响以及三者之间的内在联系，都是极为微妙的。我们通过研究得出关于税收筹划契约的以下结论：

1. 在税收筹划的治理机制中，具有关键意义的是建立一套对代理人的激励机制，以规避代理人的隐蔽、偷懒和机会主义行为。针对税收筹划问题，我们并不强调与激励机制相对应的监督机制，这里有两点需要说明：一是税收筹划在企业现行环境与状态

① 李维安：《公司治理前沿》，中国财政经济出版社2003年版。

下，筹划方案往往是供给动力不足，这决非监督机制所能奏效；二是在信息严重不对称的情况下设计并运行一种监督机制，其成本是极为昂贵的，可能不符合成本效益原则。

2. 契约的制度安排是有成本的。从契约的签订角度分析，达成一份完备的税收筹划契约需要付出更多的签约成本，追求完备的契约安排可能并非最佳选择；从契约履行的监督角度分析，契约的监督成本因信息不对称和契约天然的不完全性而极为昂贵；从契约履行的激励角度分析，契约天然需要激励成本的支持。上述与契约相关的三个成本中，契约的监督成本与激励成本呈反向变动关系，而契约的监督成本与激励成本之和又与契约的签约成本呈反向变动关系。实际上，通过逐步分析契约的一系列相关成本，总能够找到契约总成本①的最小值，这也是经济学所追求的最优化目标。

3. 税收筹划最优契约可能是不存在的，但税收筹划契约可以优化。一个不甚完美的契约将随着时间的推移而不断修正并逐步得到优化。我们认为，一个相对优化的税收筹划契约必须具备重复博弈模式，即当供给和需求不均衡时，保留委托代理双方都拥有重新签订或修改契约条款的权利，直至订立新的契约并达到博弈均衡，此时也恰好达到供求均衡状态。

附录3　遵从税制约束的征纳博弈分析

一、博弈论与税收征纳行为

（一）博弈论与纳什均衡

1. 博弈论思想

博弈论（Game Theory）开始建立和形成于20世纪40年代，美国数学家冯·诺依曼（Von Neumann）和摩根斯坦（Morgenstern）在《博弈论和经济行为》一书中提出了博弈论的经济思想。自20世纪80年代以来，博弈论逐渐成为主流经济学的一部分，作为一个强有力的分析工具，博弈论已经被广泛应用于军事、政治、社会、经济等领域。

“博弈”（Game），为“对策”之意。具体而言，博弈就是一些个人或组织，面对一定的环境条件，在一定的规则下，同时或先后，一次或多次，从各自允许选择的行为或策略中进行选择并加以实施，并从中取得相应结果的过程。博弈信号传递和信息沟通，对参与者的策略选择起着重要的作用。

博弈论关注决策主体之间行为的相互影响及决策均衡问题，博弈中的任何一个局中人的决策会受到其他局中人行为的影响，反过来他的行为也成为其他局中人决策的基础。基于这种依存性，博弈结果依赖于每一个局中人的决策，没有任何一个局中人能够完全控制局面。博弈中的局中人之间产生竞争，而竞争只是博弈中相互依存的一个方

① 这里的契约总成本是广义上的概念，包括所有与契约签订、履行等过程相关的成本。

面，博弈并非纯粹是竞争，相互博弈的另一方面是局中人有某些共同利益使局中人彼此协调和合作。这是博弈论方法的本质与精髓。

2. 纳什均衡

“纳什均衡”是由美国数学家纳什提出的，现在已成为博弈论中应用最广泛、使用最频繁的一个重要概念，它是应用博弈论的基础和核心。“纳什均衡”是具有如下特征的策略组合：每个对弈者的策略都是对其他对弈者策略的最佳反应。换言之，在已知所有其他参与者的情况下，每个参与者都选择最佳策略，所有参与者的这种最佳策略组合就是一个“纳什均衡”。“纳什均衡”是一种比较满意的均衡，即如果所有的参与者都预测到某个均衡会发生，所有参与者都不会故意去违背它，没有愿望不去遵守它，它体现了战略博弈行动的稳定状态。

“纳什均衡”实际上是一种理性预期均衡，但“纳什均衡”并不一定是“帕累托最优”，它有时存在个人理性和集体理性的冲突，这种冲突有时会导致集体福利的损失。在一场博弈对局中，往往有不止一个的“纳什均衡”存在，即并非唯一的。在经济分析中，要求避免低效率的“纳什均衡”出现，力求社会福利最大化。

（二）税收征纳双方的博弈关系

从博弈论的角度来看，以政府为主体的征税人和以企业为主体的纳税人成为矛盾的两个方面。一方面政府凭借其国家权利要尽可能多地征收税款，另一方面企业基于自身利益的考虑要尽可能少地缴纳税款。在这个税收征纳博弈对局中，税收契约就是博弈双方的协议，因而在制定、实施税收契约时必须考虑遵守税收契约的收益大于破坏它们的收益。换言之，税法在制定时必然会考虑到税源的存在和可持续增长，税收制度中的涵养税源就成为国家的战略选择。

税收制度的调整也可归之为一种博弈信号，纳税人对税法条款的选择与运用有着明显的博弈特征。征纳行为博弈中的“纳什均衡”是一个动态平衡，政府会根据宏观经济发展要求与税法的制度性缺陷不断完善税收法律制度，进而调整税收筹划空间。纳税人要不断地发现和利用税收筹划空间制定新的筹划方案，伴随着博弈双方对该空间的认知程度，在约束与博弈中达到新的“纳什均衡”。

从博弈的分类来看，税收征纳博弈是不对称信息博弈，在税收博弈中纳税人拥有政府不拥有的信息，政府与纳税人在拥有税收信息方面是不对称的；税收征纳博弈也是一种重复博弈，即同样结构的博弈会重复多次，前一阶段的博弈不改变后一阶段博弈的结构，所有参与人都能观测得到博弈过去的历史。由于税收征纳博弈的存在，对什么征税、征多少税、如何征税，不仅仅取决于政府的选择，还取决于纳税人对此的反应和行为选择，以及征税人的税收遵从度。

从一定意义上讲，征纳博弈并非“零和博弈”，理由如下：第一，征纳博弈可以实现征税成本与纳税成本的共同节约。如果征纳双方采取合作博弈，则可以避免或减少因对税收政策理解不透或双方的理解有偏差而引起的不必要的税务纠纷，比如关联定价可以采取预约定价方式予以协商解决。第二，通过征纳博弈可以减少税务纠纷，涵养税源。在税务机关与纳税人的博弈对局中，税务机关合理引导企业享受税收优惠政策，不断增强企业实力，形成一种税收增长和企业发展相互依赖的良性互动关系。

（三）税收征纳行为博弈的文献综述

国内外学者对税收征纳行为进行了多角度的博弈分析，比较有影响的主要有以下相关文献：阿林厄姆（Alingham）和桑德姆（Sandmo）于1972年共同发表《所得税逃税：一种理论分析》一文，通过建立预期效应最大化模型分析逃税的影响因素；桑福德（Sandford，1973）对欧洲一些国家纳税人的调查表明：纳税人对税收制度持积极的态度，对违法行为报否定态度，有助于控制逃税，增强公民的纳税诚信度；美国学者Kidder和McEwen（1989）从社会学角度分析了强制、自利、习惯、政府合法性、社会压力、税法确定性等方面对纳税遵从行为以及纳税双方博弈的策略选择进行研究；Franzoni（2000）提出"优化税收执行理论"，建议政府增加信息披露、设置激励机制来促进纳税人讲真话，通过制度性安排奖励诚信纳税者以维持良好的税收秩序；西蒙·詹姆斯（Simon James，2002）认为，为减少避税和逃税而额外增加的政策措施，严格的法律约束，完善的纳税信用体系是诚信纳税最有力的保障。

马国强（2001）在其专著《转轨时期的税收理论研究》中，将纳税人的行为方式划分为三种税收遵从类型和四种税收不遵从类型，还深入分析了纳税人不同行为产生的原因；雷根强、沈峰（2002）借鉴西方税收遵从成本研究成果，分析了税收遵从的构成和特点，并提出降低我国税收遵从成本的原则。马拴友（2001）在《税收政策与经济增长》中，对逃税和反避税进行探讨，特别是从信息经济学角度提出了抑制逃税、激励纳税人依法纳税的措施。

二、税收征纳行为的博弈分析

税收征纳行为博弈即征税主体和纳税主体为使税收利益资源尽可能多地向己方倾斜，利用各自资源、智慧和手段进行理性决策，并采取行动的博弈对局过程。税收征纳行为主要涉及三方当事人：政府、税务机关和纳税人。而在税收征纳博弈对局中，纳税人、征税机关和政府之间存在着信息不对称现象：第一，税务机关与纳税人之间存在着信息不对称，纳税人掌握着关于自身纳税情况的信息，在经营情况及纳税信息方面比税务机关具有信息优势，而税务机关在征税规则及税收政策方面具有一定的信息优势；第二，政府与税务机关之间也存在着信息不对称，政府与税务机关之间是一种委托—代理关系，政府委托税务机关征税，税务机关在征税过程中可能会产生损害国家利益的"道德风险"问题。而税收征纳行为博弈就是探讨在信息不对称下如何建立一种有效的税收征纳博弈模式，促进和谐税收征纳关系的构建。

（一）税务稽查博弈模型

税务稽查模型中，参与人包括税务机关和纳税人。由于实行纳税申报制度，税务机关根据纳税人自行申报税额进行征收，并在适当的时候进行税务稽查，对纳税人纳税申报的真实性进行检查。纳税人作为理性的经济主体，他们认为税款是一种成本，要追求收益最大化。他们对自行申报有两种策略可以选择：如实申报和虚假申报，即其策略是

“偷逃税”或“不偷逃税”；税务机关希望尽量减少偷逃税情况的发生，其策略是“稽查”或“不稽查”。

假设纳税人偷逃税为T，纳税人偷税被发现的罚款即偷逃税成本为nT，n为对纳税人偷税的罚款倍数，税务机关稽查成本为C，稽查概率为b，纳税人偷税的概率为a。在不考虑偷逃税的心理成本和排除贿赂税务机关的行为后，得到以下企业与税务机关的支付矩阵，如图附3－1所示：

项 目	纳税人偷逃税（a）	纳税人依法纳税（1－a）
税务稽查（b）	T＋nT－C，－T－nT	－C，0
税务不稽查（1－b）	－T，T	0，0

图附3－1 税务稽查博弈模型

1. 对税务机关进行博弈分析

进行税务稽查（b＝1）和不进行税务稽查（b＝0）的期望收益分别为：

$U(a,1)=(T+nT-C)a+(-C)(1-a)=(n+1)Ta-C$

$U(a,0)=0\times(1-a)+(-T)a=-Ta$

令 $U(a,1)=U(a,0)$，即 $(n+1)Ta-C=-Ta$

解得：$a=C/(n+2)T$

当企业偷逃税的概率 $a>C/(n+2)T$ 时，税务机关的最佳选择是进行税务稽查；当企业偷逃税的概率 $a<C/(n+2)T$ 时，税务机关的最佳选择是不进行税务稽查；当企业偷逃税的概率 $a=C/(n+2)T$ 时，税务机关随机选择稽查或不稽查。

2. 对纳税人进行博弈分析

企业偷逃税（a＝1）和依法纳税（a＝0）的期望收益分别为：

$U(1,b)=(-T-nT)b+T(1-b)=T-(n+2)Tb$

$U(0,b)=0\times b+0\times(1-b)=0$

令 $U(1,b)=U(0,b)$，即 $T-(n+2)Tb=0$

解得：$b=1/(n+2)$

当税务机关进行稽查的概率 $b>(n+2)$ 时，纳税人的最佳选择为偷逃税；当税务机关进行稽查的概率 $b<1/(n+2)$ 时，纳税人的最佳选择为依法纳税。当税务机关进行稽查的概率 $b=1/(n+2)$ 时，纳税人随机选择偷逃税或依法纳税。

进一步分析税务稽查博弈模型，可以得出以下结论：

（1）由 $a=C/(n+2)T$ 可知，当预期被税务稽查支付的罚款nT上升时，a会减小，说明加重税务稽查处罚，会使博弈均衡向好的方向发展，纳税人会减少偷逃税的概率。纳税人偷逃税的概率与所偷逃税款的大小成反比关系：即偷逃税款越小，偷逃税的概率越大；而偷逃税款越大，偷逃税的概率越小。此外，当税务稽查成本C减小时，税务稽查会更频繁，有利于减少纳税人偷逃税的概率。

（2）由 $b=1/(n+2)$ 可知，税务稽查的概率只与处罚力度有关，当加大处罚力度时，税务的震慑力强大，税务稽查的概率就可以减小。而税务稽查概率并不决定于税务稽查成本，两者互不相关。

在现实社会经济中，纳税人不仅是一个微观经济主体，而且还是一个“社会人”，受伦理道德、法律以及社会舆论的约束。因此，在经济利益之外，还有精神和文化需求。遵守法律规定照章纳税会给纳税人带来精神愉悦、确立社会声誉等无形的、间接的收益，而违犯法律铤而走险要付出沉重的精神负担和心理成本，乃至失去融入社会的基本权利和机会。

税务稽查的博弈大多不是一次性的，而是多次性的动态博弈，所以纳税人会充分考虑诚信纳税的“信誉效应”。即纳税人是否采取偷逃税等违法行为，取决于其对声誉价值的认识，而声誉价值又取决于其过去的行为。如果纳税人一直遵纪守法，即使只有一次偷逃税行为且被发现，则纳税人的声誉也会严重受损。从长期来看，税务机关可以相对准确地从观察到的变量中推断出纳税人的基本情况，通过纳税评估也能够评价纳税人的纳税信用。所以，即使没有显性的激励机制，纳税人也会依法纳税，维护自己的纳税信誉，这是商业伦理对纳税人的一种无形约束。

（二）税收寻租博弈模型[①]

著名经济学家塔洛克对寻租（rent－seeking）的描述是：“一个人投资于某一项活动，并没有实际地提高生产率或实际上降低生产率，但是这项活动却因给予他某种特殊地位或垄断权利，而使他的收入增多，这就是寻租。”他还把寻租定义为取得垄断或政府优惠的活动，是把资源用于试图取得政府保护的垄断，改变政府管制使之于自己有利，或者保护自己免受损害的活动。尽管从局部来看寻租双方达成了一项双赢交易，但这却会带来社会整体福利的下降。寻租是一种与社会政治制度密切相关的复杂的社会经济现象，它已经成为一种蔓延极广的社会公害。

纳税人的纳税活动有两种策略选择：依法纳税与偷逃税。纳税人有时为了掩盖偷逃税行为，获取税务机关的“庇护”，可能会采取贿赂税务机关的行为，这被称为“税收寻租”。而税务机关面对纳税人寻租，就存在两种策略选择：依法征税或寻租。这里需要说明的是，税务部门选择寻租行为，是两种情况的混合产物：一是纳税人主动寻租，而税务机关接受寻租，这种情况通常被称为“共谋寻租”[②]；二是税务机关主动选择寻租，这种情况通常被称为“独自寻租”。

假定纳税人偷逃税时税务部门选择寻租，则纳税人的得益为 V；税务机关因寻租（共谋寻租与独自寻租）所获收益为 r，但其寻租如被政府查处则处罚额为 D，则税务机关的净得益为 r－D；纳税人因偷逃税而被税务机关查处的处罚为 P，税务机关恪尽职守，无额外所得也无额外损失，得益为 0。若纳税人选择依法纳税时税务机关选择寻租（独自寻租），则纳税人基于各种考虑而使税务机关获得的寻租收益为 S[③]。若税务机关

① 廖楚晖、崔亚飞：“国家、征税部门及纳税人的博弈分析”，《财政与税务》，2005 年第 6 期。

② 只有在纳税人偷逃税的情况下，共谋寻租才可能发生，因为纳税人选择依法纳税，一般纳税行为则不会寻租。

③ 中国渐进式制度改革中，现行法律制度还存在一定的不完善性，加之税务机关与纳税人权利、地位的不对等性，税务部门独自寻租的行为一般隐蔽性很强，很难被政府查处。

选择依法纳税，则双方的得益均为0。税务机关与纳税人之间的博弈支付矩阵如图附3-2所示：

项　目	税务机关寻租（b）	税务机关依法征税（1-b）
纳税人偷逃税（a）	V，r-D	-P，0
纳税人依法纳税（1-a）	0，S	0，0

图附3-2　税务机关与纳税人之间的寻租博弈

由于税务机关净得益r-D大小的不确定性直接影响博弈结果，下面分别讨论：

（1）若0<r-D≤S，根据博弈支付矩阵可知：纳什均衡策略为纳税人选择偷逃税，税务机关选择寻租策略对双方都是最有利的策略选择，形成稳定的纳什均衡。

（2）若r-D≤0，根据博弈支付矩阵可知：不存在稳定的纳什均衡，即没有自动实现的均衡博弈策略组合，如图附3-3所示，即每一种博弈策略组合都不稳定。

项　目	税务机关寻租（b）	税务部门依法征税（1-b）
纳税人偷逃税（a）	（V，r-D）→	（-P，0）↓
纳税人依法纳税（1-a）	（0，S）↑	←（0，0）

图附3-3　不能自动实现纳什均衡的状态

假定纳税人选择偷逃税行为的概率为p_1，则纳税人依法纳税的概率为1-a，且a∈[0,1]；税务机关选择寻租行为的概率为b，税务机关依法征税的概率为1-b，且b∈[0,1]。以坐标系横轴表示概率a、b分布，坐标系左纵轴表示在不同a取值下税务机关的得益，右纵轴表示在不同b取值下纳税人的得益，如图附3-4所示。

税务机关在纳税人选择不同偷逃税概率（a）条件下的得益曲线（r-D）与税务机关选择不同寻租概率（b）条件下的得益曲线V(-P)相交于G点。根据G点的不同位置，可以分为以下三种情况：

第一种情况：G点恰好位于坐标系横轴上（见图附3-4），那么G点就是博弈双方的重复动态博弈均衡点。因为，若税务机关把寻租概率选择在G点左边，则纳税人得益为负，所以纳税人会谋求改变现状；若纳税人把偷逃税概率选择在G点右边，则税务机关得益为负，则税务机关会谋求改变现状。也正因为博弈双方都有谋求改变现状的选择动机，所以在博弈中总有纳税人因偷逃税被处罚，同时也有税务机关因被政府发现寻租行为而被查处，所以形成一个博弈陷阱——博弈双方各有得失，博弈结果具有不确定性。

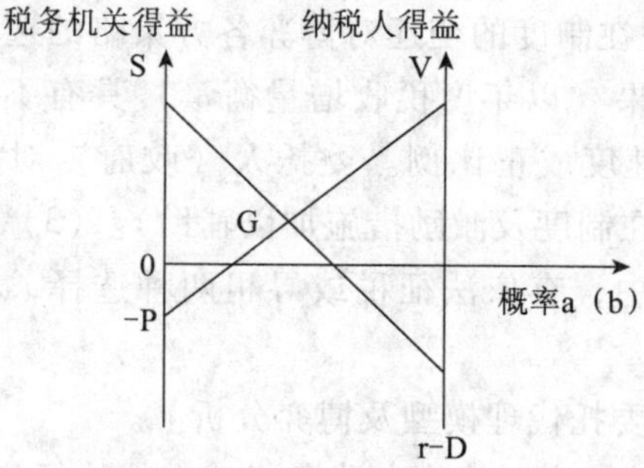

图附3-4　税务机关与纳税人混合策略选择博弈

第二种情况：G点位于坐标系横轴之上，此时满足$0\leqslant r-D\leqslant S$，则博弈双方的选择（偷逃税，寻租）的纳什均衡策略组合。

第三种情况：G点位于坐标系横轴之下，那么博弈中的任何一方的策略选择都会给对方得益而自己造成损失，即已不存在双方可共谋的利益。

因此，在外部税制约束框架下，决定博弈双方策略选择的是交点G的位置。进一步分析，对纳税人来说，其选择偷逃税和选择依法纳税行为的得益分别为N_1、N_2，则有：

$N_1=bV+(1-b)(-P)$

$N_2=0$

令$N_1=N_2$，即：$bV+(1-b)(-P)=0$

解得：$b=P/(V+P)=1-V/(V+P)$

同理，对税务机关来说，其选择寻租行为的得益和选择依法征税行为的得益分别为M_1、M_2，则有：

$M_1=a(r-D)+(1-a)S$

$M_2=0$

令$M_1=M_2$，即：$a(r-D)+(1-a)S=0$

解得：$a=S/(S+D-r)$

依据上述博弈结果：$b=1-V/(V+P)$，$a=S/(S+D-r)$，可得出如下结论：如果加大对纳税人偷逃税的处罚力度P，那么在纳税人减小选择偷逃税概率同时，也变相地提高了税务机关选择寻租的概率。如果加大对税务机关寻租查处的处罚力度D，则在税务机关降低选择寻租策略的同时，也相应地降低了纳税人选择偷逃税的概率。所以，从效率角度分析，通过加大对税务机关寻租查处的力度来抑制或消除在税收征纳过程中的寻租和偷逃税行为是最佳选择。但从公平角度来说，在对税务机关加大查处力度的同时也应加大对纳税人偷逃税行为的处罚力度。

（三）政府与税务机关的委托—代理博弈模型

1. 政府与税务机关委托代理关系建立的前提假设

政府和税务机关之间的关系，属于一种典型的委托—代理关系。国家委托税务机关行使征税的职权，而税务机关代表国家履行征税职责并接受政府的监督。政府与税务机关的委托—代理关系建立在以下前提假设基础上：（1）博弈各方具有有限理性（因而需要外在制度的约束)，外在制度的变迁对博弈各方策略的选择具有约束力。(2) 代理人（税务机关）的工作成果（以年度税收增量衡量）具有不确定性，但工作成果与其依法征税程度和经济增长速度成正比例。委托人（政府）对代理人具有不完全监督的能力（因而需要相应的外在制度及激励措施加以辅助)。(3) 代理人（税务机关）接受委托之后实施征税的过程中，有依法征税或寻租两种选择，即委托人（税务机关）有寻租的动机。

2. 政府与税务机关的委托代理模型及博弈分析

假设政府与税务机关的博弈对局中，税务机关有依法征税和寻租两种策略选择，政府有进行审计和不审计两种选择。税务机关依法纳税的概率为 P，选择寻租的概率为 1 - P；政府审计的概率为 Q，政府不审计的概率为 1 - Q。

假设税务机关依法征税时，国家的税收收入为 R（P）；税务机关寻租时，国家的税收收入为 R(Q)。由于税务机关寻租行为会导致国家税收流失，所以在同样的外部条件下，有 R(P) > R(Q)成立。通常政府支付给税务机关的固定工资为 W，税务机关寻租时会取得一定的租金 r，但税务机关的寻租也面临一定的被政府审计查处的风险，查处惩罚（违规成本）为 S，政府审计成本为 C。则政府与税务机关的博弈支付矩阵如图附 3 - 5 所示：

项　　目	税务机关依法征税(P)	税务机关寻租(1 - P)
政府审计(Q)	R(G) - W - C, W	R(L) + S - W - C, W + r - S
政府不审计(1 - Q)	R(G) - W, W	R(L) - W, W + r

图附 3 - 5　政府与税务机关之间的博弈模型

(1) 对税务机关进行博弈分析。

税务机关选择依法征税与选择寻租行为的期望收益分别为 E(P)、E(1 - P)，则有：

$E(P) = WQ + W(1 - Q) = W$

$E(1 - P) = (W + r - S)Q + (W + r)(1 - Q) = W + r - SQ$

令 $E(P) = E(1 - P)$，即 $W = W + r - SQ$

解得：$Q = r/S$

(2) 对政府进行博弈分析。

政府选择审计与选择不审计的期望收益分别为 U(Q)、U(1 - Q)，则有：

$U(Q) = [R(G) - W - C]P + [R(L) + S - W - C](1 - P)$

$\quad = PR(G) - PR(L) + R(L) - PS + S - W - C$

$U(1 - Q) = [R(G) - W]P + [R(L) - W](1 - P)$

$\quad = PR(G) - PR(L) + R(L) - W$

令 $U(Q) = U(1 - Q)$

即：$PR(G) - PR(L) + R(L) - PS + S - W - C = PR(G) - PR(L) + R(L) - W$

解得：$P = 1 - C/S$

从上述博弈结果来看，对于税务机关来说，在相同的外部条件下，依法征税的概率取决于政府的审计成本与违法成本，且与审计成本负相关，与违法成本正相关。P 一般满足 $0 \leqslant P \leqslant 1$，则 $C \leqslant S$ 成立，即政府的审计成本小于政府审计所获的查处所得（税务机关的违规成本）。若出现 $C > S$，则政府的最佳选择是不进行审计，因为不进行审计的期望收益为：$R(L) - W$，而审计的期望收益为 $R(L) + S - W - C$，显然有 $R(L) - W > R(L) + S - W - C$ 成立。这一分析结论的政策意义在于，政府应该权衡审计成本与审计查处所得的大小，如果审计成本不能够降低，则政府应该考虑其他的监督税务机关的非审计治理办法。

同理，对于政府来说，在相同的外部条件下，进行审计的概率取决于税务机关的寻租租金与税务机关的违规成本（政府审计所获的查处所得），且与寻租租金大小成正比关系，与机关的违规成本（政府审计所获的查处所得）成反比关系。Q 一般满足 $0 \leqslant Q \leqslant 1$，则 $r \leqslant S$，即税务机关的寻租租金小于税务机关的违规成本（政府审计所获的查处所得）。若出现 $r > S$，则税务机关的最佳选择是选择寻租行为，因为寻租行为的期望收益为：$W + r - S$，而依法征税的期望收益为 W，显然 $W + r - S > W$ 成立。这一分析结论的政策意义在于，政府应该加大对税务机关寻租行为的处罚力度，一定要使得处罚额超过税务机关可能的寻租租金所得，否则，很难抑制寻租不正之风。

三、税收征纳行为博弈的理性思考

（一）完善作为博弈规则的税收制度

经济学家布坎南指出："要改变一种游戏或竞争的结果改变参加竞争的人并不重要，改变竞争规则最重要。"因此，要优化税收征纳双方行为，最根本的还是要从完善税收制度入手。税收征纳博弈关系的存在要求税收制度在设计时不能仅从政府利益角度出发，还要充分考虑纳税人的利益所在和价值取向。因此，在政府与纳税人的博弈中，通过增大对纳税人偷逃税的处罚力度以降低纳税人违法犯罪的概率。同时，政府通过税收制度的改革与完善，逐步实现税收法制化、透明化，才能从根本上杜绝税收寻租和大量偷逃税行为的发生。

（二）理性审视税收征纳冲突

征纳冲突是指税收征纳双方就其各自履行义务和享有权利的过程中发生的各种摩擦。作为征税方的税务机关在法律和管理上具有相当程度的控制力，而纳税人有相当程度的操纵能力和反作用力。税收不遵从和反税收不遵从的矛盾斗争是形成征纳冲突的根源。征纳之间冲突的形式有很多种，且贯穿于整个税收征纳活动的时间和空间双维之中。社会学的研究成果表明：冲突不单是一种破坏性的力量，还是一种建设性的力量。在现实中，冲突的发生往往以非常细微的方式协调社会行为，甚至促成意想不到的合作。税收征纳冲突的作用主要体现在以下三个方面：（1）征纳冲突给纳税人一个申辩的机会，不仅表明纳税人的观点，同时也暴露了税务机关与纳税人之间的分歧，有利于维护征纳双方的合法权益；（2）税收征纳冲突的处理，有助于冲突各方增进理解，使税收征纳双方寻找一种有效的合作模式；（3）税收征纳冲突有助于激发推陈出新，建立更合理的新政策、新机制，树立新的权威和价值。

（三）建立税收征纳行为的约束机制与激励机制

有效改善税收征纳行为、建立和谐的征纳关系，还需要建立税收征纳行为的约束机制与激励机制。建立科学的税收征纳约束机制必须从以下三个方面入手：一是税务部门建立有效的涉税信息获取渠道，能够及时掌控纳税人的价值取向和行为模式；二是建立纳税人信用评价体系；三是完善对纳税人及征税机关违规行为的惩戒制度。同样，建立科学的税收征纳激励机制必须从以下两个方面入手：一是设计利益导向的业绩评价体系，通过业绩评价来改善税收征纳行为；二是设计有效的税收征纳激励制度，从制度层面规范和引导税收征纳行为。

总之，通过税收制度的变革与不断完善，逐步实现税收法制化、透明化，从根本上杜绝社会转型期产生的制度租金和大量偷逃税行为，营造一个公平而和谐的税收法律环境，为我国构建和谐社会奠定坚实的基础。

附录4　产权框架下的税收筹划

科斯定理揭示了产权关系、资源配置及经济效率之间的内在联系，而产权关系影响着企业边界和企业税负。因此，分析税收筹划中企业边界及产权关系的基础性作用，有助于解决产权变革及资产重组中的税收问题，寻找产权关系框架下的税收筹划空间。

一、科斯定理与产权制度

（一）产权与交易费用

1. 产权的涵义

著名经济学家罗纳德·H. 科斯（Ronald H. Coase）被经济学界称为新制度经济学（New institutional economics）的开山大师。科斯的重要贡献在于揭示了产权、交易费用与资源配置效率之间的联系。关于产权的概念，德姆塞茨是较早对其进行研究的经济学家，他在《关于产权的理论》中认为："所谓产权，意指使自己或他人受益或受损的权利。"[①] 诺斯认为："产权本质上是一种排他性权利。"[②] 富鲁普顿和佩杰威齐在《产权与经济理论：近期文献概览》一文中，把产权概括为："产权不是人与物之间的关系，而是指由于物的存在和使用而引起的人们之间一些被认可的行为性关系……社会中盛行的产权制度便可以描述为界定每个在稀缺资源利用方面的地位的一组经济和社会关系。"[③] 被尊称为产权经济学之父的阿尔钦（Alchian）认为：在一个社会中，当两个或

① 黄少安：《产权经济学导论》，经济科学出版社 2004 年版。

② 诺斯：《经济史中的结构与变迁》，上海三联书店 1991 年版。

③ 科斯等：《财产权利与制度变迁》，上海三联书店 1991 年版。

更多的个人都想得到同一种经济物品的好处时，必然隐含了竞争。竞争的冲突要通过这种或那种方式来解决。限制竞争的规则通常叫做产权规则。①

从理论上分析，产权意味着对特定财产完整的一组权利，这组权利一般可以分为财产的所有权、占有权、支配权和收益权等。财产的所有权是指财产所有者对财产的终极所有权，在产权的各种权利中占据核心地位，在其基础上派生出了财产的占有权、支配权和收益权等。对于企业经营的财产，在理论上也把财产的占有权、支配权和收益权等统称为“经营权”（operating - right）。

产权作为以财产所有权为基础的权利集合体，是人们在交易过程中相互利益关系的体现，产权因此具有鲜明的特征，其特征主要体现在以下方面：

第一，产权的存在是以市场经济的存在为前提，体现着市场经济中人们之间的财产权利与利益关系。

第二，市场经济中的产权交易，实质是产权关系的交换，产权主体以让渡某项或某组产权为代价换取他人的某项或一组产权。产权交易是一项复杂的交易行为，包括产权让渡过程中的信息搜集处理、谈判、签约、履约等具体活动。

第三，产权具有排他性，这是出于产权主体保护自己所有权的需要。

第四，产权的可界定性。任何产权与产权之间必须能够区分，有明晰的界限，并在数量上能够进行计量。

产权与契约之间的关系非常微妙，其实产权交易往往通过契约关系来完成，契约是形成产权制度的基础，产权制度在形式上可以被视为是一种相对固定化的契约。产权制度的变迁实际上是契约演化的结果，产权关系的调整其实就是契约关系的改变。

2. 交易费用的涵义

“交易费用”已经成为一个极为广泛传播的概念，对“交易费用”的研究推进了产权经济学的发展。科斯最早把传统经济学中的“交易”概念扩展为“交易费用”概念，并应用于企业起源和规模的经济学分析中，最后“交易费用”概念扩展到包括度量、界定和保护产权的费用，发现交易费用和交易价格的费用，讨价还价的费用，订立交易合约的费用，执行交易的费用，监督违约行为，并对之制裁的费用，维护交易秩序的费用，等等。② 值得一提的是，在交易费用中信息成本也是一项重要的构成内容，正如张五常所言：“交易成本的产生部分地归因于我们的无知或信息的缺乏。”③

威廉姆森认为交易活动中存在交易费用就如同物体运动存在摩擦力一样，交易活动中不存在交易费用是不可想象的。威廉姆森进一步把交易费用分为事前交易费用和事后交易费用。事前交易费用是指为达成一种交易进行谈判和缔约所发生的费用，事后交易费用是指交易达成后所发生的费用，包括修改合约条款、解决合约纠纷以及合约履行所

① 张五常：关于新制度经济学，载《契约经济学》，科斯、哈特、斯蒂格利茨等著，经济科学出版社 1999 年版。

② 伍中信：《产权与会计》，立信会计出版社 1998 年版。

③ 张五常：关于新制度经济学，载《契约经济学》，科斯、哈特、斯蒂格利茨等著，经济科学出版社 1999 年版。

付出的费用。所以，从契约理论的角度看，交易费用可以概括为用于契约签订、执行、监督的一种资源支出。其实，在交易费用中信息成本占据重要的地位，它是契约安排和一般组织结构的主要决定因素。

哈特认为交易费用来源于契约的不确定性，即交易的各契约方无法签订完全契约会导致契约履行中出现大量没有预测到的交易费用。交易费用的存在是制度产生的原因，制度的存在可以节约交易费用。科斯认为交易费用的高低与产权明晰程度有关，产权越明晰，交易费用就越低。产权制度就是人们为了节约交易费用而“发明”出来的。交易费用已经成为衡量“市场”、“政府”、“企业”三者行使权利的标准。任何一种产权安排都不是万能的，选择的标准就是“交易费用最小化”。

（二）科斯定理

1. 科斯第一定理

科斯认为，在交易费用为零的情况下，资源达到最优配置效率的结果与产权安排无关，而收益分配却与产权安排有关。这被后人称为“科斯第一定理”。科斯第一定理强调的是产权制度的明晰性，如果产权是明确界定的，在不考虑交易费用的情况下，无论产权是由交易的哪一方拥有，都能带来社会资源的有效配置，都会形成帕累托最优效率。

2. 科斯第二定理

在社会经济实践中，交易费用为零的假定是很不现实的。市场交易一般都需要通过讨价还价缔结合约，并通过制度安排督促合约条款的严格履行等，这通常是要花费成本的。所以，一旦考虑到交易费用，产权的界定与归属必然会对社会资源的配置及经济效率产生影响。因此，在交易费用为正的情况下，合法产权的初始界定会对经济制度运行的效率产生影响。产权的一种调整可能会比最初的产权制度或其他的产权调整产生更多的产值或经济收益。但除非这是法律制度确认的产权安排，否则通过转移和合并产权达到同样后果的市场交易费用会很高，以至于最佳的产权配置以及由此带来的更高的产值也许永远不会实现。这被后人称为“科斯第二定理”。

科斯第二定理强调的是交易费用会对产权配置下的经济效率产生影响，即如果交易费用①为正，不同的产权安排必然会带来不同的资源配置，必然影响到经济效率。推而广之，不同的产权制度下，交易成本不同，从而会导致不同的资源配置效率，即产权制度是决定经济效率的重要内生变量。所以，为了优化资源配置，产权制度的安排和选择是至关重要的。

科斯进一步认为，产权的安排方式主要有市场、企业和政府管制三种基本方式，而制度变迁也就是产权的重新安排，即一种产权安排向另一种产权安排的转化。对于企业与市场的区别主要体现在交易费用的差异上，在企业内部配置资源不需要交易费用，而资源的市场配置过程离不开交易费用。若没有企业，则所有的资源配置都要通过市场交易完成，交易费用会很高。若存在企业，则企业内部的资源配置会大大减少交易费用。

① 无论如何，交易费用都是社会财富或资源的一种浪费。交易费用的大小反映了交易的效率。

所以，企业是对市场的一种替代。由于存在企业内部资源配置的组织费用，随着企业规模的不断扩大，组织费用会越来越多，当组织费用超过交易费用时，企业反而不如市场配置资源更合适。所以，存在着一个最佳企业规模，最佳企业规模应该是边际交易费用与边际组织费用相等的那一均衡点，在该点上，整个社会的总成本最小。

3. 科斯第三定理

科斯第三定理通常被表述为：如果没有产权的界定、划分、保护、监督等规则，即没有产权制度，产权的交易就难以进行。即产权制度的供给是人们进行交易、优化资源配置的前提。①

不同产权制度下交易活动的交易费用是不一样的。合理清晰的产权界定有助于降低交易费用，因而激发了人们对制定产权规则、建立产权制度的热情。但产权制度的建立不是无代价的。对产权制度的设计、制定、实施和变革是需要耗费成本的，这就是制度成本。科斯第三定理给人的启示，是从产权制度的成本角度对产权制度作出选择。

科斯定理所要解决的问题就是如何通过产权关系的调整，安排合理而有效的产权制度，降低或消除市场机制运行的交易费用，提高运行效率，改善资源配置。“科斯第一定理”是“科斯第二定理”的反衬和铺垫，“科斯第二定理”将产权安排、交易费用与资源配置效率结合起来，使社会找到了资源优化配置的有效途径，即依赖政府的力量使社会经济生活中的各种产权得到清晰界定，并得到法律制度的支持和保护。“科斯第三定理”建立在“科斯第二定理”的基础之上，重点揭示了不同产权制度设计的成本差异及其与资源配置效率的相关性，告诉人们应该如何选择制度才是合理而有效的。

二、产权安排、资源配置与税收筹划

产权安排对税收筹划有着极为深远的影响，分析税收筹划中产权安排的基础性作用，有助于解决产权变革及资源配置中的税收问题，从根本上认识产权安排、资源配置与税收筹划之间的微妙关系。

（一）关于税收与资源配置效率的推论及解释

1. 三个推论

科斯定理的本质是关于产权安排与资源配置效率的定理，其核心是交易费用。基于交易费用为正的分析，提出关于产权安排与资源配置效率之间关系的理论。在科斯定理的启示下，对税收、交易费用及资源配置效率之间的关系提出如下三个推论：

推论 1：在信息对称且税收中性的前提下，若交易费用（涵盖涉税交易费用）为零，则税收不会影响资源的配置效率。

推论 2：在现实的社会经济环境中，交易费用（涵盖涉税交易费用）为正，则税收会对资源的配置效率产生巨大的影响，资源趋于流向税负较低的领域。

推论 3：税收制度是对税收征纳双方权益的约定、保护和监督的一组规则，没有税收制度，就不能保护正常交易的税收利益。

---

①　黄少安：《产权经济学导论》，经济科学出版社 2004 年版。

2. 三个推论的解释

基于“科斯定理”思想给出的与税收有关的三个推论，是对税收、交易费用与资源配置效率关系的结论性阐述，笔者给出以下分析和解释：

第一，推论 1 所要表达的经济涵义是：在信息对称、税收中性的前提下，涉税交易费用为零的理想状态下，税收与资源配置效率不相关。这一理想结论是建立在信息充分有效的前提下的，此时，税收对交易及资源配置效率的可能影响恰好被当事人对交易的合理预期调整所抵消。其实，假定涉税交易费用为零是不现实的，但这提供了一个相当严谨的分析框架。

第二，推论 1、推论 2 中所提到的涉税交易费用，涵盖在交易费用之中，是交易费用的一部分。涉税交易费用主要指与征纳税相关的费用，而不包括应征缴的税款，其范围除了涵盖征税成本和纳税成本，还包括一部分隐性税收成本，比如因税收而调整交易的费用。

第三，税收是经济交易中强制性塞进来的“楔子”，起着阻碍交易的作用。没有税收可能交易会更流畅，因此，税收就好比是经济交易的“摩擦力”，税收不可避免地对资源配置效率有着重要影响。推论 2 显然放宽了不仅承认税收对资源配置效率的影响，而且还给出了税收对资源配置起着资源流向的引导作用。推论 2 还说明税负降低可以利用税收筹划的合法手段来实施，且指明了税收筹划的重点，即从资源流向的角度去分析，实现资源在低税负领域积聚、沉淀并发挥作用。

第四，推论 3 从制度优势角度分析了最优税收制度对税收利益的保护作用。同时，也隐含了税收制度的建立是需要耗费交易费用的，尤其是建立、实施并维护具有公平、中性特质的税收制度更是代价高昂，成本不菲。实质上，税收是调节经济的一种手段，税收制度也可称之为配置资源的一种有效方式。

第五，税收是关于征纳双方权益保护的一组规则，体现着一种契约关系。税收制度的根本目的不仅在于保障财政收入，而且还在于实现资源配置的高效率。因为税收制度可以归结为一种有效减少信息不对称的制度安排。

第六，税收制度作为“制度”中的一个方面，同样具有“制度”一般的属性和功能。税收制度的功能之一在于核定“交易”的转移数量及其涉税额。一项“制度”的选择和重新安排，是按照交易费用最小化原则来进行的。税收制度也不应例外，税收制度的变迁应该以“交易费用最小化”为原则来选择和安排。

（二）企业边界与税收筹划

1. 市场与企业的相互替代性影响税收负担

完全竞争下的市场交易是最优的，市场交易的结果是实现帕累托最优。但是，在现实经济中不存在完全竞争，且市场交易费用不为零。同样的交易，通过市场进行或在企业内部进行所花费的交易费用显然是不同的，交易费用成为衡量交易是通过市场进行还是通过企业进行的标准。

（1）市场被企业所替代的税收筹划。如果交易通过市场进行时，其交易费用过高，则应该把交易放到企业内部来进行，这样可以降低与市场有关的交易费用，具体可通过资本运营，以产权调整、资产重组等手段扩大企业边界，使市场交易实现内化，即原本属于市场的交易活动就转变成为企业内部的业务活动，即一部分市场将会被企业所替代[①]，虽然企业内部处理“交易”的组织费用[②]会增加，但这时与市场有关的交易费用就会明显锐减或彻底消失，总的来看，企业所增加的组织费用抵不上减少的与市场有关的交易费用，则最终的结果是总的交易费用降低了。所以，交易费用的变化依赖于企业边界的变化。显然，企业边界在一定程度上是可以被安排的，产权调整、资产重组是引起企业边界变化的重要手段，而税收筹划通过对企业规模、产权结构及组织形式等的调整，进而做出适当的税收安排，就可以充分利用企业边界的变化微妙地影响税收。

（2）企业被市场所替代的税收筹划。当然，对存在着不同边界的企业而言，所显示的企业规模大小也不同。随着市场部分或全部地被企业所替代，企业边界会不断扩张，企业内部“交易”的空间分布、交易的差异性和相对价格变动的可能性会增加，引起企业内部的组织费用也不断增加，如果增加到超过交易通过市场进行时的交易费用，则此时企业边界就显得过于膨胀而超过最优企业规模。为了降低市场的交易费用和企业的组织费用之和，就必须缩小企业边界，即通过产权调整、资产重组把一部分非核心资产或低效资产剥离出去，这就是以资产剥离、企业分立为特征的资本收缩。资本收缩的本质是企业的一部分被市场所替代。

考虑到税收因素，当交易通过市场进行时，会形成一道流通环节，显然会形成商品所有权的转移或劳务交易的确认，这需要缴纳流转税、印花税等与交易相关的税收。而交易在企业内部进行时，由于没有商品所有权的转移和劳务交易的确认，在法律形式上就不构成流通环节，所以也就不存在流转税的负担问题。税收筹划尤其是针对流转税、所得税的筹划不能不考虑企业边界的影响和约束。

2. 规模经济、税负转嫁与税收筹划

规模经济是由于规模的扩大而形成的边际产出增加和成本节约的现象，即当规模经济出现时，随着投入的增加，产出的增长比例会超过投入的增长比例。规模经济使得产出产品的平均成本随产量的增加而递减。

追求规模经济的结果可能就是垄断的产生和发展，垄断使价格机制受到人为因素的控制与扭曲，扼杀竞争，使经济失去活力，破坏资源的合理配置。但是，正如马克思指出的，竞争孕育了它的对立物——垄断，而现代化大生产的突出特点就是规模经济，没有规模经济就谈不上资源配置的效率和社会福利的改善。所以，规模经济也反映了一种资源配置效率的提高。

德姆塞茨认为：不同规模企业的利润率差异是由成本差异造成的，企业规模差异和进入壁垒差异归根到底反映到企业的成本水平上，从而造成企业利润率的差异。[③] 尼达

---

① 张五常认为，企业的出现并不意味着市场失灵。一部分市场被企业所替代，其实质是要素市场取代了产品市场，一种合约取代了另一种合约。

② 企业内部的组织费用也是交易费用的一种形式，主要表现为在企业内部有关“交易”的组织协调成本及监督成本等。

③ Demsetz, Harold, 1973. Industry Structure, Market Rivalry, and Public Policy, The Journal of Law and Economics, 16.

姆（Needham）对规模经济的进一步研究表明，规模经济下产品的利润率与产品的需求弹性之间的关系可用下式来表述：

$(p-mc)/p=1/\varepsilon_d$①

其中：p 为市场价格，mc 为边际成本，ε_d 为产品的需求弹性。

由此可见，规模经济与市场需求密切相关。经济学原理告诉我们，在产出规模扩大的过程中，只有产品的市场需求不存在问题，规模经济才得以成立和实现。所以，产品价值能否实现受到市场需求的约束，而规模经济能否实现取决于产品的需求弹性，规模经济与产品的需求弹性存在负相关关系，即产品的需求弹性越小，就越有可能从规模的扩张中获得规模经济收益。

我们考虑存在税收因素的情况下，产品的需求弹性越小，消费者越不易放弃或减少产品的需求量，税收越容易转嫁给消费者。这对于厂商来说，有利于提高产品价格转嫁税收负担。如果产品的需求弹性为零，则税收可以完全转嫁给消费者。反之，产品的需求弹性越大，通过价格把税收转嫁给消费者的可能性越小，而税收负担只能由生产厂商承担。

我们还应看到，由于规模经济使得产品的平均成本随企业规模和产量的扩大而递减，单位产品所承担的税负分摊额也就减少，因此，税负全部或部分转嫁出去的可能性也大大提高了。但有一个问题也要考虑到，即随着企业规模和产量的扩大，客观上要求降低产品价格的呼声也就增大了，生产厂商为保证自己的竞争优势，也会适当调低其产品的出厂价格和销售价格。通常价格降低的程度不会大于税负分摊到每个产品上的下降程度，即生产厂商在产品价格调低后，仍会把部分税收转嫁给消费者，因为成本的递减，生产厂商甚至还可以获得多于税额的价格利益。这种税负转嫁也可称之为转嫁式筹划，即生产厂商的税收负担可以通过税收筹划实现税负向消费者转嫁，从而降低其自身的税收负担。

综观规模经济与产品需求弹性及税收与产品需求弹性的关系，规模经济的实现与税收的转嫁对于需求弹性的要求是同方向的，都呈现出负相关关系。即产品的需求弹性越小，规模经济越容易实现，税负也越容易转嫁。这一结果有利于实现规模经济与税负转嫁的双重收益。

其实，除了产品的需求弹性影响规模经济外，供给弹性也在一定程度上影响着规模经济与税负转嫁。产品的供给弹性反映的是产品供给量对于市场价格变动的反应程度。在其他条件不变的情况下，产品的供给弹性越大，产品的税收负担越容易转嫁给消费者。产品的供给弹性越大，同时也表明生产厂商越容易调整其生产规模，即规模经济也越容易实现。

3. 范围经济对税收及税收筹划的影响

所谓范围经济，简单的界定，是指这样一种经济，即存在生产多种产品所花费的成本低于分别生产它们的成本之和。对于规模经济与范围经济的界定，中外理论界存在激

---

① Needham, D., 1978. Economics of Industry Structure, Condust and Performance, St. Martin's Press, New York.

烈争论。美国学者潘扎尔（Panzar）和威利哥（Robert D. Willig）认为：范围经济是由于企业的范围（而不是规模）而产生的成本节约。如果在一个企业中将两条或更多的生产线合并起来比各自分开生产能更节约成本的话，那么就存在范围经济。美国管理学家小艾尔弗雷德·A. 钱德勒认为："规模经济最初可以被定义为从事单一产品的生产或者分配的单一经营企业由于规模的提高而产生的生产或分配成本的降低。联合生产或联合分配的经济性产生于单一经营企业内部由于生产或分配多种产品而带来的成本的节约（我使用被越来越多地使用的'范围经济'一词来表示联合生产或联合分配的经济性）。"①

通过对规模经济与范围经济的分析，发现规模经济和范围经济存在着很大的不同，因为规模经济重视规模的扩大对于产出及收益的影响，而范围经济更重视生产的联合性效应，而非规模效应。但两者也有着密切的联系，结合它们对税收及税收筹划的影响，综合分析如下：

（1）从实现方式来看，规模经济与范围经济都可以通过产权调整和资本运营来实现，诸如企业并购重组、资产置换、股权交易、投资扩张等都可以打破企业边界，实现资源的优化配置，促使规模经济和范围经济的出现。

（2）从税收角度分析，规模经济和范围经济都对税收及税收筹划产生深远的影响：一方面，规模经济与范围经济影响企业边界的最终选择，从而影响税收及税收筹划活动；另一方面，在所得税和增值税方面，规模经济与范围经济也会通过成本、价格的调整影响企业税负。

（3）从辩证的角度分析，规模经济、范围经济不仅影响税收，其实税收也是规模经济、范围经济决策的相关因素，不同的税收制度制约着规模经济与范围经济的最优选择及其经济效果的发挥。规模经济和范围经济也是税收筹划决策的重要影响因素，税收筹划在规模经济和范围经济方面也应有所作为。

（三）产权关系与税收筹划

1. 产权关系、关联定价与税收筹划

复杂产权关系的背后有着多种投资方式，由于产权和投资而形成的网状交织的多个经济主体之间的关联方关系，会因关联定价的制定和关联价格政策的调整而影响税收与税收筹划。

关联定价是利用两个或多个具有关联关系的经济主体之间的税率差异及减免税政策的差异等条件，为实现在关联方之间转移利润目的而实施的关联价格的确定与调整行为。实施关联定价的双方或多方具有一定的联属关系和互惠关系，属于有一定利益联系的关联方。关联定价会造成关联方之间利益的再分配，能够实现关联方整体的税负降低。这也经常被作为税收筹划的一个强有力的武器。

关联定价之所以被广泛运用，是因为在市场经济环境下，商品的定价是灵活的、任何一个生产厂商及其顾客都可以"讨价还价"，只要交易出于双方自愿，别人就无权干

① 臧恒旭、徐向艺、杨蕙馨：《产业经济学》，经济科学出版社 2005 年版。

涉，属于一种合法行为。但并非所有的关联定价都是随意的、无原则的，对于有失公允的、合谋的或明显带有欺诈性质的关联定价会被税务机关查处并予以调整，所以关联方之间的关联定价并非任意行为，具有相当程度的风险。

关联定价是一把“双刃剑”，运用得当则可以成为税收筹划的重要工具，而运用不当可能被视为“避税”，招致来自税务部门的价格调整。甚至还有许多经济组织蓄意利用产权关系的复杂性及关联定价手段，在转移资产及利润实现的过程中偷逃税款。在世界范围内，许多国家和地区都限制和惩戒经济组织利用产权关系制造关联定价并转移利润逃避税收。一些国家和地区的反避税措施都是直接针对关联定价问题的，对关联定价的管制已经成为一种国际趋势，但直到目前国际上还没有找到一个能够彻底应对关联定价避税乃至偷逃税行为的有效措施，关于关联定价避税倾向的程度与范围的界定还是一个颇有争议的国际税收话题。

2. 产权关系、收益分配与税收筹划

不同的产权安排会给产权主体带来不同的成本和收益，产权关系影响着产权主体之间的收益分配，不同的产权关系形成不同的收益分配模式。分配模式是一定产权制度下的产物，并随着产权制度的变化而变化。收益分配模式在某种程度上又会影响税负水平：

（1）企业产权关系的变动会循着收益分配的链条而不断传递下来，进而影响企业纳税活动及税收负担，这是产权关系直接影响税收的情形。

（2）产权关系的变动改变着收益分配的主体及分配范围，通过企业并购重组等产权交易行为，还可以将多种形式的收益转变为资本收益，这会引起税收的变化。

（3）企业产权关系的变动也会带来非税成本，即因产权关系的变动而带来的一系列交易费用[①]，非税成本也是税收筹划决策必须考虑的重要因素。

可以说，不论从税收成本还是非税成本角度考虑，产权关系的变动对税收的影响都是敏感而永恒的。

三、基于产权安排的税收筹划范式

（一）产权结构与企业边界决定税收负担

产权结构是指产权的构成因素及其相互关系和产权主体的构成状况。产权结构主要涉及两个重大问题：一是特定主体拥有哪些产权或财产，其财产结构如何；二是特定主体内部的权力结构，这是为产权运作而设置的内部机构及人员的分工与安排。

这两个方面，对于不同的主体，可能具有不同的意义。特定主体所拥有产权的结构，也就是其资产结构。对于特定主体所拥有的微观产权结构，具有十分重要的经济意义：第一，任何主体的产权，都不仅仅意味着拥有财产的所有权，而且意味着该产权主体一种与社会的产权关系，意味着一种产权的分配关系。第二，单个主体的产权结构

① 该交易费用并不表现为税收成本，而是表现为非税成本，如产权交易合同的签约成本、产权变动所导致的企业组织结构调整的成本、资产重组成本等。

——拥有哪些资产的产权，是资产的全部产权，还是部分产权，是所有权，还是经营权，是全部经营权还是部分经营权，意味着该产权主体与别的产权主体之间的不同的分离组合关系和不同的委托—代理关系。第三，每个产权主体既有的产权结构及产权结构的变动，都影响全社会的产权分布，从而影响资源配置。①

产权结构影响税收，主要是改变了一些税收环境与税收要素，诸如纳税地点、纳税时间、纳税环节、征税对象、纳税主体等会发生显著变化。

关于企业边界与税收的关系，前文已经重点分析规模经济及范围经济对税收及税收筹划的影响。总的来看，企业边界影响税收，主要是改变了企业规模、组织结构和资产所有权归属，在市场与企业的相互替代中，以流转税和所得税为代表的主要税种及其税负发生显著变化。

因此，在一定环境下，由于产权结构和企业边界的调整，会造成税收待遇的巨大差别，尤其是税收优惠政策与产权结构调整密切相关：许多企业通过外部扩张，进入新的行业、新的领域，税收待遇自然不同；许多企业并购重组的根本目的在于利用亏损税前弥补政策，以降低企业的盈利水平和税收负担；许多企业的并购重组、引进外资，其实是一种因势利导的行为，其目的在于变换纳税人身份或性质，以充分利用税收政策的差异性进行税收筹划。

（二）产权安排决定税收负担及税收筹划战略

产权安排的实质是对财产权利的分配，产权安排分为产权初始安排和产权后续安排。科斯定理揭示了产权安排的重要性，该定理表明，无论交易费用为零还是为正，产权初始安排不同，都意味着财富分配格局不同，都必然影响分配的状况。因为产权的初始拥有者，不仅意味着拥有一定的财产存量，而且还拥有获取更多收益（财富增量）的机会。产权后续安排是对产权初始安排的调整，在现实经济实践中可能有多种原因导致产权安排的调整，产权安排的调整导致的直接后果是产权关系的变化和财富分配格局的变化。产权安排的调整会发生交易费用，正是由于交易费用的存在，会影响产权安排调整的效率。

产权安排的调整有多种方式，其中对税收及税收筹划有着重大影响的是一定条件下的产权交易和资产重组活动。导致产权安排发生变化的最典型的产权交易和资产重组是企业并购、企业分立以及组织形式选择等行为。企业并购、企业分立或组织形式调整都是资源优化配置方式，都不可避免地影响着产权关系，甚至还会打破原来的企业边界，实现资产的转移及产权结构的变化，而资产的转移和产权结构的变化会影响企业的税收负担和税收筹划战略。因此，运用产权安排的调整寻找税收筹划的节税空间极为重要，这也是优化企业财税管理、实现价值增长的重要方式。

从一定意义上说，产权框架下的税收筹划其实就是寻找产权结构和企业边界对税收负担的微妙影响，并尽力打破这种产权结构和企业边界的“束缚”，寻找税负最小化的“最优”企业边界，创造出最佳的企业边界和产权结构模式。

---

① 黄少安：《产权经济学导论》，经济科学出版社2004年版。

参 考 文 献

1. 盖地：《税务筹划》第四版，首都经济贸易大学出版社 2011 年版。

2. 迈伦·斯科尔斯等：《税收与企业战略》，中国财政经济出版社 2004 年版。

3. 哈维·S. 罗森：《财政学》，中国人民大学出版社 2006 年版。

4. 蔡昌：《税收筹划八大规律》，中国财政经济出版社 2005 年版。

5. 蔡昌：《税务风险防范、化解与控制》，机械工业出版社 2007 年版。

6. 蔡昌：《契约视角的税收筹划研究》，中国财政经济出版社 2008 年版。

7. 蔡昌：《增值税转型与纳税操作技巧》，中国财政经济出版社 2009 年版。

8. 蔡昌、牛鲁鹏：《土地增值税筹划实战》，清华大学出版社 2012 年版。

9. 谭光荣：《战略税收筹划研究》，湖南大学出版社 2007 年版。

10. 梁云凤：《战略性税收筹划研究》，中国财政经济出版社 2006 年版。

11. S. P. 科塔里等：《当代会计研究》，中国人民大学出版社 2009 年版。

12. 萨利·M. 琼斯、谢利·C. 罗兹－卡塔那奇：《税收筹划原理——经营和投资规划的税收原则》，中国人民大学出版社 2008 年版。

13. 萨利·M. 琼斯、谢利·C. 罗兹－卡塔那奇：《高级税收战略（第 4 版）》，中国人民大学出版社 2010 年版。

14. 于长春：《企业税务筹划》，北京大学出版社 2009 年版。